CULTURA ORGANIZACIONAL E LIDERANÇA

O GEN | Grupo Editorial Nacional – maior plataforma editorial brasileira no segmento científico, técnico e profissional – publica conteúdos nas áreas de ciências humanas, exatas, jurídicas, da saúde e sociais aplicadas, além de prover serviços direcionados à educação continuada e à preparação para concursos.

As editoras que integram o GEN, das mais respeitadas no mercado editorial, construíram catálogos inigualáveis, com obras decisivas para a formação acadêmica e o aperfeiçoamento de várias gerações de profissionais e estudantes, tendo se tornado sinônimo de qualidade e seriedade.

A missão do GEN e dos núcleos de conteúdo que o compõem é prover a melhor informação científica e distribuí-la de maneira flexível e conveniente, a preços justos, gerando benefícios e servindo a autores, docentes, livreiros, funcionários, colaboradores e acionistas.

Nosso comportamento ético incondicional e nossa responsabilidade social e ambiental são reforçados pela natureza educacional de nossa atividade e dão sustentabilidade ao crescimento contínuo e à rentabilidade do grupo.

EDGAR H. SCHEIN
com Peter Schein

CULTURA ORGANIZACIONAL E LIDERANÇA

5ª EDIÇÃO

Tradução
Paula Couto Rodrigues Saldanha (Capítulos 1 a 7)
Daniel Vieira (Capítulos 8 a 17)

Revisão Técnica
Profa. Dra. Natacha Bertoia
Graduação (1998), Mestrado (2003) e Doutorado (2010) em Administração de Empresas pela Faculdade de Economia, Administração e Contabilidade da Universidade de São Paulo (FEA-USP). Atualmente é Professora Assistente Doutora da Universidade Presbiteriana Mackenzie, onde atua como Coordenadora dos cursos tecnológicos da área de Gestão e Negócios, modalidade EaD, e Professora da Strong Business School.

- Os autores deste livro e a editora empenharam seus melhores esforços para assegurar que as informações e os procedimentos apresentados no texto estejam em acordo com os padrões aceitos à época da publicação. Entretanto, tendo em conta a evolução das ciências, as atualizações legislativas, as mudanças regulamentares governamentais e o constante fluxo de novas informações sobre os temas que constam do livro, recomendamos enfaticamente que os leitores consultem sempre outras fontes fidedignas, de modo a se certificarem de que as informações contidas no texto estão corretas e de que não houve alterações nas recomendações ou na legislação regulamentadora.
- Data do fechamento do livro: 22/07/2022
- Os autores e a editora se empenharam para citar adequadamente e dar o devido crédito a todos os detentores de direitos autorais de qualquer material utilizado neste livro, dispondo-se a possíveis acertos posteriores caso, inadvertida e involuntariamente, a identificação de algum deles tenha sido omitida.
- **Atendimento ao cliente: (11) 5080-0751 | faleconosco@grupogen.com.br**
- Traduzido de
  ORGANIZATION CULTURE AND LEADERSHIP, FIFTH EDITION
  Copyright © 2017 by Edgar H. Schein. All rights reserved.
  This translation published under license with the original publisher John Wiley & Sons Inc.
  ISBN: 978-1-1192-1204-1
- Direitos exclusivos para a língua portuguesa
  Copyright © 2022 by
  EDITORA ATLAS LTDA.
  Uma editora integrante do GEN | Grupo Editorial Nacional
  Travessa do Ouvidor, 11
  Rio de Janeiro – RJ – CEP 20040-040
  www.grupogen.com.br
- Reservados todos os direitos. É proibida a duplicação ou reprodução deste volume, no todo ou em parte, em quaisquer formas ou por quaisquer meios (eletrônico, mecânico, gravação, fotocópia, distribuição pela Internet ou outros), sem permissão, por escrito, da EDITORA ATLAS LTDA.
- Capa: OFÁ Design | MANU
- Imagem da capa: © dmfoss (iStock)
- Editoração eletrônica: Clic Editoração Eletrônica Ltda.
- Ficha catalográfica

CIP-BRASIL. CATALOGAÇÃO NA PUBLICAÇÃO
SINDICATO NACIONAL DOS EDITORES DE LIVROS, RJ

S343c
5. ed.

    Schein, Edgar H.
        Cultura organizacional e liderança / Edgar H. Schein, Peter Schein ; tradução Paula Couto Rodrigues Saldanha, Daniel Vieira ; revisão técnica Natacha Bertoia. - 5. ed. - Barueri [SP] : Atlas, 2022.
        328 p. ; 24 cm.

    Tradução de: Organization culture and leadership, Fifth edition
    Inclui bibliografia e índice
    ISBN 9786559773428

    1. Administração de empresas. 2. Desenvolvimento organizacional. 3. Cultura organizacional. 4. Liderança. I. Schein, Peter. II. Saldanha, Paula Couto Rodrigues. III. Vieira, Daniel. IV. Bertoia, Natacha. V. Título.

22-78828   CDD: 658.406
                          CDU: 005.332.3

Meri Gleice Rodrigues de Souza - Bibliotecária - CRB-7/6439

AGRADECIMENTOS

Os seis anos que se passaram desde a última edição foram distintos em muitos aspectos. Estou morando em Palo Alto, na Califórnia, em um condomínio para aposentados perto do meu filho, Peter, que também é meu colega e coautor. Morar no Vale do Silício e acompanhar o mundo pela experiência de 25 anos de Peter em diversas *startups* e empresas maduras proporcionaram a mim uma nova perspectiva sobre cultura organizacional e problemas de liderança. Sou, então, muito grato a Peter, que, atualmente, é meu sócio no Organizational Culture and Leadership Institute (OCLI.org), e a vários amigos e clientes com quem já trabalhei. A esposa de Peter, Jamie Schein, também contribuiu com informações valiosas a partir de seu cargo de liderança na gestão da *Stanford Graduate School of Business*.

Agradeço especialmente ao Google, Human Synergistics, Genentech, Stanford Hospital, IDEO, Institute of the Future, Intel e Silicon Valley Organization Development Network, pelas inúmeras oportunidades de aprendizado e contribuição nesse fascinante e geograficamente delimitado bolsão de inovação. Meu interesse crescente na cultura da medicina revelou diversas percepções importantes sobre, principalmente, as culturas ocupacionais. Por isso, quero agradecer a Mary Jane Kornacki, Jack Silversin, Gary Kaplan e outros membros do *workshop* de verão de que participei por muitos anos no retiro de Mary Jane e Jack em Cape Ann. Aqui na Califórnia, quero agradecer a James Hereford e aos participantes dos almoços mensais improvisados que tive com médicos e gestores do Stanford Hospital. Também gostaria de agradecer a Marjorie Godfrey, Kathy McDonald, Diane Rawlins, Dr. Lucian Leape, Dr. Tony Suchman e meu genro cirurgião, Dr. Wally Krengel, por me ensinarem sobre as complexidades do mundo da medicina.

Em minha nova vida, tornei-me menos professor e mais escritor e instrutor. Nesse aspecto, quero reconhecer o incentivo e a ajuda que recebi de Steve Piersanti e da editora Berrett-Kohler, que me permitiram escrever três novas publicações nas áreas aplicadas de ajuda, treinamento e consultoria, as quais complementam de modo essencial o trabalho acadêmico por trás deste livro. Também quero agradecer a iUniverse, por me ajudar no relato das minhas memórias, oferecendo, assim, a oportunidade de analisar, de forma bem mais abrangente, a evolução da cultura e liderança em minha própria carreira.

No vasto mundo do desenvolvimento organizacional, sou privilegiado pelos meus diversos colegas locais, em especial Tim Kuppler, Kimberly Wiefling, Jeff Richardson, John Cronkite, Stu e Mary Winby e Joy Hereford. Sou muito grato à rede de instrutores que gerencia os grupos de treinamento do programa de liderança da Stanford Business School, a qual me recebeu de braços abertos e permitiu o contato com meu antigo mundo da "aprendizagem experimental". Um agradecimento especial a meus amigos e colegas internacionais: Philip Mix, Michael e Linda Brimm, David Coghlan, Tina Doerffer, Peter e Lily Chen, Charles e Elizabeth Handy, Leopold Vansina, Joanne Martin e Michael Chen, que se empenham para levar meu trabalho sobre cultura para a China. Muito obrigado também a meu amigo e colega Joichi Ogawa, que promove ativamente meu trabalho no Japão.

Meus três filhos, Louisa, Liz e Peter, seus cônjuges Ernie, Wally e Jamie, e meus sete netos, Alexander, Peter, Sophia, Oliver, Annie, Ernesto e Stephanie, sempre me mostraram uma importante perspectiva das questões culturais. Sou especialmente grato por suas observações sobre como a cultura está mudando, como o mundo se transforma através das gerações e como minha família se desenvolve em um mundo bem diferente do que o que eu vivenciei. As empresas nas quais eles estão entrando são diferentes das que eu conhecia bem, e os valores sociais debatidos atualmente são diferentes e, de muitas formas, mais profundos. Digo tudo isso, porque esse fato me encorajou a escrever esta quinta edição para ter novas perspectivas sobre quais aspectos da cultura e liderança precisam ser consideradas para o amanhã e para o futuro além dele.

Por último, mas certamente não menos importante, devo agradecer aos colegas acadêmicos que continuaram a me encorajar nos últimos seis anos: John Van Maanen, com quem escrevi a nova versão de *Career Anchors*; Lotte Bailyn, cuja sabedoria continua impressionante; Bill Isaacs e Gervaise Bushe, que me trouxeram para o mundo dialógico; Otto Scharmer, que continua desbravando novos mundos de pensamento e aprendizado; David Bradford, que forneceu conselhos e incentivos muito necessários; Noam Cook, cuja visão filosófica fornece pontos de vista essenciais sobre questões culturais; e Steve Barley, Warner Burke, Amy Edmondson, Jody Gittell, Charles O'Reilly III e Melissa Valentine, cuja pesquisa atual nos leva a novas dimensões indispensáveis de análise cultural.

Assim como nas edições anteriores, a equipe editorial da Wiley, Jeanenne Ray e Heather Brosius, foi muito prestativa, ao reunir opiniões sobre como melhorar este livro e facilitar o processo de publicação.

PREFÁCIO

Esta quinta edição de *Cultura Organizacional e Liderança* foi escrita na cidade de Palo Alto, Califórnia, no coração do Vale do Silício. Tenho total ciência de que escrevo em um lugar e uma época muito diferentes. Agora, tenho como parceiro meu filho, que vivenciou, ao longo de seus mais de 25 anos de mudanças em diversas empresas de tecnologia no Vale do Silício, todo tipo de liderança e cultura organizacional. Não sou capaz de expressar devidamente como esta época e lugar me parecem tão diferentes do que o que eu vivi em 2008, em Cambridge, enquanto escrevia a quarta edição.

Estou feliz por ter o Peter trabalhando comigo desta vez e me ajudando a registrar um pouco das nossas percepções, o que adiciona tempero ao que já aconteceu no conceito de "cultura organizacional" nas últimas duas décadas. Com seus *insights* e nossas experiências ao longo de vários anos, posso percorrer com mais facilidade o caminho entre as diferentes "árvores" culturais, sem perder de vista a floresta como um todo.

Na Apresentação, adiante, Peter oferece uma amostra do que há de novo neste livro. Antes de continuar, quero contar um pouco sobre o conteúdo que se mantém igual nesta edição e o que está diferente e, até certo ponto, é "novo". Meu modelo de três níveis para definir a cultura e pensar sobre o tema tem resistido bem e continua sendo o alicerce de toda esta abordagem sobre análise cultural. A parte nova se refere a como começar a aplicar essa forma de pensar ao panorama geral de um mundo multicultural. Para isso, incluí como caso meu estudo do *Economic Development Board of Singapore* e, em seguida, escrevi dois capítulos sobre o problema de analisar e trabalhar com macroculturas, como nações e profissões internacionais. Tenho ressaltado que toda cultura organizacional está inserida em outras culturas, muitas vezes maiores, que influenciam suas características. E toda subcultura, força-tarefa ou grupo de trabalho, por sua vez, inserem-se em culturas maiores, que os influenciam. Ampliei a discussão sobre como é possível começar a trabalhar por meio da diversidade cultural nacional. Não é um enfoque novo, mas me preocupei em garantir que esta edição se concentrasse mais em como nossas experiências de socialização incorporaram diversas camadas de cultura dentro de nós. Essas culturas internas precisam ser entendidas, pois comandam nosso comportamento e, ao mesmo tempo, fornecem escolhas sobre quem devemos ser em diversas situações sociais. Essas escolhas podem ser apenas parcialmente atribuídas à "personalidade" ou ao "temperamento". Pelo contrário, elas dependem de nossos entendimentos situacionais ensinados por nossas experiências de socialização. Portanto, introduzi como um elemento importante para as escolhas gerenciais uma descrição dos "níveis de relacionamento" sociais que todos nós aprendemos como parte de nossa criação. Podemos ser formais, pessoais ou íntimos e variar esse comportamento de acordo com a situação em que estamos. Dessa forma, o reconhecimento e a gestão das culturas *dentro* de nós se tornam importante competência geral.

Continuo impressionado com o fato de que a cultura como conceito nos leva a perceber os *padrões* de comportamento social. Tenho, portanto, ignorado grande parte dos estudos recentes que (1) selecionam uma ou duas dimensões culturais, (2) relacionam esses fatores a resultados desejados de diversos tipos e, então, (3) afirmam que a cultura é importante. Pensei que sabíamos disso desde sempre. Entretanto, o crescente interesse em desvendar padrões que notamos em nações e organizações e as várias tipologias de cultura que surgiram mereceu revisão e análise nesta edição. A esse respeito, é importante diferenciar os estudos de diagnóstico quantitativo dos processos de investigação dialógica mais qualitativos e, com a ajuda de meu filho, refletir sobre alguns dos métodos mais recentes de diagnóstico "rápido".

Minha ênfase é na cultura enquanto um determinado grupo *aprende*, na explicação de como liderança e formação de cultura são dois lados da mesma moeda e no fato de que o papel da liderança muda com o crescimento e envelhecimento de uma organização. Esses conteúdos permanecem iguais e são o coração do livro. Tentei encurtar esta edição, removendo o que era redundante ou irrelevante, e tornar as sugestões mais interessantes para o leitor.

Continuo acreditando que a cultura é um negócio sério, mas só será uma construção útil se realmente a observarmos, estudarmos e compreendermos.

APRESENTAÇÃO

No último ano, Ed e eu temos trabalhado juntos para ampliar seu público leitor, expandir seu negócio de consultoria e oferecer mais oportunidades de ajuda e aprendizado. É uma enorme honra compartilhar algumas reflexões na Apresentação do livro que deu nome à nossa empreitada: o Organizational Culture and Leadership Institute (OCLI.org).

Quando o Ed começou a escrever este livro no início dos anos 1980, a cultura organizacional era um conceito bastante novo. Atualmente, ele é universalmente aceito, discutido, analisado, moldado, "mudado", culpado e por aí vai. Isso tudo aconteceu durante uma geração. Enquanto eu me formava em Antropologia Social, em 1983, Ed concluía a primeira edição de *Cultura Organizacional e Liderança*. Em 2016, quando a neta do Ed (minha filha) estava se formando em Economia e se preparando para se juntar à nossa empresa de consultoria de administração internacional, ele pediu que ela descrevesse a cultura da organização. Talvez tenha sido pretensioso da parte do Ed, já que a experiência dela nessa cultura era de apenas um estágio de 3 meses. Porém, sem hesitar muito, ela descreveu os principais artefatos e valores assumidos pela cultura da empresa. Deduzimos que, em apenas alguns meses, ela fora exposta a essa cultura (até mesmo doutrinada por ela) tão profundamente que era capaz de expressá-la e, se possível, prosperar nela.

No entanto, não há nada de surpreendente nisso. Empresas maduras (no caso, firmas que oferecem serviços de consultoria empresarial) analisaram suas culturas e definiram imagens, metáforas e vocabulário para descrevê-las e ensinar sobre elas. Seria surpreendente que tal imersão cultural ou doutrinação implícitas tivessem feito parte do programa de estágio? Se existe uma coisa que um estágio deveria testar é a "compatibilidade" entre empresa e indivíduo. Então, faz muito sentido que tanto a empresa quanto os indivíduos compreendam que, assim como a indústria, o treinamento e as atribuições do cargo, a cultura corporativa é essencial para qualquer avaliação de "compatibilidade" mútua e tem prioridade máxima no início de um relacionamento de trabalho.

Todavia, será que eu deveria ter me surpreendido com a capacidade de minha filha de responder facilmente a essa pergunta aberta sobre a cultura de seu futuro empregador? Assim como eu, ela foi criada em uma família que conversa sobre o assunto com frequência. Está em seu DNA. Por isso, essa pergunta jamais estaria fora de contexto para ela. Porém, sua facilidade em responder chamou minha atenção. Tenho certeza de que Ed me perguntou a mesma coisa sobre meu primeiro empregador. E também tenho certeza de que me atrapalhei ao tentar expressar a minha vivência. Eu observei o mesmo tanto de cultura corporativa, mas ela não estava explícita, e eu não tinha o vocabulário para descrevê-la.

Ao longo de quatro edições de *Cultura Organizacional e Liderança*, saímos da ideia de que a cultura era algo que dava a todos na empresa uma vaga sensação de estar guiando o comportamento e moldando decisões. Agora, a cultura é compreendida e descrita como uma linguagem comum, uma medida vital da "compatibilidade" para a retenção, difundida como a maior virtude de uma empresa e aproveitada para a mudança estratégica. A cultura, em seu papel explícito de protagonista na consciência de nossas vidas profissionais, é agora assunto de inúmeros sistemas diagnósticos de análise profunda baseados em pesquisa, assim como ferramentas de *dashboard* fundamentadas em aplicativos (alguns dos quais angariaram milhões de dólares em investimentos iniciais provenientes dos maiores investidores de capital de risco). "Há dinheiro naquelas colinas" é algo que podemos vislumbrar sem sombra de dúvida sobre o diagnóstico, a análise e a mudança da cultura organizacional. Isso tudo aconteceu em uma geração.

Minhas opiniões sobre cultura organizacional foram definidas por meus aproximadamente 25 anos no Vale do Silício. Não importa se eram opiniões extraídas da Apple no início da década de 1990, das *startups* de internet na web "1.0" ou da Sun Microsystems nos anos 2000; reconheço que as normas culturais das empresas de tecnologia, apesar de distintas entre si, são categoricamente diferentes das normas típicas de outras indústrias e regiões. Uma das primeiras descrições claras da cultura de empresas de tecnologia do Vale do Silício que vivenciei surgiu nesta simples pergunta: "É uma cultura de pinguim ou de urso?" Eu não sabia o que queria dizer, mas presumi que uma "cultura de urso" deveria ser melhor.

Não é nosso foco determinar se é possível ou não criar um modelo de cultura descritiva que seja neutro em termos de valor e desprovido de qualquer inclinação normativa. Todavia, queremos propor que, quanto mais simples a taxonomia, maior a probabilidade de se ter uma inclinação normativa, de uma forma ou de outra. Nesse caso, os dois tipos de cultura se diferenciam sobre a forma como uma empresa ou grupo reage ao desafio de possuir um membro fraco. Os ursos tendem a cuidar desse indivíduo até que esteja saudável, ou seja, até melhorar seu baixo desempenho. Não era essa a razão que eu esperava ouvir para justificar minha preferência em relação à cultura de urso. Presumi que tinha algo a ver com a força e dominação, unidas à inteligência. Ao contrário, era cuidar dos mais fracos. Já a forma como os pinguins reagem a esse desafio é bicando os membros fracos do bando até a morte. Em vez da sofisticação meiga que associamos a esses animais, sua base cultural é relacionada com decisões brutais.

Sobre essa continuidade, do pinguim ao urso, minha primeira reflexão é que essa é uma maneira bastante precisa de caracterizar empresas de tecnologia, classificando-as em uma dimensão que vai do cuidado à brutalidade. No entanto, quando pensamos em modelos culturais, esse exemplo simples revela dois assuntos importantes que Ed explora profundamente nesta edição. Em primeiro lugar, somos atraídos por modelos ou taxonomias simples e envolventes. Por exemplo, o *Organizational Culture Assessment Instrument* (OCAI) de Cameron e Quinn é um modelo cultural interessante, fundamentado em uma "estrutura de valores competitivos" (pode-se dizer que os ursos *versus* os pinguins representam esses valores). O que acho mais envolvente em relação ao OCAI é a linguagem e a metáfora: culturas são descritas como "clã", "adocracia", "hierarquia" ou "mercado". Nós nos identificamos com esses descritores. Eles fazem sentido para nós e permanecem conosco enquanto tentamos entender ou descrever o que vivenciamos.

Da mesma forma, empresas inovadoras de tecnologia no Vale do Silício baseiam-se fortemente em metáforas, desde o começo, para explicar e vender tecnologia de ponta a um público leigo e desinformado. Por exemplo, a "janela" e o "navegador" nos ajudaram a entender as interfaces dos computadores e dos navegadores de internet. Com as metáforas certas, podemos nos referir às coisas de forma padronizada, descrevendo artefatos distintos, como se estivessem em conformidade com um modelo. O termo "sistema operacional" passou a significar muito mais do que OS X ou Linux. Essas abstrações e padronizações do "OS" são o motivo por que usuários corporativos e pessoais encontram utilidade em máquinas extremamente complexas. Chegamos a um ponto em que usamos as metáforas da computação pessoal para identificar estruturas e funções empresariais. A noção de "sistema operacional de negócios" oferece a metáfora e a linguagem para padronizar a explicação sobre a forma como uma organização age. E a cultura de uma empresa é uma abstração que aceitamos atualmente como parte integrante de seu "sistema operacional". O Vale do Silício fez questão de descrever dimensões, atributos e fatos como compatíveis com modelos agradáveis e envolventes, descritos em metáforas memoráveis que fornecem detalhes suficientes para representar um modelo consistente de um sistema humano complexo de uma forma simbólica inesquecível. Isso também aconteceu em uma geração.

Minha insistência nesse progresso da última geração lança a questão: podemos ou devemos estimar o que a próxima geração trará para a compreensão da cultura, liderança e mudança organizacional? Embora eu não seja um futurista, me parece importante antecipar os impactos de duas coisas em específico. Primeiro, há muitas formas de mensurar cultura e clima. Novos esquemas continuam sendo criados para tal. No geral, podemos prever que cada vez mais experiências de nossas vidas profissionais e pessoais serão mensuradas, comparadas e avaliadas. Tudo isso com o intuito de fazer ajustes e melhorias. Com redes onipresentes, sensores de baixa potência poderosos, capazes de instrumentar praticamente qualquer coisa, e computação e armazenamento em nuvem ilimitado, não há razão para que quase todos os aspectos de nossas vidas profissionais (e domésticas) não possam ser medidos em segundos. Considerando que *big data* é um fenômeno multifacetado, ele afeta a maioria das dimensões de liderança, inclusive cultura e clima.

Existe a noção autorreforçada de que podemos instrumentar e analisar nossa produtividade. Por que não fazer essa análise em intervalos menores e mais precisos? Assim podemos ver padrões e interações em dados que não sabíamos estar relacionados, pois estávamos tentando entender "as incógnitas desconhecidas". Não deveríamos esperar um sistema que forneça instrumentos que nos permitam estudar indivíduos, equipes, interações, conflitos e resoluções para que tenhamos uma análise de *cultura* preditiva em tempo real? Isso é embaraçoso. É provavelmente por isso que espero que quem esteja desenvolvendo esses sistemas tenha muitas opções de patrocínio e financiamento. Vivemos em um mundo do "tudo deve ser mensurado", no qual *benchmarks* e indicadores, especialmente quando padronizados, são como ímãs e, talvez, até sejam radioativos em seu potencial, causando danos.

O "mais e melhor" se tornou *mais, melhor e mais rápido*. Não deveríamos esperar um aumento na popularidade dos modelos culturais e análises culturais que sustentam o *mais, melhor e mais rápido*, catalisando uma mudança positiva mais veloz? Apesar de podermos mudar a cultura, o *mais, melhor e mais rápido* não poderá ser comprovado nem refutado em curto prazo, e quem argumenta que apenas o clima pode ser alterado com maior velocidade terá vantagem. Independentemente disso, também são instrumentos os estudos que usam escalas padrão de cinco pontos, assim como o registro e codificação da língua natural (transcrições de entrevistas, por exemplo) ou as respostas "sim/não" em aplicativos de celulares. Com mais e mais frequência, vamos registrar, codificar, analisar, armazenar e reanalisar a cultura e o clima, usando todas as importantes técnicas de dados, até ultrapassarmos de longe o ponto de diminuição dos resultados. Não acho, porém, que estejamos atualmente nem sequer perto desse ponto.

Estamos voltando para o futuro, para uma "administração científica" taylorista atualizada e uma análise de tempos e movimentos usando *big data* para os trabalhadores do conhecimento, pela razão de que o *mais, melhor e mais rápido* é, afinal, melhor para todos? O propósito de usar qualquer um desses instrumentos e análises rápidas é gerar mudança positiva, que, normalmente, é avaliada por indicadores de retorno sobre o investimento (ROI); as empresas estudam sua cultura para impulsionar mudança positiva que é, no fim das contas, relacionada com rentabilidade. Existe outra razão mais altruísta para estudar cultura organizacional de uma forma menos explicitamente atrelada ao aprimoramento desses indicadores-chave de desempenho (KPI, sigla do inglês *key performance indicator*): rentabilidade a partir do aumento da produtividade, "engajamento" e retenção? Já pediram diversas vezes e por muitos anos que Ed ajudasse empresas a "fazer um estudo de cultura". Não acho que ele já tenha oferecido ajuda em um estudo desse tipo sem saber qual era o problema. Não faz muito sentido gastar horas em etnografia, diagnóstico e análise sem saber o que realmente preocupa a alta gerência. Da mesma forma, não faz muito sentido realizar estudos de cultura que não levam em conta motivações em constante mudança e a evolução das normas das partes interessadas e colaboradores.

Em 2016, havia grande preocupação e inquietação sobre como os "*millennials*" (pessoas nascidas entre 1980 e 1995) mudariam completamente o local de trabalho. (Gostaria de

APRESENTAÇÃO **xiii**

ressaltar que a "geração Z" é geralmente considerada um grupo pós-*millennial*; para fins dessa discussão, incluirei a geração Z em seu termo mais amplo.) Independentemente de a realidade dos *baby boomers* e dos *Gen-X* também parecer diferente, muitos indicam que os *millennials* parecem se achar merecedores de tudo e parecem não se motivar com a rentabilidade corporativa ou mesmo pessoal.

A ideia de que os *millennials*, um grupo motivado por um propósito, poderiam tomar escolhas profissionais e de carreira por capricho causa medo nas lideranças de empresas grandes ou pequenas. Será possível que a estrutura e cultura organizacionais não sejam mais capazes de reconhecer o comportamento econômico racional centrado em interesses pessoais do grupo atual para preencher as vagas de trabalho? Moldar artefatos e convenções em torno de crenças fundamentais que motivam os funcionários recém-doutrinados é essencial para a autopreservação e o crescimento de uma empresa. Entre a maioria dos membros de uma corporação, se não todos, o interesse econômico é geralmente entendido como algo adquirido e, portanto, que deve ser aproveitado. No entanto, se o interesse próprio não é tão valorizado entre os *millennials* quanto interesses compartilhados ambientais, espirituais e coletivos, os artefatos, convenções e pressupostos – ou seja, o DNA cultural da empresa – podem não estar em sintonia com os valores dos funcionários mais jovens.

O engajamento tornou-se uma preocupação central da alta administração em todas as organizações, principalmente as que contratam jovens. Muitas empresas de *software* como serviço oferecem soluções de pesquisa para analisar e acompanhar o engajamento. A promessa é a percepção e o conhecimento das motivações dos funcionários que criarão vantagens para retenção e contratação, além de melhorar a produtividade e otimizar projetos organizacionais (como a "holacracia"). As pesquisas de engajamento podem ser muito eficientes (se forem rápidas e baseadas em *smartphones*) e são exemplos excelentes de formas de fazer melhorias na vida profissional adaptadas às motivações mutáveis dos *millennials*, seguindo a lógica "mais, melhor e mais rápido". Esse tipo de pesquisa geralmente mede as respostas de um indivíduo a uma série de enunciados que refletem o clima e os comportamentos da empresa avaliada. Apesar das preocupações sobre a metodologia de pesquisas *on-line* rápidas, essas ferramentas são formas de estudar comportamentos individuais. Explorado mais profundamente pelo Ed nesta edição, o argumento de que as pesquisas pontuais dos comportamentos individuais correm o risco de perder os dois pilares mais críticos da cultura e do clima organizacional é fundamental para o estudo da cultura organizacional. Esses pilares são: (1) comportamentos em *grupo* e respostas aos desafios e (2) eventos passados que nos trouxeram até aqui, em outras palavras, a história que está sempre presente.

Em vez de pesquisar o engajamento individual dos *millennials*, talvez seja importante levar em consideração as características específicas desse grupo (que é uma subcultura), usando como referência o início de suas vidas profissionais.

Uma subcultura é moldada por mais do que comportamentos existentes de indivíduos que são analisados frequentemente. No excelente livro *What Millennials Want From Work* (O que os *Millennials* Esperam do Trabalho, em tradução livre), de 2016, Deal, Levenson (e Gratton) apontam que o ambiente de amadurecimento dessa cultura de nascidos entre 1980 e 1995 é essencial para entender suas motivações atuais. Quem entra no mercado de trabalho neste milênio tem a internet na ponta dos dedos há muitos anos, com *smartphones* fornecendo conexão instantânea a fatos, pessoas e opiniões de todos os cantos. Esse grupo testemunhou mais atos catastróficos de terrorismo e recessão do que qualquer outro desde o período entre 1930 e 1950. Será que os *millennials* se acham "merecedores" ou será que retiram autodeterminação do poder da informação instantânea e de redes pessoais globais, intensificadas por dúvidas justificadas sobre a estabilidade dos empregos, empresas, países e estilos de vida? As pesquisas de engajamento repetem a ideia do "merecimento" demandado por esses trabalhadores, mas, para o entendimento parcial desse grupo, devemos recorrer à história que eles compartilham e à forma como reagem ao DNA cultural da empresa em que estão inseridos.

Por ter o mundo (digital) em suas mãos, os *millennials* possuem outra característica: a habilidade de eliminar os fusos horários. Seus dispositivos sempre ligados revelam uma jornada de trabalho bem diferente. Em vez de trabalhar das 9 às 18 horas, os *millennials* chegam a ficar disponíveis por mais de 16 horas, principalmente se não houver distinção entre telefones e e-mails pessoais e corporativos. É provável que essa situação gere um comportamento muito diferente em relação à mistura da vida pessoal e profissional desse grupo. No entanto, se os empregadores tirarem vantagem dessa ambiguidade, a desconexão e até a dessatisfação serão inevitáveis. Os *millennials* também estão completamente atrelados à *gig economy*, a economia informal baseada em bicos e trabalhos temporários. Seja por escolha ou acidentalmente, uma pessoa com cerca de 30 anos entre 2016 e 2026 pode ter (ou planejar ter) um período de trabalhos sem compromisso e com baixo nível de envolvimento.

Durante a última geração, as empresas aprenderam como é atraente desenvolver a produtividade contratando funcionários temporários, pois oferece redução de riscos e contenção de custos de forma eficiente. Entre as possíveis desvantagens, a principal talvez seja a perda do conhecimento e do treinamento adquiridos pelo funcionário quando ele deixa a empresa após o fim do contrato. Independentemente dos custos e dos benefícios dessa economia emergente, é essencial reconhecer que os *millennials* não se adaptaram a essa mudança. Eles nasceram na economia de bicos. Muitos dão preferência a essa forma de trabalho pela liberdade, flexibilidade e exposição a pessoas, empresas e redes novas. Um *millennial* se envolve profundamente com diversas coisas, mas pode ser que seu trabalho atual não seja uma delas, não importa se a empresa investe pesado em criar uma cultura de engajamento.

A eliminação dos fusos horários é importante, pois as redes pessoais, interligadas por experientes usuários de dispositivos inteligentes, tornaram-se globais e amplamente abrangentes em relação a tempo e lugar. As redes sociais geram grupos de afinidade que se proliferam na diversidade do país e da cultura de origem. Esses grupos globais de afinidade são como camadas poderosas, que moldam ou alteram comportamentos subculturais de pessoas com opiniões semelhantes, onde quer que estejam. Levando em consideração o foco difuso dos *millennials* em relação a seu mundo e vida, é possível que eles cheguem ao trabalho com uma consciência intercultural global que merece a atenção de gerentes e líderes buscando retê-los.

Os estereótipos culturais (as normas) são como uma luz que atrai os insetos. São atraentes por sua clareza, poderosos por sua simplicidade e explosivos por seu efeito. Sabemos que é fácil demais reduzir os *millennials* a uma seleção fixa de atributos conhecidos e comportamentos esperados. Porém, se "merecimento" e "baixo engajamento" são atributos geralmente associados a esse grupo, gerentes e líderes serão obrigados, com razão, a estudar comportamentos e buscar padrões que possam ser compreendidos e generalizados. Criar estereótipos é mais uma forma de dimensionar as informações que sejam de interesse para a eficiência operacional. Se o resultado da abordagem *mais, melhor e mais rápido* das pesquisas for um reflexo de estereótipos, a reação da gestão em relação à conclusão do estudo pode ser explosiva. O sedimento subcultural – seja idade (ou juventude), história, geografia e tecnologia – é sutil e requer mais estudos etnográficos e deliberativos do que podemos extrair em abordagens de coleta mecânica de dados com foco em funcionários individuais.

Ao lidar com as camadas mais profundas de cultura, como as suposições implícitas que podem motivar os *millennials*, a quinta edição de *Cultura Organizacional e Liderança* do Ed expande o seguinte argumento central: a cultura organizacional deve ser estudada e os *insights* qualitativos devem ser registrados, compartilhados e impregnados no grupo, que deve estar sempre atento à história do fundador e da organização na qual, e a partir da qual, a cultura evolui.

PETER A. SCHEIN

MATERIAL SUPLEMENTAR

Este livro conta com o seguinte material suplementar:

- Instruções para professores (exclusivo para professores).

O acesso ao material suplementar é gratuito. Basta que o leitor se cadastre e faça seu *login* em nosso *site* (www.grupogen.com.br), clicando em Ambiente de aprendizagem, no menu superior do lado direito.

O acesso ao material suplementar online fica disponível até seis meses após a edição do livro ser retirada do mercado.

Caso haja alguma mudança no sistema ou dificuldade de acesso, entre em contato conosco (gendigital@grupogen.com.br).

SOBRE OS AUTORES

Edgar Schein é Professor Emérito na Sloan School of Management do Massachusetts Institute of Technology (MIT). Estudou nas Universidades de Chicago, Stanford e Harvard. Nesta última, recebeu seu título de Ph.D. em Psicologia Social. Trabalhou no Walter Reed Army Institute of Research por quatro 4 anos antes de se juntar ao MIT, onde lecionou até 2005.

Tem diversos títulos publicados, entre eles *Organizational Psychology,* 3ª edição (1980), *Process Consultation Revisited* (1999), um livro sobre dinâmica de carreira (*Career Anchors,* 4ª edição, com John Van Maanen, 2013), *Cultura Organizacional e Liderança,* 4ª edição (2010), *The Corporate Culture Survival Guide,* 2ª edição (2009), uma análise cultural do milagre econômico de Singapura (*Strategic Pragmatism,* 1996) e da ascensão e queda da Digital Equipment Corp. (*DEC is Dead; Long Live DEC,* 2003).

Em 2009, ele publicou o livro *Helping* sobre a teoria geral e prática de oferecer e receber ajuda, seguido, em 2013, por *Humble Inquiry,* que explora porque é tão difícil oferecer ajuda na cultura ocidental. O título recebeu o prêmio de melhor livro de administração do ano de 2013 pelo Departamento de Liderança da Universidade de São Diego. Publicou *Humble Consulting* (2016), que revisa o modelo de consultoria e treinamento. Escreveu com o filho, Peter, o título *Humble Leadership* (2017), que desafia as teorias atuais de liderança e gestão.

Continua prestando consultoria a diversas organizações norte-americanas e internacionais sobre as mais variadas questões de cultura organizacional e desenvolvimento de carreira, com destaque especial para qualidade e segurança em saúde, indústria de energia nuclear e serviço florestal dos Estados Unidos. Um foco importante dessa nova consultoria é a interação das subculturas ocupacionais e organizacionais e como elas se relacionam com as âncoras de carreira para determinar a eficácia e a segurança das organizações.

Recebeu os prêmios por distinção acadêmico-profissional pela Academy of Management em 2009, por sua contribuição em vida pela International Leadership Association em 2012 e por sua contribuição em vida em desenvolvimento organizacional pela International OD Network em 2015. Ele é Doutor *Honoris Causa* pela IEDC Bled School of Management, na Eslovênia.

Peter Schein é consultor de estratégia e desenvolvimento organizacional no Vale do Silício. Ele oferece ajuda a *startups* e empresas de tecnologia em fase de expansão.

Seu conhecimento se baseia em mais de 20 anos de experiência em marketing e desenvolvimento corporativo em empresas pioneiras da tecnologia. No início de sua carreira, desenvolveu novos produtos e serviços na Pacific Bell e Apple Computer, Inc. (incluindo *eWorld* e *Newton*). Liderou ações de *marketing* de produto nas empresas Silicon Graphics Inc., Concentric Network Corporation (XO Communications) e Packeteer (BlueCoat). Desenvolveu profunda experiência e paixão pela infraestrutura da internet no início da era *web*, em meados dos anos 1990.

Em seguida, Peter passou 11 anos trabalhando com desenvolvimento corporativo e estratégia de produto na Sun Microsystems, onde liderou diversos investimentos com participação minoritária em ecossistemas de tecnologia de missão crítica. Conduziu aquisições de empresas de tecnologia inovadoras que se tornaram linhas de produto da Sun, as quais valiam milhões de dólares. A experiência de Peter no desenvolvimento orgânico de novas estratégias e na fusão de entidades menores em grandes empresas desenvolveu um olhar aguçado para os desafios estruturais da cultura organizacional gerado pelo crescimento em empresas focadas na inovação.

Peter estudou na Stanford University (bacharel em Antropologia Social, formado com louvor) e na Northwestern University (Kellogg MBA, Gestão de Marketing e Informação, reconhecido como melhor aluno em Gestão da Informação).

SUMÁRIO

Parte 1
Definição da Estrutura da Cultura

1.	**Como Definir a Cultura em Geral**	**3**
	Por que é complicado definir a cultura claramente?	3
2.	**A Estrutura da Cultura**	**14**
	Três níveis de análise	14
3.	**Uma Jovem Empresa Americana de Engenharia em Ascensão**	**26**
	Caso 1: Digital Equipment Corporation em Maynard, Massachusetts	26
4.	**Uma Empresa Química Suíço-Alemã Madura**	**37**
	Caso 2: Ciba-Geigy Company na Basileia, Suíça	37
	Culturas organizacionais são mais fortes do que culturas nacionais?	45
5.	**Uma Organização de Desenvolvimento Governamental em Singapura**	**49**
	Caso 3: Economic Development Board de Singapura	49
	Paradigmas culturais inseridos no EDB	51

Parte 2
O que os Líderes Precisam Saber sobre Macroculturas

6.	**Dimensões do Contexto Macrocultural**	**64**
	Viagem e literatura	64
	Investigação e pesquisa	65
	Pesquisa etnográfica, observacional e baseada em entrevistas	68
	Essência humana e motivação básica	77
7.	**Uma Forma Direcionada de Trabalhar com Macroculturas**	**84**
	Inteligência cultural	86
	Como fomentar a aprendizagem intercultural	87

CULTURA ORGANIZACIONAL E LIDERANÇA SCHEIN

O paradoxo da compreensão da macrocultura	95
Escalões são macroculturas	96
Sugestão para líderes de mudança: conduza experiências com diálogo	98

Parte 3
Cultura e Liderança pelos Estágios de Crescimento

8. Como a Cultura Começa e o Papel do Fundador das Organizações   **103**

Um modelo de como a cultura é formada em novos grupos	103
O papel do fundador na criação das culturas	106
Exemplo 1: Ken Olsen e a reanálise da DEC	107
Exemplo 2: Sam Steinberg e a Steinberg's do Canadá	111
Exemplo 3: Fred Smithfield, um "empreendedor em série"	114
Exemplo 4: Steve Jobs e a Apple	116
Exemplo 5: IBM – Thomas Watson Sr. e seu filho	117
Exemplo 6: Hewlett e Packard	118

9. Como Adaptação Externa e Integração Interna Tornam-se Cultura   **121**

Questões sociotécnicas do crescimento e evolução organizacional	122
Questões em torno das metas derivadas da missão	127

10. Como os Líderes Fixam e Transmitem a Cultura   **147**

Principais mecanismos de fixação	149
Mecanismos secundários de reforço e estabilização	160

11. A Dinâmica de Cultura do Crescimento, Maturidade e Declínio Organizacional   **168**

Efeitos gerais do sucesso, crescimento e envelhecimento	169
Diferenciação e crescimento das subculturas	172
A necessidade de alinhamento entre três subculturas genéricas: operadores, *designers* e executivos	180
O papel exclusivo da função executiva: gerenciamento da subcultura	187

12. Evolução Cultural Natural e Guiada   **189**

Fundação e crescimento inicial	190
Transição para a meia-idade: problemas de sucessão	193
Maturidade organizacional e declínio potencial	199

SUMÁRIO **xxi**

Parte 4
Avaliação da Cultura e Liderança da Mudança Planejada

13. A Decodificação da Cultura   **207**

Por que decifrar a cultura?   207

Qual é a validade dos dados clinicamente levantados?   213

Problemas éticos para decifrar a cultura   214

Obrigações profissionais do analista cultural   216

14. Abordagem Quantitativa Diagnóstica para Avaliação e Mudança Planejada   **219**

Por que usar tipologias e por que não usá-las?   220

Tipologias que enfocam premissas a respeito de autoridade e convivência   225

Tipologias de caráter corporativo e cultura   228

Exemplos de perfis de culturas baseados em pesquisa   231

Análise automatizada da cultura com *software* como serviço   234

15. O Processo de Avaliação da Cultura Qualitativa Dialógica   **241**

Caso 4: MA-COM – Revisão de uma agenda de mudança como resultado de *insight* cultural   242

Caso 5: Reavaliação da missão do Corpo de Engenheiros do Exército dos Estados Unidos   245

Caso 6: A Apple avalia sua cultura como parte de um processo de planejamento de longo prazo   250

Caso 7: SAAB COMBITECH – Colaboração nas unidades de pesquisa   253

Caso 8: O uso de critérios *a priori* para a avaliação da cultura   255

E quanto a DEC, Ciba-Geigy e Singapura? Suas culturas evoluíram e mudaram?   256

16. Modelo de Gerenciamento de Mudança e o Líder de Mudança   **259**

O líder da mudança precisa de ajuda para definir o problema ou o objetivo da mudança   260

Teoria geral da mudança   261

Por que mudar? Onde está a dor?   262

Estágios e etapas do gerenciamento de mudança   263

Cuidados em relação à "mudança de cultura"   275

17. O Líder de Mudança como Aprendiz — 278

Com o que deve parecer uma cultura de aprendizagem? — 279

Qual é a relevância dessas dimensões? — 283

Liderança orientada para a aprendizagem — 284

Um pensamento final: descobrir a cultura na minha personalidade — 287

Bibliografia — 289

Índice Alfabético — 301

PARTE 1

DEFINIÇÃO DA ESTRUTURA DA CULTURA

Para entender como a cultura funciona, temos que diferenciar duas perspectivas. O impulso mais óbvio e imediato é buscar *conteúdo* cultural. Sobre o que é essa cultura? Quais valores essenciais devemos compreender? Quais são as regras de comportamento? Pessoas diferentes apresentam vieses e premissas diversas sobre o que lhes é importante. No atual contexto nacional, notamos forte destaque no conteúdo cultural relacionado com o papel do governo, a liderança e a gerência sobre a decisão do que é bom para todos e o foco em valores de liberdade individual e autonomia. Outra análise cultural pode, no entanto, afirmar que isso é totalmente irrelevante para os valores relacionados com salvar o planeta e se tornar ambientalmente responsável. Um terceiro entra na conversa falando sobre a importância dos valores familiares e a ameaça à "nossa cultura" que a aceitação da união civil representa. Pais se queixam ou elogiam os novos valores que seus filhos estão trazendo para a cultura, ou apenas se sentem confusos sobre o que é a nova geração *"millennial"*. Temos que tomar cuidado com o que falamos para evitar dizer algo "politicamente incorreto" sobre questões de raça e gênero.

O que interessa é que o *conteúdo* cultural, os valores que nos importam, está em todos os cantos. Para entender essa variedade, precisamos analisar a estrutura da cultura e desenvolver um olhar sobre como analisar a paisagem cultural encontrada. Ao longo dos próximos quatro capítulos, desenvolverei um "modelo" da estrutura da cultura. Vamos analisar diversas culturas organizacionais e demonstrar como estão inseridas em unidades culturais maiores. O Capítulo 1 fornece uma definição dinâmica da cultura. O Capítulo 2 descreve o modelo básico de três níveis da "estrutura" da cultura que será usado ao longo de todo o livro. No Capítulo 3, esse modelo será demonstrado pela Digital Equipment Corporation – uma empresa americana de computação que encontrei enquanto estava em seu período de crescimento inicial. Nela pude, portanto, observar o crescimento e a evolução de uma cultura. No Capítulo 4, descrevo a Ciba-Geigy, uma antiga empresa química suíço-alemã que demonstra alguns problemas de um setor maduro com uma tecnologia bem diferente e o impacto da cultura nacional. No Capítulo 5, descrevo o Economic Development Board de Singapura, que exemplifica a fusão de culturas nacionais ocidentais e asiáticas e uma organização do setor público. Os casos pretendem destacar que culturas são *padrões de crenças, valores, pressupostos e normas comportamentais* aprendidos, *que se manifestam em diferentes níveis de observabilidade.*

CAPÍTULO

1

COMO DEFINIR A CULTURA EM GERAL

Por que é complicado definir a cultura claramente?

A cultura é estudada há muito tempo por antropólogos e sociólogos, o que resultou em vários modelos e definições. Algumas conceitualizações para a essência da cultura ilustram a amplitude e a profundidade do conceito. A maioria das categorias resultantes se relaciona com *macro* culturas, como nações, profissões ou grandes corporações, enquanto outras são relevantes apenas para *micro* ou subculturas. Como você vai perceber pelo padrão de referências, muitos pesquisadores usam várias dessas categorias de definição, que se sobrepõem de maneira considerável. A cultura, como veremos, existe em vários níveis de "observabilidade". De modo genérico, as categorias são organizadas de acordo com o grau com que você, como observador, é capaz de enxergar e sentir esses elementos culturais ao analisar uma empresa ou grupo.

- **Regularidades comportamentais observadas em interações pessoais:** A linguagem que usam, em conjunto com as regularidades na interação, como o "obrigado" seguido de "de nada", ou "como vai" e "bem". Os padrões de interação, costumes e tradições observados tornam-se evidentes em todos os grupos em diversas situações (p. ex., Goffman, 1959, 1967; Jones, Moore e Snyder, 1988; Trice e Beyer, 1993; Van Maanen, 1979).

- **Clima:** A sensação transmitida em um grupo pelo *layout* físico e o modo como os membros da organização interagem entre si, com clientes ou outros públicos externos. O clima, por vezes, é considerado um artefato da cultura e analisado como um fenômeno distinto, conforme descrito, por exemplo, por Ashkanasy, Wilderom e Peterson (2000), Schneider (1990), Tagiuri e Litwin (1968) e Ehrhart, Schneider e Macey (2014).

- **Rituais e celebrações formais:** As maneiras como um grupo celebra acontecimentos marcantes que refletem valores ou ritos de passagem importantes, como uma promoção, a conclusão de um projeto e realizações (Trice e Beyer, 1993; Deal e Kennedy, 1982, 1999).

- **Valores expostos:** Princípios e valores articulados, publicamente anunciados, que o grupo declara tentar atingir, como "qualidade de produto", "liderança no preço" ou "segurança" (Deal e Kennedy, 1982, 1999). Muitas empresas do Vale do Silício, como o Google e a Netflix, explicitam suas culturas alinhadas a esses valores em todos os materiais de recrutamento e em livros sobre si mesmos (Schmidt e Rosenberg, 2014).

- **Filosofia formal:** Políticas amplas e princípios ideológicos que orientam as ações de um grupo em relação a acionistas, funcionários, clientes e outros *stakeholders*, como o amplamente divulgado "HP Way" da Hewlett-Packard ou, mais recentemente, as declarações explícitas sobre cultura da Netflix e do Google (Ouchi, 1981; Pascale e Athos, 1981; Packard, 1995; Schmidt e Rosenberg, 2014).

- **Normas do grupo:** Os padrões e valores implícitos que se desenvolvem em grupos de trabalho, como a norma "um dia de trabalho justo por um dia de salário justo", que se difundiu entre os funcionários do Bank Wiring Room nos estudos clássicos de Hawthorne (Homans, 1950; Kilmann e Saxton, 1983).

- **Regras do jogo:** São as regras implícitas, não escritas, para se adaptar à organização, "os macetes" que um novato deve aprender para ser aceito como membro, "o jeito que fazemos as coisas aqui" (Schein, 1968, 1978; Van Maanen, 1976, 1979b; Ritti e Funkhouser, 1987; Deal e Kennedy, 1999).

- **Identidade e autoimagem:** Como a organização se enxerga em relação a "quem somos", "qual é nosso propósito" e "como fazemos as coisas" (Schultz, 1995; Hatch, 1990; Hatch e Schultz, 2004).

- **Habilidades natas:** Competências especiais demonstradas pelos membros de um grupo para realizar certas tarefas; determinadas habilidades que passam de geração em geração, sem necessariamente estar expressas por escrito (Argyris e Schon, 1978; Cook e Yanow, 1993; Peters e Waterman, 1982; Ang e Van Dyne, 2008).

- **Hábitos de pensamento, modelos mentais e paradigmas linguísticos:** Modelos cognitivos compartilhados que orientam as percepções, o pensamento e a linguagem usada pelos membros de um grupo e que são ensinados aos recém-chegados no início do processo de socialização, muitas vezes conhecido como *onboarding* (Douglas, 1986; Hofstede, 1991, 2001, Hofstede, Hofstede e Minkov, 2010; Van Maanen, 1979).

- **Significados compartilhados:** Interpretações em desenvolvimento criadas por membros do grupo em suas interações, cujas palavras podem ter significados completamente diversos em outras culturas (Geertz, 1973; Smircich, 1983; Van Maanen e Barley, 1984; Weick, 1995; Weick e Sutcliffe, 2001; Hatch e Schultz, 2004).

- **"Metáforas raízes" ou símbolos de integração:** As maneiras pelas quais os grupos evoluem para se retratar, que podem ou não ser reconhecidas conscientemente, mas se mostram nos prédios, no *layout* dos escritórios e em outros artefatos materiais do grupo. Esse nível da cultura reflete a resposta emocional e estética dos membros, em contraste com a resposta cognitiva ou avaliativa (Gagliardi, 1990; Hatch, 1990; Pondy, Frost, Morgan e Dandridge, 1983; Schultz, 1995).

Descrevi as diversas maneiras de definir cultura para você ter uma ideia de que ela abrange praticamente tudo o que um grupo aprendeu durante sua evolução. Quando analisamos macroculturas (p. ex., nações ou profissões) para descrevê-las, precisamos de todos esses conceitos específicos para compreendê-las. No entanto, para chegar a uma definição útil de cultura que possa ser aplicada às organizações e grupos que você conhecerá e que quiser decifrar, precisamos de uma definição mais integrada e dinâmica, que enfatize como a cultura se constrói e evolui até se tornar uma organização, subcultura ou microssistema. As categorias anteriores ajudam a determinar o conteúdo de certa cultura, mas sua definição precisa ter um processo mais dinâmico e holístico.

A razão para essa definição tão formal até agora é alertar que você encontrará grupos de variados tamanhos com padrões compartilhados distintos, que precisam ser compreendidos isoladamente. É comum encontrar artigos sobre como alterar ou até criar culturas que não cheguem a um consenso entre si ou que não façam sentido. Essa definição é intencionalmente centrada no processo geral que determina como *qualquer cultura* é aprendida e evolui, mas, na prática, temos que nos concentrar em elementos não formais para compreender uma situação organizacional específica. Vamos, então, elaborar e explicar a importância de cada elemento dessa definição para nos prepararmos para analisá-los detalhadamente mais adiante neste livro.

UMA DEFINIÇÃO DINÂMICA DE CULTURA

A cultura de um grupo pode ser definida como sua aprendizagem acumulada e compartilhada à medida que esse grupo soluciona problemas de adaptação externa e de integração interna, que tem funcionado bem o suficiente para ser considerada válida e, consequentemente, ensinada aos novos membros como a maneira correta de perceber, pensar, sentir e se comportar em relação a esses problemas.

Essa aprendizagem acumulada é um padrão ou sistema de crenças, valores e normas comportamentais que acaba sendo subestimado como uma premissa básica e, por fim, deixa de ser percebido.

APRENDIZAGEM ACUMULADA E COMPARTILHADA

O elemento mais importante dessa definição é observar que a cultura é um produto *compartilhado* de uma aprendizagem *compartilhada* (Edmondson, 2012). Se compreendermos isso, perceberemos vários desdobramentos importantes que tornam a cultura complexa. Para entender plenamente a cultura de um determinado grupo, precisamos saber seu tipo de aprendizagem e em que período e sob que tipo de liderança ele ocorreu. Decifrar tal história é impossível com culturas, nações e algumas profissões preliteradas. No entanto, com organizações e grupos de trabalho contemporâneos, é possível e proveitoso começar a análise cultural com uma análise histórica. Vou continuar me referindo ao "grupo", mas esse conceito inclui organizações de todos os tipos.

Se a aprendizagem for compartilhada, todas as forças de formação de identidade e coesão do grupo entram em jogo para estabilizar o conhecimento destinado a definir quem é o grupo e qual é seu propósito ou "razão de ser". Os diversos componentes da aprendizagem tornam-se, então, um padrão de crenças e valores que dão sentido às atividades diárias e ao trabalho do grupo. Se ele conseguir alcançar seu propósito e estiver bem organizado internamente, passará a achar natural essas crenças e valores, além das normas comportamentais atreladas, e os ensinará para os novatos como a maneira certa de pensar, sentir e agir. Em muitos aspectos, isso pode ser entendido como o senso de identidade do grupo, que tem tanto um componente externo, o modo como a organização se apresenta ao mundo, como um elemento interno, a percepção interna de si mesmo.

PREMISSAS BÁSICAS NATURALIZADAS: O DNA CULTURAL

A aprendizagem compartilhada oferece sentido e estabilidade e se torna, de certa maneira, *o DNA cultural*: crenças, valores e comportamentos desejados que criaram o grupo e o tornaram bem-sucedido. Esse nível inicial de crenças, valores e comportamentos desejados torna-se inegociável e se transforma em premissas básicas que, posteriormente, passam a se manifestar de maneira inconsciente. Tais premissas mostram-se muito estáveis, servindo como fonte de novos modos de agir e de aperfeiçoar a cultura. Não podemos deixar de mencionar que esses elementos, aprendidos desde cedo e que compõem o DNA cultural, são a fonte da estabilidade do grupo e não podem ser mudados sem que o grupo mude completamente. Essa questão tem de ser compreendida desde o início, pois os programas de mudança cultural só funcionam se forem coerentes com o DNA cultural do grupo.

COMO RESOLVER PROBLEMAS DE ADAPTAÇÃO EXTERNA E INTEGRAÇÃO INTERNA

Uma das conclusões mais sólidas do estudo de grupos e organizações é que líderes e membros distinguem a "tarefa" que o grupo tem da questão "como nos organizar e nos manter como um grupo?". Essa distinção arbitrária ganhou muitas formas, tais como o *"grid* gerencial", que mede separadamente o grau de preocupação com a tarefa e com as pessoas, levando ao "ideal" de maximizar ambos (Blake e Mouton, 1964, 1969; Blake, Mouton e McCanse, 1989). Em estudos abrangentes sobre grupos de resolução de problemas, descobriu-se que dois tipos de liderança evoluíram e eram necessários para o desempenho de longo prazo do grupo: um líder de tarefa e um líder socioemocional, que geralmente eram pessoas diferentes dentro do grupo (Bales, 1958).

Estudos sobre organizações eficazes sempre apontaram que o bom desempenho e o aprendizado eficiente dependem de manter essas duas dimensões juntas, como "sistemas sociotécnicos", nos quais a parte externa e a interna estão alinhadas, se não integradas. Nas empresas, essa questão se mostra relacionada com uma "tabela de desempenho" ou com uma "linha de fundo dupla" que enfatize a necessidade de prestar atenção tanto à saúde econômica quanto à saúde interna da organização, permitindo que ela funcione e se sustente sozinha (Kaplan e Norton, 1992).

Um dos grandes perigos inerentes aos programas de mudança cultural é presumir que a estratégia e as questões externas de adaptação estão, de algum modo, separadas da cultura e concentrar as mudanças culturais desejadas apenas nos mecanismos *internos* pelos quais um grupo torna sua vida mais agradável. Toda a ênfase dada recentemente às análises sobre as melhores empresas para se trabalhar gera o risco de que você vá para a melhor delas, mas perca o emprego em poucos anos, pois a organização não entendeu que a estratégia também fazia parte da cultura e não conseguiu desenvolver essa estratégia de acordo com as necessidades de mudança da situação (Friedman, 2014).

SOLUÇÕES QUE FUNCIONARAM BEM O SUFICIENTE PARA SEREM CONSIDERADAS VÁLIDAS

Grupos são criados com um propósito. Nós nos agrupamos por segurança ou para conseguir algo, e a sobrevivência do grupo depende do grau com que ele cumpre seu propósito. Grupos não existem isoladamente. Para algo ser realizado, é necessário algum tipo de ação nos diversos ambientes em que está inserido. De acordo com suas ações, o grupo recebe *feedback* sobre estar ou não cumprindo seu propósito. Se der certo e o grupo continuar a ser bem-sucedido, as crenças, valores e padrões de comportamento que o criaram serão assimilados futuramente. Com o tempo e o sucesso contínuo, essas crenças e valores se tornarão parte da identidade do grupo e serão automaticamente ensinados aos recém-chegados como "isso é o que somos, como agimos e essas são nossas crenças". Mesmo que esses valores e crenças tenham sido debatidos quando o grupo foi criado, eles se tornam inegociáveis e são tratados como "premissas" que os novos membros devem adotar como critério de admissão.

PERCEPÇÃO, PENSAMENTO, SENTIMENTO E COMPORTAMENTO

À medida que um grupo cresce, tem sucesso e desenvolve uma identidade, o processo de aprendizagem compartilhada se amplia do comportamento mínimo com o qual precisamos concordar a fim de realizar o trabalho, para uma linguagem, uma maneira de pensar e um modo de sentir. Quando uma empresa é fundada, há um interesse comum focado na tecnologia, no produto ou serviço e nas competências profissionais necessárias para seu desempenho. Isso quer dizer que algumas formas comuns de pensar e perceber estão inicialmente presentes pela decisão comum de ser um grupo e fazer algo em conjunto.

Com o sucesso e mais experiência compartilhada, o grupo desenvolve seu próprio "jargão", muitas vezes expresso em abreviatura e siglas, formas de humor e expressões que simbolizam um pouco da essência da experiência compartilhada. Na Digital Equipment Corporation (DEC), empresa sobre a qual falaremos frequentemente ao longo deste livro, a frase "Faça a coisa certa" simbolizava o valor da honestidade técnica, da abertura e da verdadeira solução dos problemas do cliente. Na Apple, a frase era "Faça as coisas do seu jeito", que significava sentir-se livre para contribuir da melhor maneira possível, mas se expressar de modo pessoal, o que, na época, queria dizer "decore seu escritório da maneira que quiser e traga seu animal de estimação, mas faça bem o seu trabalho".

Temos a tendência de pensar na cultura como principalmente comportamental (ou seja, "é assim que agimos aqui") e esquecemos que, com o tempo e com a aprendizagem compartilhada, passamos a partilhar o jeito de falar, a percepção sobre nosso ambiente relevante, a maneira de pensar no assunto e o que nos faz sentir bem ou mal. Quanto mais antiga for a organização, mais semelhantes serão os pensamentos e as emoções dos membros. Esse processo é mais visível em nível nacional, onde descobrimos que empresas que abrem filiais em novos países têm grande dificuldade em funcionar eficientemente devido às diferenças de linguagem, pensamento e processos emocionais. Em algumas empresas, a cultura corporativa é tão forte e incorporada, que as filiais em diferentes países se parecem com a sede da organização e agem exatamente da mesma maneira que ela.

Uma vez me pediram para descrever a cultura da empresa suíço-alemã Ciba-Geigy para a subsidiária americana em Nova Jersey. Eu havia estudado a cultura na Basileia e repeti o discurso de lá em Nova Jersey, o que gerou a reação de surpresa: "Meu Deus, você nos descreveu perfeitamente!"

O QUE ESTÁ IMPLÍCITO QUANDO USAMOS A PALAVRA *CULTURA*

O conceito de cultura pressupõe estabilidade estrutural, profundidade, extensão e padrões ou integrações que resultem do fato de que a cultura é, para um grupo, um fenômeno aprendido, assim como a personalidade e o caráter o são para um indivíduo.

Estabilidade estrutural. Cultura sugere algum nível de estabilidade estrutural no grupo. Quando dizemos que algo é "cultural", significa que não é apenas compartilhado, mas também estável, pois define o grupo. Chamo isso de "premissas básicas" e DNA cultural. Uma vez atingido um sentido de identidade de grupo, que é um elemento central da cultura, obtemos nossa principal força de estabilização, e essa identidade não será facilmente abandonada. A cultura sobrevive mesmo quando alguns membros saem da organização. O DNA cultural é difícil de mudar, pois os membros do grupo valorizam a estabilidade, que fornece significado e previsibilidade.

Ao mesmo tempo, os elementos mais superficiais da cultura são definidos pela interação entre os membros do grupo. As interações mais ritualizadas dão respaldo ao DNA e proporcionam mais estabilidade. No entanto, à medida que novas condições surgem e novos membros chegam com crenças, valores e normas diferentes, haverá, inevitavelmente, reforço e mudança na criação de novas soluções para problemas de sobrevivência internos e externos. A cultura é tanto estável quanto dinâmica, assim como nosso corpo é estável, se pensarmos no esqueleto, pele e órgãos, mas muda constantemente, se olharmos da perspectiva das células e processos corporais. As partes estáveis, como nossos ossos, podem mudar, mas não tão fácil ou rapidamente, a menos que circunstâncias extremas causem "quebras". Quando empresas vão à falência ou são assumidas por uma gerência de reestruturação, o DNA cultural pode ser destruído e uma nova organização, criada.

Profundidade. Os pressupostos básicos de uma cultura são a parte mais profunda, frequentemente inconsciente, de um grupo e, por isso, menos tangível e visível. Desse ponto de vista, a maioria das definições que revisei foca demais nas manifestações visíveis, que não são a "essência" do que entendemos por cultura. A essência, que podemos considerar como o DNA cultural, consiste nas crenças, valores e suposições comportamentais naturalizados e inegociáveis. Quando algo está mais profundamente inserido no grupo, também ganha estabilidade.

Extensão. Uma terceira característica da cultura é que, uma vez desenvolvida, abrange todo o funcionamento de um grupo. A cultura é universal e influencia todos os aspectos que uma organização usa para lidar com seu propósito principal, seus vários ambientes e suas operações internas. Como já apontamos, o erro mais comum é limitar o conceito ao funcionamento interno do grupo, esquecendo que a cultura também abrange missão, estratégia, estrutura e processos operacionais básicos. Tudo isso é produto da aprendizagem compartilhada e limitará os tipos de mudanças que a organização pode fazer.

Padronização ou integração. A quarta característica implícita pelo conceito de cultura, e que confere ainda mais estabilidade, é a padronização ou integração dos elementos em um paradigma maior, ou "*gestalt*", que liga os diversos elementos em um nível mais profundo. Cultura pressupõe que os rituais, clima, valores e comportamentos estão ligados em um todo coerente. Essa padronização ou integração é a essência do que entendemos por "cultura", que, por fim, deriva da necessidade humana de tornar nosso ambiente o mais sensível e ordenado possível (Weick, 1995). Como a desordem ou a insensatez nos deixam ansiosos, trabalharemos arduamente para reduzir a ansiedade, desenvolvendo uma visão mais consistente e previsível de como as coisas são e como deveriam ser. "Culturas organizacionais, como outras culturas, desenvolvem-se à medida que grupos de pessoas lutam e convivem com seus mundos" (Trice & Beyer, 1993, p. 4).

Entretanto, descobriremos também que dentro do DNA cultural se encontram temas conflitantes com base em diferentes aprendizagens, em diferentes momentos e de diferentes maneiras. Além disso, à medida que as organizações evoluem e desenvolvem subgrupos, esses subgrupos desenvolvem suas próprias subculturas, que podem entrar em conflito entre si ou com a "cultura corporativa" principal. Como veremos, a dinâmica cultural pode ser bem complicada.

O QUE É ENSINADO AOS NOVOS MEMBROS:
O PROCESSO DE SOCIALIZAÇÃO OU ACULTURAÇÃO

Quando um grupo desenvolve uma cultura, seus elementos serão transmitidos para as novas gerações de membros (Louis, 1980; Schein, 1968; Van Maanen, 1976; Van Maanen e Schein, 1979). O estudo sobre o que é ensinado aos novos membros de um grupo é, na verdade, uma boa maneira de descobrir alguns dos elementos de uma cultura, mas esse meio nos mostra apenas aspectos superficiais da cultura. Principalmente porque uma grande parte da alma de uma cultura não é revelada nas regras de comportamento ensinadas aos recém-chegados. Pelo contrário, ela só será revelada aos membros que ganharem *status* permanente e forem admitidos nos círculos mais íntimos do grupo, onde os segredos são compartilhados.

Entretanto, a maneira como as pessoas aprendem e os processos de socialização aos quais estão sujeitas podem, de fato, revelar premissas mais profundas. Para atingir esses níveis, devemos tentar compreender as percepções e sentimentos que surgem em situações críticas, além de observar e entrevistar os membros regulares ou "veteranos" para obter uma noção precisa das premissas compartilhadas em um nível mais profundo.

A cultura pode ser aprendida por socialização antecipada ou autossocialização? Os novos membros podem descobrir por si mesmos quais são as premissas básicas? Sim e não. Com certeza, sabemos que uma das principais atividades de qualquer novo membro quando entra em um novo grupo é decifrar as normas operacionais e premissas. Mas essa decifração só será bem-sucedida por meio da vivência de recompensas e punições aplicadas pelos veteranos aos novos membros que testam diferentes tipos de comportamento. Nesse sentido, há sempre um processo de ensino em andamento, mesmo que seja bastante implícito e pouco sistemático.

Se o grupo não atingiu o ponto de ter premissas compartilhadas, como acontece às vezes, a interação dos novos membros com os mais antigos será um processo mais criativo de construção de cultura. Entretanto, se existirem premissas compartilhadas, a cultura sobrevive por meio do seu ensino aos recém-chegados. Nesse sentido, a cultura é um mecanismo de controle social e pode ser, de certo modo, a base para manipular explicitamente a percepção, pensamento e sentimento dos membros (Van Maanen e Kunda, 1989; Kunda, 1992, 2006). Se aprovamos ou não essa situação como um mecanismo de controle social é uma questão à parte, que discutiremos posteriormente.

A CULTURA PODE SER DEDUZIDA APENAS PELO COMPORTAMENTO?

Observe que a definição de cultura que forneci não inclui padrões óbvios de comportamento, embora alguns deles reflitam premissas culturais, especialmente os rituais formais. Ao contrário, essa definição enfatiza que as premissas compartilhadas lidam com o modo como percebemos, pensamos e sentimos as coisas. Não podemos confiar apenas no comportamento óbvio, pois ele é sempre determinado pela predisposição cultural (ou seja, as percepções, pensamentos e sentimentos padronizados e compartilhados) e pelas contingências situacionais que surgem do ambiente externo imediato.

As regularidades comportamentais podem ocorrer por outras razões além da cultura. Por exemplo, se observarmos que todos os membros de um grupo se retraem na presença de um líder alto e falante, essa reação pode estar fundamentada no reflexo biológico ao som e tamanho ou à aprendizagem individual ou compartilhada. Tal regularidade comportamental não deveria, portanto, ser a base para a definição de cultura, embora possamos mais tarde descobrir que, na vivência de um determinado grupo, a retração é, na verdade, o resultado da aprendizagem compartilhada e, portanto, uma manifestação de premissas compartilhadas mais profundas. Em outras palavras, quando observamos regularidades comportamentais, não sabemos se estamos ou não lidando com uma manifestação cultural. Somente depois de desvendar as camadas mais profundas, que defino como essência ou DNA da cultura, é que podemos especificar o que é e o que não é um "artefato" que reflete a cultura.

AS PROFISSÕES TÊM CULTURAS?

A definição fornecida anteriormente não especifica o tamanho ou localização da unidade social à qual ela pode ser legitimamente aplicada. Sabemos que nações, grupos étnicos, religiões e outros tipos de unidades sociais têm culturas. Eu as chamo de *macro*culturas. Nossa experiência com grandes organizações também nos diz que mesmo corporações globalmente dispersas, como a IBM ou a Unilever, têm culturas corporativas apesar da presença óbvia de muitas subculturas dentro da organização principal.

Mas não fica claro se faz sentido dizer que medicina, direito, contabilidade ou engenharia têm culturas. Se a cultura é resultado da aprendizagem conjunta que leva a premissas compartilhadas sobre como atuar e se relacionar internamente, podemos ver de maneira clara que muitas profissões desenvolvem culturas. Se houver uma forte socialização durante o período de educação e treinamento e se as crenças e valores aprendidos durante esse período permanecerem estáveis como premissas naturalizadas, mesmo que a pessoa não esteja entre colegas de trabalho, então, claramente, essas profissões têm culturas. Para a maioria das profissões que nos interessam, essas culturas são universais na medida em que os membros são treinados da mesma maneira para o mesmo conjunto de habilidades e valores. Entretanto, descobriremos que as macroculturas, nações e religiões em que os membros dessas profissões atuam também influenciam sua definição, ou seja, como a engenharia ou a medicina são praticadas em um determinado país. Essas variações tornam muito mais difícil de decifrar o que é nacional, étnico, ocupacional ou organizacional em um hospital, por exemplo.

QUAL É O PAPEL DA LIDERANÇA?

A liderança é a chave para a aprendizagem. A aprendizagem ocorre quando algo esperado não acontece e o indivíduo ou o grupo está com fome, ferido, desapontado ou de algum modo "rejeitado". Se estamos falando de formação cultural, a aprendizagem ocorre por meio da liderança de um fundador ou empreendedor que usa seu poder pessoal para exigir um novo comportamento para atingir um propósito. Se o grupo estiver com dificuldade, será mais uma vez a liderança que proporá algo novo para tentar resolver a situação. Se o grupo for bem-sucedido, a cultura definirá o que se espera de seus líderes formais. Se o grupo tiver dificuldades novamente, os líderes formais ou outros membros demonstrarão ou exigirão um comportamento novo para resolver o problema, o que pode fazer a cultura se desenvolver.

O mecanismo de aprendizagem vai variar de acordo com a natureza da dificuldade. Se o grupo não está fazendo algo que deveria fazer, o líder fornece esse algo. Se o grupo for bem-sucedido, esse comportamento é reforçado e, por fim, justificado pelas crenças e valores apropriados. Se o grupo está fazendo algo errado, que produz resultados indesejáveis, esse comportamento é punido pelas outras culturas no ambiente, e o grupo aprende a nunca mais repeti-lo. Mas, novamente, a aprendizagem de algo novo ou a interrupção de uma ação inapropriada serão mediadas pelo comportamento da liderança. Exploraremos esse assunto mais profundamente nos capítulos seguintes.

RESUMO E CONCLUSÕES

Em resumo, a maneira mais útil de se chegar a uma definição de algo tão abstrato quanto a cultura é pensar em termos evolutivos dinâmicos, ou seja, analisar a cultura como a aprendizagem de um grupo enquanto luta para sobreviver, crescer, lidar com o ambiente externo e se organizar. Se pudermos entender de onde vem a cultura e como ela evolui, podemos compreender algo que é abstrato, que existe no inconsciente de um grupo, mas que tem uma poderosa influência em seu comportamento.

Qualquer unidade social que tenha algum tipo de história compartilhada terá passado por um processo de aprendizado semelhante e desenvolvido uma cultura. A força dessa cultura depende do tempo, da estabilidade dos membros do grupo e da intensidade emocional das verdadeiras experiências históricas de aprendizagem que compartilharam. Como veremos nos exemplos de casos, a liderança está envolvida na criação da cultura e em cada etapa do crescimento e maturidade da organização.

- Se você é acadêmico ou pesquisador, antes de mergulhar em sua pesquisa, leve em consideração que está prestes a estudar um sistema sociotécnico humano complexo, padronizado e multifacetado e decida o que está realmente tentando descobrir, que método de pesquisa usará e como esse método pode afetar o sistema.

- Se você for um estudante ou potencial funcionário, pergunte ao recrutador sobre a história da empresa e peça para conhecer alguns "veteranos" para ter a noção de como a empresa se desenvolveu.

- Se você é um líder de mudança, pergunte-se se o grupo ou organização que está tentando mudar tem uma história de aprendizagem e o que você pode aprender sobre ela antes de começar a planejar as mudanças.

- Se você é consultor que recebeu a tarefa de construir ou mudar a cultura, não deixe de perguntar ao cliente potencial o que ele ou ela tem em mente e tente obter a imagem mais concreta possível sobre os problemas que a organização quer resolver antes de concordar com o trabalho.

CAPÍTULO 2

A ESTRUTURA DA CULTURA

Em geral, a cultura pode ser analisada em vários níveis, considerando o termo "nível" como o grau pelo qual esse fenômeno é visível para um participante ou observador. Estes níveis variam de manifestações óbvias, muito tangíveis e evidentes, que podem ser vistas e sentidas, até premissas profundamente embutidas, inconscientes e básicas que estamos definindo como a essência da cultura ou seu DNA. Entre essas camadas, estão várias crenças, valores, normas e regras de comportamento expostos que os membros da cultura usam como meio de retratá-la para si e para os outros. Os três principais níveis de análise cultural são mostrados na Figura 2.1.

Três níveis de análise

ARTEFATOS: FENÔMENOS VISÍVEIS E PALPÁVEIS

Podemos pensar em artefatos como fenômenos que podem ser vistos, ouvidos e sentidos quando entramos em contato com um novo grupo com uma cultura desconhecida. Os artefatos incluem os produtos visíveis, como a arquitetura de seu ambiente físico; sua linguagem; sua tecnologia e produtos; suas criações artísticas; seu estilo personificado por roupas, maneiras de se comunicar e manifestações emocionais; os mitos e histórias contados sobre a organização; suas listas de valores explícitas; e seus rituais e cerimônias observáveis.

Entre os artefatos está o "clima" do grupo. Alguns analistas de cultura enxergam o clima como equivalente à cultura. No entanto, é melhor analisá-lo como o resultado de algumas das premissas subjacentes e, portanto, uma manifestação da cultura. Rotinas e rituais de comportamento observados também são artefatos, assim como os processos organizacionais

1. Artefatos
- Estruturas e processos visíveis e palpáveis
- Comportamento observado
  - Difícil de decifrar

2. Crenças e valores expostos
- Ideais, objetivos, valores, aspirações
- Ideologias
- Racionalizações
  - Pode ou não ser congruente com o comportamento e outros artefatos

3. Premissas básicas subjacentes
- Crenças e valores inconscientes e naturalizados
  - Determina comportamento, percepção, pensamento e sentimento

Figura 2.1 Os três níveis da cultura.

pelos quais tal comportamento se torna rotineiro. Elementos estruturais como licenças, descrições formais sobre como a organização funciona e organogramas também se caracterizam como artefatos.

A observação mais importante a ser destacada sobre esse nível de cultura é que é ao mesmo tempo fácil de ser observado e difícil de ser decifrado. Os egípcios e os maias construíram pirâmides claramente visíveis, mas o significado delas em cada cultura era bem diferente; túmulos em uma e templos e também túmulos em outra. Em outras palavras, os observadores podem descrever o que veem e sentem, mas não podem reconstruir a partir disso seu significado para o grupo em questão. Ao entrar em uma nova cultura, é possível observar coisas que podem ou não fazer sentido, e você não terá elementos disponíveis para desvendá-las sem perguntar aos iniciados.

É especialmente perigoso tentar inferir premissas mais profundas partindo apenas de artefatos, porque as interpretações de alguém inevitavelmente serão projeções do seu contexto cultural. Por exemplo, quando se percebe uma organização muito informal e flexível, pode-se interpretá-la como "ineficiente" se a experiência do observador for baseada na premissa de que a informalidade significa muita diversão e nenhum trabalho. Por outro lado, se alguém observa uma organização muito formal, pode interpretar isso como um sinal de "falta de capacidade de inovação" se a sua experiência estiver baseada na premissa de que formalidade significa burocracia e normalização.

Se você passa tempo suficiente em um grupo, os significados dos artefatos tornam-se gradualmente mais claros e os membros explicam "por que agimos assim". Se, no entanto, quiser atingir esse nível de compreensão mais rapidamente, você deve perguntar aos iniciados por que fazem o que fazem. O resultado serão as chamadas crenças e valores expostos.

CRENÇAS E VALORES EXPOSTOS

Toda aprendizagem em grupo reflete, em última instância, as crenças e valores originais de alguém – sua percepção do que deveria ser, que é diferente do que é. Quando um grupo é criado ou enfrenta uma nova tarefa, questão ou problema, a primeira solução proposta para lidar com isso reflete algumas premissas próprias do indivíduo sobre o que é certo ou errado, o que funcionará ou não. Esses indivíduos que prevalecem, que podem influenciar o grupo a adotar determinada abordagem ao problema, serão identificados futuramente como líderes ou fundadores, mas o grupo ainda não tem conhecimento compartilhado como grupo, porque ainda não tomou uma ação comum em relação ao que precisa fazer. Tudo o que for proposto será percebido apenas como aquilo que o líder deseja. Até que o grupo assuma alguma ação conjunta e observe o resultado proveniente dela, ainda não haverá uma base compartilhada para determinar se o que o líder deseja se tornará válido.

Por exemplo, se as vendas de uma empresa jovem diminuem, uma gerente pode dizer: "Devemos investir mais em propaganda" em virtude de sua crença de que a publicidade sempre aumenta as vendas. O grupo que nunca passou por essa situação ouvirá essa afirmativa como uma declaração das crenças e valores dessa gerente: "Ela acredita que, quando temos problemas com as vendas, é bom investir mais em propaganda". O que o líder inicialmente propõe, portanto, não pode ter nenhum outro *status* além de um valor a ser questionado, debatido, desafiado e testado. Se a gerente convencer o grupo a agir de acordo com sua crença e a solução funcionar, então o valor percebido de que "a propaganda é boa" gradualmente se transforma. Primeiro, torna-se um valor ou crença compartilhada e, por fim, uma premissa compartilhada (se as ações baseadas nela continuarem a ser bem-sucedidas). Se esse processo de transformação ocorrer, os membros do grupo geralmente esquecerão que a princípio não estavam seguros e que o curso de ação sugerido era, inicialmente, apenas uma proposta a ser debatida e confrontada.

Nem todas as crenças e valores passam por tal transformação. Primeiro, a solução baseada em um determinado valor pode não funcionar de maneira confiável. Apenas crenças e valores que podem ser testados empiricamente e que continuam a funcionar de modo confiável na solução dos problemas do grupo se transformarão em premissas. Segundo, certos domínios de valor – aqueles que lidam com os elementos menos controláveis do ambiente ou com questões estéticas ou morais – podem não ser testados de maneira alguma. Em tais casos, o consenso por validação social ainda é possível, mas não automático. Terceiro, a estratégia e os objetivos da organização podem se enquadrar nessa categoria de crenças expostas, na medida em que pode não haver nenhuma maneira de testá-las, exceto por consenso, porque a ligação entre desempenho e estratégia pode ser difícil de provar.

Validação social significa que certos valores são confirmados apenas pela experiência social compartilhada de um grupo. Por exemplo, nenhuma cultura é capaz de provar que sua religião e sistema moral são superiores aos de outra cultura, mas se os membros reforçam

CAPÍTULO 2 | A ESTRUTURA DA CULTURA **17**

as crenças e valores uns dos outros, eles passam a ser considerados como naturalizados. Aqueles que não aceitam tais crenças e valores correm o risco de "excomunhão", ou seja, de serem expulsos do grupo. O teste para saber se essas crenças e valores funcionam ou não é se os membros se sentem confortáveis e livres de ansiedade quando os seguem. Nesse âmbito, o grupo aprende que certas crenças e valores, como inicialmente promulgados pelos profetas, fundadores e líderes, "funcionam" no sentido de reduzir a incerteza em áreas críticas do funcionamento do grupo. Além disso, à medida que continuam a proporcionar sentido e conforto aos membros do grupo, eles também se transformam em premissas não discutíveis mesmo que não estejam correlacionadas com o desempenho real.

As crenças expostas e as regras morais ou éticas defendidas permanecem conscientes e são explicitamente articuladas porque servem à função normativa ou moral de orientar os membros do grupo sobre como lidar com certas situações-chave e como treinar novos membros sobre seu comportamento. Tais crenças e valores com frequência são incorporados a uma ideologia ou filosofia organizacional, que, então, serve como guia para lidar com a incerteza de eventos intrinsecamente incontroláveis ou difíceis.

Se essas crenças e valores não são coerentes com aqueles que se correlacionam com o desempenho efetivo, observaremos, em muitas organizações, valores expostos que refletem o comportamento *desejado*, mas não o *observado* (Argyris e Schon, 1978, 1996). Por exemplo, a ideologia de uma empresa pode indicar que ela valoriza as pessoas e que preza pelos mais altos padrões de qualidade em seus produtos, mas seu histórico pode contradizê-la. Nas organizações americanas, é comum o incentivo ao trabalho em equipe, ao mesmo tempo em que se recompensa a competitividade individual. O alardeado "The HP way" da Hewlett-Packard (Packard, 1995) abraçou a gestão de consenso e o trabalho em equipe, mas os engenheiros da divisão de computadores descobriram que, para se destacarem, precisavam ser competitivos e políticos.

Portanto, ao analisar crenças e valores expostos, deve-se discriminar cuidadosamente os que são congruentes com as premissas subjacentes que orientam o desempenho, os que são parte da ideologia ou filosofia da organização e os que são racionalizações ou apenas aspirações para o futuro. Com frequência, as crenças e valores expostos são tão abstratos que podem ser mutuamente contraditórios. Por exemplo, quando uma empresa afirma se importar na mesma medida com acionistas, funcionários e clientes, ou quando declara entregar a mais alta qualidade e o menor custo. Crenças e valores expostos frequentemente não explicam grandes áreas de comportamento, causando a sensação de que entendemos uma parte da cultura, mas ainda não ela como um todo. Para chegar a esse nível mais profundo de compreensão, decifrar o padrão e prever corretamente o comportamento futuro, é necessário entender de modo mais abrangente a categoria das premissas básicas.

PREMISSAS BÁSICAS SUBJACENTES NATURALIZADAS

Quando a solução para um problema funciona diversas vezes, ela é naturalizada. O que antes era uma hipótese, sustentada apenas por um palpite ou valor, gradualmente começa a ser tratada como realidade. Acabamos acreditando que a natureza realmente funciona assim. Nesse sentido, as premissas básicas são diferentes do que alguns antropólogos denominaram "orientações de valor dominante", na medida em que essas orientações refletem a solução preferida entre várias alternativas básicas, mas todas as alternativas ainda são visíveis na cultura, e todo membro pode, ocasionalmente, comportar-se de acordo com as variantes ou pelas orientações dominantes (Kluckhohn e Strodtbeck, 1961). Nos Estados Unidos, a solução preferida é claramente o individualismo, mas o trabalho em equipe é aceito como um meio para alcançar um fim.

As premissas básicas, no sentido que defino aqui, tornaram-se tão naturalizadas que encontramos pouca variação dentro de uma unidade social. Esse grau de consenso resulta do sucesso repetido na implementação de certas crenças e valores, como descrito anteriormente. De fato, se uma premissa básica passa a ser fortemente exposta em um grupo, seus membros acharão inconcebíveis comportamentos baseados em qualquer outro pressuposto. Por exemplo, em um grupo cuja premissa básica afirma que os direitos do indivíduo se sobrepõem aos do grupo, seus membros acham inconcebível cometer suicídio ou de alguma outra maneira sacrificar-se pelo grupo, mesmo que tenham cometido uma desonra. Em um país capitalista, é inconcebível que alguém leve uma empresa a operar constantemente no prejuízo ou que não se importe se um produto funciona ou não.

Em uma profissão como a engenharia, é inconcebível projetar deliberadamente algo que seja inseguro, é uma premissa naturalizada de que as coisas devem ser seguras. Nesse sentido, as premissas básicas são semelhantes ao que Argyris e Schon (1996) identificaram como "teorias em uso", ou seja, as premissas implícitas que realmente orientam o comportamento, que dizem aos membros do grupo como perceber, pensar e se sentir sobre as coisas. Premissas básicas, como as teorias em uso, costumam não ser confrontadas ou debatidas e, portanto, são extremamente difíceis de mudar. Aprender algo novo nesse âmbito exige ressuscitar, reexaminar e, possivelmente, mudar algumas das partes mais estáveis de nossa estrutura cognitiva, um processo que Argyris e outros denominaram "aprendizagem de ciclo duplo" ou "quebra de estrutura" (Argyris e Schon, 1974, 1996).

Tal aprendizagem é intrinsecamente difícil, porque o reexame das premissas básicas desestabiliza temporariamente nosso mundo cognitivo e interpessoal, revelando uma grande ansiedade básica. Em vez de tolerar tais níveis de ansiedade, tendemos a querer perceber os eventos ao nosso redor como congruentes com nossas premissas, mesmo que isso signifique distorcer, negar, projetar ou, de outras formas, falsificar para nós mesmos o que possa estar acontecendo ao nosso redor. É nesse processo psicológico que a cultura tem seu poder máximo.

A cultura como um conjunto de premissas básicas define aquilo em que devemos prestar atenção, o significado das coisas, como reagir emocionalmente ao que está acontecendo, e que ações tomar em vários tipos de situações. Após desenvolver e integrar um conjunto de tais premissas, criamos um "mundo de ideias" ou "mapa mental". Assim, nós nos sentimos mais confortáveis com pessoas que compartilham o mesmo conjunto de premissas e muito desconfortáveis e vulneráveis nas situações em que diferentes premissas operam, porque não entendemos o que está acontecendo ou, pior ainda, interpretamos mal as ações dos outros (Douglas, 1986; Bushe, 2009).

A cultura nesse nível dá a seus membros um senso básico de identidade e define os valores que proporcionam autoestima (Hatch e Schultz, 2004). As culturas dizem a seus membros quem eles são, como se comportar entre si e como se sentir bem consigo mesmos. O reconhecimento dessas funções críticas nos faz perceber por que "mudar" a cultura provoca tanta ansiedade. Para ilustrar como as premissas inconscientes podem distorcer dados, considere o seguinte exemplo. Se presumirmos, com base em nossa experiência ou formação, que outras pessoas levarão vantagem sobre nós sempre que tiverem a oportunidade, esperaremos que nos passem para trás e, assim, interpretaremos o comportamento dos outros de maneira que coincida com essas expectativas. Se presumirmos que é da natureza humana ser simplesmente preguiçoso e observarmos pessoas sentadas em uma postura aparentemente ociosa à mesa do trabalho, interpretaremos esse comportamento como "vadiagem" em vez de "estão analisando um problema importante". Perceberemos a ausência do trabalho como uma "folga" em vez de "trabalho em casa".

Se essa não for apenas uma premissa pessoal, mas também uma premissa compartilhada que, portanto, faz parte da cultura de uma organização, discutiremos com outros sobre o que fazer com nossa força de trabalho "preguiçosa" e como instituir controles rigorosos para garantir que as pessoas estejam ocupadas em suas mesas. Se os funcionários sugerirem trabalhar em casa, nós nos sentiremos desconfortáveis e provavelmente negaremos o pedido, pois acharemos que, em casa, eles ficarão ociosos (Bailyn, 1992; Perin, 1991).

Por outro lado, se acreditarmos que todos estão altamente motivados e são competentes, agiremos de acordo com essa premissa, incentivando as pessoas a trabalharem em seu ritmo e a seu modo. Se virmos pessoas sentadas em silêncio em suas mesas, presumiremos que estão pensando ou planejando. Se descobrirmos que alguém é improdutivo na organização, partiremos do princípio de que existe um descompasso entre a pessoa e o cargo – não que ela é preguiçosa ou incompetente. Se os funcionários quiserem trabalhar em casa, perceberemos isso como prova da vontade de serem produtivos.

Em ambos os casos, há um potencial de distorção, em que o gerente cético não perceberá o grau real de motivação de alguns subordinados, e o gerente idealista não notará que há funcionários preguiçosos tirando vantagem da situação. Como McGregor (1960) observou décadas atrás, tais premissas sobre a "natureza humana" tornam-se a base dos sistemas de

20 CULTURA ORGANIZACIONAL E LIDERANÇA SCHEIN

gestão e controle perpetuados, porque, se as pessoas são tratadas de maneira consistente em termos de certas premissas básicas, elas acabam se comportando de acordo com essas premissas para tornar seu mundo estável e previsível.

Premissas inconscientes às vezes levam a situações ridiculamente trágicas, como ilustrado por um problema comum vivenciado por supervisores norte-americanos em alguns países asiáticos. Um gerente que vem de uma tradição pragmática dos Estados Unidos presume e toma como certo que a solução de um problema tem sempre a mais alta prioridade. Quando esse líder encontra um subordinado que vem de uma tradição cultural na qual as boas relações e a proteção da "imagem" do superior são tidas como de máxima prioridade, temos, muitas vezes, o cenário a seguir.

O gerente propõe uma solução para determinado problema. O funcionário sabe que a solução não vai funcionar, mas sua premissa inconsciente exige que ele permaneça em silêncio, pois dizer ao chefe que a solução proposta está errada é uma ameaça para a imagem de seu superior. Nem sequer ocorreria ao subordinado fazer algo que não fosse permanecer em silêncio. Se o chefe perguntasse sua opinião, ele poderia até incentivá-lo a seguir adiante em vez de desafiá-lo.

A ação é tomada, os resultados são negativos, e o gerente, surpreso e intrigado, pergunta o que o funcionário teria feito ou se faria algo diferente. Essa pergunta o coloca em uma condição de duplo vínculo impossível de resolver, porque a resposta é uma ameaça à imagem de seu superior. Ele não consegue explicar seu comportamento sem cometer o pecado que estava tentando evitar desde o início, ou seja, constranger o chefe. O funcionário pode até mentir e argumentar que a atitude do gerente foi correta e que o "azar" ou circunstâncias incontroláveis o impediram de ser bem-sucedido.

Do ponto de vista do subordinado, o comportamento de seu superior é incompreensível, pois perguntar a ele o que teria feito mostra falta de orgulho próprio, e possivelmente faz com que o funcionário perca o respeito por seu gerente. Para o chefe, o comportamento do subordinado é igualmente incompreensível. Ele não consegue encontrar uma explicação razoável para seu comportamento que não esteja contaminada pela premissa de que o funcionário talvez não se importe com o desempenho eficaz e, portanto, deve ser demitido. Jamais ocorre ao gerente que outra premissa, como "nunca deixe seu superior constrangido", exista e que, para o subordinado, ela é ainda mais poderosa do que "você tem que fazer seu trabalho".

Se tais premissas operam apenas em um indivíduo e representam sua experiência idiossincrática, podem ser corrigidas mais facilmente, porque a pessoa detectará que somente ela tem esse princípio. O poder da cultura se dá pelo fato de que as premissas são compartilhadas e, portanto, mutuamente reforçadas. Nesses casos, provavelmente, apenas uma terceira parte ou experiências interculturais conseguiriam ajudar a encontrar um consenso no qual ambos os lados poderiam trazer suas premissas implícitas à tona. Mesmo depois de emergirem, tais premissas ainda operariam, forçando o chefe e o subordinado a criar um novo mecanismo de comunicação que permitisse que cada um permanecesse coerente com sua cultura. Por exemplo, poderiam concordar que, antes de qualquer decisão ser tomada e que o gerente assuma o risco, ele pedirá que o funcionário apresente sugestões e dados reais que não sejam uma ameaça à sua imagem. Observe que a solução tem que manter cada premissa cultural intacta. Nesses casos, não podemos simplesmente considerar que uma delas esteja "errada". Temos que encontrar uma terceira premissa para garantir que ambas as partes mantenham sua integridade.

Permaneci nesse longo exemplo para ilustrar o potencial dessas premissas implícitas e inconscientes e demonstrar que elas, com frequência, tratam de aspectos fundamentais da vida: a natureza do tempo e do espaço; a natureza e as atividades humanas; a natureza da verdade e como a descobrimos; a maneira correta de o indivíduo e o grupo se relacionarem; a importância relativa do trabalho, da família e do autodesenvolvimento; o papel adequado do homem e da mulher; e a natureza da família.

Premissas mais amplas sobre a natureza humana frequentemente derivam de uma cultura maior na qual a organização está inserida ou de unidades ocupacionais que vão além das organizações. Nos Estados Unidos, a premissa de que reuniões são uma perda de tempo deriva muito de nosso individualismo resistente e pragmático, que opera contra o trabalho em equipe e imediatamente define reuniões como algo a ser evitado, mesmo quando as tarefas complexas se tornam interdependentes e exigem mais encontros.

A METÁFORA DO LAGO DE LÓTUS

Podemos resumir esse modelo de três níveis usando um lago de lótus metafórico. As flores e as folhas na superfície do lago são os "artefatos" que podemos ver e analisar. O produtor que criou o lago (a liderança) anuncia o que esperava e desejava das folhas e flores e fornece crenças e valores publicamente aceitos para justificar o resultado. Ele pode ou não estar consciente de que o resultado é produto de como as sementes, o sistema radicular, a qualidade da água no lago e os fertilizantes se combinaram para criar as flores e as folhas. Essa falta de consciência sobre o que realmente produz os resultados pode não importar se as crenças e valores divulgados são coerentes com a maneira como as folhas e flores se desenvolveram.

Entretanto, se o observador notar uma discrepância entre o que o produtor alega serem flores e o que realmente surge, ambos terão que avaliar o que há na água e no sistema radicular. E se eles quiserem flores de cores diferentes, pintá-las não funcionará. Será necessário analisar como mudar as sementes, a qualidade da água, o fertilizante, ou seja, o DNA invisível do lago. Os líderes que queiram mudar a cultura não podem fazê-lo pintando as flores ou podando as folhas. É necessário localizar o DNA cultural e mudar parte dele.

Considerando esse modelo estrutural, pode-se analisar qualquer cultura, ou, ainda, a identidade cultural de qualquer indivíduo. Vamos analisar, de forma breve, como esse contexto

Figura 2.2 A metáfora do lago de lótus para os níveis de cultura.

Fonte: Ilustração de Jason Bowes – Human Synergistics.

se aplicaria no nível do microssistema individual ou de grupo e, nos capítulos seguintes, aplicá-lo a organizações e unidades culturais maiores.

O INDIVÍDUO A PARTIR DE UMA PERSPECTIVA CULTURAL

O indivíduo como entidade cultural pode ser analisado em termos de artefatos, crenças e valores defendidos, e premissas básicas subjacentes. Todos nós temos premissas internas sobre o estado do mundo e sobre as maneiras corretas de se envolver em relacionamentos. Algumas dessas premissas sobre o relacionamento tornaram-se naturalizadas e caíram no inconsciente, pois aprendemos cedo algumas das regras básicas para lidarmos com diferentes tipos de situações. Essas premissas e regras derivam da macrocultura, na medida em que cada sociedade aprende com a própria história o nível de comunicação e abertura viável para que as pessoas se entendam.

Todas as sociedades (ou seja, macroculturas) desenvolvem regras de etiqueta, boas maneiras e tato que especificam o que é (ou não) apropriado dizer em determinada situação. A maioria de nós é, portanto, um repositório ambulante de regras que nos foram ensinadas quando jovens e que representam camadas iniciais de socialização cultural. Como parte de nossa aculturação na família, aprendemos que, para nos darmos bem uns com os outros, é importante ocultar algumas de nossas percepções e sentimentos, porque dizê-los em voz alta pode magoar ou ofender outras pessoas. E, ao magoar os outros, permitimos que eles nos façam mal, o que torna a vida social muito perigosa no geral. Aprendemos que algumas dessas coisas podem ser ditas para amigos e pessoas íntimas. Entretanto, as premissas básicas sobre o motivo de não se poder expressar certas ideias permanecem na subconsciência, e o processo pelo qual foram aprendidas talvez esteja totalmente esquecido.

Quando entramos em um programa de tratamento ou desenvolvimento pessoal, o líder e o cenário geralmente criam uma "ilha cultural" na qual algumas regras da sociedade podem ser suspensas e as pessoas são incentivadas a serem mais abertas em relação a coisas que geralmente ocultariam. Quando as tarefas que devemos realizar em grupo exigem um alto grau de colaboração, o processo de aprendizagem da equipe, ou *"teaming"* (Edmondson, 2012), cria condições semelhantes, nas quais algumas de nossas premissas básicas têm de ser expostas. O melhor exemplo é oferecer aos membros da equipe um *feedback* sobre como reagimos à sua participação e assumir nossas próprias dúvidas e medos em relação à tarefa. Chamo isso de "humildade aqui e agora" para indicar que, nessas situações de equipe, *status* e hierarquia formais tornam-se menos importantes do que os padrões de quem é dependente de quem em um dado momento para realizar uma tarefa (Schein, 2016).

Em resumo, como indivíduos, todos nós podemos ser observados no nível de artefatos e temos crenças e valores expostos que podem ou não ser coerentes com nosso comportamento, além de premissas de nível mais profundo que justificam nossas atitudes. É o grau de alinhamento ou congruência entre os três níveis que determina como a "sinceridade" ou "integridade" de um indivíduo é julgada por outras pessoas.

O GRUPO OU MICROSSISTEMA A PARTIR DE UMA PERSPECTIVA CULTURAL

Os grupos também desenvolvem "agendas ocultas", tentam "tapar o sol com a peneira" e, de várias maneiras, adotam crenças e princípios para justificar seu comportamento ostensivo. Se aplicarmos o modelo de três níveis ao comportamento de grupo, analisando se o comportamento observado corresponde ou não às crenças e valores expostos, descobrimos discrepâncias que revelam o nível das premissas básicas (Bion, 1959; Marshak, 2006; Kantor, 2012).

24 CULTURA ORGANIZACIONAL E LIDERANÇA SCHEIN

Um exemplo simples, mas expressivo, ocorreu em uma equipe de uma indústria que se dedicava ao trabalho em grupo e defendia um clima de participação relevante para todos os membros. Durante várias reuniões, observei que um indivíduo era constantemente ignorado após tentar dizer algo, nunca era requisitado e parecia estar muito à margem do restante. Comentei isso em uma das reuniões e fui recebido com um silêncio sepulcral. Em seguida, a discussão continuou como se nada tivesse acontecido.

Após a reunião, o presidente explicou que esse membro foi um importante inventor de vários produtos da empresa, era muito jovem para se aposentar e ainda era potencialmente útil como consultor, mas não havia lugar para ele, exceto naquele grupo em particular. Nas primeiras reuniões, ele foi acolhido e a equipe chegou a um consenso de que sua participação era bem-vinda, mas que, provavelmente, ele perceberia que a maioria de suas ideias agora eram obsoletas. O funcionário entendeu a situação e a aceitou.

Minha intervenção ao chamar a atenção para isso deixou o grupo constrangido, ao trazer à tona a premissa básica "nós o aceitamos como membro, mas todos entendemos que não fará uma contribuição verdadeira para o grupo". Qualquer discussão sobre essa premissa causaria mais constrangimento a todos os envolvidos. Tinha-se tornado parte da cultura do grupo aceitar essa pessoa como membro sem, no entanto, haver a obrigação de levar suas ideias a sério. O grupo havia desenvolvido a regra comportamental "você deve ser educado e prestar atenção a ele, mas não precisa aproveitar suas ideias".

Todos os grupos têm culturas? Depende da história em comum de aprendizagem em equipe de determinado grupo. Um grupo que muda constantemente de membros e não teve que aprender a fazer nada em conjunto não terá uma cultura. Mas qualquer grupo que tenha uma tarefa compartilhada, certa constância entre os membros e alguma história em comum de aprendizagem terá a própria subcultura, além de se inserir na cultura da unidade organizacional em que está e nas macroculturas das profissões de seus membros, da organização e da nação.

RESUMO E CONCLUSÕES

Este capítulo apresenta um modelo de cultura em três níveis como forma de descrever e analisar qualquer fenômeno cultural, seja um indivíduo, um microssistema, uma subcultura, uma organização ou uma macrocultura. É importante diferenciar os "artefatos" observados e vivenciados dos "valores expostos" e das "premissas básicas subjacentes" que, em última instância, impulsionam o comportamento observado.

CAPÍTULO 2 | A ESTRUTURA DA CULTURA   25

SUGESTÕES PARA OS LEITORES

- Se você é acadêmico ou pesquisador, tente classificar tudo o que observa e sabe sobre um grupo do qual é membro, considerando as categorias básicas de artefatos, valores expostos e premissas básicas. Que outras perguntas você precisa fazer a seus colegas para decifrar as premissas básicas?
- Se você é um estudante ou potencial funcionário, escolha uma empresa que lhe interesse, visite-a para coletar impressões e sensações e, em seguida, veja se o que a organização divulga se encaixa no que você observou e sentiu. Se notar discrepâncias, faça perguntas para chegar às premissas básicas.
- Se você é um líder de mudança, reúna um grupo representativo de membros da empresa que você quer mudar e peça que identifiquem o maior número possível de artefatos comportamentais da organização. Liste-os em um quadro. Em seguida, peça ao grupo para identificar os principais valores expostos da organização e compará-los com os artefatos listados. São coerentes? Se encontrar discrepâncias, peça ao grupo para identificar qual poderia ser a premissa mais profunda para explicar os artefatos, especialmente o comportamento de rotina observado.
- Se você é consultor e sabe quais mudanças específicas os líderes de mudança têm em mente, convide-os a reunir um grupo da empresa e a realizar o exercício do item anterior para determinar onde as crenças, valores e premissas identificadas podem ajudar ou dificultar o programa de mudança proposto.

CAPÍTULO

3

UMA JOVEM EMPRESA AMERICANA DE ENGENHARIA EM ASCENSÃO

A melhor maneira de ilustrar como a cultura funciona e analisar e avaliar fenômenos culturais é por meio de casos que representem diferentes estágios de evolução organizacional. Neste capítulo, revisaremos a história de uma empresa que tive a sorte de conhecer em sua juventude e acompanhar durante todo seu ciclo de vida. De certo modo, é um caso "antigo", dos anos 1960, mas a dinâmica cultural que encontrei na época continua visível nas empresas que observei nos últimos anos e parece caracterizar as *startups* do setor tecnológico.

Caso 1: Digital Equipment Corporation em Maynard, Massachusetts

A Digital Equipment Corporation (DEC) foi a primeira grande empresa a introduzir a computação interativa em meados dos anos 1950 e tornou-se muito bem-sucedida na fabricação dos produtos que vieram a ser conhecidos como "minicomputadores". Estava localizada principalmente na região nordeste dos Estados Unidos, com sede em um antigo moinho na cidade de Maynard, Massachusetts, mas tinha filiais em todo o mundo. Em seu auge, tinha mais de 100 mil funcionários e uma receita de US$ 14 bilhões. Em meados da década de 1980, tornou-se a segunda maior fabricante de computadores do mundo, depois da IBM. A empresa

CAPÍTULO 3 | UMA JOVEM EMPRESA AMERICANA DE ENGENHARIA EM ASCENSÃO **27**

passou por grandes dificuldades financeiras nos anos 1990 e acabou sendo vendida para a Compaq Corp. em 1998. Por sua vez, a Compaq foi adquirida pela Hewlett-Packard em 2001.

Inúmeros artigos explicam como e por que a DEC "falhou", mas poucos fornecem uma perspectiva cultural sobre sua ascensão ou fracasso. Fui consultor da DEC de 1966 a 1992 e, portanto, conheci intimamente grande parte da história interna de como a empresa cresceu, atingiu seu auge e declinou (Schein, 2003). Fui consultor do fundador, Ken Olsen, e de diversos executivos durante todo esse período, o que proporcionou uma oportunidade única de ver a dinâmica cultural em ação durante a maior parte da vida da empresa. A história da DEC é um excelente exemplo de como as camadas culturais mais profundas, ou seja, as premissas básicas, explicam tanto a ascensão quanto a queda da empresa. Ao longo deste livro, essa história servirá como um valioso exemplo de caso que ilustra as interações de macro e microculturas.

Neste capítulo, começamos por analisar estruturalmente a cultura da empresa, utilizando a abordagem fornecida no Capítulo 2. Nos capítulos seguintes, vou me referir a várias forças culturais que definem a DEC como uma empresa jovem, de meia-idade e em declínio. As *startups* e empresas antigas recebem muita atenção na literatura organizacional, mas não há muitos estudos sobre todo o ciclo de vida de uma única empresa sob a liderança de seu fundador. Tais estudos se tornam ainda mais valiosos uma vez que a teoria da organização dá cada vez mais atenção à agilidade e à "ambidestria" como propriedades fundamentais das empresas longevas (O'Reilly e Tushman, 2016).

O que os autores demonstram com esse conceito é que a sobrevivência em longo prazo parece depender da capacidade de gerenciar o negócio existente – que tem sido a razão do sucesso até então – e, ao mesmo tempo, de desenvolver um novo negócio que seja mais responsivo às mudanças ambientais. Se a empresa não tiver essa capacidade, inevitavelmente atrairá concorrentes que prejudicarão as operações atuais, criando novos negócios mais adaptáveis e, portanto, acabando por colocar os antigos em declínio (Christensen, 1997). Tendo esse contexto teórico, vamos conhecer a DEC.

ARTEFATOS: CONHECENDO A EMPRESA

Para entrar em qualquer um dos muitos prédios da DEC, era necessário passar por um guarda atrás de um balcão, em uma área onde geralmente várias pessoas conversavam, entravam e saíam, conferiam os crachás dos funcionários, recebiam a correspondência e atendiam ligações. Uma vez lá dentro, esperávamos em uma pequena sala decorada informalmente, até que alguém da empresa viesse nos receber ou mandasse uma secretária nos acompanhar às áreas dedicadas ao trabalho.

O que mais recordo dos primeiros contatos com a empresa é a arquitetura ampla em todo o escritório; a informalidade extrema das roupas e do comportamento; um ambiente muito dinâmico, com pessoas apressadas; e alto nível de interação entre os funcionários, aparentemente refletindo entusiasmo, atividade, energia e impaciência. Ao passar pelas divisórias e salas de reunião, tinha-se a impressão de transparência. Havia poucas portas; eu soube mais tarde que Ken Olsen, o fundador, havia proibido portas nos escritórios dos engenheiros. A lanchonete da empresa estendia-se por uma ampla área livre onde as pessoas se acomodavam em grandes mesas, pulavam de uma para outra e, obviamente, ficavam intensamente envolvidas no trabalho até no horário de almoço. Também observei que muitos cubículos possuíam máquinas de café e geladeiras, e que havia comida na maioria das reuniões. Nas reuniões durante a manhã, um ou mais funcionários levava caixas de *donuts* frescos para todos degustarem.

O *layout* físico e os padrões de interação tornavam muito difícil decifrar os níveis hierárquicos, e fui informado de que não havia privilégios de *status*, como refeitórios privativos, vagas especiais no estacionamento, escritórios com vistas melhores, entre outros benefícios. Os móveis dos *lobbies* e escritórios eram baratos e funcionais, e a empresa estava quase toda localizada em uma antiga fábrica reformada para seu uso. As roupas informais usadas pela maioria dos gerentes e funcionários reforçavam a ideia de economia e igualitarismo.

Fui levado à DEC por Ken Olsen "para ajudar a equipe de alta gerência a melhorar a comunicação e eficácia do grupo". Quando comecei a participar das reuniões regulares da alta direção, fiquei bastante impressionado com o alto nível de confronto interpessoal, argumentação excessiva e conflito. Os membros do grupo tornavam-se altamente emotivos sem motivo aparente, interrompiam-se constantemente e pareciam ficar irritados uns com os outros, embora também fosse perceptível que essa raiva ficasse restrita à sala de reunião.

Com exceção do presidente e fundador, Ken Olsen, poucas pessoas tinham um *status* visível em termos de como os demais se dirigiam a elas. O próprio Olsen, com seu comportamento informal, dava a entender que não levava tão a sério sua posição de poder. Os membros do grupo argumentavam com ele tanto quanto entre si, chegando a interrompê-lo algumas vezes. No entanto, seu *status* prevalecia nos sermões ocasionais que dava à equipe, quando achava que os membros não estavam entendendo ou estavam "errados" sobre algo. Nessas situações, Olsen podia ficar muito mais entusiasmado do que o restante do grupo. Depois de observar por um tempo, entendi que esse era seu estilo típico de conduzir reuniões, que eram muito comuns, chegando ao ponto de as pessoas reclamarem do tempo que gastavam nelas. Ao mesmo tempo, argumentavam que sem as reuniões não podiam realizar seu trabalho adequadamente.

Minhas reações à empresa e a essas reuniões também precisavam ser consideradas como artefatos a serem documentados. Era empolgante participar das reuniões da alta direção e surpreendente observar tantos comportamentos que pareciam disfuncionais para mim. O nível de confronto que observei me deixou bastante preocupado, e tive a sensação de não entender o que tudo aquilo representava, mas também me forneceu um programa de

CAPÍTULO 3 | UMA JOVEM EMPRESA AMERICANA DE ENGENHARIA EM ASCENSÃO **29**

trabalho como consultor: como consertar esse grupo disfuncional a partir das características de grupos eficazes que eu conhecia pelo meu treinamento.

A empresa era organizada como uma matriz, uma das primeiras versões desse tipo, com unidades funcionais e linhas de produtos, mas havia um senso de reorganização eterna e uma busca por uma estrutura que "funcionasse melhor". A estrutura era vista como algo a ser melhorado até que alguém conseguisse deixá-la perfeita. Havia muitos níveis nas hierarquias técnica e gerencial, mas eu sentia que isso não passava de uma conveniência e não era algo para se levar muito a sério.

No entanto, a estrutura de comunicação era extremamente importante. Havia muitos comitês e novos eram constantemente criados. A empresa tinha uma rede de e-mails vasta que funcionava em todo o mundo. Engenheiros e gerentes viajavam frequentemente e estavam em constante comunicação uns com os outros por telefone. Olsen ficava incomodado se observasse qualquer evidência de falta de comunicação ou de comunicação inadequada. Para facilitar o contato e a comunicação, a DEC tinha a própria "força aérea", uma frota com vários aviões e helicópteros. Ken Olsen era piloto licenciado e comandava seu avião quando fazia um retiro de lazer no Maine.

Comentário analítico. Muitos outros artefatos dessa organização serão descritos mais à frente, mas, no momento, isso será suficiente para se ter uma ideia do que encontrei na DEC. A questão agora é a seguinte: o que tudo isso significa? Sei que reagi positivamente à informalidade e muito negativa ao comportamento indisciplinado do grupo, mas eu realmente não compreendia por que aquelas coisas aconteciam e o que significavam para os membros da empresa. Para obter algum entendimento, precisei partir para o próximo nível: as crenças, os valores e as regras comportamentais expostos.

Nesse ponto eu achava que estava observando subculturas (as muitas áreas de trabalho) e microculturas (as várias reuniões do grupo) que refletiam, principalmente, a tecnologia que impulsionava os negócios, ou seja, desenvolver computadores que fossem interativos, que pudessem ser colocados sobre uma mesa e que criassem uma nova indústria. Eu também estava vendo o estilo pessoal do fundador, que parecia ser um reflexo da macrocultura do típico americano da Nova Inglaterra. O que eu poderia aprender ao fazer perguntas?

CRENÇAS, VALORES E REGRAS COMPORTAMENTAIS EXPOSTOS

À medida que conversava com as pessoas da DEC sobre minhas observações, especialmente sobre o que me deixava confuso ou apreensivo, passei a listar algumas crenças e valores pelos quais a empresa operava. Muitos deles estavam inseridos em citações ou parábolas que Olsen escrevia periodicamente e circulavam pela empresa. Por exemplo, um alto valor era atribuído à *responsabilidade pessoal*. Se alguém apresentasse uma proposta para

30 CULTURA ORGANIZACIONAL E LIDERANÇA SCHEIN

realizar uma tarefa e recebesse aprovação, essa pessoa tinha uma clara obrigação de executá-la ou, se não fosse possível, teria de renegociá-la. A frase *"Quem propuser, que faça"* era frequentemente ouvida em toda a empresa.

Funcionários de todos os níveis eram responsáveis por pensar sobre o que faziam e eram sempre motivados a "fazer a coisa certa", o que, em muitas situações, significava ser insubordinado. Se o chefe lhe pedisse para fazer algo que você considerasse errado ou estúpido, esperava-se que você *"resistisse"* e tentasse fazer o chefe mudar de ideia. Se ele insistisse e você ainda acreditasse que a decisão não estava certa, esperava-se que você não cumprisse a ordem e assumisse a responsabilidade. Se estivesse errado, receberia uma punição leve, mas ganharia respeito por defender as próprias convicções. Obviamente, por conhecerem essas regras, era menos provável que os chefes dessem ordens arbitrárias. O mais provável é que ouvissem seus argumentos, caso você resistisse, e renegociassem a decisão. Por isso, a insubordinação raramente era necessária, mas o princípio de pensar por si próprio e fazer a coisa certa era muito reforçado.

Outra regra estipulava que você não deveria fazer nada sem obter a *"aprovação"* de quem tinha de implementar a decisão ou fornecer os serviços necessários e até de quem seria influenciado por ela. Era necessário ser muito individualista e, ao mesmo tempo, ter a disposição de participar de uma equipe, daí o sentimento simultâneo de que as reuniões consumiam muito tempo, mas eram indispensáveis. Para se chegar a uma decisão e obter aprovação, era necessário convencer outras pessoas sobre a validade da ideia e ser capaz de defendê-la contra qualquer argumento concebível, o que causou os altos níveis de confronto que observei nos grupos.

Entretanto, se uma ideia sobrevivesse a esse nível de debate, poderia ser levada adiante e implementada, porque todos estavam, então, convencidos de que era a coisa correta a fazer. Levava muito tempo para se chegar a um acordo, mas, uma vez alcançado, a ação era mais consistente e rápida. Se, em algum ponto da escala hierárquica, a decisão "emperrasse" porque alguém não estava convencido de que "era a coisa certa a fazer", essa pessoa teria de se opor, seus argumentos teriam de ser ouvidos e ela teria de ser convencida, ou a decisão deveria ser renegociada em uma hierarquia superior.

Ao perguntar às pessoas sobre seus trabalhos, descobri outro forte valor: todas deviam *descobrir a essência de suas tarefas* e deixar isso bem claro. Perguntar ao chefe o que era esperado de si era considerado um sinal de fraqueza. Se a definição da tarefa de algum funcionário estivesse desalinhada com o que o grupo ou o departamento exigia, logo alguém lhe diria. O papel do chefe era estabelecer objetivos amplos, mas se esperava que os subordinados tomassem a iniciativa de imaginar como melhor atingi-los. Esse valor exigia muita discussão e negociação, o que, frequentemente, causava reclamações em virtude do tempo desperdiçado. Entretanto, todos justificavam o valor de fazer as coisas desse modo e continuavam a defender essa prática, mesmo que ela viesse a criar dificuldades futuras para a DEC.

Também descobri que os funcionários podiam discutir acirradamente nas reuniões e, ao mesmo tempo, continuar a ser bons amigos. Havia um sentimento de união no grupo, um tipo de segunda família sob a forte figura paterna de Ken Olsen, que criou a norma de que *o conflito não significava que as pessoas não se gostassem ou se desrespeitassem*. Essa norma parecia se estender até mesmo para "falar mal" uns dos outros; as pessoas podiam se chamar de "estúpidas" pelas costas ou dizer que alguém era um verdadeiro "fracassado" ou "idiota", mas se respeitavam mutuamente em situações de trabalho.

Olsen geralmente criticava pessoas em público, o que as deixava constrangidas, mas me explicaram que isso significava apenas que elas deveriam trabalhar para melhorar suas áreas de operações, não que ele realmente as desaprovasse. De fato, brincava-se que era melhor ser criticado por Ken do que ser ignorado por ele. Mesmo que alguém estivesse sendo reprovado, era visto meramente como se tivesse sido mandado "para o banco de reservas". Contavam histórias de gerentes e engenheiros que passaram por esse tipo de desfavorecimento por longos períodos, mas reverteram a situação e se tornaram heróis em outro contexto.

Quando os gerentes conversavam sobre seus produtos, enfatizavam a qualidade e elegância. A empresa foi fundada por engenheiros e era dominada por uma mentalidade de engenharia, na qual o valor de um novo produto proposto era, geralmente, julgado pelos engenheiros que o aprovavam ou não após o uso. A decisão não era baseada em pesquisas ou testes de mercado. Os engenheiros da DEC adoravam clientes sofisticados como cientistas e gerentes de laboratório que conseguiam lidar com equipamentos complexos, oferecer um bom *feedback* e, assim, incentivar melhorias nos produtos. Os clientes comuns eram vistos de maneira bastante depreciativa, especialmente aqueles que não eram tecnicamente sofisticados o suficiente para apreciar a elegância do equipamento projetado.

Olsen enfatizava a *absoluta integridade no projeto, fabricação e venda*. Ele enxergava a empresa como altamente ética e destacava muito os valores do trabalho associados à ética protestante: honestidade, trabalho árduo, altos padrões morais pessoais, profissionalismo, responsabilidade pessoal, integridade e honestidade. Ainda mais importante era que os funcionários fossem honestos e autênticos nos relacionamentos entre si e com os clientes. À medida que a empresa crescia e amadurecia, muitos desses valores eram incluídos nas declarações formais e ensinados aos novos funcionários. A empresa via sua cultura como um importante ativo e achava que devia ser ensinada a todos os novatos (Kunda, 1992, 2006).

Comentários analíticos. Neste ponto, sinto-me tentado a concluir que agora entendemos a cultura da DEC. Eu já "sabia" quais eram os valores e princípios expostos, mas não entendia realmente o "porquê" de alguns desses valores serem defendidos tão ferozmente. Também me impressionou o fato de que esses valores representavam, simultaneamente, a macrocultura acadêmica, na qual as ideias sempre têm de ser atacadas e testadas; a macrocultura da engenharia ocupacional, na qual a elegância possui um alto valor; e a microcultura de uma *startup*, na qual os valores e métodos operacionais do fundador são a principal influência na maneira como a organização evolui. Ken Olsen era um puritano da Nova Inglaterra e impregnou seus valores pessoais na organização. Por exemplo, não era permitido álcool em reuniões externas. Olsen enfatizava muito a frugalidade, dirigia um carro popular e não permitia benefícios como vagas de estacionamento privativas e refeitórios executivos.

Ao descobrir quais dos valores inseridos eram dominantes para determinar a evolução da organização, é importante observar que outras *startups* do setor tecnológico, como a Hewlett-Packard, Apple, Microsoft e Google, tiveram culturas muito semelhantes nos estágios iniciais de seu desenvolvimento.

PREMISSAS BÁSICAS: O PARADIGMA BÁSICO DA DEC

Para entender as implicações desses valores e mostrar como eles se relacionam com o comportamento ostensivo, devemos buscar as suposições e as premissas básicas em que essa organização está fundamentada (Figuras 3.1 e 3.2).

Comentários analíticos. Apenas quando compreendemos essas cinco premissas é que podemos entender, por exemplo, por que minhas intervenções iniciais de tentar tornar o grupo internamente "mais simpático" no processo de comunicação foram educadamente ignoradas. Eu estava vendo a "eficácia" da equipe considerando meus valores e premissas sobre como um "bom" grupo deveria agir. O comitê da alta direção da DEC estava tentando chegar

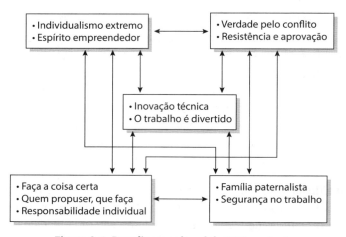

Figura 3.1 Paradigma cultural da DEC: parte 1.

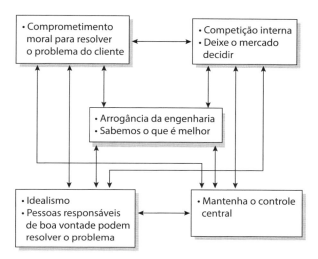

Figura 3.2 Paradigma cultural da DEC: parte 2.

à "verdade" e tomar decisões válidas do único jeito que conhecia e pelo processo em que acreditava. O grupo era meramente um meio para um fim. O processo real era uma busca básica e profunda por soluções em que o grupo deveria confiar, pois ele se mantinha íntegro, mesmo após um intenso debate.

Depois de mudar meu foco para ajudar a equipe nessa busca por soluções válidas, descobri quais tipos de intervenções seriam mais relevantes e percebi que o grupo as aceitou mais prontamente. Por exemplo, passei a enfatizar a preparação da pauta das reuniões, usando um *flip-chart* para dar ênfase às ideias e mantê-las visíveis para o grupo; o gerenciamento do tempo; a explicação de alguma parte do debate; o resumo dos principais pontos da discussão; o teste de consenso quando o debate se tornasse improdutivo; e um processo mais estruturado de solução de problemas. A interrupção, os conflitos emocionais e outros comportamentos que observei inicialmente continuavam, mas o grupo tornou-se mais eficiente para lidar com as informações e chegar a um consenso. Foi nesse contexto que, gradualmente, desenvolvi a filosofia de ser um "consultor de processo" em vez de tentar ser um especialista em como grupos deveriam funcionar (Schein, 1969, 1988, 1999a, 2003, 2016).

PREMISSAS BÁSICAS ADICIONAIS

À medida que aprendia mais sobre a DEC, também aprendi que o DNA cultural continha outras cinco premissas-chave, mostradas na Figura 3.2. Essas cinco premissas adicionais refletiam algumas das crenças e dos valores do grupo relacionados aos clientes e ao marketing:

1. A única forma válida de vender um produto é descobrir qual é o problema do cliente e solucioná-lo, mesmo que isso signifique vender menos ou recomendar os produtos de outra empresa.

34 CULTURA ORGANIZACIONAL E LIDERANÇA SCHEIN

2. As pessoas podem e vão assumir responsabilidade e continuar agindo de modo responsável, não importa o que aconteça.

3. O mercado é o melhor tomador de decisão se houver vários fornecedores do produto, o que também pressupõe que a competição interna no desenvolvimento do produto é desejável.

4. Mesmo que a empresa se torne muito grande e diferenciada, é desejável manter algum controle central em vez de criar divisões. Acho que essa foi uma imposição das necessidades pessoais de Ken Olsen como fundador, e não uma decisão estratégica.

5. Os engenheiros da DEC "sabem o que é melhor" para um produto, com base em seus gostos pessoais ao trabalhar com ele.

Comentários analíticos. Essas dez premissas podem ser pensadas como o paradigma cultural da DEC. O importante ao mostrar essas interconexões é o fato de que elementos isolados do paradigma não conseguiam explicar como essa empresa era capaz de funcionar. Foi apenas ao observar a combinação das premissas (em torno da criatividade individual, do conflito dos grupos como fonte da verdade, da responsabilidade individual, do comprometimento mútuo como em uma família, do comprometimento com a inovação e a solução de problemas do cliente e da crença na competição interna e no controle central) que foi possível explicar o comportamento diário observado. É esse nível de premissas básicas e suas interconexões que define uma parte da *essência* da cultura, isso é, os genes fundamentais do DNA cultural naquele estágio de desenvolvimento da DEC.

Esse paradigma é uma combinação de valores macroculturais americanos de individualismo, competição e pragmatismo com valores familiares como lealdade, frugalidade, honestidade e compromisso com os clientes, representados por Ken Olsen e seus engenheiros. É um paradigma que ilustra o enorme poder do fundador de uma empresa na maneira como insere nela os valores e premissas que traz consigo de sua bagagem cultural.

Qual era a abrangência desse paradigma na DEC? Isso é, se fôssemos analisar vários microssistemas, como os operários nas fábricas, vendedores em unidades geograficamente remotas, engenheiros em enclaves técnicos e assim por diante, será que encontraríamos as mesmas premissas operando? Um aspecto interessante da história da DEC é que, pelo menos em seus primeiros 20 anos, esse paradigma teria sido observado funcionando na maioria dos níveis hierárquicos, funções e regiões geográficas. Uma boa parte desse paradigma foi explicitamente ensinada a todos os recém-chegados por meio de treinamentos "*boot camp*" periódicos e outra boa parte ficou documentada como a cultura da DEC. Algumas dessas premissas foram modificadas em funções como vendas e serviços onde a necessidade pragmática de se relacionar bem com os clientes criou novos e diferentes elementos subculturais: hierarquia, rituais de *status*, tomada de decisões mais rápidas e mais disciplina. Como veremos a seguir, à medida que a DEC se desenvolveu, amadureceu e evoluiu, alguns elementos básicos da sua cultura começaram a mudar, ao passo que os que não se renovaram, mesmo quando se tornaram disfuncionais no ambiente de mercado em transformação, levaram, finalmente, ao declínio da DEC.

Em virtude do meu contato contínuo com a empresa, pude desenvolver o panorama detalhado da organização demonstrado nas figuras. Esse nível de detalhe era necessário para entender alguns dos comportamentos enigmáticos que eu havia observado e para descrever a organização aos observadores externos. Mas deve ser constatado que grande parte da ênfase atual em pesquisa cultural se concentra em como se deve *mudar* a cultura para melhorar o desempenho. A renovação da cultura exige que os líderes de mudança internos a compreendam em um nível detalhado e, principalmente, que identifiquem vários elementos estáveis que são a fonte do sucesso da empresa. No entanto, não é essencial que o pesquisador ou observador externo compreenda a cultura com tantos detalhes quanto os que consegui reunir. O consultor, o futuro funcionário, o investidor, o fornecedor e o cliente precisam conhecer alguns elementos da cultura de uma empresa, mas não é necessário investir no tipo de estudo clínico que fui capaz de conduzir para esse caso.

RESUMO E CONCLUSÕES

O principal *insight* a ser tirado desse caso é que a cultura de uma jovem empresa fornece identidade, significado e motivação diária. Se a empresa for bem-sucedida, essa cultura se tornará muito forte e parte clara de sua identidade. Atualmente, muitas organizações alardeiam explicitamente sua cultura em artigos e livros e sugerem que são bem-sucedidas por causa dela. A história da DEC deve nos lembrar de que não podemos fazer generalizações sobre a cultura sem especificar a idade, tamanho e tecnologia subjacente da empresa porque cada um desses fatores desempenhou um papel no que a cultura DEC se tornou. Também precisamos levar em conta como a cultura da empresa está inserida em várias macroculturas ocupacionais e nacionais.

Outra lição importante é que a presença do fundador ou empresário é uma forte força estabilizadora para a cultura. A conclusão é que não podemos fazer generalizações sobre cultura sem especificar se estamos falando de uma empresa de primeira ou segunda geração que ainda é comandada pelo fundador, ou de uma empresa gerenciada por líderes nomeados por conselhos de direção e que foram subindo na escala hierárquica. A estabilidade do compromisso da DEC com a inovação, mesmo diante de mercados que queriam produtos mais simples e fáceis de usar, poderia ser explicada, em parte, pela presença do fundador, cujas profundas premissas e crenças eram difíceis de desafiar.

No capítulo seguinte, analisaremos um tipo de organização totalmente diferente e em outra indústria e estágio de desenvolvimento.

- Para todos os leitores, o principal a se fazer neste momento é refletir sobre a complexidade da cultura dessa empresa e como suas micro e subculturas estão inseridas tanto na cultura norte-americana quanto na cultura da engenharia.
- Que outras organizações lembram a DEC? Quais são as semelhanças e diferenças? Por quê?

CAPÍTULO 4

UMA EMPRESA QUÍMICA SUÍÇO-ALEMÃ MADURA

Uma empresa madura é culturalmente diferente em muitos aspectos. As principais diferenças resultam do tamanho, da idade e do fato de ser gerenciada inteiramente por líderes promovidos e não pelos fundadores ou seus filhos. Quando falamos de cultura, temos que nos lembrar de especificar o tipo de organização e as macroculturas em que está inserida, além de sua idade e tamanho. Esse caso também é dos anos 1980, mas, assim como a DEC, demonstra como as questões e dinâmicas culturais são diferentes em uma organização muito madura, grande e diversificada, além de representar as grandes organizações contemporâneas maduras.

Caso 2: Ciba-Geigy Company na Basileia, Suíça

No final dos anos 1970 e início dos anos 1980, a Ciba-Geigy Company era uma empresa suíça, multinacional, multidivisional e geograficamente descentralizada, com vários setores de produtos farmacêuticos, químicos agrícolas, químicos industriais, químicos fotográficos, corantes e alguns produtos de consumo de base técnica. Acabou por se fundir com uma antiga concorrente, a Sandoz, para se tornar o que hoje é a Novartis. Meu trabalho lá começou focando em desenvolvimento de carreira e evoluiu para diversas outras atividades de consultoria que duraram até meados dos anos 1980 e se concentraram em algumas grandes mudanças culturais.

ARTEFATOS: CONHECENDO A CIBA-GEIGY

Meu primeiro contato com a empresa foi por telefone; o diretor de desenvolvimento gerencial, Dr. Jürg Leupold, ligou para perguntar se eu estaria disposto a dar uma palestra para o encontro anual deles na Suíça. A Ciba-Geigy convidava seus principais 40 a 50 executivos do mundo inteiro, juntamente a um ou dois profissionais externos, para uma reunião de três dias em um *resort* suíço. O objetivo era rever a estratégia e as operações e incentivar o grupo com a presença de palestrantes externos sobre temas de interesse da empresa. Dr. Leupold tinha me pedido para apresentar palestras e fazer alguns exercícios estruturados relacionados às minhas pesquisas sobre âncoras de carreira no encontro anual de 1979 (Schein, 1978; Schein e Van Maanen, 2013). O CEO, Dr. Samuel Koechlin, interessou-se pelo fato de a pesquisa mostrar que as pessoas trabalham por diferentes razões (as âncoras da carreira), mas que é possível ser criativo em qualquer tipo de emprego.

Koechlin era suíço, mas havia passado parte de sua carreira na filial dos Estados Unidos e tinha se interessado pelo foco na criatividade e inovação que observou na cultura americana. Ele pediu que eu o visitasse antes da reunião anual para discutirmos a melhor maneira de aplicar o exercício sobre âncoras de carreira e para "testar nossa química um com o outro". Peguei um voo especial para a Basileia para passar a noite com ele e sua família. Decidimos que o livreto sobre âncoras de carreira e os exercícios sobre planejamento de cargos e funções deveriam ser traduzidos para o alemão para que todos pudessem participar e discutir suas âncoras de carreira na reunião anual. Eu daria a palestra e listaria as implicações para a criatividade e inovação após os exercícios.

Fui instruído por outros telefonemas com o Dr. Leupold, cujo primeiro nome era Jürg, mas nunca achei apropriado chamá-lo assim. Soube que a empresa era dirigida por uma diretoria e um comitê executivo interno composto por nove pessoas, que eram legalmente responsáveis, como um grupo, pelas decisões da empresa. O presidente, Dr. Koechlin, atuava como CEO, mas o comitê tomava a maioria das decisões por consenso. Cada membro do comitê era responsável pela supervisão de uma divisão, uma função e uma área geográfica, e essas responsabilidades eram alternadas entre eles periodicamente. Tanto a Ciba quanto a Geigy tinham um longo histórico de crescimento e se fundiram em 1970. A fusão foi considerada um sucesso, mas havia ainda fortes identificações com as empresas originais, conforme observado por muitos gerentes. Em 2006, quando perguntei como foi a fusão Ciba-Geigy/Sandoz, o CEO da Novartis respondeu: "A fusão está indo bem, mas ainda temos o povo da Ciba e o povo da Geigy!".

Minha primeira visita à Ciba-Geigy forneceu um forte contraste em relação ao que encontrei na DEC. Fiquei imediatamente impressionado com a formalidade simbolizada por grandes edifícios de pedra cinza, portas pesadas que estavam sempre fechadas e guardas rigidamente uniformizados no *lobby* principal. Esse *lobby* suntuoso e espaçoso era a principal passagem dos funcionários para o complexo de prédios de escritório e fábricas. Tinha um pé-direito alto, portas grandes e pesadas e alguns sofás em um canto que funcionava como sala de espera.

CAPÍTULO 4 | UMA EMPRESA QUÍMICA SUÍÇO-ALEMÃ MADURA **39**

Ao entrar no *lobby* da Ciba-Geigy, um guarda uniformizado me encaminhou a outro guarda que estava sentado em um escritório envidraçado. Tive que dar meu nome e dizer de onde vinha e quem iria visitar. Depois, ele pediu que eu me sentasse e aguardasse até que alguém me conduzisse ao local adequado. Enquanto esperava sentado, percebi que o guarda parecia conhecer a maioria dos funcionários que passava pelo *lobby* ou se dirigia aos elevadores e escadas. Tive a nítida impressão de que qualquer estranho seria imediatamente abordado para se identificar, como aconteceu comigo.

A secretária do Dr. Leupold chegou logo depois e me conduziu ao elevador e por um longo corredor de escritórios de portas fechadas. Cada escritório tinha uma pequena placa de identificação que poderia ser coberta por um pedaço de metal articulado, caso o ocupante quisesse permanecer anônimo. Acima de cada porta havia lâmpadas, algumas acesas em vermelho, outras em verde. Perguntei em uma visita posterior o que significavam e fui informado de que, se a luz estivesse apagada, era porque não havia ninguém na sala. Se a lâmpada estivesse verde, podia-se bater na porta. Já o vermelho significava que a pessoa não queria ser incomodada de jeito nenhum.

Viramos uma esquina, entramos em outro corredor e não vimos ninguém durante todo esse trajeto. Chegamos ao escritório do Dr. Leupold e a secretária bateu na porta discretamente. Quando ele pediu para entrarmos, ela abriu a porta e me conduziu para dentro, então se dirigiu ao próprio escritório e fechou a porta. Em seguida, ofereceram-me chá ou café, que foi servido pela secretária em uma grande bandeja com peças de porcelana acompanhadas de um pequeno prato de biscoitos deliciosos. Digo que eram "deliciosos", pois descobri que comida boa era um elemento muito presente na identidade da Ciba-Geigy. Nos anos seguintes, sempre que eu visitava escritórios em Paris e Londres, era levado a restaurantes estrelados.

Após nossa reunião, Dr. Leupold me levou ao refeitório executivo em outro edifício, onde, novamente, passamos por guardas. Era o equivalente a um restaurante de luxo, com uma *hostess* que conhecia todos, reservava mesas e discretamente explicava os pratos do dia. Aperitivos e vinho foram oferecidos no almoço, que durou quase duas horas. Disseram-me que havia um restaurante menos sofisticado em outro edifício e uma lanchonete para funcionários, mas o lugar onde estávamos servia a melhor comida e era ideal para a alta diretoria fazer negócios e receber visitantes.

Os gerentes da Ciba-Geigy mostraram-se muito sérios, ponderados, determinados, bem preparados, formais e preocupados com o protocolo. Soube mais tarde que, enquanto a DEC classificava e definia o salário baseando-se rigorosamente na tarefa desempenhada pelo funcionário, a Ciba-Geigy tinha um sistema de hierarquia gerencial baseado em tempo de serviço, desempenho geral e histórico do indivíduo, não na tarefa a ser realizada em determinado momento. A hierarquia e o *status*, portanto, tinham uma qualidade muito mais permanente na Ciba-Geigy. Já na DEC, salários podiam aumentar e diminuir súbita e frequentemente, dependendo do projeto.

Nas reuniões da Ciba-Geigy, observei muito menos confrontos diretos e muito mais respeito pela opinião individual. As reuniões eram voltadas para a transmissão de informações e não para a solução de problemas. As recomendações feitas por gerentes em sua área de responsabilidade eram geralmente respeitadas, aceitas e implementadas. Nunca presenciei insubordinação e tive a impressão de que ela não seria tolerada. Portanto, a hierarquia e o *status* tinham claramente um valor mais alto na Ciba-Geigy do que na DEC. Já habilidade pessoal de negociação e capacidade de atuar em um ambiente social ambíguo tinham um valor mais alto na DEC.

Comentários analíticos. Foi impressionante a diferença entre meus primeiros contatos com essa empresa e com a DEC e como foi difícil desde o início determinar se isso era um reflexo da macrocultura suíço-alemã, do efeito da tecnologia química (a base de todos os seus produtos), da história da empresa (que incluiu a grande fusão entre Ciba e Geigy) ou do fato de que o líder tinha sido "americanizado" após ter passado anos na filial dos Estados Unidos.

Tive a impressão de que tudo era cuidadosamente organizado e planejado. Ainda assim, jantar com Koechlin em sua casa com sua família contrastou fortemente com minha experiência na DEC. Durante todo o meu tempo como consultor da DEC, nunca conheci um membro da família de Ken Olsen ou de qualquer outro executivo. Isso destaca o fato de que mesmo conceitos como "informal" ou "formal" podem significar coisas muito diferentes em diferentes macroculturas.

Enquanto na DEC, restaurantes e refeições eram como veículos de interação entre pessoas, na Ciba-Geigy a comida, a bebida e a cortesia eram tratadas formalmente e carregavam um significado simbólico adicional, relacionado com *status* e nível hierárquico. Vários altos executivos da empresa me foram apresentados e percebi que, sempre que alguém cumprimentava outra pessoa, usava-se o título formal, geralmente Dr. Fulano ou Dr. Beltrano. Diferenças observáveis na deferência e conduta tornavam mais fácil determinar quem era superior a quem na organização. Também era óbvio que as mesas no restaurante eram atribuídas aos executivos de acordo com o *status* de cada um. Além disso, a *hostess* sabia o *status* relativo de todos os convidados. Ao longo dos anos, fiquei mais próximo de vários desses executivos, mas havia outro artefato, que era aprender a não os cumprimentar no restaurante. Se admitissem que me conheciam, estariam dizendo a seus pares que precisavam de consultoria, o que poderia ser visto como um sinal de fraqueza.

Reagi de maneira diferente aos ambientes da Ciba-Geigy e da DEC. Gostei mais do ambiente da DEC, mas não pude decidir se pela congruência com minha identidade americana, a experiência na DEC que valorizava meu estilo mais informal ou a empolgação de estar em um ambiente de *startup*, ajudando uma empresa a crescer em vez de tentar influenciar uma cultura muito antiga a se tornar mais inovadora. Ao fazer uma análise cultural, as reações de uma pessoa são seus próprios artefatos da cultura que devem ser reconhecidos e levados em consideração. Seria indesejável apresentar uma análise cultural com objetividade total, porque, além de ser impossível, as reações emocionais e inclinações de alguém são também dados primários a serem analisados e compreendidos.

Na época, não percebi que enfrentava, nessas duas empresas, uma questão organizacional arquetípica: primeiro, como transformar a criatividade e a inovação desenfreadas em um sistema produtivo estável e, uma vez estabelecido um nível de estabilidade, como recuperar parte da capacidade inovadora necessária quando uma empresa madura enfrenta mudanças em seu ambiente tecnológico, econômico e mercadológico. Essa questão tornou-se foco central dos pesquisadores de estruturas e processos organizacionais e resultou no conceito de "organização ambidestra", ou seja, ser capaz de manter seu "antigo" negócio e, simultaneamente, criar e proteger um negócio inovador até que ele amadureça e permita que a empresa sobreviva em um novo ambiente (O'Reilly e Tushman, 2016).

CRENÇAS E VALORES EXPOSTOS

Geralmente descobrimos as crenças e os valores quando perguntamos sobre o comportamento observado ou outros artefatos que se destacam como enigmáticos, anômalos ou inconsistentes. Se eu perguntasse aos gerentes da Ciba-Geigy por que mantinham suas portas sempre fechadas, eles explicariam, com paciência, e um pouco de condescendência, que era a única maneira de conseguir trabalhar, e que eles valorizavam muito o trabalho. As reuniões eram um mal necessário, e úteis apenas para anunciar decisões ou reunir informação. O "trabalho real" era feito com muita análise e reflexão e, portanto, exigia silêncio e concentração. Já na DEC, o trabalho real era feito com muito debate nas reuniões!

Também me foi dito que a discussão entre colegas não era de grande valor e que informações importantes viriam do chefe ou de alguém tecnicamente mais experiente. A autoridade formal e acadêmica era altamente respeitada, especialmente aquela baseada no nível de formação e experiência. O uso de títulos como "doutor" ou "professor" simbolizava o respeito pelo conhecimento que a educação conferia às pessoas. Muito disso tinha a ver com o grande respeito à ciência da química e às contribuições do laboratório de pesquisa ao desenvolvimento de produto. Tanto na Ciba-Geigy como na DEC, um alto valor era atribuído ao esforço e à contribuição individual, mas na Ciba-Geigy ninguém desconsiderava cadeia de comando e nunca agia em desacordo com o que um chefe havia sugerido.

A empresa suíço-alemã atribuía um alto valor à elegância e à qualidade do produto e, como descobri depois, ao que podemos chamar de significância do produto. Os gerentes da organização tinham muito orgulho do fato de seus produtos químicos e medicamentos serem usados na proteção de colheitas e criação de fertilizantes que ajudassem países subdesenvolvidos a lidar com a fome, na cura de doenças e em outros meios de melhorar o mundo. A empresa tinha uma clara identidade global que parecia divulgar quase tudo o que fazia.

PREMISSAS: O PARADIGMA CULTURAL DA CIBA-GEIGY COMPANY

Muitos dos valores articulados davam uma ideia sobre a empresa, mas, sem aprofundar as premissas básicas, eu não conseguia compreender completamente como as coisas funcionavam. Por exemplo, quando trabalhava com essa organização com o intuito de ajudá-la a se tornar mais inovadora, o artefato que mais me impressionou foi o comportamento anômalo em relação a um memorando que escrevi sobre como a empresa estava lidando bem com um difícil processo de *downsizing*. Pedi a meu cliente-contato, Dr. Leupold, diretor de desenvolvimento gerencial, que distribuísse meu memorando aos gerentes que, em sua opinião, mais se beneficiariam das informações. Como ele se reportava diretamente ao Dr. Koechlin, parecia ser um canal natural de comunicação com os gerentes divisionais, funcionais e regionais que precisavam da informação que eu estava reunindo. Quando retornava à empresa em uma visita posterior e encontrava um dos gerentes de unidade, descobria que ele não tinha recebido o memorando, mas que se pedisse ao Dr. Leupold, a mensagem seria enviada quase que imediatamente.

Este padrão era intrigante e irritante, mas sua consistência indicava que, claramente, algumas fortes premissas subjacentes estavam em ação. Quando perguntei a um de meus colegas da unidade de equipe corporativa que ministrava treinamento e outros programas de desenvolvimento na organização por que a informação não circulava livremente, ele revelou que enfrentou problemas parecidos. Depois de desenvolver uma intervenção útil para uma unidade da empresa, as outras unidades ainda buscavam ajuda *externa* antes de "descobrir" que ele tinha uma solução melhor. Parecia ser um denominador comum que ideias não solicitadas costumavam não ser bem-vindas.

Uma terceira informação que recebi foi que o marketing corporativo insistia em propor programas integrados para todas as divisões, que eram descartados com o seguinte comentário: "Como poderia haver um treinamento comum para o pessoal de vendas e marketing da Agri, que passa o dia conversando com agricultores em campos lamacentos, e profissionais com MBA bem vestidos que visitam médicos em seus consultórios?".

Meu colega e eu tivemos uma longa conversa exploratória sobre esse comportamento observado e chegamos a uma explicação. Na Ciba-Geigy, quando um gerente recebia uma tarefa, ela tornava-se parte de seu domínio particular. Os gerentes tinham um forte senso de território ou posse e partiam da premissa de que o dono de uma parte da organização era totalmente responsável e estava à frente dela. Eles tinham toda a informação possível e se tornavam especialistas na área. Assim, se alguém oferecesse uma informação não solicitada

CAPÍTULO 4 | UMA EMPRESA QUÍMICA SUÍÇO-ALEMÃ MADURA **43**

sobre uma tarefa, isso era uma potencial "invasão de privacidade" e, possivelmente, um insulto, pois insinuava que o gerente não tinha essa informação ou ideia. A poderosa comparação "dar a alguém uma informação não solicitada é como entrar em sua casa sem ser convidado" foi dita por vários gerentes em entrevistas posteriores.

Ao não entender essa premissa, eu tinha involuntariamente colocado o Dr. Leupold na difícil posição de se arriscar a insultar seus colegas caso distribuísse meus memorandos como eu havia pedido. Curiosamente, esse tipo de premissa significa que nem ele era capaz de articular o porquê de não ter seguido minhas instruções. Dr. Leupold estava claramente incomodado e constrangido com isso, mas não tinha nenhuma explicação até que descobrimos a premissa sobre o território organizacional e seu significado simbólico.

Percebi que havia pouca comunicação lateral entre as unidades da organização, de modo que novas ideias desenvolvidas em uma unidade pareciam nunca sair dali. Se eu perguntasse sobre reuniões interdivisionais, por exemplo, receberia olhares inexpressivos e perguntas como "Por que faríamos isso?". Uma vez que as divisões enfrentavam problemas parecidos, teria sido claramente útil difundir as melhores ideias resultantes das minhas entrevistas, complementadas pelas minhas ideias baseadas no conhecimento sobre o que ocorria em outras organizações. Esse é um bom exemplo de um processo que pode funcionar na cultura americana, mas que talvez nem seja levado em consideração em outra macrocultura. Claro que a ironia desse exemplo é que, se tivesse compreendido essa característica cultural, eu teria obtido uma lista de gerentes com o Dr. Leupold e enviado meu memorando diretamente. Eles teriam aceitado as mensagens como vindas do consultor externo contratado e poderiam até enxergá-las como prova de que estavam recebendo algo útil desse consultor.

A reunião das minhas entrevistas e observações diretas me permitiu construir um paradigma cultural para a Ciba-Geigy, mesmo que, no entanto, eu não tivesse tanta informação sobre esse caso como tinha sobre a DEC. Como estas premissas não estavam tão intimamente conectadas como as da DEC, apresento-as apenas em forma de lista.

1. A pesquisa científica é a fonte da verdade e das boas ideias.

2. A missão é deixar o mundo melhor por meio da ciência e produtos "importantes".

3. A verdade e a sabedoria residem naqueles que têm melhor formação e experiência.

4. A força da organização está na experiência do ocupante de cada papel. Uma tarefa é o território de alguém.

5. Somos uma família e cuidamos uns dos outros, mas a família é uma hierarquia e os filhos têm de obedecer.

6. Há tempo suficiente. Qualidade, precisão e verdade são mais importantes do que velocidade.

7. As autonomias individual e organizacional são a chave para o sucesso, contanto que as pessoas fiquem diretamente vinculadas a seus "pais".

Comentários analíticos. A Ciba-Geigy cresceu e alcançou muito sucesso com descobertas fundamentais feitas por vários pesquisadores nos laboratórios de pesquisa centrais da empresa. Grande parte de sua cultura básica poderia ser atribuída à macrocultura da química, que é uma disciplina hierárquica formal na qual a experimentação tem que ser feita cuidadosamente para evitar explosões, incêndios e maus cheiros. A DEC tinha base na engenharia elétrica, na qual a "brincadeira" não só era possível, como muitas vezes desejável.

Enquanto na DEC a verdade era descoberta por meio de conflitos e debates, na Ciba-Geigy a verdade surgia da sabedoria individual do cientista ou pesquisador. Ambas as empresas acreditavam no indivíduo, mas as diferentes premissas sobre a natureza da verdade levavam a atitudes completamente diferentes em relação à autoridade e ao papel do conflito. Na Ciba-Geigy, a autoridade era muito mais respeitada e o conflito devia ser evitado. O indivíduo recebia do chefe áreas de liberdade e era totalmente respeitado dentro delas. Se os ocupantes dos papéis não estivessem bem preparados ou suficientemente qualificados para tomar decisões, esperava-se que aprendessem por conta própria. Se, no processo, o desempenho fosse fraco, isso seria tolerado por um tempo antes que os substituíssem.

Na DEC, se alguém não fosse bem-sucedido em um trabalho, as premissas diriam se tratar de uma incompatibilidade e não de um fracasso pessoal, e o indivíduo teria autorização para negociar uma nova tarefa. Na Ciba-Geigy, esperava-se que os indivíduos fossem bons soldados e fizessem o melhor trabalho possível e, desde que se percebesse que estavam dando o seu melhor, eles continuariam no cargo. Na DEC, esperava-se que a pessoa negociasse suas áreas de liberdade e depois assumisse total responsabilidade de notificar caso não estivesse dando certo, para que o trabalho pudesse ser renegociado, resultando em uma estrutura muito mais fluida e uma comunicação mais vertical e lateral em torno de questões de trabalho. As duas empresas tinham uma premissa de "posse" que dizia que, uma vez aceito, o indivíduo provavelmente se manteria empregado, a menos que cometesse um erro grave ou fizesse algo ilegal ou claramente imoral.

Ambas as empresas se diziam famílias, mas o significado de *família* era bem diferente em cada uma. Na DEC, a premissa essencial era de que os membros da família podiam brigar, mas se amavam e não podiam perder a filiação. Na Ciba-Geigy, a premissa dizia que a autoridade dos pais deveria ser respeitada e os filhos (funcionários e gerentes subordinados) deveriam seguir as normas e obedecer a seus pais. Se fizessem isso, seriam bem tratados, cuidados e apoiados pelos pais. Os filhos não deveriam brigar, deveriam obedecer às regras e nunca ser insubordinados.

As relações verticais e horizontais na DEC eram mais pessoais. Já na Ciba-Geigy, eram claramente mais formais. Isso levanta uma interessante questão: essas diferenças refletiam a cultura e a história organizacional ou as macroculturas americana e suíço-alemã? Se a língua é um dos principais artefatos e características de uma cultura nacional, pode-se notar que o inglês é muito menos formal do que o alemão, característica refletida até mesmo no fato de que os pronomes alemães "*du*" e "*sie*" são usados para diferenciar o nível de intimidade de uma relação.

Na DEC, o emprego vitalício estava implícito, enquanto na Ciba-Geigy era tido como garantido e afirmado informalmente. Em ambos os casos, o modelo familiar refletia as premissas macroculturais mais amplas dos países em que essas empresas estavam localizadas.

Depois de entender o paradigma da Ciba-Geigy, consegui descobrir como ser mais eficiente como consultor. À medida que entrevistava mais gerentes e reunia informações relevantes sobre o que estavam tentando fazer, em vez de distribuir memorandos pelas várias filiais da Ciba-Geigy espalhadas pelo mundo por meio de meu cliente-contato, percebi que, se desse informações diretamente, mesmo que não solicitadas, elas seriam aceitas por eu ser um *expert*. Se quisesse que as informações circulassem, eu as enviaria às partes relevantes por conta própria. Se achasse que era necessário fazê-las circular na organização, eu as entregaria ao chefe e tentaria convencê-lo sobre a relevância dessas informações para os níveis inferiores.

Se realmente desejasse intervir para que os gerentes fizessem algo diferente, a melhor maneira seria aproveitar o fato de ser um *expert* e fazer recomendações formais ao CEO, Dr. Koechlin. Se ele gostasse da ideia, "ordenaria às tropas que agissem". Ele gostou tanto do conceito das âncoras de carreira que ordenou que todos fizessem o exercício para o programa de verão e exigiu que, no ano seguinte, toda a alta e média gerência fizesse a análise das âncoras de carreira e do cargo/função e pedissem a subordinados que fizessem o mesmo exercício e depois o discutissem com seus chefes como parte do processo de desenvolvimento da carreira executiva. Falaremos mais sobre a Ciba-Geigy neste livro, mas, por enquanto, precisamos explorar novamente o conceito de inserção e questionar de modo mais abrangente sobre as macroculturas.

Culturas organizacionais são mais fortes do que culturas nacionais?

Em relação à maneira como as culturas são inseridas em culturas mais amplas, surge a questão tanto para a DEC quanto para a Ciba-Geigy sobre o que poderíamos encontrar em suas diversas filiais de outros países. É claro que as culturas variam tanto pelo tipo de organização quanto pelo país, mas podemos fazer algumas observações sobre essas duas empresas, porque ambas tinham culturas organizacionais comprovadamente fortes.

Pude visitar filiais da DEC em vários países europeus e asiáticos e descobri que, no nível dos artefatos, os escritórios da DEC espelhavam a sede em Maynard. O visual do local, os processos administrativos visíveis e o clima informal pareciam o mesmo. Claramente, a DEC tentou reproduzir sua cultura em outros países, mas os funcionários administrativos e gerenciais eram, em sua maioria, locais que falavam o idioma local, o que levou a algumas modificações na cultura da empresa.

Tais mudanças foram mais perceptíveis no departamento de desenvolvimento de produto. Por exemplo, os clientes alemães queriam certas alterações no produto que levaram primeiro a difíceis negociações com os gerentes de produto americanos até que, finalmente, a filial conseguiu autorização para que a equipe de engenharia local fizesse as modificações pedidas. Os gerentes nacionais eram, em sua maioria, locais, então conheciam o idioma local. No entanto, eram alternados periodicamente para tarefas da sede para poder absorver a "essência" da cultura da DEC.

A versão mais extrema desse tipo de doutrinação de empresa foi o caso de um gerente de fábrica da HP que conheci em Singapura. Ele havia sido contratado na Austrália, mas, antes de assumir a fábrica de Singapura, foi levado para a Califórnia e passou duas semanas acompanhando o CEO e fundador David Packard para "absorver" o "HP Way".

A força da cultura da Ciba-Geigy é muito bem ilustrada por um exemplo que mencionei antes, naquele ano em que o gerente da subsidiária americana em Nova Jersey me convidou para dar uma palestra para a alta diretoria sobre o que eu aprendera sobre a cultura da sede na Basileia. Quando terminei a palestra, houve uma reação de surpresa: "Meu Deus, você acabou de nos descrever". A Ciba-Geigy havia desenvolvido uma rotação sistemática de futuros executivos trabalhando no exterior, de modo que um esforço para se tornar mais internacional se refletisse em todos os seus gerentes. O melhor exemplo do impacto desse processo era o próprio Samuel Koechlin, cujo tempo na subsidiária dos Estados Unidos influenciou definitivamente a cultura da Basileia e transformou a cultura suíça e americana em híbridos complexos.

RESUMO E CONCLUSÕES

Nos dois estudos de caso estudados, tentei ilustrar como a cultura organizacional pode ser analisada em vários níveis: (1) artefatos visíveis, (2) crenças, valores, regras e normas comportamentais expostos e (3) premissas básicas subjacentes naturalizadas. A menos que se chegue ao nível das premissas, não é possível decifrar verdadeiramente os artefatos, valores e normas. Entretanto, se encontrarmos algumas dessas premissas e explorarmos suas inter-relações, chegamos perto da essência da cultura e podemos, então, explicar uma grande parte do que acontece. Às vezes, essa essência pode ser analisada como um paradigma uma vez que algumas organizações operam em virtude de um conjunto de premissas interligadas e coordenadas. Sozinhas elas podem não fazer sentido, mas o padrão explica o comportamento e o sucesso da organização na superação de seus desafios externos e internos.

CAPÍTULO 4 | UMA EMPRESA QUÍMICA SUÍÇO-ALEMÃ MADURA **47**

Não devemos presumir que até mesmo esses paradigmas descrevem toda a cultura, nem que encontraríamos o mesmo paradigma operando em todas as partes da organização. Dependendo do objetivo, devemos investigar empiricamente a abrangência dessas premissas por toda a organização. Como pesquisador tentando descrever toda uma cultura, suas necessidades de plenitude seriam bem diferentes se comparadas às de um funcionário ou cliente lidando com uma unidade regional. Se você é um gerente tentando mudar a cultura ou está considerando uma fusão ou aquisição, deveria se preocupar com a essência, o DNA da cultura. Constatei essas premissas como consultor principalmente pela observação e exploração (com a ajuda de informantes internos) de algumas das anomalias que notei. É quando não entendemos algo que precisamos buscar energicamente o porquê disso. A melhor maneira de fazer essa busca é aproveitar a própria ignorância e ingenuidade.

Quais lições podemos aprender com esses casos e quais são as implicações deles para a liderança? A lição mais importante para mim é a compreensão de que a cultura é profunda, difusa, complexa, padronizada e moralmente neutra. Em ambos os casos, tive que superar meus preconceitos culturais sobre a maneira certa e errada de fazer as coisas e aprender que a cultura simplesmente existe. As duas empresas foram bem-sucedidas em seus respectivos ambientes tecnológicos, políticos, econômicos e culturais por muito tempo, mas ambas também vivenciaram mudanças ambientais que levaram ao seu desaparecimento como entidades econômicas independentes.

Nos dois casos, a poderosa influência dos primeiros líderes e das circunstâncias históricas era evidente. As premissas culturais têm raízes na experiência do grupo inicial e no padrão de sucesso e fracasso vivenciado por essas empresas. Os líderes na ocasião valorizavam muito suas culturas, tinham muito orgulho delas e achavam importante que os membros de suas organizações aceitassem essas premissas. Em ambas as organizações, contavam-se histórias de pessoas que se desligaram da empresa porque não gostaram da maneira como ela operava, ou que não foram contratadas porque poderiam causar conflitos ou não gostar de lá.

Nas duas empresas, os líderes tentavam lidar com as mudanças nas demandas e enfrentavam o desafio de decidir se deviam evoluir ou mudar o modo de operar e como fazê-lo. No entanto, isso era inicialmente definido como reafirmação de partes da cultura existente, não como mudanças na cultura. Embora as empresas estivessem em diferentes estágios evolutivos, ambas valorizavam suas culturas como ativos importantes e faziam questão de preservá-las e melhorá-las.

Por fim, é óbvio que ambas as empresas refletiam as culturas nacionais nas quais operavam e as tecnologias que sustentavam seus negócios. A DEC era uma empresa americana de engenheiros elétricos criativos, que desenvolvia uma tecnologia totalmente nova. A Ciba-Geigy era uma empresa suíço-alemã de engenheiros químicos altamente qualificados, que trabalhavam com tecnologias muito antigas (corantes) e com processos bioquímicos totalmente novos (produtos farmacêuticos). Circuitos elétricos e processos químicos exigem abordagens e cronogramas muito diferentes para o desenvolvimento de produtos, o que me foi apontado diversas vezes. Uma implicação importante é que a cultura não pode ser verdadeiramente compreendida sem considerarmos as tecnologias centrais, as profissões dos membros e o contexto macrocultural no qual as organizações existem.

As principais diferenças resultantes do tamanho, idade e comportamento de liderança eram evidentes e serão explicadas com detalhes no Capítulo 11.

QUESTÕES PARA OS LEITORES

Todos os leitores devem responder as seguintes perguntas:

- Quais diferenças mais chamaram sua atenção nos dois casos?
- Na sua opinião, quais são as bases dessas diferenças?
- O que pode ser atribuído à tecnologia de cada uma?
- O que pode ser atribuído à sua localização nacional?
- O que pode ser atribuído à sua história, tamanho e idade?
- Você acha que se adaptaria bem a alguma dessas empresas?

CAPÍTULO 5

UMA ORGANIZAÇÃO DE DESENVOLVIMENTO GOVERNAMENTAL EM SINGAPURA

Esse modelo de cultura pode ser aplicado de maneira útil a um tipo diferente de organização? Para testar essa hipótese, decidi incluir uma versão resumida de um dos capítulos do meu livro sobre o estudo cultural que conduzi no início dos anos 1990 como pesquisador remunerado em Singapura (Schein, 1996b).

Caso 3: Economic Development Board de Singapura

> Em 30 anos, Singapura deixou de ser um país subdesenvolvido para entrar no rico mundo industrial. Seu PIB *per capita* saiu de US$ 500 para US$ 15.000. Nenhum outro país se desenvolveu tão rápido.
>
> *(Lester Thurow, no capítulo de apresentação em Schein, 1996b)*

O caso de Singapura ilustra muito bem a estrutura da análise cultural, pois os artefatos visíveis do regime político repressivo ditatorial que ali se estabeleceu não podem ser compreendidos sem localizarmos as premissas naturalizadas dos líderes quando fundaram uma Singapura independente no início dos anos 1960. A história do país asiático começa com uma visão compartilhada por seu líder político, Lee Kuan Yew, e seus colegas de formação

50 CULTURA ORGANIZACIONAL E LIDERANÇA SCHEIN

britânica, que a combinavam com o desejo de transformar a ex-colônia inglesa em uma "cidade global com total capacidade comercial".

Podemos considerar essa visão compartilhada como as "crenças e valores expostos" do modelo de cultura. O que o torna interessante é que é um dos raros casos que encontrei em que os artefatos, os valores expostos e as premissas subjacentes estavam bem alinhados. Assim, era possível ver facilmente como os três níveis eram consistentes entre si e podiam se explicar mutuamente.

Para implementar essa visão, Lee Kuan Yew e seus colegas decidiram criar, em 1961, o Economic Development Board [Conselho de Desenvolvimento Econômico] (EDB), uma agência quase governamental, que implementasse um plano para atrair investimentos estrangeiros. Em uma cultura predominantemente chinesa, avessa ao fracasso, o EDB teve que criar uma organização que precisaria "não punir aqueles que fracassarem durante o teste das limitações do sistema, mas, em vez disso, penalizar os incompetentes e aqueles que não aprendem com os erros. Identificar o fracasso, mudar o que não funciona; criar um ambiente de aprendizagem. Conselhos fáceis, mas difíceis de seguir, a menos que se desenvolva uma cultura de apoio para tais atitudes que envolveria (...) criar uma visão de longo alcance, estabelecer uma equipe, aproveitar o melhor que os membros dessa equipe têm a oferecer. Exigir lealdade total à missão e compromisso de 120% por parte de todos. Fornecer um espaço único aos clientes de uma organização totalmente profissional dedicada ao trabalho em equipe, comunicação transparente e uma organização sem fronteiras. As regras são claras, não há corrupção e existe total integridade" (Lester Thurow, no capítulo de apresentação em Schein, 1996b).

O EDB foi muito bem-sucedido e decidiu, em 1990, chamar alguém para documentar sua história. A princípio, os líderes da organização contrataram um jornalista para escrevê-la, mas decidiram que a *cultura* deles era a chave do êxito, então procuraram alguém que entendesse do assunto. Em seguida, consultaram Lester Thurow, então reitor da Sloan School do MIT, onde eu lecionava. Ele sugeriu que entrassem em contato comigo, o que me levou a aceitar investigar sua história de sucesso a partir de três perspectivas: (1) a visão que tinham de si mesmos, (2) a visão dos vários CEOs que decidiram investir em Singapura com a construção de fábricas e organizações de pesquisa e (3) minha análise dos artefatos, valores expostos e premissas básicas que poderiam ser inferidas a partir de todos esses dados.

A visão do EDB sobre si mesmo foi obtida com entrevistas profundas com todos os líderes que criaram e apoiaram a instituição nas três décadas anteriores durante várias visitas de duas semanas a Singapura, entre 1994 e 1995. Eu então localizei e entrevistei diversos CEOs e outros altos executivos para determinar por que decidiram investir em Singapura e como isso se deu. Minha análise foi complementada por observação direta em minhas participações nas várias reuniões agendadas para me fornecer mais informações. Os líderes do EDB estavam obviamente muito orgulhosos de suas realizações e queriam que o estudo documentasse os elementos positivos do que tinham feito, mas também deixaram muito claro que queriam aprender, com minha análise, sobre seus pontos fracos e possíveis futuros desafios de aprendizagem. Em outras palavras, eu deveria ser igualmente crítico e positivo.

Toda a complexa história de 30 anos de desenvolvimento é contada em meu livro *Strategic Pragmatism: The Culture of Singapore's Economic Development Board* (1996b), que está resumido neste capítulo.

Paradigmas culturais inseridos no EDB

O modelo estrutural dos artefatos, os valores expostos e as premissas básicas subjacentes se mostraram necessários para dar sentido a todas as entrevistas e informações observacionais que eu havia coletado durante aproximadamente um ano. O conceito de culturas inseridas em outras culturas ficou imediatamente evidente na maneira como a configuração do EDB refletia tanto a origem chinesa dos líderes quanto o impacto de sua educação britânica e experiência colonial. Além disso, Singapura era originalmente integrante da Federação Malaia, o que criou tensões interculturais em nível nacional. A saída de Singapura da federação e sua independência em 1965 levaram a um período de interdependência econômica, uma vez que o país não tinha abastecimento próprio de água.

Assim, as premissas básicas que poderiam ser inferidas e testadas com os "membros" se encaixaram em um conjunto "contextual", que refletia a inserção, e um conjunto "organizacional", que refletia o modo pelo qual o EDB, como organização independente, gerenciava suas relações externas e internas. O paradigma contextual consistia, principalmente, em um conjunto de premissas sustentadas pelos líderes de Singapura sobre o desenvolvimento econômico. Essas premissas eram compartilhadas pelo EDB, mas também forneciam um contexto mais amplo dentro do qual o EDB operava. O paradigma organizacional consistia em um conjunto de premissas sobre como o EDB se estruturou e se gerenciou.

1. O PARADIGMA CONTEXTUAL: PREMISSAS SOBRE O PAPEL DO GOVERNO NO DESENVOLVIMENTO ECONÔMICO

O paradigma contextual consiste em seis premissas básicas compartilhadas, interligadas e inter-relacionadas que refletem os modelos mentais dos primeiros líderes de Singapura e são, em grande parte, naturalizadas. Essas premissas são compartilhadas pelo governo de Singapura e, portanto, fornecem um contexto mais amplo no qual o EDB está inserido. Ao mesmo tempo, são premissas sustentadas por líderes e membros do próprio EDB e, portanto, influenciam mais diretamente o modo como a organização opera. Elas resultaram na criação do EDB e forneceram os valores expostos que influenciaram a maneira como a instituição definiria sua missão e se organizaria. Esse é um caso em que as crenças e valores expostos são congruentes com os artefatos observados, isso é, o trabalho do EDB.

52 CULTURA ORGANIZACIONAL E LIDERANÇA SCHEIN

1a. *"Capitalismo estatal".* Os líderes de Singapura e o EDB presumiram e naturalizaram que o governo poderia e deveria desempenhar um papel empresarial ativo no desenvolvimento econômico e deveria, portanto, exercer a liderança por meio de um conselho estatutário quase governamental, como o EDB.

1b. *Estabilidade política absoluta em longo prazo.* Uma segunda premissa central estreitamente conectada que veio a dominar o pensamento e a ação de Singapura era, na verdade, um conjunto de três premissas interligadas descritas a seguir. *Os líderes políticos de Singapura defendiam (1) que o desenvolvimento econômico deve preceder o desenvolvimento político, (2) que o desenvolvimento econômico de longo prazo só poderia ocorrer se houvesse estabilidade política e (3) que a estabilidade política só poderia ser alcançada e mantida por controles governamentais rígidos, porém benéficos, que orientassem todos os segmentos da sociedade.*

Essa foi, naturalmente, a premissa mais decisiva a ser compreendida, pois era a base do regime ditatorial observado, estabelecido a partir do comportamento político e civil. Por exemplo, a punição severa por jogar lixo no chão ou urinar em um elevador era justificada com o argumento de que os executivos ocidentais se sentiriam mais confortáveis trabalhando em uma cidade imaculadamente limpa. As regras e as pesadas penalidades eram artefatos visíveis, porém poucos observadores realmente compreendiam que havia uma profunda premissa de desenvolvimento econômico por trás delas e de sua implementação. A premissa básica de que o desenvolvimento econômico justifica o controle social nunca foi desafiada enquanto Singapura foi bem-sucedida em seus esforços de desenvolvimento.

1c. *Colaboração entre setores.* Os líderes políticos de Singapura acreditavam que o desenvolvimento econômico só poderia ser bem-sucedido se os negócios, a mão de obra e o governo colaborassem ativamente entre si no cumprimento do objetivo comum de construir a nação ("Singapura, Inc.").

A colaboração interorganizacional foi considerada essencial para fornecer os incentivos e a infraestrutura necessários para desenvolver os setores de indústria e serviços, ou seja, estradas, meios de comunicação, terrenos, apoio financeiro para investimentos e treinamento, uma força de trabalho bem treinada e motivada, habitação, e assim por diante. Um dos aspectos mais marcantes dessa maneira de pensar foi a decisão de dar aos sindicatos responsabilidades de proprietários e gerentes, permitindo que possuíssem e operassem uma das empresas de táxi e uma das companhias de seguro da cidade-estado. Alguns analistas de relações industriais podem considerar isso como cooptação e enfraquecimento do movimento trabalhista, mas do ponto de vista dos governantes de Singapura, ter a força de trabalho a seu lado era primordial, principalmente ao considerar a proximidade com a China comunista.

1d. *Administração pública competente e incorruptível.* Os líderes políticos de Singapura defendiam que as condições econômicas favoráveis para os investidores seriam *garantidas somente se o governo e a administração pública fossem competentes e incorruptíveis e operassem com um conjunto de regras abertas e consistentes que fossem cumpridas vigorosamente.*

Mais uma vez, vemos que essa premissa reflete o legado cultural chinês de que os governantes devem ser exemplo de virtude, as tradições britânicas de uma "administração pública confiável" e o reconhecimento precoce por parte dos líderes de Singapura de que os investidores estrangeiros seriam atraídos apenas por uma nação em desenvolvimento na qual houvesse, além de estabilidade política, um governo competente, um conjunto claro de regras e ausência de corrupção.

1e. *Supremacia do povo e da meritocracia.* *Os líderes de Singapura entendiam que o único recurso que tinham era o povo e seu potencial; portanto, deveriam escolher os melhores e ajudá-los a se desenvolver.*

Dessas premissas surgiu a decisão política de proporcionar emprego e moradia a todos, impor o inglês como língua oficial e criar um lucrativo programa de bolsas de estudo, patrocinado pelo governo, que enviaria os melhores estudantes para as universidades mais conceituadas no exterior em troca de alguns anos de trabalho no funcionalismo público, com salários competitivos em relação àqueles oferecidos pelo setor privado.

1f. *Pragmatismo estratégico.* Em conjunto, essas cinco premissas descrevem o que seria melhor rotulado como "pragmatismo estratégico", pois havia uma clara estratégia de longo prazo que refletia influências culturais chinesas, mas a implementação foi pensada de maneira pragmática e expressa em regras detalhadas sobre como a vida deveria ser vivida. Essa atenção aos detalhes pragmáticos parecia mais ocidental e, em todo caso, tinha como objetivo atrair negócios ocidentais.

Os líderes de Singapura acreditavam que a sobrevivência da cidade-estado exigia um plano de muito longo alcance, mas cuja implementação tinha que começar imediatamente em um nível muito prático com a criação do EDB.

Esses aspectos de longo prazo incluíam a decisão de estabilizar Singapura atraindo empresas que fizessem grandes investimentos de capital e, portanto, estivessem comprometidas em permanecer lá. Os líderes estavam muito conscientes da vulnerabilidade das cidades-estado que dependem apenas de seu porto e transportes.

2. O PARADIGMA CULTURAL DO EDB COMO ORGANIZAÇÃO

A cultura do EDB como uma organização independente inserida no paradigma contextual é um conjunto de paradoxos e anomalias de um ponto de vista ocidental, mas suas premissas básicas são consistentes entre si e permitiram que a organização funcionasse eficientemente. Esse paradigma é mais bem descrito por seis premissas básicas que passaram a dominar as atividades diárias e o modo como o EDB se organizou.

54 CULTURA ORGANIZACIONAL E LIDERANÇA SCHEIN

2a. _Trabalho em equipe: individualismo grupal._ _O EDB presumiu que o melhor tipo de liderança é montar uma equipe e que a responsabilidade final de seus membros é contribuir com o máximo de sua capacidade._

Os funcionários do EDB pareciam se sentir igualmente confortáveis trabalhando de maneira competitiva uns com os outros para gerar resultados enquanto se dedicavam completamente à equipe, à organização e ao Estado. Vemos aqui um legado cultural dos princípios confucionistas de preocupação com a família combinado com um conceito ocidental de realização pessoal. Subjacente a essa premissa estava a realidade de que o EDB sempre teve que operar como uma equipe, pois era uma pequena organização e, portanto, os membros tinham que se ajudar mutuamente. Contudo, essa razão pragmática para o trabalho em grupo também foi apoiada por uma tendência cultural de se sentir confortável em um ambiente de equipe, um tipo de conforto visivelmente ausente em muitos times ocidentais. Do mesmo modo, todos os diretores se formaram em ambientes onde a realização individual era altamente valorizada, e foram constantemente expostos a gerentes de empresas multinacionais que seguiam regras individualistas competitivas e eram encorajados a desenvolver suas carreiras dentro do EDB.

A organização atraiu profissionais muito individualistas que competiam entre si e notavam quando alguém era promovido antes deles. A competição foi atenuada pelo fato de que todos estavam tão ocupados que tinham muito pouco tempo para se preocupar com as realizações dos outros. Alguém muito individualista ou político perderia rapidamente a credibilidade junto aos colegas e se veria incapaz de realizar muita coisa. Assim, as duas principais distorções que poderiam ocorrer no sistema de comunicação (segurar informação ou, pelo contrário, valorizá-la demais e exagerar sobre seus conhecimentos) foram atenuadas pela necessidade de manter a credibilidade e a confiabilidade. Para fazer qualquer coisa, era necessário obter apoio e, para isso, era preciso manter a credibilidade. Tudo no EDB tinha que ser completamente coordenado.

Para ter êxito nesse tipo de equipe familiar que trabalhava com alta pressão, era necessária uma complexa capacidade de colaborar com os outros e, ao mesmo tempo, expor talentos e habilidades individuais para ser promovido e progredir na carreira. O equilíbrio era proporcionado pela capacidade de pensar, articular e escrever de maneira clara e ser capaz de convencer outros profissionais a se "juntar à equipe" para apoiar um projeto. Em outras palavras, o talento individual aparecia mais na qualidade de pensamento e comunicação do indivíduo, que tinha, então, sua capacidade de criar e trabalhar em equipe testada. A realização individual era recompensada com prêmios e outras formas de reconhecimento.

O modo como o EDB se enxergava como uma equipe e praticamente uma família se baseava, em parte, no fato de todos se conhecerem. Esse nível de familiaridade era mantido por meio de atividades informais como chás semanais nas tardes de sexta-feira; atividades da empresa que incentivavam famílias a participar, como piqueniques e passeios esportivos; a newsletter mensal "Network", na qual eram divulgadas uma variedade de notícias pessoais, especialmente prêmios e realizações individuais; e o incentivo de vínculos românticos entre funcionários simbolizado pelo orgulho que a empresa tinha do número de casais que se conheceram enquanto trabalhavam no EDB e continuaram empregados lá depois de casados.

Esse espírito de equipe também foi apoiado por um conjunto de políticas de recursos humanos muito flexíveis, que permitiam trabalho de meio período ou cargos em que não era necessário viajar, se as responsabilidades familiares não permitissem que a pessoa se ausentasse. O trabalho do EDB era tão intrinsecamente estimulante que nunca houve qualquer problema em relação à perda de motivação. Em vez disso, o EDB tentou se adaptar às necessidades de cada funcionário, pois cada um era considerado valioso.

2b. _Tecnocracia cosmopolita._ Se o destino de Singapura repousava em sua habilidade de atrair investidores estrangeiros, o EDB tinha que ser capaz de lidar com muitas outras culturas e seus funcionários tinham que ser o que·os sociólogos chamam de "cosmopolitas". Da mesma maneira, para trazer os investidores certos e prestar bons serviços quando estivessem em Singapura, o EDB tinha que dispor de um time de funcionários que seriam, ao mesmo tempo, especialistas em marketing, vendedores e empreendedores competentes.

Os líderes e gerentes do EDB, portanto, tiveram que se sentir confortáveis na arena multicultural global, conhecê-la bem e também estar sempre atento à situação de Singapura e ao potencial de sinergia entre as multinacionais e a indústria local. Um _cartoon_ os retratava como super-heróis e heroínas. Para fazer todo esse trabalho era necessária determinada filosofia de pessoal que pudesse ser afirmada por meio das seguintes premissas básicas, muitas das quais eram explicitamente expostas. _O EDB presumia que só poderia ser bem-sucedido se recrutasse_

1. _Os melhores e mais inteligentes, de acordo com o rendimento escolar._
2. _Funcionários com um "alinhamento cosmopolita" baseado na formação e interesse em trabalhar com e em ambientes de negócios no exterior._
3. _Funcionários tecnicamente alinhados e treinados, pois o tipo de negócios que deveriam promover geralmente tinha uma base técnica._
4. _Funcionários com altos níveis de iniciativa pessoal, o que lhes permitiria trabalhar em arenas empresariais e governamentais imprevisíveis e inexploradas._
5. _Funcionários e gerentes focados no trabalho em equipe, com grande habilidade interpessoal para lidar com múltiplas culturas, níveis hierárquicos e fronteiras organizacionais de todos os tipos._

Muitas das qualidades buscadas nos "funcionários" já estavam presentes nos líderes que fundaram o EDB, porque eles mesmos haviam sido criados em um ambiente multicultural (britânico, malaio, tâmil e chinês). Muitos tinham formação técnica, voltada para a engenharia

56 CULTURA ORGANIZACIONAL E LIDERANÇA SCHEIN

e a ciência desde o começo, lembrando, novamente, que a cultura do EDB estava inserida na cultura de Singapura e, também, em muitas outras trazidas pelos líderes.

2c. *Organização sem fronteiras: transparência modulada.* O EDB considerava informações adequadas, precisas e amplamente disseminadas como essenciais para a tomada de decisões, muitas vezes se descrevendo como uma organização "sem fronteiras". Duas premissas básicas operavam nos bastidores desse princípio: uma referia-se às operações internas e a outra era vinculada à premissa contextual sobre colaboração setorial.

O EDB presumia que a única maneira de cumprir sua missão de modo eficiente era garantir que todos os gerentes, diretores e funcionários relevantes da organização sempre estivessem plenamente informados sobre todos os projetos. O EDB presumia que a única maneira de cumprir sua função era desenvolver e manter canais abertos com os outros setores do governo, assim como fazia com os setores privado e trabalhista.

Para o EDB tomar decisões rápidas e pertinentes sobre investimentos e investidores, a organização acreditava que era necessário que todas as informações relevantes para cada projeto estivessem disponíveis para todos os membros das organizações que pudessem contribuir para a decisão e, obviamente, para todos os tomadores de decisão em altos cargos. Essa premissa resultou em um complexo sistema de comunicação global criado pelo EDB; na disposição em investir em comunicação, viagens e reuniões; e em um sistema de relatórios padronizado que permitiu a centralização das informações de modo eficiente. Tudo tinha que ser documentado, e o treinamento era fornecido aos funcionários por escrito. Além disso, e talvez o mais importante de tudo, a norma estipulava ser "necessário passar todas as informações relevantes com veracidade e não usar as informações como fonte pessoal de controle ou poder".

A "transparência modulada" referia-se aos problemas potenciais de trabalhar simultaneamente com tantos clientes investidores, muitos dos quais competiam entre si. Por exemplo, tanto a Hewlett-Packard quanto a Digital Equipment Corp. estavam considerando instalar fábricas em Singapura. Se planos altamente confidenciais fossem revelados, nem sempre era claro, mesmo dentro do EDB, quais interesses poderiam ser prejudicados por uma exposição excessiva de informações. Assim, os funcionários do EDB precisavam ser muito cuidadosos com cada situação ao adotar a transparência máxima.

2d. *Hierarquia não hierárquica: o chefe é um benfeitor, instrutor e colega.* A cultura do EDB implicitamente presumia que os gerentes só poderiam ser bem-sucedidos se tivessem um forte senso de autonomia ao desempenhar suas tarefas, além da disposição de iniciar decisões por meio de propostas formais aos superiores, de ser transparente e sincero ao revelar informações para os cargos mais altos, de desconsiderar a hierarquia quando as tarefas assim o exigissem e a capacidade de lidar com a alta gerência das organizações clientes.

CAPÍTULO 5 | UMA ORGANIZAÇÃO DE DESENVOLVIMENTO GOVERNAMENTAL EM SINGAPURA **57**

Ao mesmo tempo, presumiam que os gerentes deveriam mostrar respeito aos superiores quando apropriado (especialmente em público), buscar e aceitar a orientação de funcionários em cargos mais altos na revisão de propostas e tomada de decisões, mostrar bom senso em manter seus superiores totalmente informados quando decidissem desconsiderar a hierarquia e mostrar humildade apropriada ao serem treinados e orientados por superiores e ao lidarem com gerentes de alto escalão em empresas clientes.

A melhor maneira de caracterizar esses relacionamentos é perceber que se esperava que os funcionários do EDB tivessem o mesmo desempenho que teriam em uma organização ocidental sem fronteiras, na qual a hierarquia é subestimada e, simultaneamente, o mesmo desempenho esperado em uma organização asiática (chinesa) na qual a deferência e a hierarquia são dominantes. Ao entrar na organização, o jovem diretor de alto escalão tinha de aprender como desenvolver o julgamento e as habilidades interpessoais para atuar de acordo com ambos os conjuntos de normas.

As habilidades interpessoais eram especialmente relevantes, porque, por um lado, os limites eram inexistentes no sentido de que sempre se podia entrar no escritório de um alto executivo para conversar francamente. Por outro lado, os oficiais do EDB sabiam que os chefes de departamento poderiam se sentir em desvantagem se seus subordinados passassem por cima deles. Consequentemente, uma das habilidades interpessoais essenciais era saber deixar os chefes de departamento suficientemente seguros para que não se sentissem ameaçados caso um subordinado ou superior os contrariassem. O resultado é que um dos aspectos mais importantes a serem socializados no EDB era aprender as regras e desenvolver as habilidades de ser transparente e não hierárquico sem ameaçar a hierarquia.

2e. Relacionamentos de confiança ampliados: os clientes são parceiros e amigos. Uma das principais características que diferenciavam o EDB era sua concepção de que o investidor estrangeiro deveria se tornar um amigo e parceiro e que a relação seria de longo prazo e de benefício mútuo para a empresa e para Singapura. Nesse conceito está implícito não apenas o objetivo estratégico de longo prazo, mas uma extensão da filosofia chinesa do *guanxi*, ou seja, a construção de conexões confiáveis que possam ser usadas no futuro. Enquanto no antigo sistema chinês tais conexões eram limitadas pelo relacionamento pessoal e padrões de compromisso mútuo que se estendiam a partir da família e do clã, o conceito do EDB era uma noção muito mais ocidental de forjar alianças estratégicas e parcerias com empresas investidoras para criar o tipo de sistema industrial que a estratégia previa.

O EDB havia reservado grandes fundos de investimento para concretizar tais parcerias, posicionando-se também como sócia de capital. O objetivo não era investir para ganhar mais dinheiro, mas sim para garantir o êxito da empresa. Uma vez que uma empresa já estava em atividade, o EDB tinha a intenção de vender sua parte para ter liquidez para o próximo projeto. Essa filosofia geral se baseava em duas premissas básicas.

58 CULTURA ORGANIZACIONAL E LIDERANÇA SCHEIN

O EDB acreditava que o êxito só seria possível se entendesse plenamente as necessidades de seus clientes (investidores potenciais e atuais) e colaborasse com eles na solução eficiente de seus problemas, mas sem comprometer as próprias metas, planos ou regras básicas (pragmatismo estratégico). A organização entendia que a missão de longo prazo de Singapura só poderia ser cumprida se os primeiros investidores continuassem a investir e se comprometessem a transferir tecnologia e treinamento para a força de trabalho da cidade-estado. Esse investimento contínuo só poderia ser alcançado se o EDB se tornasse amigo e parceiro desses primeiros investidores.

Não era suficiente apenas atrair os investidores. Uma vez parceiros do EDB, eles, inevitavelmente, teriam novas necessidades e problemas, e chamariam o dirigente da organização quando precisassem de ajuda. Essa ajuda com frequência abria caminho para novos investimentos e uma relação ampliada com Singapura. Nesse contexto, uma das dimensões mais importantes da cultura do EDB e de Singapura, possivelmente, era a atitude em relação ao tempo. Por um lado, havia muita ênfase no planejamento de longo prazo e na busca de formas de criar incentivos e atividades que encorajassem o investidor, que estava pensando no longo prazo. Por outro lado, havia um enorme orgulho em ser um bom anfitrião e fazer o que fosse necessário para ajudar um investidor estrangeiro a ser bem-sucedido em curto prazo. Os funcionários do EDB se consideravam solucionadores de problemas instantâneos.

No nível dos artefatos, o ponto de vista de longo prazo era evidente na disponibilidade de gastar grandes quantias de dinheiro em treinamento e formação. As instituições de ensino deveriam oferecer os tipos de currículo que se adequassem às necessidades de longo prazo do país. A prova do pragmatismo de curto prazo era a frequência das mudanças na política social que o governo estava disposto a empreender quando uma determinada política não cumpria o que se pretendia. Singapura, como Estado, e o EDB, como organização, mostraram a capacidade de mudar rapidamente se percebessem a necessidade.

Singapura não era um planejador em longo prazo como o Japão, nem tão pragmático em curto prazo como Hong Kong ou muitos países ocidentais focados em um modelo de negócios mensal ou trimestral. Singapura tinha as duas características e, de certo modo, era capaz de combiná-las, tendo metas e perspectivas claras de longo prazo amplamente difundidas e, ao mesmo tempo, uma noção de que essas metas e perspectivas só poderiam ser alcançadas se os problemas diários de ajuda ao estabelecimento industrial fossem resolvidos imediatamente. A chave para essa combinação é a construção de relações com investidores para que seus interesses de longo prazo coincidam com os de Singapura. A solução diária de problemas garante a solidez da parceria de longo prazo e a amizade.

2f. *Compromisso com a aprendizagem e a inovação.* Assim como o "pragmatismo estratégico" atuava como uma espécie de premissa integradora do paradigma contextual, o compromisso com a aprendizagem e a inovação atuava unindo as premissas do paradigma organizacional. De certo modo, o compromisso com a inovação também é paradoxal, porque muitas análises culturais das sociedades asiáticas enfatizam uma perspectiva fatalista, a aceitação da harmonia com a natureza e o compromisso com a estabilidade e harmonia na estrutura social. Claramente, Singapura combinou um legado asiático com uma postura mais ocidental proativa de que tudo é possível, simbolizada no país pela frase frequente "atreva-se a sonhar". Em forma de premissa, isso pode ser dito assim:

O EDB (e o governo de Singapura) entendia que a única maneira de cumprir sua visão de desenvolvimento era aprender com os outros e com a própria experiência, além de inovar continuamente ao lidar com qualquer problema que impedisse a realização dessa perspectiva.

Essa atitude remonta à disposição dos primeiros líderes de aprender com outros países e diversos conselheiros estrangeiros, e era mais claramente demonstrada pela mudança contínua e aprimorada da política social. É verdade que as políticas são vistas por muitos como excessivamente controladoras e uma restrição real à liberdade individual, mas nessa percepção pode-se perder um elemento igualmente essencial de que essas políticas mudam constantemente em resposta a novas informações. Um dos principais papéis do EDB é saber o que acontece no resto do mundo, o que conseguiram fazer graças a uma vasta rede de escritórios nos principais centros industriais. O conhecimento adquirido nessa rede tornou-se uma fonte essencial de *feedback* para o governo e forneceu os dados necessários para ajustar a política governamental.

Diversos seminários corporativos sobre marketing e planejamento estratégico realizados pelo EDB tornaram-se manifestações visíveis do desejo de ser transparente e aprender. A organização abraçou abertamente o conceito de "organização de aprendizagem", de acordo com o livro *A quinta disciplina*, de Peter Senge, e os conceitos de pensamento sistêmico (Senge, 1990).

RESUMO E CONCLUSÕES:

AS DIVERSAS IMPLICAÇÕES DOS TRÊS CASOS

O leitor pode estar se perguntando por que devemos nos preocupar com casos tão detalhados. Não deveríamos buscar generalizações mais amplas sobre a cultura organizacional e nacional? Há muitas razões para estudar casos detalhados.

Em primeiro lugar, o diabo mora nos detalhes. Os seres humanos são complexos em relação à personalidade. Já os grupos, organizações e nações são complexos no nível cultural. Mais à frente, revisaremos algumas tipologias com o objetivo de fornecer modelos mais simples para classificar as culturas. Por exemplo, um modelo bem conhecido é considerar as organizações como "mercados", "hierarquias" ou "clãs" (Ouchi, 1981; Williamson, 1975). Pensando nessa classificação, a DEC, a Ciba-Geigy e o EDB de Singapura deveriam ser chamados de clãs. Podemos perceber imediatamente que, assim, passariam despercebidas a maneira como cada uma das organizações desenvolveu de modo diferente seu sentimento de família como clã. As três estavam em diferentes estágios de desenvolvimento, o que influenciou muito a maneira como suas culturas evoluíram, além de estarem inseridas em culturas nacionais totalmente diferentes.

Em segundo lugar, é necessário entender os detalhes culturais para determinar como essas organizações evoluíram. O DNA da cultura da DEC sobreviveu enquanto a organização, como entidade econômica, fracassou. A Ciba-Geigy mudou parte de seu DNA focado externamente ao abandonar alguns negócios químicos e, ao mesmo tempo, aprimorou sua divisão farmacêutica, mas se manteve firme na maneira de lidar com as pessoas durante o processo de mudança. Já o EDB continuou a ter êxito em ajudar Singapura a crescer como uma cidade-estado economicamente viável e politicamente estável, reforçando, assim, a complexa mistura de valores asiáticos e ocidentais ilustrados por seu paradigma cultural.

Em terceiro lugar, é possível inferir como as coisas funcionam dentro de uma cultura e como os funcionários e gerentes se sentem diariamente apenas pela compreensão da inter-relação dos componentes culturais, o que chamei de "paradigma" cultural em cada organização. Como ilustrado em cada um desses casos, para entender o paradigma é preciso identificar como os componentes culturais interagem entre si e como interagem com os componentes das culturas nas quais estão inseridos. A indiferença da DEC em relação à redução de custos estava bastante relacionada a seus valores individualistas de não estar disposta a demitir "boas pessoas". A Ciba-Geigy orquestrou cuidadosamente seu *downsizing*, refletindo muito os valores suíço-alemães e da comunidade da Basileia. O EDB aprendeu como combinar os valores tradicionais chineses com os valores ocidentais para ser bem-sucedido.

Em quarto lugar, quando examinamos a dinâmica da evolução e mudança *orientada* da cultura, vemos que a estratégia e as táticas de intervir com êxito exigem um conhecimento mais detalhado dos elementos culturais e de como interagem. Não precisaremos de análises sobre a complexidade desses casos, mas sim de um processo para identificar rapidamente quais elementos culturais nos ajudarão a orientar as mudanças desejadas e quais podem nos atrapalhar e se tornar alvos de mudança.

Já revisamos a estrutura que define a cultura e a ilustramos com vários estudos detalhados de caso. Tratamos das dinâmicas culturais até certo ponto nos casos e ilustramos a maneira como as culturas organizacionais são inseridas em macroculturas. Agora precisamos entender mais sobre como pensar e analisar essas macroculturas.

Pergunte a si mesmo:
- De que modo essa agência "governamental" se diferencia de uma empresa?
- Como as culturas nacionais afetam o funcionamento do EDB?
- Qual é o impacto sobre a cultura em relação à tarefa da organização?

PARTE 2

O QUE OS LÍDERES PRECISAM SABER SOBRE MACROCULTURAS

Macroculturas são nações, grupos étnicos e profissões que existem há muito tempo e, portanto, adquiriram alguns elementos estáveis, ou "esqueletos" como línguas básicas, conceitos e valores. Ao mesmo tempo, evoluíram e continuarão a evoluir, principalmente por seu contato com outras culturas. Para comparar macroculturas, precisamos conhecer as dimensões gerais que as atravessam e que permanecem relativamente estáveis apesar da experiência histórica. Os problemas de fazer grupos multiculturais trabalharem bem é que esses elementos estáveis podem entrar em conflito de modo imprevisível e causar mudanças desejadas ou não. Para fornecer um pouco do contexto histórico, vamos começar com algumas histórias interessantes da antropologia.

O assassinato do Capitão Cook no Havaí. A interação entre macroculturas pode ser mais bem compreendida por meio de exemplos como os citados na análise de Sahlins (1985) sobre o contato dos britânicos com os havaianos e os maoris da Nova Zelândia. O "mistério" havaiano era o motivo do assassinato brutal do Capitão Cook em seu retorno ao Havaí após a bem-sucedida primeira visita em 1778. Quando o capitão pisou nas ilhas havaianas pela primeira vez, foi considerado o deus que a mitologia local havia previsto e, portanto, foi muito venerado. As mulheres havaianas acreditavam que dormir com os marinheiros era culturalmente adequado, pois eles também eram divinos. A princípio, Cook proibiu o ato, pois não condizia com o conceito britânico de comportamento naval adequado, mas as mulheres eram tão sedutoras que ele cedeu, levando a uma forte interação sexual entre a tripulação e os nativos durante sua estada.

Do ponto de vista dos marujos, aquilo era ótimo, mas eles achavam que as mulheres mereciam algo em troca, apesar de parecerem satisfeitas por dormir com marinheiros divinos. Inicialmente, ofereceram bugigangas e miçangas, mas quando as mulheres e seus homens descobriram diversos objetos de metal a bordo, começaram a pedi-los, pois eram muito raros no Havaí. Ao voltar com aqueles objetos, eles ganhavam *status* em sua comunidade de origem. Por isso, pediam cada vez mais, o que acabou levando os marinheiros a remover até mesmo os pregos de metal dos navios. À medida que ganhavam prestígio por esse processo, havaianos e havaianas se tornavam uma ameaça aos chefes, que descobriram que vários de seus tabus estavam sendo violados pelas mulheres que se alimentavam a bordo do navio ao lado dos homens, algo rigorosamente proibido pela cultura local.

Quando Cook finalmente se abasteceu e partiu, descobriu, após cerca de uma semana, que os navios não estavam adequados para navegação, pois inúmeros instrumentos náuticos tinham sido roubados. Ele retornou com o intuito de enfrentar os chefes e recuperar seu equipamento. O que não sabia era que a lenda havaiana também afirmava que o retorno de um deus indica que é um falso deus. Como resumido por Sahlins: "Para os sacerdotes havaianos, Cook sempre havia sido o antigo deus Lono, mesmo quando retornou inesperadamente. Mas, para o rei, o deus que surge fora de época torna-se um rival perigoso" (Sahlins, 1985, p. xvii). O retorno de Cook ameaçou e enfureceu tanto os líderes locais, que eles se lançaram contra o capitão e o mataram antes que ele pudesse pedir a devolução de seu equipamento. Essa ação tornou-se um sacrifício ritual e Cook sofreu milhares de punhaladas, desferidas pelos líderes e seu povo. Enquanto isso, a cultura havaiana havia mudado por causa do *status* crescente das mulheres que foram essenciais para a aquisição de metais na sociedade!

Derrubada dos mastros na Nova Zelândia. O "mistério" relacionado à colonização da Nova Zelândia foi o motivo de os maoris continuarem a derrubar mastros de bandeiras britânicas, mesmo aparentemente aceitando a dominação militar e política. Em uma ocasião, maoris invadiram uma comunidade britânica e derrubaram o mastro do quartel-general. A ação foi interpretada como um sinal de rebelião, mas nada mais aconteceu, sugerindo que a derrubada da bandeira foi um ato isolado. Essa gangorra de conflitos prolongou-se por muitos anos e governos até que finalmente descobriram o que estava acontecendo.

Os britânicos interpretavam a derrubada de seus mastros como insulto à bandeira, algo que não seria tolerado. Por isso, erguiam um novo mastro, que, obviamente, era derrubado em algum momento. O que não sabiam era que, na cultura maori, mastros apontados para o céu tinham enorme importância simbólica em relação às lendas sobre a fundação do povo e o papel desses objetos para a sustentação do firmamento. Os maoris não se importavam com a bandeira, e aceitavam o domínio colonial, mas não aceitavam os mastros da sede britânica. Quando o novo governo se deu conta disso, foi fácil encontrar uma solução que assegurasse o orgulho britânico e sua bandeira e, ao mesmo tempo, honrasse a necessidade dos maoris em serem os responsáveis pelos mastros!

Quando culturas organizacionais de diferentes nações se encontram, notamos resultados inesperados parecidos, que causam confusão até entendermos a variação cultural sobre as categorias básicas abordadas no Capítulo 6. O Capítulo 7 propõe caminhos que um líder pode estabelecer para que um grupo multicultural explore as dimensões que podem ser cruciais para seu funcionamento.

CAPÍTULO

6

DIMENSÕES DO CONTEXTO MACROCULTURAL

A avaliação cultural pode ser um poço sem fundo ou um exercício direcionado em torno de questões específicas, com base no problema que estamos tentando resolver. Às vezes, é necessário avaliar as macroculturas das nações e ocupações e identificar o DNA cultural porque temos problemas específicos a resolver ou mudanças a fazer. Para tanto, precisamos de dimensões definidas que atravessem as macroculturas. Este capítulo revisará as maneiras como as macroculturas podem ser avaliadas e apresentará algumas das dimensões que são úteis na comparação entre elas.

Viagem e literatura

O modelo de análise cultural em três níveis (ver Capítulo 2) pode ser útil na análise de macroculturas como nações e profissões quando refletimos sobre o que observamos em nossa própria cultura nacional ou étnica e o que vivenciamos em outros países quando viajamos. Encontramos o nível do artefato quando somos turistas ou, no caso de uma profissão como a medicina, quando consultamos um médico ou vamos a um hospital. O nível dos valores expostos é encontrado na ideologia divulgada pelas nações ou nas declarações das missões oficial das profissões. Assim como ocorre com as organizações, as premissas básicas têm que ser inferidas a partir de conversas com as pessoas, observação pessoal intensa durante um período ou observação sistemática e entrevistas com "informantes", como na etnografia.

Se quisermos aprender sobre outra cultura sem precisar viajar, podemos ler relatos literários do que outros observaram e inferiram ou etnografias, que fornecem uma análise mais profunda da cultura. Isso fornece uma análise parcial que pode ser complementada por outras fontes, como as seções de cultura em guias, filmes, romances e outros meios artísticos. A Wikipédia traz uma grande quantidade de informações culturais, mas não está claro o quanto disso é relacionado aos tipos de questões organizacionais que precisamos saber. Se as organizações estão inseridas em macroculturas, quais são as dimensões dessas culturas que podem ser mais relevantes para a compreensão das crenças, valores e normas da organização? Para isso, precisamos do trabalho mais focado de etnógrafos e pesquisadores que estudam sistematicamente as culturas nacionais.

Investigação e pesquisa

ESTUDO DA IBM DE HOFSTEDE

Pesquisadores ajudaram a nos fornecer algumas dimensões que podem categorizar as nações em seu nível básico de consumo. Um dos primeiros e mais completos estudos nesse sentido foi a análise de Hofstede das respostas ao questionário de um grupo comparável de funcionários da IBM em todas as nações onde a empresa tinha escritórios (Hofstede, 2001; Hofstede et al., 2010). Esse trabalho e os subsequentes estudos de acompanhamento resultaram em dimensões estatisticamente derivadas, nas quais as nações podem ser comparadas. Penso nelas como dimensões básicas de premissas, pois refletem crenças, valores e modos de pensar que, em grande parte, são tidos como naturalizados e fora da percepção consciente dos membros dessas nações. Todas as dimensões de Hofstede são apresentadas no Quadro 6.1, mas duas são especialmente relevantes para a análise da cultura organizacional.

QUADRO 6.1   DIMENSÕES BÁSICAS DA CULTURA SEGUNDO HOFSTEDE

- Individualismo e coletivismo: o grau em que a sociedade é concebida em torno dos direitos e deveres individuais contrastando com a atuação do grupo como unidade básica da sociedade à qual os indivíduos devem se subordinar
- Distância de poder: o *status* social e psicológico e a distância de autoridade entre as pessoas de maior e menor poder na sociedade
- Distância da masculinidade e feminilidade: o quanto os papéis de gênero são diferenciados e vinculados ao trabalho ou à casa e à família
- Tolerância à ambiguidade e incerteza: o quanto os membros da sociedade se sentem confortáveis em circunstâncias incertas e ambíguas; a necessidade de estruturas, processos e regras claras
- Foco no curto prazo ou no longo prazo: o grau com que os membros da sociedade planejam e idealizam o futuro distante em oposição ao grau com que se preocupam apenas com o futuro próximo

Individualismo versus coletivismo. Com base nos dados originais de Hofstede e em vários tipos de acompanhamento, os países estudados podem ser comparados entre si, e grupos de países com perfil geral semelhante podem ser identificados. Por exemplo, os estudos comparativos de Hofstede apontam os Estados Unidos, Canadá, Austrália e Reino Unido como os mais individualistas, enquanto Paquistão, Indonésia, Colômbia, Venezuela, Equador e Japão se apresentam como mais coletivistas.

Na prática, toda sociedade e organização devem honrar tanto o grupo quanto o indivíduo no contexto de que um não faz sentido sem o outro. No entanto, as culturas diferem drasticamente no grau em que as normas e valores comportamentais expostos refletem ou não a premissa mais profunda. Na superfície, tanto os Estados Unidos quanto a Austrália parecem ter culturas individualistas, mas na Austrália (e Nova Zelândia), é comum haver referências à "síndrome do prego que se destaca", ou seja, o prego que se destaca é o que leva martelada. Por exemplo, um adolescente americano cujos pais se mudaram para a Austrália relatou que, depois, de uma manobra genial no surfe, disse a seus amigos: "Nossa, foi *sorte* pegar essa onda". Uma pessoa não se dá o crédito em uma cultura individualista que tem fortes valores coletivistas expostos. Por outro lado, embora os Estados Unidos aceitem o trabalho em equipe, é evidente nos esportes que a pessoa admirada é o superastro, e que organizar equipes é visto como pragmaticamente necessário, mas não intrinsecamente desejável.

As sociedades individualistas definem papéis com base na realização pessoal, legitimam a agressão por meio da competição, valorizam a ambição e estabelecem a intimidade e o amor em termos muito pessoais. Sociedades mais coletivistas definem a identidade e o papel do indivíduo com base em sua associação a grupos, legitimam a agressão principalmente contra outros grupos, valorizam menos as ambições pessoais, e canalizam o amor dentro do grupo predominantemente.

Distância do poder. Todos os grupos e culturas enfrentam o problema de lidar com a agressão, portanto não é surpreendente que amplas pesquisas de culturas, como as de Hofstede, identifiquem a dimensão da "distância de poder", isso é, os países variam no grau em que as pessoas em uma situação hierárquica percebem uma maior ou menor capacidade de controlar o comportamento uma das outras. Pessoas em países com grande distância do poder, como Filipinas, México e Venezuela, percebem mais desigualdade entre superiores e subordinados do que habitantes de países com pouca distância de poder, como Dinamarca, Israel e Nova Zelândia. Se olharmos para o mesmo índice considerando a profissão, encontramos maior distância de poder entre trabalhadores não qualificados e semiqualificados do que entre trabalhadores qualificados e gerenciais, como esperado.

Não falarei sobre as outras três dimensões porque são culturalmente tão complexas que seria necessário estudá-las considerando cada país. A questão de gênero também está ligada de maneira muito complexa à religião e à etnia, Nos Estados Unidos, isso resulta em uma

CAPÍTULO 6 | DIMENSÕES DO CONTEXTO MACROCULTURAL **67**

complicada mistura de normas e premissas sobre o papel de homens e mulheres. A tolerância à ambiguidade e à orientação temporal serão discutidas posteriormente.

O ESTUDO GLOBE

Um extenso estudo semelhante foi conduzido por House e uma equipe de pesquisadores usando dados de pesquisa de 17.500 gestores de níveis intermediários em diversos setores de 25 países (House et al., 2004). Desse estudo resultaram nove dimensões, como pode ser visto no Quadro 6.2. O leitor observará que muitas dimensões encontradas por House são muito semelhantes às dimensões de Hofstede, mas o estudo Globe acrescentou outras especialmente importantes para a análise organizacional, sobretudo a orientação de desempenho, assertividade e orientação humana.

QUADRO 6.2   DIMENSÕES BÁSICAS DA CULTURA SEGUNDO O ESTUDO GLOBE

- Distância de poder: o grau de expectativa dos membros de um grupo sobre a distribuição igualitária do poder

- Prevenção da incerteza: quanto uma sociedade, organização ou grupo depende de normas, regras e procedimentos sociais para aliviar a imprevisibilidade de eventos futuros

- Igualdade de gênero: o grau em que um grupo menospreza a desigualdade de gênero

- Orientação para o futuro: quanto os indivíduos se envolvem em comportamentos orientados para o futuro, como retardar a gratificação, planejamento e investimento no futuro

- Coletivismo I (institucional): o grau em que as práticas institucionais organizacionais e sociais incentivam e recompensam a distribuição coletiva de recursos e a ação em grupo

- Coletivismo II (dentro do grupo): quanto os indivíduos expressam orgulho, lealdade e coesão em suas organizações ou famílias

- Orientação ao desempenho: o grau em que um grupo encoraja e recompensa os membros pela melhoria e excelência de desempenho

- Assertividade: o grau de assertividade, confronto e agressividade dos indivíduos em seus relacionamentos com os outros

- Orientação humana: quanto um coletivo encoraja e recompensa indivíduos por serem justos, altruístas, generosos, atenciosos e bondosos com os outros

---

Pesquisas podem identificar as dimensões da macrocultura? Do ponto de vista da metodologia, o problema com as pesquisas é que refletem, a princípio, a intensão do pesquisador nas perguntas e, portanto, são limitadas pelo que ele acredita ser necessário indagar. Também não fica claro se a confiança nas respostas individuais em uma pesquisa pode revelar crenças, valores e normas coletivas, pois os indivíduos podem não ter consciência sobre semelhanças que um observador notaria imediatamente ou seria capaz de captar rapidamente em uma entrevista em grupo.

Além disso, não fica claro se as dimensões estatisticamente derivadas da análise de fatores podem ser vistas como construtos fundamentais em torno dos quais se pode desenvolver a teoria da cultura. Essas dimensões são estatisticamente válidas e nos permitem realizar uma comparação útil entre países, mas são incompletas e carecem da profundidade resultante da combinação de observação participativa, etnografia e entrevistas em grupo nas quais crenças, valores e normas *compartilhadas* se tornam visíveis imediatamente. No restante deste capítulo, analiso algumas dimensões importantes que resultam da pesquisa etnográfica, como feito por Edward Hall (1959, 1966, 1977).

Pesquisa etnográfica, observacional e baseada em entrevistas

IDIOMA E CONTEXTO

A dimensão cultural mais óbvia é, naturalmente, o idioma usado. A maneira como, desde o início, aprendemos a cultura de nosso próprio país é pelas categorias: o que olhar, pensar e diferenciar em nosso ambiente físico e humano. Não aprendemos sobre algo procurando no dicionário, mas sim quando nossos pais o apontam e nomeiam. O idioma não apenas define as categorias do que vemos, ouvimos e sentimos, mas a maneira como pensamos sobre as coisas e as significamos.

Para piorar a situação, os idiomas diferem entre si em relação ao que Hall descreveu como "alto contexto", ou seja, a dificuldade de interpretar uma palavra ou frase quando seu significado depende do contexto, ou "baixo contexto", quando as palavras são mais precisas e carregadas de significado. Por exemplo, um amigo meu da Suíça, que trabalhava no banco britânico NatWest, me pediu para ajudá-lo a descobrir o que os chefes na Grã-Bretanha (alto contexto) esperavam da filial suíça (contexto baixo), já que nunca conseguiam obter instruções "claras". Quando perguntei aos britânicos, eles me garantiram que haviam sido muito claros e precisos no que haviam pedido! Por fim, não pude ajudar muito, porque também não entendia claramente o que os chefes queriam!

A NATUREZA DA REALIDADE E DA VERDADE

Uma parte fundamental de toda cultura é o conjunto de premissas em relação ao que é real e como determinar ou descobrir o que é real. Tais premissas mostram aos membros de um grupo como determinar as informações relevantes, interpretá-las e saber quando são

CAPÍTULO 6 | DIMENSÕES DO CONTEXTO MACROCULTURAL **69**

suficientes para decidir se devem agir e qual ação tomar. Uma boa forma de diferenciação é considerar se confiamos na "realidade física" ou na "realidade social".

A realidade física se refere às coisas que podem ser determinadas empiricamente por testes objetivos ou, como chamamos em nossa tradição ocidental, testes "científicos". Por exemplo, se duas pessoas estiverem discutindo se um pedaço de vidro pode quebrar ou não, podem bater nele com um martelo e descobrir o resultado (Festinger, 1957). Se dois gerentes estiverem discutindo sobre qual produto lançar, podem concordar em definir um mercado de teste e estabelecer critérios para resolver a questão. Entretanto, se dois gestores estiverem discutindo sobre qual entre duas campanhas políticas devem apoiar, terão que concordar que não há critérios físicos para resolver o conflito. Eles precisarão, então, alcançar um consenso por meio de mais discussão ou criar testes sociais. Desse modo, altos graus de consenso constituem a "realidade social", como apontado por sociólogos, quando algo é definido como *real, é real em suas consequências*.

A realidade social entra em jogo quando lidamos com premissas sobre a essência da natureza humana, isso é, a maneira correta de os humanos se relacionarem com a natureza e entre si, a distribuição do poder e todo o processo político, as premissas sobre o significado da vida, ideologia, religião, limites do grupo e a própria cultura. Estas são obviamente questões de consenso e não são empiricamente determináveis. A maneira como um grupo se define e os valores pelos quais escolhe viver certamente não podem ser testados segundo nosso conhecimento tradicional sobre testes científicos empíricos, mas certamente podem ser fortemente defendidos e compartilhados unanimemente. Se um grupo acredita em algo e o define como real, esse algo se torna real para ele. As dimensões identificadas nas pesquisas tratam predominantemente da realidade social. Não há como testar fisicamente se é melhor ser mais ou menos tolerante em relação à ambiguidade, ou mais ou menos individualista. Também não é possível determinar quem está certo sobre um conflito territorial ou um sistema de crenças, como ilustra a péssima piada sobre o diplomata ingênuo que diz aos árabes e aos israelenses para resolverem suas diferenças de maneira cristã.

***Moralismo* versus *pragmatismo*.** Uma dimensão útil para comparar culturas nacionais é abordagem ao teste da realidade baseada na dimensão moralismo *versus* pragmatismo (England, 1975). Em seu estudo sobre valores gerenciais, England descobriu que gerentes de diferentes países tendiam a ser pragmáticos, buscando validação pela própria experiência; ou moralistas, buscando validação em uma filosofia geral, sistema moral ou tradição. Por exemplo, ele observou que os europeus eram geralmente mais moralistas, ao passo que os americanos eram mais pragmáticos. Se aplicarmos essa dimensão às premissas básicas subjacentes que um grupo faz, podemos especificar diferentes bases para definir o que é verdade, como mostrado no Quadro 6.3.

QUADRO 6.3 POSSÍVEIS CRITÉRIOS PARA DETERMINAR A VERDADE

- Dogma puro, baseado em tradição e/ou religião: sempre fizemos assim; é a vontade de Deus; está nas Escrituras.

- Dogma revelado, sabedoria baseada em confiança na autoridade dos sábios, líderes formais, profetas ou reis: nosso chefe deseja fazer assim; nossos consultores recomendam que façamos assim; ela tem mais experiência, portanto, devemos fazer o que ela diz.

- Verdade derivada de um processo "racional-legal", como quando estabelecemos a culpa ou inocência de alguém por meio de um processo legal, concordamos desde o princípio que não há verdade absoluta, apenas a verdade socialmente determinada: temos que levar essa decisão à comissão de marketing e fazer o que decidirem; o chefe terá que decidir isso, pois é sua área de responsabilidade; teremos que votar e seguir a decisão da maioria; concordamos que essa decisão pertence ao chefe do departamento de produção; precisamos de consenso sobre essa decisão, ou seja, precisamos de unanimidade.

- Verdade que sobrevive ao conflito e ao debate: a ideia será discutida em três comitês diferentes, testada com a equipe de vendas e, se for consistente, será implementada; vamos discutir a ideia e ver aonde chegamos; alguém vê problema em fazermos desse modo?, se ninguém discordar, é o que faremos.

- Verdade que funciona, critério totalmente pragmático: vamos tentar desse modo e avaliar os resultados.

- Verdade estabelecida pelo método científico: nossa pesquisa mostra que essa é a maneira correta de fazer isso; fizemos três levantamentos e todos apontam a mesma coisa, portanto, agiremos conforme o resultado.

Por exemplo, a cultura norte-americana e a cultura ocupacional da engenharia elétrica são extremamente pragmáticas. A verdade é descoberta por tentativa e erro, negociação, conflito e debate. A tradição e a autoridade moral podem ser descartadas facilmente. A realidade física e as evidências científicas são apregoadas como a base correta para a tomada de decisões. Em algumas sociedades asiáticas, as tradições sociais ou estéticas em relação à maneira como as coisas são feitas podem se sobrepor ao pragmatismo. É o caso, por exemplo, da aceitação do nepotismo como uma boa prática, pois acredita-se que familiares são confiáveis. Já nos Estados Unidos, o nepotismo é rejeitado com base no fundamento pragmático de que isso resulta em favoritismo na tomada de decisões.

O que é "informação"? A maneira como um grupo testa a realidade e toma decisões também envolve consenso sobre a constituição dos dados e a definição da informação e do conhecimento? Com o desenvolvimento da tecnologia da informação, a questão se intensificou em virtude dos debates sobre o papel dos computadores no fornecimento de "informação", algo

CAPÍTULO 6 | DIMENSÕES DO CONTEXTO MACROCULTURAL **71**

bem incorporado na expressão em inglês *"garbage in, garbage out"* ["entra lixo, sai lixo"]. Temos agora o *"big data"* como uma suposta fonte de verdade, mas quem coleta tais dados se vê obrigado a contratar analistas com PhD, treinados na lógica científica e, portanto, capazes de ensinar como usar os dados brutos para se aproximar de uma verdade na qual se possa basear as decisões. A questão da validade dos relacionamentos e conceitos estatisticamente derivados permanece muito ambígua, pois, mesmo os graus de "significância" divulgados estatisticamente são, em si, uma norma social estabelecida pelos estatísticos. Muito do nosso "conhecimento" presumido baseia-se em correlações estatisticamente significativas sem reprodução ou interesse suficiente sobre a possibilidade da correlação entre duas coisas ser interpretada de modo a afirmar que uma é causa da outra.

ORIENTAÇÃO BÁSICA DO TEMPO

Antropólogos observaram que toda cultura desenvolve premissas sobre a natureza do tempo e tem uma orientação básica em relação ao passado, presente ou futuro (Kluckhohn e Strodtbeck, 1961; Redding e Martyn-Johns, 1979; Hampden-Turner e Trompenaars, 1993). Por exemplo, em seu estudo com várias culturas do sudoeste dos Estados Unidos, Kluckhohn e Strodtbeck perceberam que algumas tribos indígenas viviam mais no passado, já os hispano-americanos eram orientados principalmente em relação ao presente e os anglo-americanos, ao futuro próximo. Hampden-Turner e Trompenaars (1993, 2000), com base no próprio estudo, demonstram que, entre os países asiáticos, o Japão está no extremo do planejamento em longo prazo, enquanto Hong Kong está no extremo do planejamento em curto prazo.

Quanto uma organização deve ser orientada para o futuro é assunto de muito debate, e muitos argumentam que um dos problemas das empresas dos Estados Unidos é que o contexto financeiro em que operam (o mercado acionário) força uma orientação para o futuro próximo às custas do planejamento em prazo mais longo. Sem dúvida, não está claro qual é a causa e qual é o efeito. Culturalmente falando, seriam os Estados Unidos uma sociedade pragmática, orientada para o futuro próximo, que criou certas instituições econômicas para refletir nossa necessidade por *feedback* constante e rápido, ou foram nossas instituições econômicas que criaram o pragmatismo de curto prazo?

Em ambos os casos, o importante é que essas premissas culturais sobre o tempo dominam o pensamento e as atividades diárias ao ponto em que um gerente norte-americano pode ter dificuldade de pensar em uma alternativa para um processo de planejamento em longo prazo, como seria típico em algumas indústrias japonesas. Tenho um colega japonês que está planejando traduzir e apresentar parte do meu trabalho ao mercado japonês e já planejou visitas ou videochamadas comigo para os próximos dois anos!

Tempo monocrônico e tempo policrônico. Hall (1959, 1966) aponta que, nos Estados Unidos, a maioria dos gerentes vê o tempo como monocrônico, ou seja, uma faixa linear infinita que pode ser dividida em compromissos e outros compartimentos, mas na qual apenas uma coisa pode ser feita por vez. Se mais de uma coisa deve ser feita, digamos, em uma hora, dividimos a hora pelo número de unidades de que necessitamos e, assim, fazemos uma coisa por vez. Quando nos desorganizamos ou temos a sensação de estar sobrecarregados, somos aconselhados a fazer uma coisa de cada vez. O tempo é visto como uma *commodity* valiosa que pode ser gasta, desperdiçada, aniquilada ou bem usada; porém, uma vez terminada uma unidade de tempo, ela se foi para sempre. Hassard (1999) aponta que esse conceito de "tempo linear" foi o cerne da revolução industrial durante a mudança na maneira de medir a produtividade com base no tempo gasto para se produzir algo, no uso de relógios de ponto para medir a quantidade de trabalho feito, no pagamento pelo tempo de trabalho e na ênfase à metáfora de que "tempo é dinheiro".

Por outro lado, algumas culturas do sul da Europa, da África e do Oriente Médio consideram o tempo como policrônico, um tipo de meio definido mais pelo que é realizado do que por um relógio, e no qual várias coisas podem ser feitas simultaneamente. Ainda mais extremo é o conceito cíclico do tempo como uma série recorrente de fases, com formato circular. Uma estação segue-se à próxima, uma vida leva à outra, como podemos observar em algumas sociedades asiáticas (Sithi-Amnuai, 1968).

O gerente que opera conforme esse tempo policrônico "torna-se o centro das atenções", no sentido em que lida simultaneamente com vários subordinados, colegas e até chefes, mantendo cada questão em suspensão até sua conclusão. Embora haja ênfase na monocronicidade nos Estados Unidos, os conceitos de tempo policrônico existem em organizações norte-americanas. Por exemplo, quando um médico ou dentista atende vários pacientes em consultórios adjacentes ou quando um vendedor circula entre os diversos clientes que estão avaliando carros. As modernas tecnologias da informação e comunicação social ilustraram alguns dos problemas potenciais da policronicidade ao questionar se devemos enviar mensagens de texto ou fazer ligações enquanto dirigimos.

Conceitos de tempo também definem de modo sutil como o *status* é exibido, como ilustrado pelas experiências frustrantes que os norte-americanos e europeus do norte enfrentam com as culturas latinas, onde entrar na fila e fazer uma coisa por vez são menos comuns. Uma vez, entrei na fila de uma pequena agência de correio no sul da França, apenas para perceber que algumas pessoas furavam a fila e eram atendidas pelo funcionário. Meus amigos observaram que, nessa situação, o atendente tinha uma visão mais policrônica do mundo, o que o levava a atender quem gritasse mais alto. Também comentaram que uma pessoa de mais *status* considera aceitável furar a fila para ser atendida antes dos outros como demonstração de sua posição social. Aqueles que vivem no mesmo sistema de *status* não ficam ofendidos em esperar. De fato, foi-me dito que, ao ficar na fila reclamando, eu exibia uma baixa noção de meu *status*, caso contrário, iria para a frente do balcão exigindo atendimento também.

CAPÍTULO 6 | DIMENSÕES DO CONTEXTO MACROCULTURAL **73**

Tempo de planejamento e tempo de desenvolvimento. Em um estudo com empresas de biotecnologia, Dubinskas (1988) constatou uma diferença fundamental entre as culturas ocupacionais dos biólogos e dos gerentes que trabalhavam juntos na indústria biotecnológica. Os gerentes viam o tempo de maneira linear, monocrônica, com alvos e marcos vinculados às realidades objetivas externas, como as oportunidades de mercado e o mercado acionário. Dubinskas denominou essa forma de tempo de *"tempo de planejamento"*.

Por outro lado, os biólogos pareciam operar a partir de algo que Dubinskas chamou de *"tempo de desenvolvimento"*, mais bem definido como "as coisas serão feitas no tempo que for necessário", referindo-se aos processos biológicos naturais que têm os próprios ciclos internos de tempo. Para caricaturar essa distinção, um gerente poderia dizer que necessita de um bebê em 5 meses para atender a um público-alvo comercial, enquanto o biólogo diria: "Perdão, mas o período de gestação de um bebê é de 9 meses". O tempo de planejamento busca a conclusão, o tempo de desenvolvimento está aberto e pode se estender para o futuro.

O SIGNIFICADO DO ESPAÇO: DISTÂNCIA E COLOCAÇÃO RELATIVA

Nossas premissas sobre o significado e o uso do espaço estão entre os aspectos mais sutis da macrocultura, porque as premissas sobre o espaço, assim como as relacionadas ao tempo, operam além da consciência e são naturalizadas. Ao mesmo tempo, quando essas premissas são violadas, as reações emocionais são intensas, pois o espaço passa a ter significados simbólicos poderosos, como expresso na frase: "Não invada meu espaço". Um dos modos mais óbvios de simbolizar a hierarquia e o *status* nas organizações é pela localização e tamanho dos escritórios.

Hall (1966) aponta que, em algumas culturas, se alguém estiver caminhando em certa direção, o espaço à frente dessa pessoa é percebido como posse dela, de modo que se outra pessoa passar sua frente, violará um espaço que não lhe pertence. Em outras culturas, algumas asiáticas notadamente, o espaço é inicialmente definido como comum e compartilhado, permitindo um fluxo complexo de pessoas, bicicletas, carros e animais, como se pode observar nas ruas de uma cidade chinesa, onde todos, de alguma maneira, conseguem se movimentar sem morrer ou ser atropelado.

A maneira como nos orientamos em relação aos outros reflete nossa percepção do tipo de relacionamento que estamos expressando. Os relacionamentos formais são geralmente conduzidos estabelecendo uma distância de vários metros entre os envolvidos. Já os relacionamentos íntimos permitem que as pessoas falem entre si a apenas alguns centímetros de distância e com contato físico. Quanto maior a diferença de *status*, maior a distância que o subordinado manterá, enquanto o superior tem a licença para se aproximar, especialmente se essa ação fizer parte de seu trabalho, como no caso de um médico ou dentista.

74 CULTURA ORGANIZACIONAL E LIDERANÇA SCHEIN

A percepção da distância tem origem biológica. Animais têm uma distância de fuga claramente definida (a que provocará a fuga caso seja desrespeitada) e uma distância crítica (a que levará ao ataque se for desrespeitada ou se o animal for "encurralado"). As condições de aglomeração não apenas geram comportamento patológico em espécies não humanas, mas também provocam agressão nos humanos. Por isso, a maioria das culturas tem regras relativamente claras sobre como definir o espaço pessoal e íntimo por meio de uma variedade de indicações para permitir o que Hall (1959, 1966) denomina como "seleção sensorial", incluindo divisórias, paredes, isolamento acústico e outros dispositivos físicos. Usamos o contato visual, posição do corpo e outros dispositivos pessoais para sinalizar o respeito pela privacidade dos outros (Goffman, 1959; Hatch, 1990; Steele, 1973, 1981).

Também aprendemos a administrar o que Hall denomina *distância de intrusão*; ou seja, a distância que devemos ficar em relação a outras pessoas que estejam conversando sem interrompê-las, mas deixando claro que desejamos atenção quando for apropriado. Em algumas culturas, incluindo a nossa, a intrusão ocorre apenas quando alguém interrompe o discurso (alguém pode ficar por perto, mas sem "interromper"). Já em outras culturas, até mesmo entrar no campo visual de alguém constitui um pedido de atenção, e isso é visto como interrupção. Nesses tipos de cultura, o uso de barreiras físicas, como escritórios fechados, tem significado simbólico importante, já que é a única maneira de se conseguir um senso de privacidade (Hall, 1966).

O simbolismo do espaço. Toda sociedade desenvolve modos de atribuição de espaço para simbolizar valores importantes. As organizações desenvolvem normas claras sobre quanto espaço alguém deve ter e onde estará localizado. Essas normas refletem premissas básicas sobre o papel da utilização do espaço na realização do trabalho e como símbolo de *status*. Geralmente, as melhores vistas e localizações são reservadas a pessoas de maior *status*. Altos executivos costumam ficar nos andares mais altos dos edifícios e, frequentemente, recebem espaços especiais, como salas de reunião e banheiros privativos.

Sociólogos apontam que uma importante função dos banheiros privativos é permitir que os líderes se apresentem de maneira adequada a seus subordinados e ao público, além de preservar sua imagem como "super-humanos" que não têm as necessidades comuns das pessoas dos níveis inferiores (Goffman, 1967). Em alguns países e organizações, não seria confortável para o funcionário comum urinar ao lado do presidente da corporação.

Algumas organizações atribuem precisamente o espaço como símbolo direto de *status*. O prédio da matriz da General Foods foi projetado com divisórias móveis para que, à medida que os gerentes de produto fossem promovidos, o tamanho de seus escritórios pudesse ser ajustado para refletir o novo cargo. A empresa tinha um departamento que escolhia o tipo de carpete, mobiliário e decoração de parede conforme os níveis hierárquicos. Elementos como a localização dos prédios, o modo como foram construídos e o tipo de arquitetura variam de um país para outro e podem refletir valores mais profundos, como podemos observar pelo estilo das catedrais e igrejas em diferentes nações.

Por serem altamente visíveis e relativamente permanentes, os prédios e o entorno são usados pelas organizações para tentar simbolizar valores e premissas importantes por meio do *design*. O *layout* físico não apenas tem função simbólica, mas é frequentemente usado para orientar e direcionar o comportamento dos membros da organização, tornando-se, assim, um poderoso construtor e reforçador de normas (Berg e Kreiner, 1990; Gagliardi, 1990; Steele, 1973, 1981). Empresas no Vale do Silício, como Google, Apple, Facebook e Genentech, utilizam seus espaços centralizados não como fortalezas, mas como ímãs, fazendo com que suas comodidades sejam tão atraentes que os funcionários tenham vontade de passar a maior parte do tempo nessas áreas, atrativamente chamadas de "campus".

Linguagem corporal. Uma das utilizações mais sutis do espaço é como usamos gestos, posição corporal e outras indicações físicas para comunicar o que ocorre em determinada situação e como nos relacionamos com as outras pessoas. De modo genérico, as pessoas perto de quem nos sentamos, que evitamos fisicamente, que tocamos, a quem reverenciamos e assim por diante, exprimem nossas percepções relativas de *status* e intimidade. A discussão anterior sobre a "distância" que mantemos em relação aos outros é um excelente exemplo. Entretanto, como observado por sociólogos, há indicações muito mais sutis para representar nossos sentimentos mais profundos sobre o que está ocorrendo e nossas premissas sobre a maneira certa e apropriada de se comportar em qualquer situação (Goffman, 1967; Van Maanen, 1979).

Rituais de respeito e conduta que reforçam relacionamentos hierárquicos manifestam-se em nosso posicionamento físico e temporal, como quando um funcionário sabe onde se posicionar em relação à chefe em uma reunião e o momento exato para fazer perguntas ou comentários quando discordar dela. A chefe, por sua vez, sabe que deve sentar-se à cabeceira da mesa da sala de reunião e a hora de dirigir suas observações ao grupo apropriadamente. No entanto, apenas os iniciados conhecem o pleno significado de todas essas indicações de tempo ou espaço, o que nos lembra, forçosamente, que o que observamos em torno dos arranjos espaciais e do uso comportamental do tempo são artefatos culturais, difíceis de decifrar se não tivermos dados adicionais obtidos dos iniciados por meio de entrevistas, observação e pesquisa em grupo.

Seria altamente perigoso usar nossas próprias lentes culturais para interpretar o que observamos. Nas minas de carvão sul-africanas, os supervisores brancos desconfiavam dos funcionários nativos porque "seus olhos eram evasivos e nunca faziam contato visual", mas não percebiam que, nas tribos de onde vinham, olhar diretamente nos olhos de um superior era um grave sinal de desrespeito (Silberbauer, 1968). Foi necessário criar programas especiais de treinamento para ensinar aos supervisores como interpretar o comportamento dos funcionários. Entretanto, nos Estados Unidos, onde o contato visual é considerado um "bom" indicador de atenção, tive dificuldade em convencer os grupos de diálogo a "falar com a fogueira" em vez de diretamente uns aos outros, como será explicado no capítulo seguinte.

Interação entre tempo, espaço e atividade. Orientar-se no tempo e no espaço é fundamental para um indivíduo em qualquer nova situação. Até agora, analisamos o tempo e o espaço como dimensões separadas, mas, na realidade, eles sempre interagem de maneira complexa em torno da atividade que está ocorrendo. É mais fácil notar isso em relação às formas básicas do tempo. As premissas de tempo monocrônico têm implicações específicas sobre a forma de organização do espaço. Se alguém precisa cumprir compromissos individuais e ter privacidade, precisa de lugares nos quais esses requisitos possam ser respeitados, exigindo, portanto, mesas suficientemente separadas, cubículos ou escritórios com portas. Como o tempo monocrônico está vinculado à eficiência, o indivíduo precisa de um *layout* de espaço que permita um mínimo de desperdício de tempo. Assim, é necessário que as pessoas tenham facilidade de se contatarem, que as distâncias entre departamentos importantes sejam mínimas e que comodidades como banheiros e áreas de alimentação sejam dispostas de modo a economizar tempo. De fato, na DEC, a distribuição liberal de bebedouros, máquinas de café e copas em torno da organização sinalizava claramente a importância da continuidade do trabalho, mesmo que alguém precisasse satisfazer suas necessidades fisiológicas. As amplas instalações do Google sugerem que o funcionário não deve sentir necessidade de sair dali e deve se sentir sempre confortável no trabalho.

Em contraste, o tempo policrônico requer arranjos espaciais que facilitem a ocorrência de eventos simultâneos, nos quais é possível obter privacidade cochichando com alguém que está próximo, em vez de conversar atrás de portas fechadas. Assim, salas grandes são construídas como anfiteatros, que permitem que um funcionário de alto escalão tenha uma posição estratégica ou conjuntos de escritórios e cubículos são arquitetados em torno de um núcleo central que permite fácil acesso a todos. Podemos esperar também ambientes mais visualmente abertos, como escritórios com divisórias baixas, que proporcionam aos supervisores fácil visualização para saber quem necessita de ajuda ou ver quem não está trabalhando.

Quando prédios e escritórios são projetados segundo certos padrões de trabalho, distância e tempo são levados em consideração no *layout* físico (Allen, 1977; Steele, 1973, 1981, 1986). Entretanto, essas questões de *design* são muito complexas, porque a tecnologia de informação e comunicação é desenvolvida para, cada vez mais, reduzir o tempo e o espaço de maneiras que ainda não foram concebidas. Por exemplo, um grupo de pessoas em escritórios privativos pode comunicar-se por telefone, *e-mail*, fax e videochamadas. Podem até mesmo formar uma equipe virtual ao usar videoconferências aprimoradas por diversos tipos de *software* (Grenier e Metes, 1992; Johansen et al., 1991).

Essência humana e motivação básica

Toda cultura compartilha premissas sobre o que significa ser humano, quais são nossos instintos básicos e que tipos de comportamento são considerados desumanos e, portanto, motivos para a expulsão do grupo. Ser humano é uma propriedade física e, ao mesmo tempo, uma construção cultural, como temos visto ao longo da História. A escravidão era frequentemente justificada ao se definir os escravizados como "não humanos". Em conflitos étnicos e religiosos o "outro" é, muitas vezes, definido como não humano. Na categoria daqueles definidos como humanos, há ainda mais variações. Em um estudo comparativo, Kluckhohn e Strodtbeck (1961) observaram que, em algumas sociedades, os seres humanos são vistos como basicamente maus, em outras, como basicamente bons, e ainda há aquelas que os veem como mistos ou neutros, capazes de serem bons ou maus.

Diretamente relacionadas são as premissas sobre quanto a natureza humana é aperfeiçoável. Será que nossa bondade ou maldade são intrínsecas e, por isso, devemos simplesmente aceitar o que somos? Ou podemos, por meio de trabalho árduo, generosidade ou fé, superar nossa maldade e ganhar a salvação ou atingir o nirvana? O limite de determinada macrocultura em relação a essas categorias é frequentemente relacionado à religião que domina aquela unidade cultural, mas, como veremos, essa questão está muito no cerne da liderança.

Que premissas os líderes criam sobre a motivação fundamental dos trabalhadores? Nos Estados Unidos, temos observado uma transição em vários conjuntos dessas premissas:

1. Trabalhadores como atores racionais e econômicos.
2. Trabalhadores como animais sociais, com necessidades principalmente sociais.
3. Trabalhadores como solucionadores de problemas e autorrealizáveis, cujas necessidades primárias são ser desafiados a usar seus talentos.
4. Trabalhadores como complexos e maleáveis (Schein, 1980).

As primeiras teorias sobre a motivação dos funcionários nos Estados Unidos eram quase completamente dominadas pela premissa de que os únicos incentivos que os gerentes poderiam dar seriam monetários, porque se supunha que a única motivação essencial dos funcionários era o interesse econômico individual. Os estudos de Hawthorne (Roethlisberger e Dickson, 1939; Homans, 1950) lançaram uma nova série de pressupostos "sociais", postulando que os funcionários são motivados pela necessidade de se relacionar bem com seus pares e associações, e que tal motivação muitas vezes se sobrepõe aos interesses econômicos individuais. As principais evidências para essas premissas decorreram de estudos sobre a restrição da produção, que mostraram claramente que os trabalhadores aceitariam reduzir o salário em vez de quebrar a norma "uma carga horária justa por um salário justo".

78 CULTURA ORGANIZACIONAL E LIDERANÇA SCHEIN

Além disso, pressionariam os colegas para não fazer horas extras e, assim, reduzir o próprio salário para preservar a norma básica da jornada diária de trabalho justa.

Estudos subsequentes sobre o trabalho, especialmente aqueles relacionados aos efeitos das linhas de montagem, introduziram outro conjunto de premissas: os trabalhadores são autorrealizáveis e necessitam de desafios e tarefas interessantes para se autoafirmar e de modos válidos de dar vazão ao pleno uso de seus talentos (Argyris, 1964). Teóricos da motivação, como Maslow (1954), propuseram a existência de uma hierarquia de necessidades humanas em que um indivíduo não vivenciará nem trabalhará na fase das necessidades "superiores" até que as inferiores sejam satisfeitas. Se o indivíduo estiver na fase de sobrevivência, os motivos econômicos dominarão; se as necessidades de sobrevivência forem saciadas, as necessidades sociais virão à tona; se as necessidades sociais forem satisfeitas, as necessidades de autorrealização serão reveladas.

Até então, não está claro quais premissas dominarão um sistema particular de recompensa em uma organização: as nacionais mais profundas ou as ocupacionais gerenciais. No sistema capitalista ocidental, o dinheiro e a premissa de que as pessoas são primariamente motivadas por ele ainda parece predominante na cultura gerencial. Entretanto, minhas recentes conversas com Danica Purg, que dirige uma escola de administração inovadora em Bled, Eslovênia, sugerem que os países que foram dominados durante décadas pelo comunismo levam o pleno emprego muito a sério e dificultam muito a demissão, o que confunde o jovem empreendedor que foi criado "sem segurança no emprego" e "sem expectativa de lealdade organizacional".

PREMISSAS SOBRE A ATIVIDADE HUMANA APROPRIADA

Como os seres humanos se relacionam com seu ambiente? Várias orientações bem diferentes foram identificadas em estudos interculturais, causando implicações diretas nas variações que podem ser observadas nas organizações.

A orientação para o "fazer". Em um extremo, podemos identificar uma orientação de "fazer", que é diretamente correlacionada com (1) a premissa de que a natureza pode ser controlada e manipulada, (2) a orientação pragmática em relação à natureza da realidade e (3) a crença na perfeição humana (Kluckhohn e Strodtbeck, 1961). Em outras palavras, naturaliza-se que o certo para os humanos é assumir e controlar ativamente seu ambiente e destino.

Fazer é a orientação predominante dos Estados Unidos e, certamente, uma premissa-chave dos gerentes norte-americanos, refletida no *slogan* da Segunda Guerra Mundial: *"We can do it"* ["Podemos fazê-lo"], imortalizado nos pôsteres de Rosie the Riveter; e nas expressões norte-americanas recorrentes *"getting things done"* ["resolver as coisas"] e *"let's do something about it"* ["vamos fazer algo a respeito disso"]. A noção de que "o impossível demora um

CAPÍTULO 6 | DIMENSÕES DO CONTEXTO MACROCULTURAL **79**

pouquinho mais" está no centro da ideologia empresarial norte-americana. As organizações orientadas por essa premissa buscam crescer e dominar os mercados em que atuam.

A orientação ao "ser". No lado oposto está a orientação ao "ser", diretamente relacionada à premissa de que a natureza é poderosa e a humanidade é subserviente a ela. Essa orientação implica um tipo de fatalidade: já que não se pode influenciar a natureza, deve-se aceitar e aproveitar o que ela oferece. Devemos focar mais no aqui e agora, no prazer individual e na aceitação do que estiver por vir. Muitas religiões operam com base nessa premissa. As organizações que seguem essa orientação procuram um nicho em seu ambiente que lhes permita sobreviver e tentam se adaptar às realidades externas, em vez de criar mercados ou dominar alguma parte do ambiente.

A orientação "ser em transformação". Uma terceira orientação, que está entre os dois extremos de fazer e ser, refere-se à ideia de que o indivíduo deve atingir a harmonia com a natureza ao desenvolver plenamente suas capacidades e, desse modo, alcançar uma perfeita união com o ambiente. O foco está no desenvolvimento e não em uma condição estática. Por meio do desapego, meditação e controle daquilo que pode ser controlado (por exemplo, sentimentos e funções corporais), o indivíduo alcança o pleno autodesenvolvimento e autorrealização. O foco está no que a pessoa é e no que ela pode se tornar, e não em uma realização específica. Em resumo, "a orientação entre o ser e o fazer enfatiza o tipo de atividade que tem como meta o desenvolvimento de todos os aspectos do *self* como um todo integrado" (Kluckhohn e Strodtbeck, 1961, p. 17).

A definição do que constitui crescimento e se ele deve ou não ser incentivado varia muito. Na Essochem Europe, um talentoso gerente nacional não foi promovido para gerente do continente porque era "muito emocional", o que refletia as premissas da matriz sobre a necessidade de a gestão não ser emocional. Em contraste, a DEC era o oposto no grau em que permitia e incentivava todas as formas de autodesenvolvimento, o que depois se refletiu em quanto seus ex-funcionários, que passaram a trabalhar de maneira autônoma ou em outras empresas, usavam a expressão "Cresci na DEC".

Na Ciba-Geigy, ficou claro que cada pessoa tinha que se ajustar e se tornar parte do tecido organizacional, e que a socialização na maneira existente era, portanto, como a empresa definia o desenvolvimento. Para ascender na hierarquia até o alto escalão, um gestor tinha que ter sido bem-sucedido em uma tarefa no exterior e desenvolver habilidades interculturais consideradas obrigatórias pela empresa.

Os países e suas organizações diferem no grau que consideram o crescimento e o desenvolvimento de seu pessoal como uma importante função gerencial, mesmo quando acadêmicos defendem que tanto o desenvolvimento humano quanto o desempenho organizacional bem-sucedido devem ser possíveis (Chapman e Sisodia, 2015; Keegan e Lahey, 2016).

PREMISSAS SOBRE A NATUREZA DOS RELACIONAMENTOS HUMANOS

No núcleo de qualquer cultura, há premissas sobre a maneira adequada de os indivíduos se relacionarem entre si para tornar o grupo seguro, confortável e produtivo. Quando essas premissas não são amplamente compartilhadas, estamos falando de anarquia e anomia. Esse conjunto de premissas cria normas e regras de comportamento que tratam principalmente das duas questões centrais sobre (1) qual deve ser o relacionamento entre pessoas de *status* mais alto e mais baixo (e, consequentemente, entre o indivíduo e o grupo), e (2) qual deve ser o relacionamento entre pares e companheiros de equipe.

Essas regras são ensinadas no início da vida e passam a ser rotuladas como "comportamento adequado", etiqueta, tato, boas maneiras e atitude apropriada à situação, isso é, a pessoa deve conhecer seu lugar na estrutura e saber o que é adequado. Essas regras mudam e refletem as questões sociais do momento, como melhor exemplifica a importância de saber o que é "politicamente correto" dizer. O que é apropriado e "adequado à situação" varia com o grau de "intimidade" do relacionamento, que, na maioria das culturas, pode ser dividida em quatro "níveis" (Schein, 2016).

Níveis de relacionamento. Os limites entre esses níveis variam de acordo com o país, religião e etnia, mas cada macrocultura tem a própria versão desses níveis amplos, conforme demonstrado no Quadro 6.4. A compreensão das regras de propriedade situacional torna-se crítica quando as macroculturas interagem entre si. Por exemplo, em uma filial brasileira de uma multinacional do setor químico, um novo CEO da filial alemã começou sua primeira reunião com uma pauta muito formal, que incluía atribuição de tempo para cada item a ser discutido e instruções bem precisas. Ele estava orgulhoso por apresentar a pauta para abrir a reunião, mas foi recebido com risos e brincadeiras, levando à sua total humilhação e prejudicando gravemente seu relacionamento com os executivos locais. Nem ele nem os brasileiros acostumados a uma gestão muito informal perceberam que o comportamento de todos os envolvidos não era adequado à situação.

Considerando os níveis de relacionamento, o CEO alemão tratou a reunião como uma transação formal de Nível 1 e não estava ciente de que o grupo brasileiro havia evoluído para um conjunto de relacionamentos pessoais de Nível 2. Quando estranhos se encontram e não têm certeza sobre o nível de intimidade, pode ser embaraçoso e incômodo, mas quando isso ocorre em uma fronteira hierárquica importante, pode ser humilhante e destrutivo. Executivos americanos pragmáticos e orientados para a ação muitas vezes não são capazes de entender que, nos países asiáticos e latinos, seu comportamento "profissional" formal de Nível 1 não suscita o tipo de confiança e abertura que os colegas locais desejam, e que os faz querer se reunir para jantar ou outra situação informal antes de falar sobre negócios. Esses executivos desejam um grau de intimidade de Nível 2 para estabelecer confiança, enquanto a expectativa do executivo norte-americano são os contratos e assinaturas.

CAPÍTULO 6 | DIMENSÕES DO CONTEXTO MACROCULTURAL **81**

QUADRO 6.4 QUATRO NÍVEIS DE RELACIONAMENTO NA SOCIEDADE

Nível -1. Exploração, relacionamento nulo ou relacionamento negativo

- Exemplos: Presos, prisioneiros de guerra, escravizados, ocasionalmente membros de culturas extremamente diferentes ou aqueles que consideramos subdesenvolvidos, às vezes pessoas muito velhas ou muito doentes emocionalmente, as vítimas ou pessoas "marcadas" por criminosos ou vigaristas

- Comentário: Reconhecemos, é claro, que nesses grupos se formam relações intensas, e que é possível construir um relacionamento com alguém dessa categoria se quisermos. Mas não lhes devemos nada e não temos um nível esperado de confiança ou abertura com essas pessoas.

Nível 1. Reconhecimento, civilidade, relacionamentos entre papéis transacionais

- Exemplos: Estranhos na rua; vizinhos de assento em trens e aviões; pessoas que prestam serviços, o que inclui ajudantes de todos os tipos, cujo comportamento é regido pelos papéis definidos na cultura

- Comentário: As partes não "se conhecem", mas se tratam como colegas humanos em quem confiam que não lhes fará mal e com quem se conversa em um nível educado de abertura. Os ajudantes profissionais se enquadram nessa categoria, pois a definição de suas funções exige que mantenham um "distanciamento profissional".

Nível 2. Reconhecimento como pessoa única, relacionamentos profissionais

- Exemplos: Amizades casuais, aqueles que conhecemos "como pessoas", membros de equipes de trabalho, indivíduos que conhecemos por meio de um trabalho em comum ou experiências educacionais, clientes ou subordinados que desenvolveram relacionamentos pessoais, mas não íntimos, com seus assistentes ou chefes

- Comentário: Esse tipo de relacionamento implica um nível mais profundo de confiança e abertura em relação a (1) assumir e honrar compromissos e promessas entre si; (2) concordar em não prejudicar um ao outro ou não comprometer o que foi acordado; e (3) concordar em não mentir um para o outro ou reter informações relevantes para nossa tarefa.

Nível 3. Fortes emoções, amizades íntimas, amor e intimidade

- Exemplos: Relacionamentos que envolvem emoções positivas mais fortes

- Comentário: Esse tipo de relacionamento é geralmente visto como indesejável no trabalho ou em situações de assistência. Nele, a confiança dá um passo além do Nível 2, pois os participantes não apenas concordam em não se prejudicar mutuamente, mas presumem que se apoiarão ativamente quando possível ou necessário e serão mais sinceros.

Uma questão semelhante surge nos relacionamentos entre colegas e no trabalho em equipe. Podemos sempre escolher definir qualquer novo relacionamento como uma transação formal de Nível 1 ou torná-lo um relacionamento mais íntimo de Nível 2, oferecendo mais abertura ou fazendo perguntas pessoais (Schein, 2016). A questão principal é se é possível estabelecer um nível adequado de confiança e abertura para permitir um trabalho eficiente em um relacionamento de Nível 1 ou se é necessário algum grau de intimidade de Nível 2 nas boas relações de trabalho. Esse problema tornou-se mais preocupante à medida que a complexidade tecnológica criou mais interdependência, não apenas entre os membros da equipe, mas até além dos limites hierárquicos. Cada vez mais gerentes e líderes descobrem que são genuinamente dependentes dos subordinados que sabem mais e têm mais habilidades operacionais do que eles, o que destaca a necessidade de os líderes serem humildes e aceitarem níveis de vulnerabilidade aos quais podem não estar acostumados (Schein, 2013, 2016).

Encontrar maneiras de estabelecer regras comuns de propriedade situacional e definir em conjunto o nível de relacionamento em que é possível trabalhar juntos serão os maiores desafios à medida que avançamos para um mundo mais multicultural.

RESUMO E CONCLUSÕES

Este capítulo analisou as dimensões culturais mais importantes que foram propostas para entender diferenças culturais no nível nacional e étnico da macrocultura. Minha escolha sobre o conteúdo a ser incluído foi baseada na premissa de quais dimensões seriam mais úteis quando tentamos entender como as culturas organizacionais são inseridas em macroculturas mais amplas. Já analisamos as principais formas com que o idioma, a realidade, o tempo, o espaço, a verdade, a atividade humana, a natureza e os relacionamentos podem ser categorizados.

O padrão de premissas em torno de cada uma dessas questões cria a totalidade que chamamos de "cultura" de um país, reconhecendo que ainda existem outras dimensões de uma cultura que não foram analisadas. A cultura é profunda, ampla, complexa e multidimensional, por isso devemos evitar a tentação de estereotipar países considerando apenas algumas dimensões marcantes, como sugerem os modelos baseados em pesquisas.

As regras que regem os relacionamentos de acordo com limites hierárquicos e funcionais são, talvez, a área mais importante a ser explorada quando grupos multiculturais tentam trabalhar em conjunto. Foi proposto um modelo conceitual de níveis de relacionamento para organizar essa análise e sugerir que a área mais importante de consenso a ser buscada é saber se é possível ou não construir relacionamentos abertos e de confiança no Nível 1 transacional e profissional, ou se a crescente complexidade do trabalho exige sempre a construção de alguma forma de relacionamento personalizado de Nível 2. Exploraremos maneiras possíveis de se fazer isso no capítulo seguinte.

- Qual dimensão mais surpreendeu você, pois nunca havia pensado em cultura dessa maneira?
- Quais questões mais incomodam você nas interações com alguém de outra cultura?
- Quais são suas atitudes em relação ao tempo? Qual é o máximo tempo de atraso que você tolera antes de se ofender? Qual o máximo tempo de atraso que se permite?
- Quais são as desculpas aceitáveis para o atraso?
- Já notou a necessidade de se tornar "mais íntimo" em seus diversos relacionamentos para construir confiança e comunicação aberta?

CAPÍTULO 7

UMA FORMA DIRECIONADA DE TRABALHAR COM MACROCULTURAS

Analisar as macroculturas em todas as dimensões mencionadas no capítulo anterior é uma tarefa árdua, mas é útil apenas para o pesquisador que tenha interesse particular sobre um determinado país ou para alguém que queira comparar macroculturas. Para o líder organizacional ou para quem deseja ingressar em uma organização, é necessária uma abordagem mais aplicada e direcionada. A melhor forma de começar é observando que as forças-tarefas e projetos multiculturais não só se tornarão mais comuns no futuro, mas também já adquiriram um novo nome: "colaborações". Esses novos tipos de grupos de trabalho estão bem descritos em um artigo do livro *Handbook of Cultural Intelligence* (Ang e Van Dyne, 2008):

Os participantes de uma colaboração podem se reunir uma só vez, sem antecipar uma interação contínua. Um grupo nuclear pode permanecer envolvido por um longo período, mas outros participantes podem entrar e sair, trabalhando apenas esporadicamente "conforme o necessário". Além disso, as colaborações podem ter períodos de interação intensamente interdependentes, mas podem, em contraste, consistir em atores bastante independentes. Muitas dessas colaborações não estão inseridas em um único contexto organizacional, mas representam a cooperação entre organizações ou os participantes podem não ter nenhuma afiliação organizacional. Os participantes podem se sentir como se compartilhassem um propósito comum durante um determinado projeto, mas podem não ver a si mesmos como uma "equipe". Os colaboradores podem nunca

CAPÍTULO 7 | UMA FORMA DIRECIONADA DE TRABALHAR COM MACROCULTURAS

> se conhecer pessoalmente, podem estar geograficamente dispersos e estar conectados pela tecnologia da comunicação. Assim, as colaborações são mais soltas, temporárias, fluidas e, muitas vezes, habilitadas eletronicamente do que as equipes tradicionais.
>
> *(Gibson e Dibble, 2008, p. 222-223)*

As duas situações-protótipo a serem consideradas são (1) uma equipe ou força-tarefa na qual cada membro seja de uma nacionalidade diferente e (2) uma equipe como um time cirúrgico no qual cada membro seja de culturas ocupacionais diversas, com diferenças hierárquicas. O fator único nesses tipos de grupos é que estamos lidando igualmente com diferenças nacionais e de *status*. A partir de uma perspectiva de gestão cultural e de liderança de mudança, como esses grupos podem aprender sobre as muitas camadas da cultura e como podem ser eficientes?

Em cada um desses casos, o grupo deve vivenciar algumas experiências que permitam a cada um descobrir características culturais essenciais dos outros membros relacionadas com a tarefa em questão. Para tanto, devem superar os rituais de deferência e comportamento que restringem a comunicação aberta por meio dos níveis de *status* para desenvolver compreensão e empatia e chegar a um consenso. Em particular, devem descobrir as normas e premissas subjacentes que tratam da autoridade e intimidade, porque o consenso entre essas áreas é essencial para desenvolver relações de trabalho viáveis. Essa tarefa é especialmente difícil porque a ordem social de cada cultura tem normas sobre a "reputação" de alguém, que tornam difícil e perigoso falar abertamente sobre essas áreas. Nossas regras inconscientes de cortesia e nosso receio de ofender fazem com que seja muito provável que os membros não revelem facilmente aos outros seus sentimentos mais profundos sobre autoridade e intimidade, nem pensem em perguntar sobre eles.

Não estamos falando sobre como administrar uma fusão ou *joint venture* quando apenas duas culturas estão envolvidas e onde alguma educação formal mútua poderia funcionar. Em vez disso, estamos lidando sobre como um árabe, um israelense, um japonês, um nigeriano e um norte-americano, por exemplo, podem ser ajustados a um grupo de trabalho funcional, mesmo que compartilhem apenas algum conhecimento de inglês. Informar o grupo sobre a posição de cada país nas dimensões Hofstede ou Globe pouco ajudaria para fomentar a compreensão ou a empatia. Podemos também pensar como um cirurgião, um anestesiologista, enfermeiras e técnicos que precisam implementar uma nova técnica cirúrgica podem formar uma equipe de sucesso, conversar abertamente e confiar totalmente uns nos outros por meio dos principais limites hierárquicos que existem em tal grupo (Edmondson, Bohmer e Pisano, 2001; Edmondson, 2012). Se você acrescentar a possibilidade de que nessa equipe de saúde vários membros são provenientes de diferentes países e receberam treinamento em sua terra natal, como encontrariam um denominador comum? Explicar para esse grupo sobre a cultura dos médicos e a dos enfermeiros seria apenas a ponta do *iceberg* se os membros precisassem colaborar de maneira construtiva. Que tipo de educação ou experiência permitiria que tais grupos desenvolvessem relações de trabalho, confiança e comunicação aberta relevantes para as tarefas?

Para resolver esse enigma é necessário recorrer ao conceito dos "níveis de relacionamento", explicado no capítulo anterior. Quando grupos multiculturais se reúnem, eles interagem nos modos transacionais de nível 1 de seu país e são especialmente cautelosos para não ofender ou "ameaçar a imagem" de ninguém. Já vi turmas multiculturais passarem um semestre inteiro sem que ninguém se arriscasse a ter intimidade com os outros e, como consequência, não compreender as culturas deles. Se for um grupo de trabalho, a permanência no nível 1 corre o risco de causar erros e baixa produtividade, pois os membros não se pronunciarão para não ofender alguém com *status* mais elevado. É preciso lembrar que a ordem social em cada sociedade cria essas normas de nível 1 de polidez, tato e cuidado com a imagem como um componente essencial da cultura, projetado para possibilitar a convivência.

Cada macrocultura desenvolve uma ordem social, mas as normas atuais diferem de cultura para cultura. Por exemplo, nos Estados Unidos, a crítica direta de nível 1 é aceitável como parte da avaliação de desempenho; no Japão, não é. Em algumas culturas, contratar familiares é a única maneira de desenvolver relacionamentos de confiança e abertos de nível 2 com os funcionários; em outras, é chamado de nepotismo e é proibido. Em algumas culturas, a confiança é estabelecida com um aperto de mão; em outras, só pode surgir com pagamentos e subornos (até mesmo a palavra "suborno" tem sua medida cultural). As diferenças nos limites profissionais podem não ser tão extremas, mas são igualmente importantes quando as equipes que atravessam os limites hierárquicos e ocupacionais têm que trabalhar em conjunto.

Inteligência cultural

Uma abordagem para resolver questões multiculturais desse tipo é ensinar aos membros as normas e premissas de cada uma das culturas envolvidas. Já comentei que essa abordagem não só seria trabalhosa em virtude do número de diferentes culturas em questão, mas também teria que ser tão abstrata que os alunos não saberiam como aplicar o que lhes foi dito.

Uma segunda abordagem é focar nas competências culturais e habilidades de aprendizagem, que cada vez mais chamamos de inteligência cultural (Thomas e Inkson, 2003; Earley e Ang, 2003; Peterson, 2004; Plum, 2008; Ang e Van Dyne, 2008). Como existem muitas macroculturas no mundo, aprender seu conteúdo parece ser uma abordagem muito menos viável do que desenvolver as *habilidades de aprendizagem* para adquirir rapidamente qualquer conhecimento necessário das culturas envolvidas em determinada situação. O problema básico em situações multiculturais é que os membros de cada macrocultura podem ter opiniões e preconceitos sobre "os outros" ou podem até ter algum nível de compreensão "dos outros", mas operam com a premissa de que sua cultura é a "certa". Conseguir que organizações, projetos e equipes multiculturais trabalhem juntos, portanto, representa um desafio cultural muito maior do que desenvolver ou gerenciar mudanças culturais dentro de uma única macrocultura.

O conceito de inteligência cultural introduz a proposta de que, para desenvolver a compreensão, a empatia e a capacidade de trabalhar com pessoas de outras culturas, são necessárias quatro competências: (1) conhecimento real sobre alguns elementos essenciais das outras culturas envolvidas, (2) sensibilidade cultural ou consciência plena da cultura, (3) motivação para aprender sobre outras culturas, e (4) habilidades comportamentais e flexibilidade para aprender novas maneiras de fazer as coisas (Earley e Ang, 2003; Thomas e Inkson, 2003). Portanto, para que as equipes multiculturais possam trabalhar, é preciso que certas características individuais estejam presentes para permitir a aprendizagem intercultural.

Em seu livro *Handbook of Cultural Intelligence* (2008), Ang e Van Dyne apresentam um conjunto de estudos que descrevem o desenvolvimento de uma escala de inteligência cultural e apontam que as equipes com membros cuja pontuação é mais alta nesse aspecto têm melhor desempenho do que os grupos com a pontuação mais baixa. Existem claras diferenças individuais na sensibilidade cultural e na capacidade de aprendizagem, além de uma vasta literatura de psicologia sobre o que torna as pessoas mais ou menos competentes culturalmente. No entanto, escolher pessoas para essa competência não resolve dois problemas. Primeiro, em muitas situações, não conseguimos escolher a que deve ser atribuída uma tarefa em virtude dos recursos limitados em termos de habilidades técnicas necessárias para realizar o trabalho. Segundo, se um líder decide aumentar a competência cultural dos funcionários, que tipo de experiências eles devem ter? Como o líder deve projetar processos de aprendizagem que estimulem tal competência apesar do estado inicial de inteligência cultural dos participantes?

Como fomentar a aprendizagem intercultural

A cultura está tão profundamente enraizada em cada um de nós que a aprendizagem intercultural enfrenta a realidade fundamental de que os membros de cada cultura têm a premissa inicial de que usam a forma correta e adequada de fazer as coisas. Cada um de nós pertence a uma ordem social na qual fomos inseridos e, portanto, naturalizamos suas premissas. A compreensão intelectual de diferentes culturas pode ser um começo para admitir que existem outras maneiras de fazer as coisas, mas não ajuda muito a criar empatia e não nos permite encontrar um denominador comum para trabalharmos juntos. É mais provável que comecemos observando como os "outros processos ou opiniões não funcionarão ou estarão errados".

Para atingir um nível suficiente de empatia e um contexto no qual o grupo esteja motivado a se engajar em uma busca mútua por consenso, é necessária uma suspensão temporária de algumas regras da ordem social. Devemos ser capazes de refletir sobre as próprias

88 CULTURA ORGANIZACIONAL E LIDERANÇA SCHEIN

premissas e considerar a possibilidade de que algumas premissas dos outros possam ser tão válidas quanto as nossas. Esse processo começa com o questionamento pessoal, não com a convicção da retidão dos outros. Como isso pode ser feito? Que tipo de processo de aprendizagem social deve ser criado para alcançar tal estado de reflexão?

O CONCEITO DE UMA ILHA CULTURAL TEMPORÁRIA

Uma *ilha cultural* é uma situação em que as regras de manutenção da imagem são temporariamente suspensas para que possamos explorar nossos autoconceitos e, assim, nossos valores e premissas implícitas, especialmente em relação à autoridade e intimidade. A primeira vez que esse termo foi usado no contexto organizacional foi em Bethel, no Maine, Estados Unidos, onde grupos de treinamento de relações humanas se reuniram durante algumas semanas para aprender sobre liderança e dinâmica de grupo (Bradford, Gibb e Benne, 1964; Schein e Bennis, 1965). A essência desse processo de treinamento se baseia na teoria de que esse tipo de aprendizagem tem que ser "experimental" no sentido de que os membros têm que aprender por esforço próprio a se tornarem um grupo.

Os grupos são deliberadamente compostos para que todos os seus membros sejam estranhos entre si e ninguém tenha que manter uma identidade particular em relação aos outros. Ao mesmo tempo, os "instrutores" ou membros do *staff* desses grupos T (grupos de treinamento) retiveram intencionalmente sugestões para a pauta, método de trabalho ou estrutura, forçando, assim, os membros a criar a própria ordem social, suas normas e formas de trabalho em conjunto. O principal impacto desse tipo de aprendizagem foi o confronto das pessoas com suas premissas, observando como elas diferiam das premissas dos outros.

Os problemas de autoridade, intimidade e identidade devem ser enfrentados imediatamente pela experimentação pessoal e a observação do impacto de um indivíduo sobre os outros. Os membros se tornaram extremamente conscientes de que ainda não havia maneira melhor de fazer as coisas, que ela devia ser descoberta, negociada e ratificada, levando, finalmente, a normas de grupo poderosas que criaram uma microcultura dentro de cada grupo T. Essas microculturas frequentemente se formavam em um ou dois dias e eram vistas por cada grupo como a melhor maneira de fazer as coisas: "somos o melhor grupo". Os membros também descobriram que não precisavam gostar uns dos outros para trabalharem juntos, mas era necessário ter empatia suficiente para aceitar os outros e trabalhar com eles. Uma breve análise da teoria por trás dessa progressão da aprendizagem pode ser vista na introdução da próxima parte deste livro.

A aprendizagem experimental dos grupos T foi possível pelas condições nas quais os membros podiam afrouxar a necessidade de defender as próprias premissas culturais já que eram estranhos entre si, estavam em uma situação definida como "aprendizagem", e não de desempenho, e tinham tempo e recursos humanos para desenvolver suas habilidades de aprendizagem. A situação foi toda projetada pela equipe para criar um "receptáculo" no qual os participantes pudessem se sentir psicologicamente seguros.

CAPÍTULO 7 | UMA FORMA DIRECIONADA DE TRABALHAR COM MACROCULTURAS **89**

Para que as colaborações multiculturais funcionem, os membros devem primeiro aprender uns sobre os outros em uma ilha cultural temporária. Conseguir que isso funcione em um grupo que precisa estar e trabalhar em conjunto é mais difícil do que o fazer usando estranhos em um grupo T, mas as mesmas premissas experimentais se aplicam. Não se pode informar como o grupo deve trabalhar, ele deve aprender com a própria experiência. Os membros devem estar capacitados a ultrapassar as normas transacionais de nível 1, ser encorajados a assumir alguns riscos pessoais para criar intimidade na situação e começar a desenvolver relacionamentos de nível 2. Os líderes e gerentes de mudança que criam tais grupos devem, portanto, desenvolver habilidades para criar experiências de ilhas culturais temporárias para que os membros possam trabalhar de forma eficiente.

A lógica básica é: para compreender verdadeiramente as premissas mais profundas das macroculturas envolvidas no grupo, devemos criar uma microcultura que *personalize* essas premissas e as torne disponíveis para reflexão e compreensão. Posso ler ou ser informado de que nos Estados Unidos há uma "baixa distância de poder" e que meu colega de equipe mexicano pertence a uma cultura com "maior distância de poder", mas isso não significa nada para mim até que possamos concretizar essas generalizações em nosso comportamento e sentimentos. Preciso descobrir como me relaciono com as pessoas em posição de autoridade, e preciso ouvir com empatia o que meu colega mexicano sente sobre sua relação com ela. Se formos mais de dois membros, cada um de nós deve desenvolver alguma compreensão e empatia pelo outro.

Ilhas culturais que tentam facilitar esse nível de entendimento mútuo são, às vezes, criadas quando as equipes fazem treinamentos do tipo ao ar livre ou simulações, situações de encenação, análises *post-mortem* ou análises pós-ação, em que uma *revisão* das operações ou experiências tenta propositalmente minimizar a hierarquia e otimizar a comunicação aberta por meio dos níveis de *status* dos participantes (Conger, 1992; Darling e Parry, 2001; Mirvis, Ayas e Roth, 2003). O que essas situações têm em comum é o fato de colocarem os participantes em uma ilha cultural. Depois disso, o cenário da ilha cultural varia de acordo com o propósito do exercício. Para concentrar a atividade dentro da ilha cultural na obtenção de uma visão multicultural e empatia, os participantes precisam criar uma conversa em formato *dialógico* (Isaacs, 1999; Bushe e Marshak, 2015).

DIÁLOGO DIRECIONADO EM UM AMBIENTE DE ILHA CULTURAL

O diálogo é uma forma de conversa que permite aos participantes descontrair-se o suficiente para começar a examinar as premissas por trás de seus processos de pensamento (Isaacs, 1999; Schein, 1993a). Em vez de tentar resolver problemas rapidamente, o processo de diálogo tenta desacelerar a conversa para propriciar a reflexão sobre o que sai da boca de uma pessoa e o que ela ouve sair da boca dos outros. O segredo para iniciar esse tipo de conversa dialógica é criar um ambiente no qual os participantes se sintam seguros o bastante para *suspender* sua necessidade de ganhar a argumentação, esclarecer tudo o que dizem e desafiar uns aos outros toda vez que discordam de algo.

Em uma conversa "normal" de nível 1, nos Estados Unidos, espera-se que perguntas sejam respondidas, que discordâncias sejam expressas e que a participação seja "ativa". Em um diálogo, o facilitador legitima o conceito de *suspensão*. Se alguém disser algo com o qual eu não concordo, eu poderia evitar falar sobre minha discordância e, em vez disso, perguntar a mim mesmo por que discordo e quais premissas estou usando que possam explicar minha discordância. Desse modo, a suspensão facilita a aprendizagem de uma pessoa sobre si mesma, algo crucial nos diálogos interculturais, pois não podemos compreender outra cultura se não pudermos "ver" nossas premissas culturais e descobrir as diferenças de maneira objetiva e sem julgamentos.

Essa forma de diálogo deriva de culturas nativas que tomaram decisões *"talking to the campfire*"* (conversando com a fogueira), dando tempo suficiente para conversas reflexivas e incentivando-as em vez de encorajar conversas, discussões ou debates conflituosos. *Talking to the campfire* é um elemento importante desse processo de diálogo, pois a ausência de contato visual facilita a suspensão de reações, discordâncias, objeções e outras respostas que possam ser desencadeadas por conversas cara a cara. O objetivo não é apenas ter uma conversa tranquila e reflexiva, mas permitir que os participantes comecem a enxergar em que diferem seus níveis mais profundos de pensamento e premissas implícitas. Paradoxalmente, tal reflexão leva a uma capacidade melhor de ouvir, pois se eu identificar minhas premissas e filtros primeiro, é menos provável que ouça mal ou entenda mal os significados sutis nas palavras dos outros. Não consigo compreender outra cultura se não enxergo a minha.

Para que isso funcione, todas as partes envolvidas no diálogo devem estar dispostas a suspender seus impulsos de discordar, desafiar, esclarecer e elaborar. O processo de conversação impõe certas regras como não interromper, falar com a fogueira simbólica em vez de falar uns com os outros, limitar o contato visual e, o mais importante, começar com um *check-in* – ou seja, cada membro, por sua vez, deve falar ao grupo como um todo (a fogueira) sobre seu atual estado mental, motivação ou sentimentos. Somente após o *check-in* de todos os membros ser concluído é que o grupo estará pronto para uma conversa mais livre. Isso garante que todos façam uma contribuição inicial e, portanto, ajuda a *criar* o grupo.

Um exemplo da descoberta de nossa cultura costuma surgir imediatamente com a instrução de conversar com a fogueira e evitar contato visual. Para algumas pessoas, é uma tarefa muito fácil; para outras, porém, é um tanto desafiador – na cultura norte-americana, o contato visual é considerado uma "boa forma de comunicação" e é reforçado pelas normas profissionais de recursos humanos que estipulam que "ele é necessário para fazer o outro

---

*N.R.T.: Não existe uma tradução em português para a expressão. No entanto, entende-se como uma reflexão qualitativa, guiada por um facilitador.

sentir que você o está escutando realmente". Os participantes norte-americanos costumam se surpreender ao perceber sua dificuldade em não olhar para alguém que está falando, pois para eles isso é considerado falta de educação, e não se dão conta de que, em muitas outras culturas, olhar alguém nos olhos pode ser visto como desrespeitoso.

Conversar com a fogueira simbólica cumpre várias funções importantes. Em primeiro lugar, encoraja os membros do grupo a se tornarem mais reflexivos, não se distraindo com a aparência e reação dos outros. Em segundo lugar, preserva a sensação de um grupo pleno ao contribuir simbolicamente com cada comentário para o centro, não para um ou dois membros, mesmo que o comentário possa ter sido desencadeado por eles. Por exemplo, se tenho uma pergunta específica baseada no que o membro A disse, há uma diferença importante entre questionar diretamente a A "O que você quis dizer com isso?" e conversar com a fogueira "Estou pensando no que significa o que A acabou de dizer". A segunda maneira levanta a questão para o grupo como um todo. Em terceiro lugar, a fogueira evita o fenômeno comum em que dois membros entram em uma discussão profunda enquanto o restante do grupo se torna um público passivo. O objetivo é suspender muitas regras presumidas de interação provenientes de todas as diferentes ordens sociais culturais e criar um espaço dentro do qual os membros possam falar mais abertamente e verbalizar suas reflexões.

COMO USAR O DIÁLOGO PARA A EXPLORAÇÃO MULTICULTURAL

As normas criadas em um grupo de diálogo servem para explorar as diferenças culturais críticas, pois o processo de diálogo permite a articulação das diferenças macroculturais em nível pessoal para que os participantes não apenas aprendam como as macroculturas diferem em geral, mas também possam experimentar essas diferenças no local. *Essa aprendizagem é alcançada usando o* check-in *para se concentrar nas questões críticas de autoridade e intimidade.*

EXEMPLO DE CASO 7.1   A TURMA DE MBA

Um grupo de 10 estudantes de MBA do Massachusetts Institute of Technology (MIT) vindos de seis países quis explorar as diferenças culturais entre si. Todos falavam inglês, mas tinham a sensação de que não se entendiam o suficiente para trabalharem juntos em uma tarefa. Decidimos nos reunir para uma sessão de duas horas para explorar as diferenças culturais.

Passo 1. Definição das regras de diálogo

Como docente facilitador, expliquei o conceito de diálogo e as regras básicas: falar apenas com a "fogueira", e não entre si; não ter a obrigação de responder perguntas; não interromper em nenhum momento; e começar com um *check-in* individual em que cada um deveria responder duas perguntas sobre si mesmo.

Passo 2. Primeira pergunta do *check-in*: foco nas questões sobre autoridade

Pedi para que cada um refletisse por um momento sobre uma situação anterior na qual o chefe ou alguém em posição de autoridade estivesse prestes a fazer algo errado em uma tarefa que os envolvesse. Pedi então que cada pessoa, em ordem e sem ser interrompida ou questionada, dissesse à *fogueira* o que fez ou faria naquela situação e desse o máximo de detalhes possíveis. Salientei que não queria comentários gerais sobre "sua cultura", mas histórias pessoais para que pudéssemos vivenciar a cultura pelas experiências individuais. Poderíamos, mais tarde, seguir com perguntas gerais sobre cada cultura.

Em seguida, dirigi-me à pessoa à minha direita e lhe pedi que começasse. Quando ela terminou, pedi à pessoa seguinte para falar com a fogueira, e assim por diante, até que todos tivessem contado sua história. Impus a regra de não fazer perguntas ou interrupções e mantive os membros do grupo falando ordenadamente. Se alguém não tinha certeza do que eu queria dizer, eu reforçava que queríamos ouvir um incidente real de cada membro ou, se eles não tivessem experiência real, seu relato do que achavam que fariam se um chefe estivesse prestes a falhar ou a fazer algo errado. O objetivo era diminuir a abstração e obter exemplos pessoais concretos com os quais todos pudéssemos nos identificar.

Passo 3. Reflexão e conversa aberta

Depois que todos os participantes haviam contado sua história, pedi alguns minutos de reflexão silenciosa sobre as variações que tínhamos ouvido e o que parecia haver em comum entre as situações. Em seguida, orientei para que fizessem comentários, observações e perguntas, mas seguindo a regra básica de continuarmos olhando e conversando com a fogueira. Isso foi estranho no início, mas o grupo aprendeu em poucos minutos que era mais fácil dizer o que estava pensando se não olhasse para outro membro, mesmo que a pergunta fosse dirigida a ele. Se o grupo incluísse membros de hierarquia ou *status* obviamente diferentes, eu pedia para refletirem sobre as implicações do que tinham ouvido. A conversa se prolongou por cerca de 15 a 30 minutos. Em seguida, apresentei a segunda pergunta.

Passo 4. Segunda pergunta do *check-in*: foco na intimidade e confiança

Informei que voltaríamos a falar ordenadamente sobre uma situação na qual a pessoa tinha que decidir se podia ou não confiar em um colega de trabalho e como tomou a decisão. Que tipos de comportamento buscaram na outra pessoa para determinar se ela era ou não confiável? Que critérios usaram para decidir se confiariam na pessoa e como isso funcionou? Mais uma vez, cada um deveria contar sua história em ordem e sem interrupção.

Passo 5. Conversa aberta para refletir sobre as histórias de intimidade e confiança

Novamente impus a regra de falar apenas com a fogueira, e o grupo explorou diferenças e semelhanças no que ouviram uns dos outros. Solicitei que refletissem sobre as implicações do que tinham ouvido em relação à habilidade de trabalharem em conjunto. No momento adequado, mudei a conversa para o próximo passo.

> **Passo 6. Reflexão e exploração**
>
> Depois que todos falaram, pedi ao grupo para refletir sobre o que foi contado e para dizer se isso os ajudava a entender melhor a cultura uns dos outros. Em seguida, discutimos como o formato dialógico havia influenciado o entendimento dos membros sobre si mesmos e sobre os demais.

Comentário analítico. O objetivo de aprendizagem era mostrar aos membros que a compreensão intercultural pode ser alcançada por um processo de diálogo e que é possível estabelecê-lo sempre que tiverem dificuldades no futuro. Destaquei a importância de ouvirmos as experiências pessoais de todos sobre como determinados problemas com autoridade e intimidade eram tratados em sua cultura. Outras dimensões das macroculturas poderiam entrar na discussão, mas as questões críticas para que o grupo pudesse trabalhar em conjunto eram a autoridade e a intimidade.

Essa forma de conversa é poderosa porque *personaliza* a questão cultural. Em vez de falar sobre como um país desenvolveu sua abordagem em relação à hierarquia e autoridade, ela traz a questão para os indivíduos que terão de trabalhar juntos. Os relatos pessoais mudam o rumo da conversa de transações relacionadas a cargo de nível 1 para histórias com as quais cada membro pode se identificar. Imitação e identificação são processos de aprendizagem fundamentais que se tornam disponíveis quando passamos ao nível 2, onde tratamos uns aos outros como pessoas e não como cargos. No estudo com grupos que, historicamente, têm estado em desacordo, descobriu-se que a única maneira de iniciar qualquer tipo de trabalho de resolução de conflitos é conseguir que cada lado conte sua história (Kahane, 2010).

LEGITIMAÇÃO A PERSONALIZAÇÃO EM CONVERSAS INTERCULTURAIS

Já apontei que, em uma conversa intercultural, as pessoas geralmente escolhem ficar em um modo transacional de nível 1 relacionado a funções, porque é seguro. Observei em minhas aulas na Sloan Fellows, que frequentemente incluíam até 20 alunos não americanos de uma turma com 50, que mesmo depois de muitos meses participando de aulas e eventos sociais juntos, eu tinha a sensação de que eles ainda não haviam atingido um nível mais profundo de compreensão das culturas uns dos outros. Presumimos que, se passassem um ano inteiro no MIT com suas famílias, surgiriam relacionamentos de nível 2 e até mesmo de nível 3. De fato, algumas amizades íntimas haviam sido construídas, mas, em geral, eu sentia que um processo mais sistemático de exploração cultural mútua tinha que ser oferecido como parte da formação. Conduzi uma experiência nesse contexto.

EXEMPLO DE CASO 7.2

Durante a primavera, alguns meses antes do final do programa, anunciei que queria explorar um pouco mais profundamente as diferenças macroculturais e nacionais e que iria ministrar uma aula de três horas se houvesse um número suficiente de voluntários. Cerca de 30 membros queriam participar e alguns pediram permissão para levar seus cônjuges. Marcamos uma data e reservamos uma sala de aula ampla e flexível.

Abertura da aula noturna: "Obrigado a todos por participarem dessa experiência. O que faremos hoje é bem diferente do que já fizemos, portanto, estejam preparados para pensar e sentir de outras maneiras à medida que a aula se desenrola. Meu objetivo é oferecer uma oportunidade de compreenderem outras culturas mais profunda e intimamente. Vocês já conheceram seus colegas de outros países, já fizeram atividades com eles e têm a sensação de que sabem lidar uns com os outros.

"Mas meu palpite é que também já se perguntaram sobre alguns aspectos de como eles sentem ou veem coisas sobre as quais tinham medo de perguntar, porque poderiam ser muito íntimas. Se concordarem, pelas próximas três horas, suspenderemos algumas das regras de etiqueta e daremos permissão um ao outro para fazer as perguntas que não nos atrevemos a fazer. Vocês querem se juntar a mim nessa experiência?" (Todos acenaram afirmativamente com a cabeça, ninguém fez qualquer pergunta).

"Ok, durante a próxima meia hora, quero que busquem um colega de uma cultura diferente, encontrem um lugar da sala onde possam falar calmamente e comecem a conversa com alguma versão de 'Sabe, sempre me perguntei sobre...' ou 'Nunca entendi por que no seu país...? ou ainda 'O que você faz quando seus filhos são desobedientes?' Presumo que vocês já se conhecem bem o suficiente para confiar no outro para fazer essas perguntas e dizer se a questão é muito íntima. Isso é uma experiência, então vamos ver o que acontece."

Trinta minutos de conversa espontânea. Observei que os participantes se juntaram rapidamente em grupos de dois ou três e, em poucos minutos, estavam em profunda e intensa conversa.

Revisão e reflexão. No fim da meia hora, reuni toda a turma para o *debriefing* e os comentários. Sem entrar em detalhes sobre o conteúdo, houve um consenso de que as conversas foram diferentes e muito significativas, revelando aspectos das culturas nacionais que não haviam sido compreendidos anteriormente, mesmo depois de as pessoas passarem meses juntas.

Segunda rodada de conversa espontânea. Após cerca de 15 minutos, perguntei se estavam prontos para outra série de conversa. Nesse momento, surgiram várias ideias alternativas. Algumas duplas queriam continuar juntas, outros queriam experimentar novos pares ou até formar grupos maiores com uma pessoa de outro país. Por exemplo, cinco alunos norte-americanos queriam se reunir com dois membros de um país asiático; outro grupo queria se reunir com um afro-americano porque seus membros precisavam entender melhor como ele havia superado sua origem rural do Sul, mas sempre tiveram medo de perguntar. O rapaz indicou que teria o maior prazer em compartilhar suas experiências. Nós nos dividimos em grupos para conversar.

Meia hora de conversa espontânea. Os diversos grupos foram, então, para diferentes partes da sala e imediatamente iniciaram conversas muito intensas que encerrei após 45 minutos.

Revisão e análise. Quando o grupo se reuniu novamente para revisão, era óbvio que o exercício tinha sido muito significativo pela alta energia que estava aparente e pelos comentários positivos sobre o quanto tinham aprendido. Eles concordaram que algo assim deveria ser feito com cada turma, mas não de imediato. Os seis meses de construção de relações casuais de nível 1, pontuados por algumas relações sociais de nível 2, foram considerados necessários para que as conversas mais profundas de nível 2 ocorressem. Também concordaram que ter um facilitador criando um ambiente seguro era um elemento importante que fazia a experiência funcionar.

O paradoxo da compreensão da macrocultura

Ambos os casos que analisei reforçam o paradoxo de que, para entender outra macrocultura, você e seu colega têm que violar uma regra profunda de sua própria cultura: "Cuidado para não ofender as pessoas de outra cultura", o que se traduz em "permanecer em um nível transacional seguro de nível 1". A implicação para grupos de trabalho multiculturais dentro das organizações é que eles precisam vivenciar ilhas culturais nas quais as regras de etiqueta e imagem podem ser suspensas para permitir a aprendizagem. Uma ilha cultural pode ser criada deliberadamente por líderes e facilitadores ou, às vezes, é gerada por circunstâncias como crises no trabalho.

Um excelente exemplo foi dado por Salk (1997) em seu estudo a respeito de uma *joint venture* entre uma organização alemã e outra norte-americana. Cada matriz havia oferecido palestras sobre as principais características da "outra cultura", o que municiou todos com estereótipos bem claros. Cada grupo rapidamente descobriu evidências no outro grupo de que o estereótipo era correto e se adaptou a ele, mesmo que isso tornasse a colaboração estranha. Essa adaptação mútua de nível 1 perdurou por vários *anos*, até que surgiu um problema sério com o sindicato, que ameaçava uma greve imediata. Ambas as matrizes disseram à subsidiária "Resolvam o problema imediatamente", o que criou condições para uma crise e forçou uma ação emergencial. De repente, os dois grupos tiveram que se reunir sob essas condições, o que revelou que eram pessoas plenas e não apenas funcionários em funções formais. Eles resolveram o problema e, a partir daí, tiveram muito mais facilidade em colaborar entre si. Como eles mesmos disseram: "Finalmente nos conhecemos"!

Escalões são macroculturas

A discussão até agora se concentrou nas culturas nacionais, mas os problemas de má comunicação e mal-entendidos podem ser igualmente graves entre os níveis hierárquicos das organizações. Os supervisores brancos que não compreendiam que os funcionários bantos se recusavam a olhar diretamente para seus superiores é um exemplo extremo, mas, principalmente nas indústrias de alto risco com as quais trabalhei, observei outros casos drásticos de mal-entendidos, mesmo entre aqueles que falavam o mesmo idioma. A razão é que a cultura se forma em torno da experiência compartilhada. Na maioria das organizações, a experiência compartilhada dos operários é diferente da dos supervisores, dos gerentes intermediários ou dos executivos.

Quando se desce na hierarquia, a principal questão são as instruções e ordens mal compreendidas; quando se sobe na cadeia de comando, é a perda de informações o que faz com que os problemas de produtividade, qualidade e segurança não sejam notados ou tratados de modo eficaz. Quanto mais técnico e complexo o setor, maior será o problema potencial. Estou abordando essa questão neste capítulo, porque acredito que se trata de um problema de mal-entendido macrocultural, mas não reconhecido como tal.

Por exemplo, na arena da *segurança* em indústrias de alto risco, tais como usinas de energia nuclear, companhias aéreas e empresas de assistência médica, o maior obstáculo ao desempenho eficaz é a falha na comunicação *ascendente*. É triste ver quantos acidentes fatais ao longo dos anos resultaram de problemas de comunicação cujas raízes são culturais. Quando se trata de grupos multinacionais, os problemas são, naturalmente, piores, porque pode nem mesmo haver uma linguagem comum na qual se possa dialogar. Em tal situação, a aprendizagem eficaz de um idioma comum pode ser, por si só, uma ilha cultural facilitadora.

Como Gladwell (2008) aponta em sua reconstrução do desastre de uma companhia aérea colombiana em 1990, a raiz do caso era (1) a falha do copiloto colombiano em entender que os controladores do aeroporto JFK não compreenderam "estamos com pouco combustível" como "EMERGÊNCIA", e (2) o copiloto não saber que só seria colocado à frente da fila de aterrissagem se declarasse *emergência*. Os controladores de tráfego indicaram que sempre havia quatro ou cinco aeronaves relatando "estar sem combustível".

Gladwell relata, ainda, que uma companhia aérea coreana sofreu uma série de desastres nos anos 1990 em razãp de falhas de comunicação de todas as hierarquias na cabine de comando, o que foi aprimorado apenas com a mudança do idioma da cabine de comando para o inglês. A mudança na língua forneceu a ilha cultural que permitiu a introdução de novas regras, levando a uma comunicação melhor, mas, tragicamente, não revelou a sutil semântica ocupacional da diferença entre "ficar sem combustível" e "emergência".

Do mesmo modo, "procedimentos" e "*checklists*" são dispositivos que podem funcionar como ilhas culturais no sentido de que verificar a lista é um processo culturalmente neutro.

CAPÍTULO 7 | UMA FORMA DIRECIONADA DE TRABALHAR COM MACROCULTURAS **97**

O subordinado tem autorização para fazer perguntas desafiadoras ao profissional de maior escalão se elas estiverem relacionadas a um item da lista, sem, com isso, ameaçar a imagem do superior. *Checklists* e procedimentos são muito úteis no contexto médico, uma vez que neutralizam a perigosa lacuna de *status* entre enfermeiros e técnicos em relação aos médicos, principalmente quando também são, provavelmente, de nacionalidades diferentes. *Checklists* ou procedimentos podem tornar-se uma autoridade superior que coloca o médico, a enfermeira e o técnico em um mesmo *status* à medida que passam pelo procedimento. Insistir para que os diálogos sejam direcionados "para a fogueira" em um grupo multinacional tem a mesma função neutralizadora ao insinuar que cada cultura é de igual hierarquia e validade.

Comentário analítico. A análise dos problemas de segurança nas indústrias de alto risco e de saúde revela diversos fatos importantes que devem ser destacados, pois operam tanto dentro como entre culturas. Vou listá-las em uma lógica sequencial:

1. Muitas falhas na área de segurança poderiam ter sido evitadas se houvesse uma comunicação melhor além dos limites culturais.

2. Alguns limites são técnicos; as pessoas não entendem o jargão e os significados sutis e, portanto, ou não compreendem ou entendem mal.

3. Alguns limites são os níveis hierárquicos nos quais a comunicação é quebrada por causa de normas culturais de deferência e comportamento, levando à proteção da imagem em vez do compartilhamento aberto de informações relevantes para as tarefas.

4. Já outros limites são macroculturais e refletem normas e valores nacionais ou ocupacionais que levam à não comunicação ou à desconsideração da comunicação por membros da cultura vistos como "errados", "ignorantes" ou "com os valores errados".

5. Esses três tipos de problemas de limites culturais são altamente visíveis em grupos multiculturais que envolvem nações e grandes grupos ocupacionais, mas eles operam em organizações dentro de determinada cultura nacional por causa das subculturas que se desenvolvem em torno das hierarquias e funções.

6. As teorias de eficiência organizacional enfatizam a importância da confiança e da comunicação aberta vertical e lateralmente, mas não reconhecem que essa comunicação precisa atravessar limites culturais e requer alguma aprendizagem em ambientes de ilhas culturais para garantir compreensão e empatia. Encorajar o cirurgião e o enfermeiro a serem abertos entre si não é suficiente, eles têm que ter algum tipo de experiência mútua em ilhas culturais que atinjam um denominador comum e o entendimento entre eles.

7. Uma perspectiva cultural que reconhece a existência de macroculturas nacionais e ocupacionais, subculturas funcionais e subculturas baseadas em hierarquia e experiência comum é um componente essencial da liderança organizacional.

8. O líder organizacional deve, portanto, ter consciência do momento e da maneira de criar ilhas culturais temporárias para propiciar que vários membros da organização atinjam relacionamentos de nível 2 nos quais possam se comunicar mais abertamente.

9. O momento e a maneira como isso é feito é, em si, uma função da macrocultura na qual a organização e os líderes operam. Por exemplo, uma cultura na qual o tempo é medido em unidades muito curtas e é considerado chave para a produtividade pode ter que acelerar alguma versão do processo de diálogo. O importante não é o período que leva, mas a criação do clima de neutralidade e suspensão temporária das regras da ordem social.

RESUMO E CONCLUSÕES

À medida que as organizações e grupos de trabalho se tornam mais multiculturais, é necessário inventar novas maneiras de construir relacionamentos viáveis, pois apenas treinar todos para serem mais inteligentes culturalmente e compor grupos com os mais inteligentes não será prático. Os grupos existentes terão que encontrar modelos experimentais de aprendizagem por meio da criação de ilhas culturais e explorar novas formas de conversa, como o diálogo. A característica mais importante dessas novas formas de conversa são as histórias pessoais, pois somente por meio delas é que pessoas de diferentes culturas podem se identificar umas com as outras.

Conforme as organizações se tornam mais descentralizadas e conectadas eletronicamente, algumas versões de ilhas culturais deverão ser criadas para permitir que aqueles que ainda não se reuniram cara a cara (e que podem nunca se encontrar) desenvolvam compreensão e empatia. É bem possível que o formato dialógico funcione bem em uma rede se os participantes contarem suas histórias relacionadas à autoridade e intimidade por *e-mail*, Facebook ou qualquer que seja a tecnologia existente. O mundo está mudando rapidamente, mas as questões sobre como nos tratamos uns aos outros e como lidamos com o *status* e a autoridade permanecem notavelmente estáveis. Talvez sejam necessários mais diálogos em torno dessas questões para estimular novas ideias sobre melhorar os relacionamentos.

Sugestão para líderes de mudança: conduza experiências com diálogo

COMO ESTABELECER UM DIÁLOGO

1. Identifique o grupo que precisa explorar as relações interculturais.
2. Disponha todos os membros em um círculo ou de um jeito que fiquem próximos uns dos outros.
3. Descreva o objetivo do diálogo: "Ser capaz de escutar de modo mais reflexivo a nós mesmos e aos outros, para ter uma noção das semelhanças e diferenças em nossas culturas".
4. Comece a conversa fazendo com que cada membro se apresente e responda à pergunta relevante sobre como enxerga as relações de autoridade. Por exemplo, "Como você age quando

percebe que seu chefe está fazendo algo errado"? Peça que cada um fale com a fogueira, evite contato visual e proíba perguntas ou comentários até que todos tenham feito o *check-in*.

5. Depois que todos tiverem feito o *check-in*, lance uma pergunta bem geral, como: "Que diferenças e semelhanças vocês notaram?" Peça que os membros continuem a "falar com a fogueira", mesmo que estejam se dirigindo a determinado membro. Incentive uma conversa aberta sobre o que todos acabaram de ouvir, sem restrições sobre seguir uma ordem ou evitar perguntas e comentários.

6. Quando o assunto se esgotar ou o grupo perder energia, apresente a segunda pergunta. Por exemplo, "Como você sabe se pode ou não confiar em um de seus colegas de trabalho?". Novamente, peça a todos que, um por vez, deem uma resposta antes do início da conversa geral.

7. Deixe as diferenças e os pontos em comum surgirem naturalmente e não tente fazer afirmações gerais, pois o objetivo é a compreensão e a empatia mútua, não necessariamente uma descrição ou conclusões claras.

8. Quando o assunto se esgotar, peça ao grupo que faça uma pesquisa em que cada um, na sua vez, compartilhe uma ou duas ideias sobre sua cultura e qualquer outra cultura que tenha ouvido falar durante o diálogo.

9. Peça ao grupo para identificar os pontos em comum e, se houver, os problemas que enxergam no trabalho em equipe, considerando o que ouviram sobre autoridade ou poder e intimidade ou confiança.

10. Pergunte quais são os próximos passos que acham que precisam dar para trabalhar em equipe.

SUGESTÃO PARA CANDIDATOS

Reúna um grupo de amigos, peça para que se sentem em círculo, anuncie a regra sobre conversar apenas com a fogueira, coloque um objeto simbólico no centro e comece o *check-in* com a pergunta "Como você se sente agora?". Siga uma ordem; em seguida, deixe o processo continuar por meia hora e veja como você se sente no final. O que mudou? O que você aprendeu sobre conversas?

SUGESTÃO PARA ACADÊMICOS E PESQUISADORES

Estabeleça as condições para um diálogo com alguns amigos, informe-os sobre o conceito e as regras, faça um rápido *check-in* e, em seguida, reserve uma hora para praticar apenas falando com a fogueira. O assunto não importa. Na verdade, talvez possa ser mais esclarecedor se você anunciar: "Vamos começar com nosso *check-in*", olhar para a pessoa à sua direita e dizer: "Por que não começa?"

Quando trabalhar com um grupo com membros de diferentes culturas ou *status*, peça-lhes para falar sobre experiências que envolvam autoridade e *status* em um formato de diálogo.

PARTE

3

CULTURA E LIDERANÇA PELOS ESTÁGIOS DE CRESCIMENTO

Como a cultura é criada; como ela evolui; e como é gerenciada, manipulada e influenciada pela intervenção humana? Como eu disse anteriormente, uma excelente maneira de definir a função singular da liderança é dizer que *liderança é o gerenciamento da cultura*. No entanto, o que entendemos por *liderança* deve ser compreendido no contexto do estágio de crescimento da organização ou do grupo.

Líderes como empresários, profetas e políticos formam novos grupos, organizações e movimentos, *criando assim novas culturas*. Uma vez que as organizações conseguem estabelecer a si mesmas, suas crenças, valores, normas e premissas básicas, ou seja, criam uma cultura, ela passa a definir que tipo de liderança será valorizada e tolerada. O papel do líder muda, então, para *manter e consolidar a cultura existente*. Enquanto os líderes inicialmente definem os valores básicos da cultura, depois de consolidada é ela que determina quais são as características desejadas da liderança!

Mas as culturas estão inseridas em outras culturas, criando ambientes dinâmicos e mutáveis. As organizações, então, podem se deparar com crenças, valores, normas e premissas básicas que são, até certo ponto, disfuncionais e exigirão transformações que normalmente envolvem alguma "mudança de cultura". Nesse momento, recai de novo sobre a liderança a função de identificar o problema, avaliar como a cultura existente ajudará ou impedirá as mudanças necessárias e lançar o que pode ser chamado apropriadamente de "programa de mudança de cultura". Essa é a terceira maneira pela qual os líderes administram a cultura: *os líderes gerenciam a direção da evolução da cultura.*

O terceiro papel da liderança é frequentemente rotulado por comentaristas superficiais como "criação de cultura", ignorando a realidade de que a organização já tem uma cultura que é tanto uma fonte de resistência (e, portanto, deve ser preservada) quanto uma fonte de restrições (e provavelmente precisa ser parcialmente mudada).

Essas questões culturais e os papéis de liderança necessários serão explorados em todos os estágios de crescimento nos capítulos desta parte. O Capítulo 8 descreve como a cultura começa em um grupo, oferece um modelo analítico do processo e discute o papel que os fundadores desempenham nesse processo. O Capítulo 9 analisa todos os desafios externos e internos que as organizações enfrentam à medida que sobrevivem e crescem. O Capítulo 10 mostra como líderes bem-sucedidos incorporam os elementos da cultura que valorizam. O Capítulo 11 analisa o que acontece com o crescimento e a maturidade, especialmente a maneira como isso altera o papel da liderança.

CAPÍTULO
8

COMO A CULTURA COMEÇA E O PAPEL DO FUNDADOR DAS ORGANIZAÇÕES

Para entender totalmente a evolução cultural e o papel da liderança nessa evolução, precisamos começar com um pouco de teoria dos grupos. A cultura é, em última análise, a característica de um grupo, assim como a personalidade e o caráter são as características de um indivíduo. Tal como a teoria da personalidade é relevante para a compreensão dos indivíduos, as teorias e modelos de dinâmica de grupo são relevantes para a compreensão da cultura. Fundadores de grupos e de organizações podem não estar cientes dos aspectos dinâmicos com os quais estão lidando, mas essas questões existem e precisam ser consideradas como determinantes do tipo de cultura que acaba sendo criada.

Um modelo de como a cultura é formada em novos grupos

Os grupos têm sido bastante estudados ao longo da história, mas é somente nos anos após a Segunda Guerra Mundial que os psicólogos sociais, liderados por Kurt Lewin, nos Estados Unidos, e Wilfred Bion, da Tavistock Clinic, no Reino Unido, começaram a formular conceitos que poderiam ser aplicados de maneira ampla a todos os tipos de grupos novos e antigos (Lewin, 1947; Bion, 1959). Nos Estados Unidos, esse modelo dos estágios de evolução do grupo foi bem resumido por Bennis e Shepard (1956) e, mais tarde, foi descrito "poeticamente" por Tuchman (1965) como *formação*, *tempestade*, *normatização* e *desempenho*. A lógica psicodinâmica subjacente é discutida nas próximas subseções.

ESTÁGIO 1, FORMAÇÃO: ENCONTRAR A IDENTIDADE E O PAPEL DE ALGUÉM

O grupo é reunido para alguma finalidade, como "aprender", conforme vimos nos grupos citados no capítulo anterior, ou realizar uma tarefa. Há um organizador, líder e fundador, a menos que circunstâncias do ambiente ou alguma crise, como um acidente, coloquem um grupo de pessoas em uma situação de destino compartilhado.

Os novos membros automaticamente enfrentam as questões de *identidade e papel* (Quem sou eu para estar neste grupo?), *autoridade e influência* (Quem controlará quem neste grupo, e minhas necessidades de influência serão atendidas?) e *convivência* (Como vou me relacionar com os outros membros deste grupo e em que nível?).

Essas questões irão preocupar um novo membro, não importa quão estruturado seja o grupo e quanto o organizador atribua papéis e estabeleça normas. Contudo, a abordagem e o estilo do líder determinarão a direção em que essas questões serão trabalhadas pelos membros, como veremos nos exemplos de casos de fundadores de empresas. Essa etapa pode ser tão curta quanto um almoço de pré-reunião ou levar anos, se não houver tempo informal para que se criem relacionamentos. De qualquer modo, ela irá se sobrepor ao próximo e inevitável estágio.

ESTÁGIO 2, TEMPESTADE: RESOLVER QUEM TERÁ AUTORIDADE E INFLUÊNCIA

Para resolver o problema de sua identidade, papel, influência e relacionamentos entre pares, os membros do grupo começam a confrontar e testar, explícita ou implicitamente, uns aos outros. Esse teste inevitavelmente começa em torno da questão da autoridade e influência e aparecerá no confronto com o organizador e qualquer outro líder que surja. O organizador pode "enterrar" a questão, mas ela se manifestará em torno de desacordos e desafios no próprio trabalho da tarefa. É por esse motivo que não é sensato dar uma tarefa a um grupo novo; os membros resolverão seus próprios problemas de identidade em torno da tarefa sem prestar atenção suficiente à tarefa em si.

O organizador ou fundador pode congelar o grupo no nível 1, deixar a porta aberta para que surja uma personalização espontânea no grupo, ou estimular o nível 2 imediatamente sendo ele mesmo mais pessoal. Os fundadores empreendedores terão uma enorme influência nesse estágio, de acordo com o modo como se apresentam às pessoas que eles recrutam, contratam e treinam, bem como os tipos de sistemas formais que criam a respeito de como será feito o trabalho. Esse assunto é abordado em detalhes nos próximos capítulos.

Comentário analítico. Se você é um observador de um grupo novo, o processo a ser focalizado é o que acontece imediatamente depois que alguém faz uma observação, um desafio

CAPÍTULO 8 | COMO A CULTURA COMEÇA E O PAPEL DO FUNDADOR DAS ORGANIZAÇÕES **105**

ou uma proposta de confronto que exige alguma resposta do grupo. Se alguém fizer um movimento para influenciar os demais, o grupo ignorará, vacilará, brigará ou aceitará? Quem faz o quê? O que o líder formal faz? Se o embate explícito ou implícito continuar, como o grupo segue em frente? O que o observador verá é que nem todos têm as mesmas necessidades de influenciar, e que as personalidades de alguns dos membros mostram que eles estão menos preocupados em ser ou não o líder. Os membros que geram menos conflito sobre a autoridade, em algum momento, identificarão o processo de discórdia e o nomearão, forçando, assim, uma solução. Isso permite que o grupo trate a questão explicitamente e chegue a algum consenso sobre como deseja ser liderado e tomar decisões. Com esse acordo, quase sempre surge um sentimento de alívio, sucesso e a ilusão de que podem começar a trabalhar porque acreditam ser "um grande grupo no qual agora todos gostam uns dos outros". No entanto, à medida que o grupo tenta trabalhar, especialmente se estiver competindo com outros grupos, os membros descobrem não apenas que nem todos gostam uns dos outros, mas que, sob a pressão do tempo e da competição, alguns se tornam mais ativos enquanto outros são ignorados ou desligados, revelando que alguns integrantes aparentemente contribuem mais e que surgiu um sistema de *status* dentro do grupo. Ao reconhecer essa realidade, o grupo pode passar para o próximo estágio: lidar com a maneira como os membros tratarão uns aos outros e quão pessoal e íntimo o grupo se tornará.

ESTÁGIO 3, NORMALIZAÇÃO: RESOLVER EM QUE NÍVEL DE RELACIONAMENTO QUEREMOS OPERAR

Como se dá esse "reconhecimento"? É novamente uma questão de tornar explícito o que está acontecendo implicitamente, nomeando-o. Algum membro dirá: "Por que sempre ignoramos o que Mary está tentando dizer?" ou "Vamos fazer isso de uma vez, Joe parece estar na direção certa" ou "Todos nós temos que participar da mesma maneira?". Se o grupo for relativamente aberto, alguém poderá até mesmo dizer: "Para esta tarefa, acho que devemos deixar Helen ser a líder, porque ela sabe mais sobre o assunto, mas quando precisarmos de uma ação rápida, parece que Pete sempre consegue ser mais prático". "Todos nós queremos nos manter focados nas tarefas e eficientes [nível 1], ou queremos conhecer um pouco mais uns aos outros [nível 2]?"

Mais uma vez, são as pessoas menos conflitantes sobre a questão da proximidade que verão e nomearão a questão. O organizador ou líder também está em uma posição crítica para apontá-la, assinalando que os membros são todos diferentes e têm talentos e necessidades distintas, e que a força do grupo está na variedade e não na homogeneidade. Essa percepção possibilita que os membros substituam a *ilusão* de que "todos gostamos uns dos outros" pela *realidade* de que "todos podemos entender, aceitar e apreciar uns aos outros". Essa percepção leva ao estágio 4.

ESTÁGIO 4, DESEMPENHO: O PROBLEMA DA REALIZAÇÃO DA TAREFA

Somente quando esse estágio for alcançado é que o grupo poderá realmente usar seus recursos para trabalhar de maneira eficaz. Infelizmente, muitos grupos ficam parados no estágio 1, com os membros continuando a lutar por influência e poder, ou no estágio 2, acreditando que são ótimos e que todos gostam uns dos outros. Em ambos os casos, os membros ainda estão pensando em si mesmos e em seu papel no grupo e, portanto, não conseguem dar total atenção à tarefa principal.

O líder, então, precisa garantir que se chegue a um consenso sobre qual é a tarefa e a melhor maneira de enfrentá-la, especialmente no que diz respeito aos métodos para solução de problemas, aos processos decisórios e ao método de avaliação que o grupo deve usar para acompanhar seu progresso. Tendo em mente esse modelo geral, vamos agora examinar como as organizações são fundadas e como isso cria cultura.

O papel do fundador na criação das culturas

Os diversos casos apresentados neste capítulo ilustram como as organizações começam a criar culturas por meio das ações dos fundadores que atuam como líderes fortes. Os casos da Amazon, Facebook, Netflix e Google podem ser analisados do mesmo modo, mas não tive informações em primeira mão suficientes para contar suas trajetórias. Às vezes, a empresa conta a própria história, mas geralmente são apenas as crenças e valores expostos, e não podem ser facilmente verificados em relação ao comportamento real para determinar se refletem premissas básicas (Schmidt e Rosenberg, 2014).

Não estou sugerindo que os líderes devam *conscientemente* ensinar a seu novo grupo certas maneiras de perceber, pensar e sentir (mesmo que alguns provavelmente façam isso). Pelo contrário, é da natureza do pensamento empreendedor ter fortes ideias a respeito do que deve ser feito e como fazê-lo. Os fundadores geralmente têm as próprias teorias bem articuladas sobre como os grupos devem funcionar e, na maioria das vezes, selecionam como colegas e subordinados pessoas que sentem que pensarão do mesmo jeito.

Novas organizações começam com alguém querendo fazer algo diferente. Se funcionar para o grupo, uma nova cultura nascerá. Ken Olsen criou a DEC porque queria construir pequenos computadores interativos que não existiam no início da década de 1950. A Ciba-Geigy surgiu porque vários líderes da Basileia viram o potencial de unir uma empresa cinematográfica com uma companhia de química industrial. O EDB e o milagre de Singapura surgiram porque Lee Kuan Yew e seus colegas queriam transformar uma colônia britânica à beira da falência em uma economia viável de cidade-estado do terceiro mundo.

As histórias da Apple, Microsoft, Facebook, Google, Hewlett-Packard, Intel e Amazon revelam líderes fundadores únicos ou pequenos grupos de fundadores que desejavam fazer

CAPÍTULO 8 | COMO A CULTURA COMEÇA E O PAPEL DO FUNDADOR DAS ORGANIZAÇÕES **107**

algo diferente. Em outras palavras, a liderança cria mudanças; se essas mudanças produzirem sucesso para um grupo e a visão e os valores do líder forem adotados, uma cultura evolui e sobrevive. Se alguém quer fazer algo diferente e não consegue mais ninguém para acompanhá-lo, ou se o acompanham, mas o grupo não tem sucesso, então temos uma "liderança fracassada" e geralmente nunca ouvimos falar dela. Chamamos de liderança apenas quando é bem-sucedida.

Quando os líderes produzem uma organização totalmente nova, um novo partido político ou uma nova religião, nós os consideramos "modelos" de grande liderança. Mas esses atos de fundação sempre estão hospedados em macroculturas já estabelecidas e, por isso, temos que ter cuidado para não negligenciar as condições culturais existentes que tornam certas mudanças possíveis ou essenciais. A liderança é fundamental, mas só tem sucesso quando a nova maneira se encaixa no que era necessário.

Os fundadores geralmente têm um grande impacto sobre como o grupo a princípio define e resolve seus problemas de adaptação externa e integração interna. Como tiveram a ideia original, eles normalmente terão a própria noção de como realizá-la, baseada em sua história cultural e personalidade. Os fundadores não apenas têm um alto nível de autoconfiança e determinação, mas costumam ter fortes premissas sobre a natureza do mundo, o papel que as organizações desempenham nesse mundo, a essência da natureza humana e dos relacionamentos, como se chega à verdade e como administrar tempo e espaço (Schein, 1978, 1983, 2013). Eles ficarão, portanto, bastante confortáveis em impor essas visões a seus parceiros e funcionários enquanto a organização, em sua fase inicial, luta pela sobrevivência, e se agarrarão a elas até que se tornem impraticáveis ou o grupo fracasse e se desfaça (Donaldson e Lorsch, 1983).

Exemplo 1: Ken Olsen e a reanálise da DEC

A cultura da DEC foi descrita detalhadamente no Capítulo 3. Como o fundador da empresa, Ken Olsen, criou um sistema de gestão que acabou levando a essa cultura? Olsen desenvolveu suas crenças, atitudes e valores com base em uma forte família protestante e no Massachusetts Institute of Technology (MIT), onde trabalhou no Whirlwind, o primeiro computador interativo. Ele e um colega fundaram a DEC em meados da década de 1950, porque acreditavam que poderiam construir pequenos computadores interativos para os quais haveria um mercado muito grande. Eles conseguiram convencer o General Doriot, então chefe da American Research and Development Corp., a fazer um investimento inicial em virtude de sua credibilidade e da clareza de visão básica da missão central da empresa. Depois de alguns anos, os fundadores descobriram que não compartilhavam uma visão de como construir a organização, então Olsen se tornou o CEO (Schein, 2003).

108 CULTURA ORGANIZACIONAL E LIDERANÇA SCHEIN

Nessa fase de crescimento da DEC, as premissas de Olsen sobre a natureza do mundo, como se descobre a verdade e se resolvem os problemas eram muito fortes e se refletiam em seu estilo de gestão. Ele acreditava que boas propostas poderiam vir de qualquer pessoa, independentemente da posição ou formação, mas que nem ele nem nenhum outro indivíduo eram inteligentes o suficiente para determinar se uma ideia qualquer estava correta. Olsen achava que a discussão aberta e o debate em grupo eram a única maneira de testar as propostas, e que não se deveria agir até que elas tivessem sobrevivido ao teste de um debate ativo. Uma pessoa pode ter uma intuição, mas não deve atuar de acordo com ela até que tenha sido testada no mercado intelectual. Assim, Olsen estabeleceu diversos comitês e conselhos internos para garantir que todas as ideias fossem discutidas e debatidas antes de serem colocadas em prática.

O CEO reforçava suas premissas com uma história que contava com frequência para justificar seus problemas com os grupos. Ele disse que muitas vezes se recusava a tomar uma decisão porque "não sou tão inteligente; se realmente soubesse o que fazer, eu falaria. Mas quando entro em um grupo de pessoas inteligentes e as escuto debatendo a ideia, fico inteligente muito rápido". Para Ken Olsen, os grupos eram uma espécie de extensão de sua própria inteligência, e muitas vezes ele os usava para pensar em voz alta e organizar as ideias na cabeça.

Olsen também acreditava que não se pode obter uma boa implementação de ideias se as pessoas não as apoiarem totalmente, e que a melhor maneira de receber apoio é deixar que debatam sobre as questões e se convençam. Ele costumava contar esta história: "Lembro-me de ter tomado uma decisão certa vez. Eu estava andando pela estrada quando me virei e descobri que não havia mais ninguém lá". Portanto, em qualquer decisão importante, Olsen insistia em um amplo debate, com muitas reuniões de grupo para testar a ideia e vendê-la para a organização tanto vertical quanto lateralmente. Somente quando parecia que todos queriam colocá-la em prática e a compreendiam plenamente, ele a "ratificava". Olsen até adiava decisões importantes se outros não estivessem concordando, embora pessoalmente já estivesse convencido do caminho a ser tomado. Ele disse que não queria liderar sozinho e correr o risco de a tropa não estar comprometida e renegar a decisão se ela não desse certo.

Segundo a teoria de Olsen, era preciso dar responsabilidade individual clara e simples e depois medir a pessoa estritamente nessa área. Para tomar decisões e obter comprometimento, os grupos podiam ajudar, mas não podiam, em nenhuma circunstância, ser responsáveis ou prestar contas por elas. O teste intelectual das ideias, que ele encorajava entre indivíduos em reuniões de grupo, era estendido às unidades organizacionais se não ficasse claro quais produtos ou mercados deveriam ser buscados. Ele estava disposto a criar sobreposição de unidades de produto e mercado e deixá-las competir umas com as outras, sem perceber, no entanto, que tal competição interna acabaria por enfraquecer a abertura da comunicação e tornar mais difícil para os grupos negociarem decisões.

CAPÍTULO 8 | COMO A CULTURA COMEÇA E O PAPEL DO FUNDADOR DAS ORGANIZAÇÕES **109**

Reconhecendo que as circunstâncias podem mudar o resultado até mesmo dos planos mais bem elaborados, Olsen esperava que seus gerentes renegociassem esses planos assim que notassem algum desvio. Por exemplo, se um orçamento anual tivesse sido estabelecido em determinado nível e o gerente responsável percebesse depois de seis meses que o ultrapassaria, esperava-se que ele controlasse a situação de acordo com as premissas originais ou voltasse para a alta diretoria a fim de renegociar. Era absolutamente inaceitável não saber o que estava acontecendo ou deixar acontecer sem informar à alta diretoria e renegociar.

Olsen acreditava completamente na comunicação aberta e na capacidade das pessoas de tomar decisões razoáveis e fazer concessões apropriadas se confrontassem abertamente os problemas e questões, descobrissem o que queriam fazer e estivessem dispostas a argumentar por sua solução e cumprir quaisquer compromissos assumidos. Ele defendia que as pessoas têm "intenção construtiva", uma lealdade racional aos objetivos organizacionais e compromissos compartilhados. Reter informações, usar de jogos de poder, tentar competitivamente vencer outro membro da organização em um nível pessoal, culpar os outros por seus fracassos, enfraquecer ou sabotar decisões com as quais se concordou e agir por conta própria sem obter o acordo dos demais eram definidos como pecados e geravam censura pública.

Esse "modelo" de como administrar uma organização visando maximizar a criatividade individual e a qualidade das decisões funcionou muito bem, pois a empresa experimentou um crescimento fantástico por mais de 30 anos e ganhou um moral excepcionalmente alto. No entanto, à medida que ela crescia, as pessoas descobriam que tinham menos tempo para negociar umas com as outras e que não se conheciam tão bem pessoalmente, tornando esses processos mais frustrantes. Vieram à tona alguns dos paradoxos e inconsistências entre as diversas suposições. Por exemplo, encorajar os indivíduos a pensar por si mesmos e fazer o que acreditavam ser o melhor caminho para a DEC, mesmo que significasse insubordinação, claramente contrariava a máxima de que era preciso honrar os compromissos e apoiar as decisões que foram tomadas. Na prática, a regra de honrar compromissos foi substituída pela regra de fazer apenas o que se acreditava ser certo, o que significava que às vezes as decisões do grupo não vingavam.

A DEC tinha cada vez mais dificuldade em impor qualquer tipo de disciplina em seus processos organizacionais. Se um gerente decidisse que, por motivos organizacionais, era necessária uma abordagem autocrática mais disciplinada, corria o risco de desagradar Olsen, pois a liberdade estava sendo tirada dos subordinados e isso enfraqueceria o espírito empreendedor. Olsen sentia que dava grande liberdade a seus subordinados imediatos, então por que eles a tirariam dos níveis abaixo deles? Ao mesmo tempo, Olsen reconheceu que em certos níveis da organização a disciplina era essencial para se conseguir qualquer coisa. A dificuldade estava em decidir exatamente quais áreas exigiam disciplina e quais áreas exigiam liberdade.

110 CULTURA ORGANIZACIONAL E LIDERANÇA SCHEIN

Quando a empresa era pequena e todos se conheciam, ou seja, quando a "familiaridade funcional" era alta, sempre havia tempo para renegociar, e o consenso básico e a confiança eram fortes o suficiente para garantir que, se a pressão do tempo forçasse as pessoas a tomar as próprias decisões e a ser insubordinadas, as demais, após o fato, concordariam em grande parte com as decisões que haviam sido tomadas localmente. Em outras palavras, se as decisões iniciais tomadas em níveis mais altos não fossem cumpridas, ninguém se incomodaria – até que a organização se tornasse maior e mais complexa. O que era inicialmente um sistema altamente adaptativo e idealmente adequado para inovação começou a ser visto por cada vez mais membros como desorganização, como um ambiente caótico e desajustado a um mercado mais maduro.

A empresa prosperava com pessoas inteligentes, assertivas e individualistas, dispostas e capazes de argumentar e vender suas ideias. As práticas de contratação da empresa refletiam esse viés, já que cada novo candidato tinha que ser aprovado por um grande número de entrevistadores. Ao longo de sua primeira década, a organização passou a contratar e manter apenas pessoas que se encaixassem nas premissas e estivessem dispostas a conviver com o sistema, embora às vezes ele pudesse ser frustrante. As pessoas que se sentiam à vontade nesse ambiente e desfrutavam da emoção de construir uma organização de sucesso sentiam-se cada vez mais como membros de uma família, e eram tratadas emocionalmente como tal. Fortes laços de apoio mútuo cresceram em nível interpessoal, e Ken Olsen funcionou simbolicamente como uma figura paterna brilhante, exigente, mas solidária e carismática.

Comentários analíticos. Ken Olsen é um exemplo de empreendedor com um conjunto claro de premissas sobre como as coisas deveriam ser, tanto no nível de como se relacionar externamente com o ambiente quanto no nível de como arrumar as coisas internamente, dentro da organização. Sua disposição de ser aberto a respeito de sua teoria e seu comportamento recompensador e punitivo em apoio a ela levaram à seleção de outros que compartilhavam essa teoria e a fortes práticas de socialização que a reforçaram e a perpetuaram. Como resultado, as premissas do fundador foram refletidas no modo como a organização operou até a década de 1990. A queda econômica da DEC e sua eventual venda para a Compaq no final da década de 1990 também ilustram como um conjunto de premissas que funcionava em determinada circunstância pode se tornar disfuncional em outras situações.

Essa história levanta toda a questão de como as organizações fazem para sair da influência de seus fundadores, porque a presença do fundador estabiliza a cultura e a torna "sacra" no sentido de que mudá-la simbolicamente seria como destruir a figura paterna. Isso, por sua vez, levanta a questão de quem é o "dono" da empresa e tem o poder de substituir o fundador por um líder diferente, que pode ter crenças e valores distintos, mais alinhados às novas realidades econômicas e tecnológicas do ambiente. Olsen praticamente escolheu a própria diretoria e ouvia seriamente apenas o General Doriot, o investidor original. Infelizmente, Doriot morreu em 1987, de modo que, quando as coisas começaram a dar errado no final dos anos 1980 e início dos anos 1990, nem ele nem Gordon Bell, o antigo conselheiro técnico-chefe altamente respeitado de Olsen, estavam por perto para influenciar o que havia se tornado uma entidade econômica disfuncional. Bell teve um ataque cardíaco em 1983 e se aposentou da DEC logo depois. Voltaremos a ver o motivo e como a DEC se tornou disfuncional nos próximos capítulos, quando discutirmos a evolução cultural na meia-idade organizacional.

Exemplo 2: Sam Steinberg e a Steinberg's do Canadá

Sam Steinberg era um imigrante cujos pais abriram uma mercearia de esquina em Montreal, que se tornou a Steinberg's em 1917. Seus pais, principalmente sua mãe, ensinaram-lhe algumas atitudes básicas em relação aos clientes e o ajudaram a formar a visão de que ele poderia construir uma empresa de sucesso. Steinberg assumiu desde o começo que, se fizesse as coisas certas, teria sucesso e poderia fundar uma grande organização, que traria fortuna para ele e sua família. Por fim, construiu uma grande cadeia de supermercados, lojas de departamento e negócios relacionados, que se tornaram, por muitas décadas, uma força dominante em Quebec e Ontário.

Sam Steinberg foi a principal força ideológica da empresa ao longo de sua história, e continuou a impor suas premissas à organização até sua morte, no final da década de 1970. Sua missão principal era fornecer um produto confiável e de alta qualidade aos clientes em ambientes limpos e atraentes, e as necessidades de seus clientes eram a consideração primordial em todas as decisões mais importantes. Há muitas histórias sobre como Sam Steinberg, quando jovem, operando a mercearia de esquina com sua esposa, deu crédito aos clientes e, assim, inspirou a confiança deles. Ele sempre recebia os produtos de volta se houvesse a menor reclamação e mantinha sua loja absolutamente impecável, para inspirar a confiança dos clientes em seus produtos. Mais tarde, cada uma dessas atitudes se tornou uma política importante em sua cadeia de lojas e foi ensinada e reforçada por uma supervisão pessoal rigorosa.

Sam Steinberg acreditava que apenas exemplos pessoais e supervisão de perto garantiriam o desempenho adequado dos subordinados. Ele aparecia em suas lojas inesperadamente, inspecionava até os menores detalhes e, então – por exemplos pessoais, histórias de como outras lojas estavam resolvendo os problemas identificados, articulando regras e aconselhando – "ensinava" aos funcionários o que deveriam fazer. Muitas vezes, ele perdia a paciência e repreendia os subordinados que não seguiam as regras ou princípios que havia estabelecido. Sam Steinberg esperava que seus gerentes de loja fossem altamente visíveis, que estivessem no topo de seus cargos, supervisionassem de perto do mesmo modo que ele fazia, dessem um bom exemplo e ensinassem aos subordinados a "maneira correta" de fazer as coisas.

112 CULTURA ORGANIZACIONAL E LIDERANÇA SCHEIN

A maior parte do grupo fundador da empresa era composta pelos três irmãos de Sam Steinberg e por Jack Levine, seu "tenente", que não era membro da família, mas foi recrutado precocemente e se tornou, além de fundador, o principal líder e portador de cultura. Ele compartilhava as premissas básicas de Steinberg sobre "gestão visível" e estabeleceu sistemas formais para garantir que esses princípios se tornassem a base para as realidades operacionais. Depois da morte de Sam Steinberg, Levine tornou-se o CEO e continuou a perpetuar as mesmas práticas de gestão.

Sam Steinberg acreditava que só era possível vencer no mercado se fossem altamente inovadores e permanecessem tecnicamente na vanguarda. Sempre encorajou seus gerentes a tentar novas abordagens; contratou uma série de consultores que defendiam novos procedimentos para gestão de recursos humanos; iniciou programas de seleção e desenvolvimento por meio de centros de recrutamento muito antes de outras empresas tentarem esse recurso; e viajou para convenções e outros negócios onde inovações tecnológicas estavam sendo exibidas. Essa paixão pela inovação fez com que a Steinberg's fosse uma das primeiras empresas do setor de supermercados a introduzir a tecnologia de código de barras e a usar centros de recrutamento na seleção de gerentes de loja.

Steinberg estava sempre disposto a experimentar para melhorar o negócio. Sua visão da verdade e da realidade era que era preciso encontrá-las onde fosse possível; portanto, deve-se estar aberto ao ambiente e nunca dar como certo que se tem todas as respostas. Se uma ideia funcionasse, ele encorajava sua adoção; caso contrário, ordenava que fosse descartada. Ele confiava apenas nos gerentes que operavam por premissas semelhantes às suas e claramente tinha favoritos, a quem delegava mais autoridade.

O poder e a autoridade da organização permaneceram muito centralizados, pois todos sabiam que Sam Steinberg e seu tenente-chefe, Jack Levine, poderiam e iriam anular decisões tomadas por gerentes de divisão ou de outras unidades sem consulta e muitas vezes de maneira muito decisiva. A última fonte de poder, as ações com direito a voto, pertenciam inteiramente a Sam Steinberg e sua esposa, de modo que, após sua morte, ela e suas três filhas estavam no controle total da empresa. Embora estivesse interessado em desenvolver bons gerentes em toda a organização, ele nunca compartilhou a propriedade por meio da concessão de ações. Steinberg pagava muito bem a seus principais gerentes, mas sua premissa era de que a propriedade era estritamente um assunto de família, a ponto de não estar disposto a compartilhar ações nem com Jack Levine, seu amigo íntimo e praticamente cocriador da empresa. Por estar inserido em uma macrocultura na qual a família era sagrada, ele queria que apenas suas filhas herdassem a posse da empresa.

Steinberg introduziu vários membros da própria família na organização e deu a eles cargos gerenciais importantes. À medida que a empresa se diversificou, os membros da família foram nomeados chefes de divisão, quase sempre com relativamente pouca experiência de gestão. Se um parente tivesse um desempenho ruim, um bom gerente seria colocado sob

CAPÍTULO 8 | COMO A CULTURA COMEÇA E O PAPEL DO FUNDADOR DAS ORGANIZAÇÕES **113**

seu comando para apoiá-lo. Se a operação melhorasse, o membro da família provavelmente receberia o crédito. Se as coisas continuassem ruins, o parente seria removido, mas com várias desculpas para não arranhar sua imagem.

Embora desejasse uma comunicação aberta e um alto nível de confiança entre todos os membros da organização, Steinberg nunca percebeu que suas premissas sobre o papel da família e a maneira correta de administrar a empresa estavam, em grande medida, em conflito umas com as outras. Ele não estava ciente dos próprios conflitos e inconsistências e, portanto, não conseguia entender por que alguns dos melhores jovens gerentes não respondiam a seus incentivos competitivos e até saíam da empresa. Ele acreditava que os estava motivando adequadamente e não conseguia ver que, para alguns, o clima político, a ausência de opções de ações e a promoção arbitrária dos membros da família tornavam o avanço de suas carreiras muito incerto. Sam Steinberg ficou bem perplexo e irritado, culpando os jovens gerentes enquanto mantinha suas premissas e conflitos.

Vários pontos devem ser observados sobre a descrição dada até aqui. Por definição, algo só pode se tornar parte da cultura se funcionar no sentido de tornar a organização bem-sucedida e reduzir a ansiedade dos seus membros. As premissas de Steinberg sobre como as coisas deveriam ser feitas eram congruentes com o tipo de ambiente em que operava, então ele e o grupo fundador recebiam forte reforço para essas suposições.

Após a morte de Sam Steinberg, a empresa passou por um longo período de turbulência cultural por causa do vácuo criado tanto por sua ausência quanto pela aposentadoria de vários outros importantes portadores da cultura, mas a filosofia básica de como administrar as lojas foi totalmente incorporada e continuada por Jack Levine, tenente-chefe de Steinberg. Depois que ele se aposentou, instalou-se um período de instabilidade, marcado pela descoberta de que alguns dos gerentes que haviam sido desenvolvidos por Sam Steinberg não eram tão fortes e capazes quanto se imaginava. Como nenhuma das filhas do fundador ou seus maridos foram capazes de assumir o negócio de modo decisivo, vários outros membros da família continuaram a administrar a empresa. Contudo, nenhum deles tinha as habilidades de negócios de Sam Steinberg, por isso uma pessoa de fora foi contratada para gerenciá-la. Essa pessoa fracassou porque não conseguiu se adaptar à cultura e à família.

Depois de mais dois fracassos com CEOs vindos de outras organizações, a família recorreu a um gerente que havia trabalhado na empresa e, posteriormente, fez fortuna fora dela, em vários empreendimentos imobiliários. Esse gerente estabilizou os negócios por um tempo porque tinha mais credibilidade em virtude de sua história anterior e seu conhecimento de como lidar com os membros da família. Sob sua liderança, algumas das premissas originais começaram a evoluir em novas direções, mas as divergências entre as três filhas causaram novo tumulto, ações judiciais e a eventual venda da Steinberg's em 1989, conforme documentado na história familiar publicada (Gibbon e Hadekel, 1990).

114 CULTURA ORGANIZACIONAL E LIDERANÇA SCHEIN

Comentários analíticos. Uma lição clara que podemos tirar desse exemplo é que uma cultura forte não sobrevive se seus principais portadores partirem e se a maioria dos membros da organização estiver passando por algum grau de conflito em virtude de uma mensagem confusa que surge dos líderes durante o período de crescimento. A Steinberg's tinha uma cultura forte, mas os conflitos do próprio Sam Steinberg foram incorporados nessa cultura, criando mais discordância e, por fim, falta de estabilidade. Esses conflitos podem ser atribuídos à sua "personalidade", mas também é plausível dizer que ele estava inserido em sua macrocultura judaica em um momento em que o lançamento de um empreendimento de origens humildes dependia de conexões familiares muito estreitas e necessitava de esforços da parte de todos os membros da família para fazer a empresa funcionar.

A infeliz realidade de que nenhuma de suas três filhas tinha inclinação ou talento para assumir os negócios também influenciou claramente o resultado. Estive envolvido por vários anos em um esforço para "treinar" um dos maridos que era testado como CEO, mas ele também não tinha talento nem motivação para desempenhar o papel. A propósito, é de interesse histórico que, ao mesmo tempo em que a Steinberg's foi fundada (1917), a cadeia de supermercados Stop and Shop estava sendo lançada em New England por Irving Rabb, que também tinha apenas filhas. Uma delas, no entanto, casou-se com um homem que era um gerente altamente motivado e competente, levando a organização a um sucesso duradouro.

Exemplo 3: Fred Smithfield, um "empreendedor em série"

Depois de se formar na Sloan School do MIT, Fred Smithfield construiu uma organização de serviços financeiros usando técnicas sofisticadas de análise financeira em uma área do país em que companhias de seguros, fundos mútuos e bancos estavam apenas começando a usá-las. Ele era o idealizador e vendedor, mas assim que teve a ideia de um novo tipo de organização de serviços, encontrou outras pessoas para investir, levantá-la e gerenciá-la. Smithfield acreditava que deveria colocar apenas uma quantia muito pequena de seu próprio dinheiro em cada empreendimento, porque se não conseguisse convencer os outros a aplicar, talvez houvesse algo de errado com a ideia.

Smithfield sempre começava com a premissa de que não sabia o suficiente sobre o mercado para arriscar o próprio dinheiro, e reforçava essa suposição publicamente contando uma história sobre o único empreendimento em que havia fracassado. Ele abriu um comércio em uma cidade do centro-oeste americano para vender peixes marinhos, porque os adorava. Smithfield presumiu que os outros sentiam o mesmo, confiou no próprio julgamento a respeito do que o mercado desejaria e acabou fracassando. Ele percebeu que, se tivesse tentado fazer com que outros investissem no empreendimento, teria descoberto que seus próprios gostos não eram necessariamente um bom indício do que os outros queriam.

CAPÍTULO 8 | COMO A CULTURA COMEÇA E O PAPEL DO FUNDADOR DAS ORGANIZAÇÕES **115**

Como Smithfield se via como um idealizador criativo, mas não como um gerente, ele não apenas manteve seu investimento financeiro mínimo, como também não se envolveu muito pessoalmente com seus empreendimentos. Depois de montar o pacote, ele encontrava pessoas em quem podia confiar para gerenciar a nova organização. Geralmente eram pessoas como ele, bastante abertas em sua abordagem aos negócios e não muito preocupadas em impor as próprias suposições sobre como as coisas deveriam ser feitas.

Suas necessidades criativas eram tais que, depois de mais ou menos uma década fundando organizações de serviços financeiros, voltou sua atenção para empreendimentos imobiliários; tornou-se lobista de uma organização ambientalista, tentou entrar para a política por um tempo e depois voltou aos negócios, primeiro com uma companhia de petróleo e depois com uma mineradora de diamantes. Por fim, ele se interessou pelo ensino e acabou em uma escola de negócios do centro-oeste, onde desenvolveu um currículo de empreendedorismo.

Pode-se deduzir que as premissas de Smithfield sobre objetivos concretos, os melhores meios para alcançá-los, como medir os resultados e como consertar as coisas quando davam errado eram basicamente pragmáticas. Enquanto Sam Steinberg tinha uma forte necessidade de se envolver em tudo, Smithfield parecia perder o interesse quando a nova organização estava de pé e funcionando. Sua teoria parecia ser ter um conceito claro da missão básica, testá-la vendendo-a aos investidores, trazer boas pessoas que entendessem qual era a missão e depois deixá-las em paz para implementar e administrar a organização, usando apenas critérios financeiros como medidas finais de desempenho.

Se Smithfield tinha suposições sobre como uma organização deveria ser administrada internamente, ele as guardava para si. As culturas que cada uma de suas empresas desenvolveu, portanto, tinham mais a ver com os pressupostos das pessoas que ele reuniu para gerenciá-las. Acontece que essas premissas variavam bastante. Além disso, se analisássemos a Smithfield Enterprises como uma organização total, veríamos pouca evidência de uma cultura "corporativa", porque não havia nenhum grupo que tivesse uma história e experiências de aprendizado compartilhadas. Mas cada uma das empresas separadas teria uma cultura derivada das crenças, valores e premissas de seus gerentes indicados por Smithfield.

Comentários analíticos. Esse breve caso mostra que os fundadores não se impõem automaticamente em suas organizações. Isso depende de suas necessidades pessoais para externar suas diversas premissas. Para Smithfield, a validação pessoal definitiva estava em fazer com que cada uma de seus negócios se tornasse financeiramente bem-sucedida e em sua capacidade de continuar a formar outras empresas criativas.

Se examinarmos o empreendedorismo nas áreas de inovação atuais, como o Vale do Silício, veremos outro padrão de criação de cultura que não depende das crenças e valores do fundador. É semelhante ao padrão Smithfield, exceto que são os investidores, atuando como proprietários, que decidem quando, durante o ciclo de crescimento, o fundador deve ser

116 CULTURA ORGANIZACIONAL E LIDERANÇA SCHEIN

substituído por um gerente profissional. É o novo gerente-geral que começa então a fomentar a cultura em torno dos valores fundamentais do empresário técnico que foi dispensado.

A cultura que eventualmente vemos em uma organização madura pode, portanto, ser o resultado do trabalho de vários líderes durante um longo período. Sem conhecer a história, poderíamos fazer atribuições errôneas, como ilustram os exemplos a seguir.

Exemplo 4: Steve Jobs e a Apple

A história da Apple já foi contada muitas vezes em livros e filmes, mas algumas das questões culturais merecem ser repetidas. A Apple foi fundada em 1976 por Steve Jobs e Steve Wozniak. Ambos foram criados na era "revolucionária" dos anos 1960, na área de São Francisco. Jobs era aquele com o senso de missão mais forte, revolucionar a maneira como as pessoas usariam os computadores, enquanto Wozniak fornecia boa parte do talento técnico. Sua intenção inicial era criar produtos para crianças no mercado educacional e produtos que fossem divertidos e fáceis de usar pelos "*yuppies*" (jovens profissionais da época). Sua base era claramente técnica, como no caso da DEC, e isso se manifestou na mentalidade agressivamente individualista de "faça você mesmo" que encontrei lá quando prestei consultoria no início da década de 1990.

Desde sua fundação até 1983, a empresa teve dois outros CEOs: Michael Scott, um gerente experiente de outra empresa, e Mike Markkula, um antigo investidor e amigo. Ainda assim, Jobs era claramente a "bússola moral", por ter os sentimentos mais fortes sobre como a cultura da empresa deveria evoluir. Quando a Apple tentou se tornar mais orientada para o mercado, Jobs concordou, em 1983, em contratar John Scully da PepsiCo. Scully não conseguiu se impor enquanto Jobs ainda estava lá e insistiu em demiti-lo em 1985.

Jobs, amargurado, mas não intimidado, fundou outra empresa de computadores, a NeXT, e se envolveu com a Pixar, empresa de filmes animados por computador. Scully foi inicialmente bem-sucedido, mas acabou tendo grandes dificuldades, o que levou à sua demissão em 1993. Dizem que Scully nunca ganhou o respeito da comunidade técnica da Apple, sugerindo que no centro da cultura da empresa estava a criatividade técnica, simplicidade, elegância e apelo estético, valores que todos pareciam ter herdado de Steve Jobs.

A Apple tentou mais dois CEOs, Michael Spindler e Gilbert Amelio, mas estava à beira da falência quando o conselho decidiu comprar a NeXT e trazer Jobs de volta ao rebanho. Ele foi nomeado CEO em 1997, momento em que a empresa começou a prosperar até chegar a sua posição imponente de hoje e conseguiu fazer a transição para o atual CEO, Tim Cook, promovido internamente.

Comentários analíticos. A questão cultural importante é: a Apple teve a mesma cultura durante todo esse tempo, baseada essencialmente nas crenças e valores de seus fundadores, mesmo tendo passado por vários CEOs? É significativo que a Apple tenha retornado às suas raízes ao trazer Steve Jobs de volta. Se observarmos a direção da empresa a partir de 2009, veremos um retorno às raízes da criação de produtos como os desktops e notebooks menores e mais leves, o iPhone, o iPod para música e a câmera iChat para videoconferência – produtos que são esteticamente agradáveis, fáceis de usar e divertidos. O design atraente dos produtos e a proliferação de lojas muito charmosas e amigáveis para exibi-los sugerem que a Apple agora está voltada para o marketing, mas que essa orientação teve que ser combinada com suas habilidades técnicas, algo que talvez apenas Steve Jobs pudesse impulsionar.

A empresa agora desfruta de um grande sucesso comercial, que se expressou na decisão de construir um monumental edifício-sede circular em Cupertino, Califórnia. A Apple, agora, também é uma empresa antiga e muito grande, atuando em um ambiente internacional diferente e mais complexo, que inevitavelmente forçará a evolução de sua cultura.

Exemplo 5: IBM – Thomas Watson Sr. e seu filho

Muitas pessoas apontam que a IBM se saiu muito melhor em seus esforços para revitalizar os negócios nos anos 1990 depois que contratou um executivo de marketing externo, Lou Gerstner. Por que pode ter funcionado melhor lá do que com Scully, na Apple? Parte da resposta é cultural. Enquanto a Apple tinha fundadores e toda uma série de CEOs técnicos, a IBM foi fundada por Tom Watson Sr., um vendedor da National Cash Register Company, e foi administrada durante seus primeiros 50 anos por ele e por seu filho, Tom Watson Jr. (Watson e Petre, 1990).

A percepção que a análise cultural oferece é que a IBM não foi fundada por um empreendedor técnico e nunca foi uma organização baseada em engenharia. Tom Watson Sr. era um gerente de vendas e marketing que pensava como vendedor e profissional de marketing, e seu filho, Tom Watson Jr., tinha o mesmo tipo de mentalidade voltada para o tema. Construir uma imagem clara com o público tornou-se uma marca registrada da IBM, simbolizada nos ternos azuis e camisas brancas usados por todo o seu pessoal de vendas. A organização de vendas se reunia regularmente e participava de diversos tipos de rituais de união, incluindo cantar juntos, para forjar uma identidade clara de quem eles eram e por que eram assim.

Tom Watson Jr. nitidamente teve a sabedoria de se tornar tecnicamente forte, mas as premissas culturais mais profundas sempre foram mais derivadas das vendas e do marketing. Portanto, não é de se surpreender que um executivo de marketing excepcional seja aceito como uma ajuda externa para a empresa recuperar sua vantagem competitiva, e que ele tenha sucesso sem mudar realmente a cultura, mas revigorando-a em torno de sua identidade original (Gerstner, 2002).

Exemplo 6: Hewlett e Packard

O que dizer da HP? Dave Packard e Bill Hewlett saíram de Stanford com a intenção de montar um negócio técnico, inicialmente em tecnologia de medição e instrumentação (Packard, 1995). Os computadores apareceram apenas mais tarde, como complementos da tecnologia central, e isso levou à descoberta de que os tipos de pessoas que trabalhavam nessas tecnologias eram diferentes uns dos outros e, até certo ponto, incompatíveis. Por fim, a empresa se dividiu; a Agilent passou a buscar a tecnologia original, enquanto a HP desenvolvia computadores, impressoras e diversos outros produtos relacionados.

O crescimento e o sucesso da HP refletiam uma divisão efetiva de trabalho entre Hewlett, que era um líder principalmente técnico, e Packard, que era mais um líder de negócios. Sua capacidade de colaborar bem um com o outro foi, sem dúvida, uma base para que o "trabalho em equipe" se tornasse um valor tão importante no "HP *way*". O que sabemos do estilo gerencial de Packard contrasta fortemente com o de Ken Olsen, pois a HP formou divisões já no início de sua história e colocou muito mais ênfase pública no trabalho em equipe e no consenso, embora a competição individual permanecesse como a premissa secreta mais profunda. A HP tornou-se muito mais dogmática sobre a padronização de processos em toda a empresa e foi muito mais formal e deliberada do que a DEC, o que causou desconforto na HP.

As visões de trabalho em equipe da HP e da DEC ilustram a importância de definir abstrações como "trabalho em equipe" com muito cuidado em qualquer análise cultural. O trabalho em equipe na HP significava chegar a um consenso e não lutar muito pelo próprio ponto de vista se o consenso estivesse indo em uma direção diferente. Na DEC, porém, o trabalho em equipe foi definido como lutar pelo seu ponto de vista até que você convencesse os outros ou realmente mudasse de ideia. Como aprendi durante algumas consultorias com gerentes de engenharia no braço de computação da HP, o HP *way* exigia "ser legal" e chegar a um acordo em reuniões de grupo, mas "as decisões não vingavam". Em vez disso, era preciso fazer o acompanhamento após a reunião e fazer acordos individuais com cada uma das pessoas das quais se dependia. Os valores assumidos eram do "HP *way*", mas a premissa básica era que, como em outras empresas dos Estados Unidos, eram o desempenho individual e a habilidade competitiva que produziam resultados e que, no fim das contas, eram recompensados.

Após a separação da Agilent, o evento mais significativo na história da HP foi a contratação de uma pessoa de fora, Carly Fiorina, como CEO. Parece que sua estratégia para tornar a HP um participante global de sucesso em vários mercados relacionados a computadores foi *desenvolver* a cultura HP pela megafusão com a Compaq, adquirindo com esse processo um grande segmento de funcionários da DEC que permaneceram na Compaq. Como o mercado de computadores tornou-se "comoditizado", ser um produtor eficiente e de baixo custo de *commodities* como impressoras e tintas tornou-se estrategicamente vantajoso, mas exigiu o abandono de alguns dos valores originais do HP *way*.

CAPÍTULO 8 | COMO A CULTURA COMEÇA E O PAPEL DO FUNDADOR DAS ORGANIZAÇÕES **119**

Pode-se especular que Fiorina foi trazida como alguém de fora para iniciar o processo de mudança, mas que sua substituição depois de alguns anos por executivos internos refletiu o desejo de manter partes da cultura HP, mesmo com a evolução de alguns elementos. Sob a atual CEO Meg Whitman, ocorreu uma nova divisão da empresa, sugerindo que agora estamos lidando não com uma única cultura corporativa da HP, mas com um conjunto de subculturas que refletem os diferentes produtos e serviços que a empresa oferece.

RESUMO E CONCLUSÕES

Este capítulo teve como objetivo introduzir o conceito geral dos princípios culturais, mostrando primeiro um modelo das questões básicas com que qualquer novo grupo precisa lidar enquanto desenvolve a própria cultura, depois mostrando como os líderes iniciam esse processo, no papel de fundadores. Basicamente, eles impõem parte de suas crenças, valores, premissas e regras comportamentais a seus subordinados, se a organização tiver sucesso, estes são aceitos sem questionamento e nasce uma cultura.

Provavelmente, os fundadores não estão conscientes dos processos dinâmicos de formação de grupos em torno dos problemas de autoridade e convivência, mas pelos tipos de estruturas e processos que criam, eles estão, de fato, lidando com essas dinâmicas. Nos próximos capítulos, examinaremos o que acontece com o sucesso, o crescimento e a maturidade.

SUGESTÕES PARA OS LEITORES

- Pense em uma ou duas organizações que lhe interessem e pesquise suas histórias na internet.
- Se conseguir encontrar biografias de seus fundadores, leia-as para aprofundar seu conhecimento de como as culturas são formadas.

IMPLICAÇÕES PARA FUNDADORES E LÍDERES

As histórias que apresentamos aqui, e o que sabemos agora a respeito das muitas *startups* e novas companhias que foram criadas nas últimas décadas, sugerem algumas lições importantes que os empreendedores e fundadores iniciantes precisam aprender.

Suas novas ideias precisam se adequar às necessidades existentes na macrocultura. Parte da motivação de Ken Olsen derivava da necessidade da Guerra Fria de desenvolver computação interativa para que mísseis que talvez fossem disparados pela União Soviética pudessem ser rastreados em tempo real. Steve Jobs percebeu que os usuários de computador estavam frustrados com interfaces complexas e começou a simplificá-las, algo que já foi chamado de criação de "brinquedos para *yuppies*". Jeff Bezos criou a Amazon em uma cultura tecnológica que estava rapidamente evoluindo para o e-business e o e-commerce, e em um clima de consumo em que a facilidade de escolha e a entrega rápida já eram valores altamente relevantes.

Tudo o que você disser e fizer será observado e influenciará o modo como o grupo irá atuar. Como o novo grupo estará ansioso, os membros estarão muito vigilantes ao observar seu comportamento. Se enviar sinais conflitantes, você enfraquecerá a capacidade do grupo de funcionar no futuro.

Todos os grupos precisam passar pelos estágios de crescimento em torno da inclusão, identidade, autoridade e convivência. Dê oportunidades suficientes para reflexão, análise de processo e atividades informais, permitindo que essas etapas aconteçam antes de esperar o comprometimento total à tarefa.

CAPÍTULO 9

COMO ADAPTAÇÃO EXTERNA E INTEGRAÇÃO INTERNA TORNAM-SE CULTURA

A cultura é definida pelo que um grupo aprendeu na solução de seus problemas de adaptação externa e integração interna. No capítulo anterior, revisei como os fundadores começam sua organização e com quais questões sociopsicológicas de grupo eles têm que lidar, estejam ou não cientes delas. Neste capítulo, nós nos voltamos para o que os fundadores precisam estar *explicitamente* cientes ao construir uma organização. Sua finalidade pode ou não ser "criar uma cultura", mas, ao fundar a organização ou negócio, eles precisam atender explicitamente a certas questões que eventualmente se tornam parte da cultura. Por que diferenciar "externo" de "interno"?

Grupos e organizações de vários tipos têm sido bastante estudados desde a década de 1940, em parte para entender melhor os eventos da Segunda Guerra Mundial e em parte para entender algumas das anomalias na história dos Estados Unidos, como escravidão e racismo. Estudos paralelos aconteciam no Reino Unido, no Tavistock Institute and Clinic, enquanto o país reconstruía sua indústria, devastada depois da guerra. Os dois conjuntos de estudos chegam à mesma conclusão básica de que todos os grupos, sejam pequenas unidades de tomada de decisão ou nações inteiras, têm os mesmos dois problemas fundamentais: (1) como se organizar para lidar com os ambientes em que existem (o que chamo de problemas *externos* de sobrevivência) e (2) como se organizar *internamente* para lidar com os problemas humanos inevitáveis que surgem no ambiente coletivo.

Outros termos e conceitos que lidam com a mesma dicotomia são "manutenção de tarefa e grupo", "duplo resultado", "indicadores equilibrados" e "estratégia e missão *versus* estrutura e processo" (Blake e Mouton, 1964; Kaplan e Norton, 1992). Logicamente, a realidade cultural é que todas essas tarefas devem ser atendidas e estão altamente interconectadas, levando ao conceito útil de "sistemas sociotécnicos" e a uma visão holística da cultura. Compreender as consequências de como cada uma dessas questões é tratada durante o período de fundação e crescimento torna-se essencial quando, mais tarde, na meia-idade organizacional, os líderes de mudança estiverem tentando transformar elementos da cultura e esquecerem que todas as facetas do modo como a organização opera externa e internamente agora fazem parte de sua cultura e se tornaram um padrão que permanece unido, um sistema sociotécnico.

De certa maneira, essas categorias refletem o que pode estar presente em um curso básico sobre "*design* organizacional". Ao discuti-las brevemente neste capítulo, tento destacar os aspectos de cada categoria que têm um impacto especial na formação da cultura. Estou presumindo que a organização já foi fundada e criou uma cultura, mas no texto a seguir vou identificar as questões que surgem culturalmente em torno da origem de cada uma das categorias apresentadas.

Questões sociotécnicas do crescimento e evolução organizacional

ADAPTAÇÃO EXTERNA

Quando reduzidos à sua essência, os problemas de adaptação externa são:

- **Missão:** obter entendimento compartilhado da missão essencial, da tarefa principal e das funções manifestas e latentes
- **Metas:** desenvolver consenso sobre as metas, derivadas da missão essencial
- **Meios:** desenvolver consenso sobre os meios a serem usados para atingir as metas, como estrutura da organização, divisão do trabalho, sistema de remuneração e sistema de autoridade
- **Mensuração:** desenvolver consenso sobre os critérios a serem usados ao mensurar quão bem o grupo trabalha para atender às suas metas, tal como os sistemas de informação e controle
- **Correção e reparo:** desenvolver consenso sobre o tratamento apropriado ou as estratégias reparadoras a serem usadas se as metas não forem atingidas

INTEGRAÇÃO INTERNA

Quando reduzidos à sua essência, os problemas de integração interna são:

- **Linguagem:** criar uma linguagem comum e categorias conceituais
- **Identidade e limites:** definir limites do grupo e critérios para inclusão
- **Autoridade:** chegar ao consenso sobre a distribuição de poder, autoridade e *status*
- **Confiança e abertura:** desenvolver normas de relacionamento pessoal
- **Recompensas e punições:** definir e alocar recompensas e punições
- **O inexplicável:** desenvolver conceitos para explicar o inexplicável.

Para discutir a respeito dessas questões, temos que analisá-las uma por vez, mas, na realidade, quando o fundador monta uma organização, ele está lidando com os dois conjuntos de problemas o tempo inteiro, já que a solução para cada um deles está fortemente embutida ou inserida nas macroculturas em torno da nova empresa. Como uma linguagem comum e categorias comuns de pensamento derivam inicialmente do país em que a nova organização é formada, nosso ponto de partida deverá ser linguagem e pensamento.

LINGUAGEM E CATEGORIAS DE PENSAMENTO

Para interagir, os humanos precisam de uma linguagem comum e categorias compartilhadas sobre como perceber e pensar a respeito de si mesmos e de seu ambiente. Explorei isso no nível macrocultural no Capítulo 6, e só é preciso salientar aqui que, quando um fundador cria uma organização, não basta ter uma macrolinguagem comum; os significados dos termos usados na visão do fundador também precisam ser compartilhados. Os jovens engenheiros contratados pela DEC tiveram que aprender o que Ken Olsen queria dizer com "fazer a coisa certa", e uma de suas piadas foi completamente mal compreendida pela falta de contexto. Olsen teria dito: "Quem gostaria de ter um computador em casa", o que foi considerado uma rejeição ao PC e a outros *desktops*. O contexto foi que ele fez esse comentário quando todos estavam defendendo o controle extensivo por computador de todos os eletrodomésticos, praticamente automatizando a vida doméstica, algo que Olsen realmente era contra. Na verdade, ele tinha um computador pessoal em casa, que era usado o tempo todo.

Os fundadores geralmente desenvolvem jargões e acrônimos especiais para distinguir sua organização de outras, e tudo isso pode ser muito confuso para os recém-chegados, especialmente quando a linguagem da missão da organização é ocultada por um linguajar ambíguo.

MISSÃO E RAZÃO DE SER

Cada novo grupo ou organização deve desenvolver um conceito compartilhado de seu problema de sobrevivência fundamental, do qual é derivado seu senso mais básico de missão essencial (*core*), tarefa primária ou "razão de ser". Na maioria das organizações empresariais, essa definição compartilhada gira em torno da questão de sobrevivência econômica e do crescimento que, por sua vez, envolve a manutenção de bons relacionamentos com os principais *stakeholders* da organização, incluindo:

- Investidores e acionistas
- Fornecedores dos materiais necessários para a produção
- Gerentes e funcionários
- Comunidade e governo
- Clientes dispostos a pagar pelo produto ou serviço.

Vários estudos sobre organizações mostram que a chave para o crescimento em longo prazo e a sobrevivência é manter as necessidades dessas partes em algum tipo de equilíbrio, e que a missão da organização, como um conjunto de crenças sobre suas competências essenciais (*core competencies*) e funções básicas na sociedade seja, geralmente, reflexo desse equilíbrio (Donaldson e Lorsch, 1983; Kotter e Heskett, 1992; Porras e Collins, 1994; Christensen, 1997; O'Reilly e Tushman, 2016). É um erro comum focar totalmente em apenas um grupo de *stakeholders*, porque todos juntos compõem o ambiente em que a organização deve ser bem-sucedida.

Em organizações religiosas, educacionais, sociais e governamentais, a missão essencial ou tarefa primária é claramente diferente, mas a lógica final que deriva do equilíbrio das necessidades de diferentes *stakeholders* é a mesma. Assim, por exemplo, a missão de uma universidade deve equilibrar as necessidades de aprendizagem dos alunos (que podem incluir moradia, alimentação e, muitas vezes, agir no lugar dos pais), as necessidades do corpo docente de ensino e pesquisa por maior conhecimento, as necessidades da comunidade por um repositório de conhecimento e prática, as necessidades dos investidores financeiros por uma instituição viável e, finalmente, até mesmo as necessidades da sociedade por uma instituição que facilite a transição dos adolescentes ao mercado de trabalho e os classifique em grupos profissionais.

Funções manifestas e latentes. Embora as missões essenciais ou as principais tarefas sejam geralmente declaradas em termos de um único grupo de interesse, como os clientes, um modo mais útil de pensar sobre a missão essencial ou final é mudar a pergunta para: "Qual é a nossa função no esquema maior das coisas?" ou "O que justifica nossa existência continuada?". Apresentar a questão dessa maneira revela que a maioria das organizações

CAPÍTULO 9 | COMO ADAPTAÇÃO EXTERNA E INTEGRAÇÃO INTERNA TORNAM-SE CULTURA **125**

tem funções múltiplas que refletem os vários *stakeholders*. Algumas dessas funções são justificativas públicas ou valores expostos, chamados pelos sociólogos de "funções manifestas", enquanto outras são "funções latentes", que são internalizadas e não são anunciadas publicamente (Merton, 1957).

Por exemplo, a função manifesta de um sistema escolar é educar. Entretanto, um exame detalhado do que ocorre nesse sistema também sugere várias funções latentes: (1) manter as crianças (adolescentes) fora das ruas e do mercado de trabalho até haver um espaço e elas estarem preparadas para exercer uma profissão, (2) selecionar e agrupar a próxima geração em categorias de talento e habilidade conforme as necessidades da sociedade e (3) possibilitar que as várias ocupações associadas ao sistema escolar sobrevivam e mantenham sua autonomia profissional.

Ao examinar as funções manifestas e latentes, os líderes e os membros da organização reconhecerão que, para sobreviver, ela deve, em algum grau, preencher todas essas funções. Podemos então descobrir na análise cultural de determinada empresa que algumas das mais importantes premissas compartilhadas dizem respeito a como cumprir as funções *latentes* sem admitir publicamente a existência dessas funções. Por exemplo, Ken Olsen admitiu que sua estratégia de dividir as unidades da DEC pelos quatro estados da Nova Inglaterra foi motivada, em parte, por saber que se colocasse tudo em um ou dois estados prejudicaria o mercado de trabalho nos outros, algo que não queria fazer, mas também não podia admitir publicamente.

Identidade e funções latentes. Alguns pesquisadores da cultura têm defendido que é útil pensar em termos de "identidade" da organização e propor que a sobrevivência e o crescimento dependem da capacidade de conectar essa identidade, "quem somos e qual é o nosso propósito", com as condições do mercado, "o que o cliente precisa, quer e pode pagar" (Schultz, 1995; Hatch e Schultz, 2004, 2008). Eles propõem que a sobrevivência corporativa depende muito do desenvolvimento de uma "marca" que vincule as competências básicas da organização às necessidades do mercado e, ao mesmo tempo, proporcione senso de propósito e engajamento aos funcionários. Estar "dentro" da organização, então, não é apenas um contrato de trabalho, mas algum tipo de compromisso do funcionário para promover o senso de propósito da organização.

Os valores expostos, é claro, enfatizam as funções manifestas, o que leva a complexidades de medição, como veremos mais adiante. Por exemplo, as universidades costumam ser criticadas por não serem rentáveis em relação à sua missão educacional principal, mas o crítico muitas vezes não leva em conta o custo de cumprir várias funções *latentes* que também fazem parte da missão. A missão essencial e a identidade pública tornam-se assim questões multifuncionais complexas, porque algumas das funções devem permanecer latentes para proteger a identidade manifesta da organização. Seria constrangedor uma universidade

126 CULTURA ORGANIZACIONAL E LIDERANÇA SCHEIN

anunciar publicamente suas funções de babá, triagem e autonomia profissional, mas essas funções muitas vezes desempenham um papel importante na determinação das atividades da organização e se tornam parte do DNA da cultura que resistirá à mudança. Observe que, quando avaliamos a cultura de uma organização, são as funções latentes naturalizadas que serão as mais difíceis de "mensurar".

As dimensões gerais da cultura corporativa evoluirão em torno dessas questões, e as dimensões da subcultura aparecerão nas subunidades cujos interesses estão envolvidos nas funções latentes. A importância dessas funções latentes pode não vir à tona até que uma organização seja forçada a contemplar o fechamento ou a mudança. Aí, então, os conflitos subculturais podem surgir caso os interesses de alguns desses grupos sejam ameaçados. O exemplo mais comum é, obviamente, como as subculturas das organizações trabalhistas aparecem quando as empresas encontram a necessidade de reduzir o tamanho ou mudar de local. Por exemplo, uma possível explicação de por que a General Motors abandonou seu bem-sucedido programa de carros Saturn foi a necessidade de manter relações com seus sindicatos. O que muitas vezes parece uma decisão irracional ou mesmo estúpida de uma organização torna-se compreensível quando examinamos quais funções latentes estão sendo atendidas pela decisão.

Estratégia faz parte da cultura. A missão relaciona-se diretamente com o que as organizações denominam "estratégia". Para cumprir suas funções manifestas e latentes, a organização desenvolve premissas compartilhadas a respeito de sua "razão de ser" e formula planos de longo prazo para completar essas funções. Isso envolve decisões a respeito de produtos e serviços, e refletirá a "identidade" da organização. As premissas compartilhadas a respeito de "quem somos" tornam-se um elemento importante da cultura da empresa, e *limitarão as opções estratégias disponíveis à organização*. Frequentemente, os consultores de estratégia organizacional ficam frustrados pelo fato de suas recomendações não serem aceitas. Esquecem-se de que, a menos que essas recomendações sejam coerentes com as premissas da organização sobre si, elas não farão sentido e, portanto, não serão implementadas.

Por exemplo, em um estágio de evolução da Ciba-Geigy, ouvi prolongados debates entre os altos gerentes sobre a questão de se a empresa deveria projetar e produzir "qualquer" produto, desde que ele pudesse ser vendido com algum lucro, ou se os projetos e produtos deveriam ser limitados ao que alguns gerentes seniores acreditavam ser produtos "consistentes" ou "valiosos", baseados em sua concepção do que a empresa originalmente produzira e em quais eram seus talentos singulares. O debate estava focado em manter ou não a Airwick, que fabricava renovadores de ar para remover odores de animais de estimação e outros.

A Airwick havia sido adquirida pela subsidiária dos Estados Unidos para tornar a Ciba-Geigy mais competente em marketing orientado para o consumidor. Em uma das reuniões anuais da alta administração, o presidente da filial norte-americana estava muito orgulhoso, mostrando alguns anúncios de TV para seu novo produto, Carpet Fresh. Eu estava sentado próximo a um membro sênior do conselho interno, um pesquisador suíço que havia desenvolvido vários produtos químicos importantes para a empresa. Ele estava visivelmente irritado com os anúncios e, finalmente, inclinou-se em minha direção e sussurrou: "Sabe, Schein, essas coisas não são nem *produtos*".

Nos debates finais sobre a venda da Airwick (embora ela fosse financeiramente sólida e rentável), finalmente entendi aquele comentário quando foi revelado que a Ciba-Geigy não admitia a imagem de ser uma empresa que fabricava algo tão aparentemente trivial como renovadores de ar. Assim, uma importante decisão estratégica foi tomada com base na cultura, não nas áreas de marketing e finanças. A Ciba-Geigy vendeu a Airwick e consolidou a premissa de que deveria se manter apenas nos negócios que tivessem clara base científica e lidassem com problemas importantes, como doença e fome. Isso foi articulado como um princípio estratégico que deveria governar, e realmente governou, as futuras aquisições.

Em resumo, um dos elementos mais centrais de qualquer cultura será a premissa de que os membros da organização compartilham sua identidade e missão final ou funções. Isso não é necessariamente muito consciente, mas pode ser trazido à tona se alguém investigar as decisões estratégicas que a empresa toma. As análises organizacionais que mostram caixas separadas para "cultura" e "estratégia" estão cometendo um erro conceitual fundamental. A estratégia faz parte integral da cultura.

Questões em torno das metas derivadas da missão

O consenso sobre a missão essencial e a identidade não garante automaticamente que os principais membros da organização terão metas comuns ou que as diversas subculturas estarão alinhadas de maneira adequada para cumprir a missão. As subculturas básicas em qualquer organização podem, na verdade, estar involuntariamente trabalhando em propósitos opostos a alguns elementos da missão. Com frequência, a missão é entendida, mas não bem articulada. Para obter consenso sobre as metas, o grupo necessita de uma linguagem comum e premissas compartilhadas sobre as operações logísticas básicas pelas quais se passa de algo tão abstrato ou geral quanto um senso de missão para as metas concretas de projetar, fabricar e vender um produto ou serviço real a determinado custo e restrições de tempo. Metas claramente articuladas tornam-se um dos principais elementos da parte exposta da cultura.

Por exemplo, na DEC havia um claro consenso sobre a missão de fabricar uma linha de produtos inovadores e tecnicamente sofisticados que "vencesse no mercado", mas esse consenso não resolveu, para a alta diretoria, o problema de como alocar os recursos entre os diferentes grupos de desenvolvimento de produtos e nem especificou como melhor vendê-los. Missão e estratégia podem ser atemporais, enquanto metas têm de ser formuladas para o que fazer no próximo ano, no mês seguinte e amanhã. As metas concretizam a missão

128 CULTURA ORGANIZACIONAL E LIDERANÇA SCHEIN

e facilitam as decisões sobre os meios. Nesse processo, a formulação das metas também revela com frequência assuntos não resolvidos ou falta de consenso em torno de questões mais profundas.

Na DEC, o debate em torno de que produtos apoiar e como apoiá-los revelou uma profunda falta de acordo semântico sobre como pensar no "marketing". Por exemplo, um grupo imaginou que marketing significava melhor publicidade de imagem em revistas nacionais, de modo que um maior número de pessoas reconheceria o nome da empresa. Outro grupo estava convencido de que marketing significava melhor propaganda em jornais técnicos. Alguns supunham que significava desenvolver a próxima geração de produtos, enquanto outros enfatizavam o *merchandising* e o apoio a vendas como os elementos-chave.

Em razão de as metas operacionais precisarem ser mais exatas, normalmente as organizações desenvolvem suas questões de missão e identidade no contexto de decidir se as metas devem ser anuais ou de mais longo prazo. Se alguém realmente deseja entender as premissas culturais, deve ser cuidadoso para não confundir premissas de curto prazo sobre metas com premissas sobre a missão. A preocupação da Ciba-Geigy em participar apenas de negócios que criam "produtos úteis, baseados na ciência" não se tornou evidente em suas discussões sobre metas empresariais até que chegou a uma questão estratégica como comprar ou não outra empresa.

De fato, um modo de examinar o que significa para nós a "estratégia" é perceber que ela se preocupa com a evolução da missão básica, enquanto as metas operacionais refletem assuntos de sobrevivência tática em curto prazo identificados pela organização. Assim, quando uma empresa discute sobre sua estratégia básica, geralmente tenta avaliar de maneira mais fundamental o relacionamento entre seu senso de missão e suas metas operacionais. Por exemplo, a estratégia de longo prazo de Singapura de se tornar economicamente bem-sucedida foi convertida em uma série de metas de curto prazo, como manter a cidade limpa, construir casas para todos, criar um programa de bolsas de estudo e assim por diante.

Em resumo, as metas podem ser definidas em vários níveis de abstração e em diferentes horizontes de tempo. Nossa meta é nos manter rentáveis no final do próximo trimestre, fazer 10 vendas no próximo mês ou conquistar 12 clientes potenciais amanhã? Apenas à medida que for atingido o consenso em tais assuntos, levando a soluções que funcionem repetidamente, podemos começar a pensar sobre as metas de uma organização como elementos culturais em potencial. Entretanto, uma vez que tal consenso é atingido, as premissas sobre as metas tornam-se um elemento muito forte da cultura desse grupo.

QUESTÕES EM TORNO DOS MEIOS: ESTRUTURA, SISTEMAS E PROCESSOS

Alguns dos elementos mais importantes e menos aparentes de uma cultura organizacional são as premissas básicas compartilhadas que evoluem a respeito de como as coisas devem ser feitas, como a missão deve ser cumprida e como as metas devem ser atendidas.

CAPÍTULO 9 | COMO ADAPTAÇÃO EXTERNA E INTEGRAÇÃO INTERNA TORNAM-SE CULTURA **129**

Os líderes fundadores geralmente *impõem* estrutura, sistemas e processos com base em suas crenças e valores. Se a organização for bem-sucedida, eles se tornam compartilhados e partes da cultura. Uma vez que esses processos são naturalizados, talvez se tornem os elementos da cultura mais difíceis de mudar.

Os processos que um grupo adota refletem as macroculturas nacionais e ocupacionais em que ele existe. Um exemplo marcante ocorreu em nosso programa Sloan Fellows do Massachusetts Institute of Technology (MIT), em que jovens gerentes de alto potencial que participavam de um mestrado de um ano inteiro receberam um exercício para *montar uma organização*. Grupos de cerca de 15 pessoas foram transformados em uma "empresa que deveria produzir *jingles* de duas linhas para serem colocados em cartões de aniversários de nascimento e casamento". Os produtos eram "comprados" pelos administradores do exercício, e as empresas eram avaliadas por sua produção. Sem vacilar, cada grupo imediatamente escolheu alguns executivos, um gerente de vendas, um gerente de marketing, revisores, supervisores e, *finalmente*, alguns redatores. Somente após muita reflexão e análise ocorreu a algum grupo que a melhor maneira de ganhar era ter 15 escritores. Todos automaticamente caíram na típica estrutura hierárquica de comando e controle que espelhava principalmente a macrocultura ocupacional de gestão de onde vieram.

A tendência de recuar para o que já se sabe facilita um consenso rápido sobre os meios pelos quais as metas serão atingidas. Esse consenso é importante, pois os meios que devem ser usados têm a ver com o comportamento cotidiano e ação coordenada. Pode-se ter metas ambíguas, mas, quando se espera que algo aconteça, deve-se concordar sobre como estruturar a organização, como projetar, financiar, construir e vender os produtos ou serviços. Do padrão particular desses acordos, surgirão não apenas o "estilo" da organização, mas também o *design* básico das tarefas, a divisão do trabalho, a estrutura dos relatórios e da atribuição de responsabilidades, os sistemas de recompensa e incentivo, os sistemas de controle e os sistemas de informação.

As habilidades, a tecnologia e o conhecimento que um grupo adquire no esforço de lidar com seu ambiente também se tornam parte da cultura, se houver consenso sobre o que são essas habilidades e como usá-las. Por exemplo, em seu estudo sobre diversas empresas que fabricavam as melhores flautas do mundo, Cook (1992) mostrou que, durante gerações, os artesãos estavam capacitados para produzir flautas imediatamente reconhecidas pelos artistas como fabricadas por determinada empresa, mas nem a diretoria nem os artesãos podiam descrever exatamente o que haviam feito para que isso ocorresse. A habilidade estava embutida no processo de fabricação e refletia um conjunto de práticas que podia ser transmitido por gerações, mediante um sistema de aprendizagem, embora este não fosse formalmente identificável.

Por envolver os meios pelos quais o grupo realizará suas metas, muitas das questões internas com as quais ele deve lidar ficam parcialmente estabelecidas. O problema externo de

130 CULTURA ORGANIZACIONAL E LIDERANÇA SCHEIN

divisão do trabalho estruturará quem conhecerá quem e quem será a autoridade. O sistema de trabalho do grupo definirá suas fronteiras e regras de filiação. As crenças e os talentos específicos dos fundadores e líderes determinarão que funções se tornarão dominantes à medida que o grupo evolui e que cargos irão adquirir *status*. Por exemplo, engenheiros que fundam empresas com base em suas invenções desenvolverão estruturas internas muito diferentes daquelas criadas por capitalistas de risco, que fundam organizações para colocar talentos técnicos e de marketing sob a direção de líderes orientados para finanças ou marketing.

Os fundadores da Ciba-Geigy acreditavam que as soluções dos problemas eram resultado de muita imaginação, pesquisas científicas e cuidadosa checagem dessas pesquisas no mercado. Desde o início, a empresa tinha papéis de pesquisa claros e distinguia-os totalmente dos papéis gerenciais.

Por outro lado, na DEC, uma norma definia que o único território que alguém realmente dominava era o da responsabilização por certas tarefas e realizações. Orçamento, espaço físico, subordinados e outros recursos eram vistos como propriedade comum da empresa, sobre a qual a pessoa só tinha influência. Outros na organização podiam tentar influenciar o gerente responsável ou seus subordinados, mas não havia fronteiras formais ou "paredes".

Em Singapura, os líderes criaram um mecanismo formal para ser implementado na criação do Economic Development Board (EDB), dando-lhe recursos pessoais e financeiros e apoiando suas atividades da maneira que fosse necessária, ao mesmo tempo em que usava métodos autocráticos firmes para criar um ambiente interno que desse suporte à estratégia.

Em resumo, à medida que as premissas culturais fixam-se em torno dos meios pelos quais as metas devem ser realizadas, criam as rotinas e as regularidades comportamentais e muitos dos artefatos que, eventualmente, virão a ser identificados como manifestações visíveis da cultura. Quando essas regularidades e padrões entram em ação, tornam-se fonte de estabilidade dos membros e recebem, assim, forte adesão.

QUESTÕES EM TORNO DA MENSURAÇÃO DE RESULTADOS

Todos os grupos e organizações precisam saber como estão se saindo para alcançar seus objetivos e precisam verificar periodicamente se estão atuando alinhados com sua missão. Esse processo envolve três áreas nas quais o grupo precisa chegar a um consenso, levando a dimensões culturais que mais tarde perdem a consciência e se tornam premissas tácitas. Deve ser alcançado um acordo sobre *o que medir, como medi-lo e o que fazer quando correções forem necessárias*. Os elementos culturais que se formam em torno de cada uma dessas questões frequentemente tornam-se o principal tema de preocupação dos novatos da organização, pois essas medidas inevitavelmente estão ligadas à maneira como cada funcionário realiza seu trabalho. Essas questões também se tornam importantes para os líderes pelo fato de que, como veremos no capítulo seguinte, aquilo em que os líderes prestam atenção e mensuram torna-se um dos principais mecanismos para a incorporação dos elementos culturais.

O que e como medir. Quando o grupo começar a atuar, ele deve formar um consenso sobre como julgar o próprio desempenho, para saber que tipo de ação corretiva adotar quando as coisas não seguirem como esperado. Definir metas e concordar com o tipo de *feedback* necessário para verificar seu progresso torna-se um dos aspectos mais fundamentais do projeto de qualquer tarefa. *Feedback* não é um comentário antigo ou observação sobre "como as coisas estão indo"; *feedback* é uma informação específica sobre se os resultados estão no alvo ou se desviam do alvo. A mensuração, portanto, deve ser definida pelo consenso sobre metas e objetivos. No entanto, esse acordo não precisa ser uma medida quantitativa formal. Por exemplo, observamos que, no início da história da DEC, a avaliação dos projetos de engenharia dependia de como certos engenheiros-chave "gostavam" do produto. A empresa presumia que a aceitação interna era um substituto legítimo da aprovação externa. Ao mesmo tempo, se vários grupos de engenharia gostassem do que estavam projetando, o critério mudava e "deixavam o mercado decidir". Esses critérios podiam funcionar em série, desde que houvesse recursos suficientes para apoiar todos os projetos, porque a DEC crescia em ritmo acelerado.

Na empresa de flautas Wellmade, a avaliação era feita em cada ponto de conexão do processo de produção. Assim, quando um instrumento chegava ao final da linha de montagem, provavelmente passaria pela inspeção e seria aceitável para o artista. Se um artesão em determinado cargo não gostasse do que sentisse, visse ou ouvisse, simplesmente devolvia a peça ao artesão anterior. A norma era fazer o retrabalho sem nenhum ressentimento. Cada pessoa confiava na pessoa seguinte (Cook, comunicação pessoal, 1992).

Cook também constatou um processo similar em uma empresa francesa de licores: não apenas cada etapa era avaliada por um *expert*, mas o papel final de "provador" – pessoa que determinava quando um lote estava pronto – podia apenas ser assumido por um filho homem do provador anterior. Nessa empresa, o último provador não tinha filhos homens. Em vez de passar o papel à filha mais velha, passou-o a um sobrinho, na suposição de que as preferências das mulheres em relação ao sabor eram fundamentalmente diferentes das preferências dos homens!

Na década de 1980, estive envolvido com a direção da divisão de exploração e produção da Shell Oil Company nos Estados Unidos. Minha atribuição como consultor era ajudá-los a fazer uma análise cultural para desenvolver melhores "medições" de desempenho da divisão. À medida que examinávamos coletivamente os artefatos, as crenças e os valores expostos da divisão, imediatamente ficou claro que o grupo de exploração e o de produção tinham conceitos totalmente diferentes de como desejavam ser avaliados.

O grupo de *exploração* desejava ser mensurado sobre a evidência da descoberta de petróleo, que deveria ser determinada em base estatística durante longo período, porque a maioria

132 CULTURA ORGANIZACIONAL E LIDERANÇA SCHEIN

dos poços perfurados estavam "secos". Em contraste, o grupo de *produção*, encarregado da remoção segura do óleo de um poço ativo, desejava ser mensurado na base de curto prazo em termos de "produção" segura e eficiente. Para o grupo de exploração, o risco era não encontrar petróleo durante longo período; para o grupo de produção, o risco era de um acidente ou incêndio que podiam ocorrer a qualquer momento. No final, ambos desejavam contribuir para o desempenho financeiro da empresa, de modo que o custo de exploração e o de produção segura tivessem de ser admitidos como fatores, mas nenhum deles queria ser avaliado por um critério *geral* que não estivesse de acordo com seu trabalho.

Surgem problemas de mensuração complexos sobre como equilibrar o desempenho nas funções manifesta *versus* latente, o que pode ser bem ilustrado pelos problemas atuais no setor de saúde. A função manifesta dos hospitais e clínicas é a saúde e a segurança do paciente, mas uma importante função latente tem sido a de organizar os sistemas de saúde para atender às necessidades dos médicos. À medida que os custos dos cuidados de saúde subiram e se descobriu que muitos erros médicos evitáveis ocorriam em todo o sistema, surgiram novas medidas de segurança e de satisfação do paciente. A correção de erros médicos e do comportamento grosseiro dos médicos em relação a enfermeiras ou pacientes havia sido tratada de modo latente, presumindo-se que a ocupação seria medida e monitorada por si mesma. O que está surgindo agora como um sistema de mensuração totalmente novo são pesquisas com pacientes, juntamente a sistemas de reclamações, que permitem que comitês hospitalares especiais identifiquem médicos problemáticos e exijam que aceitem *coaching*.

A mensuração deve ser quantitativa? Já dei vários exemplos de diversas maneiras qualitativas pelas quais os grupos de produção medem a qualidade do que estão fazendo. No entanto, as culturas de gestão e finanças promulgam a necessidade de medir as coisas quantitativamente, porque é mais preciso e "gerenciável". A macrocultura ocupacional de gestão sempre teve uma forte preferência por medidas quantitativas, sem dúvida refletindo que, no fim das contas, sempre se trata de finanças e dinheiro, que podem ser medidos quantitativamente. Como resultado, muitas organizações tentam converter *tudo* o que medem em números, enquanto o melhor exemplo é o potencial de carreira individual e o desempenho, que em muitos sistemas de avaliação de desempenho e desenvolvimento de carreira são convertidos em números individuais.

A Exxon, por exemplo, media o "potencial final" de um gerente exigindo que cada um deles classificasse seus subordinados nesse critério. Essas classificações eram combinadas em um sistema estatístico sofisticado para todos os gerentes da empresa em todo o mundo, resultando em um conjunto de números que permitia localizar, para cada categoria de trabalho, a pessoa com o maior índice de potencial final. Quando as vagas tinham que ser preenchidas, era o candidato mais bem classificado que recebia a oferta. Os números do *ranking* eram compilados em um documento altamente secreto que passou a ser chamado

CAPÍTULO 9 | COMO ADAPTAÇÃO EXTERNA E INTEGRAÇÃO INTERNA TORNAM-SE CULTURA **133**

de "o dragão verde", porque todos sabiam que ele continha as informações mais importantes para o avanço na carreira.

A norma cultural de usar o *potencial final* como fonte primária de avanço na carreira na verdade distorcia o sistema de mensuração de desempenho, como descobri em um projeto para a Essochem Europe. Um consultor interno e eu fomos chamados para descobrir por que "o desempenho caía com a idade". As estatísticas mostravam claramente que, para qualquer trabalho, os funcionários mais velhos apresentaram classificações de desempenho mais baixas. Após muitas entrevistas, descobrimos que um supervisor que classificou um subordinado mais velho como "alto desempenho", mas "baixo potencial final" foi informado por seus superiores que isso "não era possível". Se alguém não tivesse "alto potencial final", não poderia ter alto desempenho. Mas, como o potencial final era uma "vaca sagrada" no sistema de medição e precisava ser exato, os supervisores reduziam a classificação de desempenho! As necessidades do sistema mundial de identificação de talentos sobrepunham-se às necessidades de classificações precisas da gestão de desempenho. É claro que o desempenho real dos funcionários mais velhos não era controlado pelas avaliações que eventualmente obtinham, mas certamente deve ter afetado seu moral e sua confiança na credibilidade da diretoria.

Para nossos propósitos, a mensagem mais importante é reconhecer que, em um sistema sociotécnico, as normas culturais que giram em torno das necessidades sociais do sistema às vezes são mais fortes do que as normas do sistema técnico. No entanto, o sistema técnico pode introduzir normas de mensuração que não fazem sentido no sistema social, como o uso da curva do sino para medição de desempenho. A maioria dos gerentes terá como objetivo levar o desempenho de todos os seus subordinados a algum padrão mínimo, mas o sistema de avaliação os "forçará" em categorias percentuais de alto, médio e baixo desempenho, exigindo até que certa porcentagem seja demitida. Esse tipo de sistema, ou seu equivalente de "ordenar" todos os subordinados, acaba ignorando o fato de que diferentes subordinados contribuem de maneiras distintas e que é fundamentalmente desumano para as pessoas pensarem em si mesmas como apenas um número (relacionamento de nível 1) e não como uma pessoa (relacionamento de nível 2).

Como veremos no Capítulo 14, o mesmo desejo de mensuração quantitativa também tomou conta do campo da cultura, dado o crescimento de pesquisas que transformam opiniões individuais em mensurações numéricas de diferentes elementos culturais. Os prós e contras disso serão discutidos no capítulo. Na área da saúde, existe um fenômeno semelhante em torno da mensuração da satisfação do paciente, com forte tendência ao uso de números com base em questionários, em vez de informações qualitativas fundamentadas em entrevistas de pacientes.

Em resumo, os métodos que uma organização decide usar para mensurar suas próprias atividades e realizações, os critérios que ela escolhe e o sistema de informação que

134 CULTURA ORGANIZACIONAL E LIDERANÇA SCHEIN

desenvolve para se medir tornam-se elementos fundamentais de sua cultura à medida que se desenvolve consenso em torno dessas questões. Se o consenso não se desenvolver e fortes subculturas se formarem em torno de diferentes premissas, a organização se encontrará em conflitos que potencialmente poderão enfraquecer sua capacidade de enfrentar seu ambiente externo. Na medida em que as organizações são sistemas sociotécnicos, as subculturas que lidam com o projeto e o desempenho do trabalho podem colidir com as subculturas que lidam com a gestão de pessoas em si, que normalmente são chamadas de "recursos humanos", e no Google agora é algo chamado de "gestão de pessoas".

ESTRATÉGIAS DE CORREÇÃO E REPARO

A área final de consenso crucial para adaptação externa envolve o que se deve fazer se uma mudança em curso for exigida e como fazer. Se a informação revela que o grupo não está atingindo o alvo – vendas fracas, participação de mercado baixa, lucros medíocres, atraso no lançamento de produtos, reclamações de clientes sobre a qualidade dos produtos, queda nas notas de satisfação do paciente, índices de acidentes crescentes etc. –, por qual processo o problema é diagnosticado e solucionado?

É necessário chegar a um consenso sobre como levantar informações externas, como encaminhá-las às pessoas da organização que podem agir, e como alterar os processos internos de produção para levar as novas informações em consideração. As empresas podem tornar-se ineficazes se faltar consenso sobre qualquer parte do ciclo de levantamento e utilização da informação (Schein, 1980). Por exemplo, na General Foods, os gerentes de produto utilizavam a pesquisa de mercado para determinar se os produtos que gerenciavam estavam ou não atendendo às metas de vendas e qualidade. Ao mesmo tempo, os gerentes de vendas que visitavam os supermercados levantavam informações sobre como os gerentes das lojas reagiam aos diferentes produtos, dando-lhes melhor ou pior lugar nas prateleiras. Estava bem claro que a posição de prateleira era fortemente correlacionada com as vendas.

Os gerentes de vendas tentavam consistentemente levar essas informações aos gerentes de produto, que se recusavam a considerá-las em relação a pesquisas de mercado "cientificamente conduzidas", assim debilitando inconscientemente seu desempenho. Da mesma maneira, nos primeiros dias da DEC, a pessoa que mais sabia o que as empresas concorrentes estavam fazendo era o gerente de compras, porque precisava fazer aquisições de peças justamente a essas empresas. Todavia, seu conhecimento era frequentemente ignorado, porque os engenheiros confiavam mais no próprio julgamento do que nesse tipo de informação.

Se a informação chegar ao local correto, onde é entendida e trabalhada, há ainda o problema de se chegar ao consenso sobre que tipo de ação adotar. Por exemplo, se um produto fracassa no mercado, a organização demite o gerente de produto, reexamina a estratégia de marketing, reavalia a qualidade da pesquisa e do processo de desenvolvimento, convoca uma equipe de diagnóstico multifuncional para ver o que pode ser aprendido do erro, ou

CAPÍTULO 9 | COMO ADAPTAÇÃO EXTERNA E INTEGRAÇÃO INTERNA TORNAM-SE CULTURA **135**

varre o problema para debaixo do tapete e, silenciosamente, transfere as pessoas boas para diferentes tarefas?

Elementos macroculturais entram em jogo aqui, assim como entraram nos vieses de mensuração. Em culturas individualistas, como a dos Estados Unidos, muitas vezes encontrei o que é chamado de "cultura da culpa". Quando algo dá errado, descubra quem é o responsável e demita-o. Embora a análise de acidentes tenha mostrado repetidamente que falhas são causadas por múltiplos eventos sistêmicos que podem envolver decisões corretas de cada parte do sistema, há um forte desejo de localizar a pessoa que cometeu o erro crucial. Por exemplo, no trágico abate de dois helicópteros na "zona de exclusão aérea" do Iraque, em 1994, que matou 26 diplomatas, foi determinado que o sistema geral de radiofrequência comum cobrindo ambos os helicópteros e os combatentes que monitoravam a área havia evoluído para dois sistemas, porque os caças precisavam de frequências diferentes. Como resultado, naquele fatídico dia eles foram incapazes de se comunicar uns com os outros (Snook, 2000). O Airborne Warning and Control System (AWACS , Sistema Aéreo de Alerta e Controle), que voava alto para monitorar a área, tinha uma nova tripulação e uma percepção compartilhada de que era impossível detectar os helicópteros no radar porque eles sempre se lançavam nos cânions, o que levou a tripulação a ser menos vigilante naquele dia e a dizer aos caças que não viram nada. A necessária identificação visual dos alvos pelos caças falhou em razão dos tanques de combustível extras que haviam sido acoplados aos helicópteros para acomodar o maior número de pessoas que estaria a bordo, o que, ao que parece, fazia com que suas silhuetas se assemelhassem às dos inimigos. Os pilotos dos caças usaram todas as suas rotinas de verificação e acharam motivos suficientes para abatê-los. Descobriu-se que houve uma falha sistêmica, embora inicialmente os pilotos tenham levado a culpa pelo ato imediato de abater os helicópteros.

Acredita-se que macroculturas ocupacionais, como medicina e arquitetura, desenvolvam os próprios mecanismos de correção quando são encontrados problemas, mas quando o produto da ocupação é um sistema, como uma operação, um edifício ou uma ponte, a sociedade opta por utilizar também sistemas de mensuração e correção independentes.

No nível social, isso abrange a totalidade do policiamento, os tribunais e os sistemas de liberdade condicional e prisional.

Agências do governo e os militares têm seus próprios sistemas de inspetores gerais. Contudo, existem forças culturais relativas ao modo como esses sistemas funcionam, e os valores sociais mais amplos que os influenciam na forma como o policiamento, os tribunais e os sistemas prisionais funcionam em diferentes sociedades.

Essa variação aparece no nível organizacional. Na DEC, o diagnóstico e o tratamento proposto eram, provavelmente, resultado de ampla discussão entre membros de todos os níveis da organização, embora fosse atribuído maior peso ao pessoal técnico em relação às equipes de finanças, marketing ou compras. Após o debate, a ação corretiva com frequência era adotada localmente, porque as pessoas agora reconheciam os problemas em relação aos quais podiam agir. Assim, no momento em que a alta administração ratificava um curso de ação e o anunciava, a maior parte do problema já havia sido abordada. Entretanto, se a discussão levava a propostas que violavam algumas das premissas ou intuições de Ken Olsen, ele entrava no debate e tentava influenciar o pensamento das pessoas. Se não funcionasse, às vezes ele dava poder a diferentes grupos para seguir outros caminhos, "só por segurança", para estimular a competição interna e "deixar o mercado decidir". Embora esse processo fosse às vezes acidental, era bem entendido e consensualmente aceito como o jeito de se fazer as coisas no tipo de mercado dinâmico do qual a DEC participava.

Na Ciba-Geigy, a ação corretiva era, se possível, adotada localmente, para minimizar o encaminhamento de más notícias à hierarquia superior. Entretanto, se os problemas envolvessem toda a organização, a alta administração assumia um período formal de diagnóstico, frequentemente com a ajuda de forças-tarefa e outros processos específicos. Uma vez feito o diagnóstico e adotada a ação corretiva, a decisão era formalmente disseminada por intermédio de reuniões sistemáticas, memorandos, ligações telefônicas e outros meios formais.

Em Singapura, a ação corretiva dependia muito do grau em que o problema era percebido prejudicial para a estratégia e as metas, especialmente na questão da limpeza do ambiente urbano. Mesmo pequenas transgressões levavam a punições severas. No entanto, qualquer falha do EDB em atrair um investimento era cuidadosamente analisada para descobrir como as coisas poderiam ser tratadas de modo mais eficaz. Por exemplo, a descoberta de que o EDB não tinha mecanismos para estimular o empreendedorismo interno levou imediatamente ao desenvolvimento de diversos programas para corrigir essa deficiência.

Os processos "corretivos" não estão limitados às áreas com problemas. Se uma empresa obtém sinais de sucesso, pode decidir crescer mais rápido, desenvolver uma estratégia cuidadosa de crescimento controlado, ou obter lucro rápido e arriscar permanecer pequena. O consenso sobre esses assuntos torna-se crucial para a eficácia, e o tipo de acordo alcançado é um dos determinantes do "estilo" da empresa. Organizações que não enfrentam problemas periódicos de sobrevivência podem não ter um "estilo" de resposta a tais questões. Entretanto, as que enfrentam crises de sobrevivência, com frequência descobrem nas respostas a tais crises quais são, de fato, suas premissas mais profundas. Nesse sentido, parte importante da cultura de uma organização pode ser genuinamente latente. Ninguém sabe realmente que resposta dar a uma crise grave, mas a natureza dessa resposta refletirá elementos profundos da cultura. Situações de crise também revelam se as subculturas de trabalhadores se desenvolveram em torno da restrição de produção e ocultam ideias de melhoria da gestão, ou se apoiam as metas de produtividade.

Uma vez adotada a ação corretiva, novas informações devem ser coletadas para determinar se os resultados melhoraram ou não. Assim, sentir mudanças no ambiente, levar a informação ao local correto, digeri-la e desenvolver respostas apropriadas é um ciclo de

CAPÍTULO 9 | COMO ADAPTAÇÃO EXTERNA E INTEGRAÇÃO INTERNA TORNAM-SE CULTURA **137**

aprendizagem completo que, no final, caracterizará como determinada organização mantém sua eficácia.

Comentário analítico: corrigir* versus *mudar e melhorar. A maioria dos exemplos destacou a correção de um problema com base em mensurações que indicavam que algo não estava indo bem. Com o aumento da complexidade e com melhores modelos de como funcionam os sistemas sociotécnicos, muitas vezes se descobre que a correção deve ser pensada de maneira mais ampla como *mudança* e *melhoria*. A informação de que algo não está funcionando (o que chamo de "desconfirmação") revelará problemas, mas não necessariamente soluções. A gestão dos processos de mudança e a descoberta de maneiras de melhorar como algo é feito requer modelos de "gestão de mudanças" em torno dos quais há surpreendentemente pouco consenso. Mesmo os modelos de melhoria (p. ex., gestão enxuta, seis sigma e reengenharia) são divergentes na mecânica do próprio processo de gestão de mudanças. Esses desacordos surgem especialmente no clima atual de "mudança cultural", em que o desejo de transformação supera em muito a capacidade das organizações de realmente realizar as mudanças.

QUESTÕES DE DEFINIÇÃO DAS FRONTEIRAS DO GRUPO E CRITÉRIOS DE INCLUSÃO

À medida que o fundador cria a organização, a questão de quem faz parte dela ou não torna-se muito importante para seus novos membros. Quando as pessoas são contratadas, muitas vezes recebem crachás com números que, mais tarde, tornam-se símbolo de *status*. No processo de construção da identidade, o fundador pode decidir fornecer um uniforme específico que identifique imediatamente os membros. Pode haver critérios diferentes para contratação, como em universidades, onde é essencial saber se você é contratado como "adjunto", "titular", "corpo docente regular com contrato limitado" ou "trabalho com contrato de tempo parcial". Uma das consequências imediatas de definir quem faz parte ou não é que regras de tratamento diferentes começam a ser aplicadas. *Insiders* (membros) ganham benefícios especiais, são mais confiáveis, recebem maiores remunerações e, o mais importante, têm o sentimento de identidade por pertencer a uma organização específica. *Outsiders* (não membros), como trabalhadores terceirizados, não apenas recebem menor número de benefícios e recompensas como – o mais importante – perdem sua identidade específica. Tornam-se parte de uma massa simplesmente denominada de "*outsiders*" e têm mais chances de serem estereotipados e tratados com indiferença ou até mesmo hostilidade.

Quem faz parte ou não da empresa não apenas se aplica à decisão inicial de contratação, mas continua a ter significado simbólico importante à medida que um indivíduo progride em sua carreira. As organizações têm três dimensões de movimentação de carreira: (1) movimentação lateral de uma tarefa ou função a outra, (2) movimentação vertical de um nível a outro e (3) movimentação de inclusão de *outsider* para *insider* (Schein, 1978; Schein e

VanMaanen, 2013). O consenso se forma em torno dos critérios não apenas para promoção, mas também para a movimentação de inclusão. À medida que uma pessoa se "insere" mais na empresa, passa a inteirar-se das premissas mais secretas da organização. Ela aprende os significados especiais associados a certas palavras e rituais especiais que definem a filiação – como o aperto de mão secreto de uma fraternidade – e descobre que uma das bases de *status* mais importantes no grupo é receber a incumbência de manter seus segredos. Tais segredos envolvem relatos históricos de como e por que algumas coisas de fato ocorreram, quem é realmente parte da coalizão dominante ou do grupo de *insiders* e quais são algumas das funções latentes da organização.

À medida que a organização envelhece e torna-se mais complexa, o problema de definir fronteiras internas de inclusão e externas claras torna-se mais complexo. Um maior número de pessoas – como vendedores, compradores, distribuidores, franqueados, membros da diretoria e consultores – chega para ocupar papéis delimitadores de fronteiras. Em alguns setores, as circunstâncias econômicas tornam necessário que as empresas reduzam o tamanho da força de trabalho "permanente", causando aumento da contratação de trabalhadores temporários ou terceirizados que, se necessário, podem ser despedidos mais facilmente. Macroculturas e empresas diferem em suas premissas básicas daquilo que organizações e funcionários "devem um ao outro".

Nos Estados Unidos de 2016, vemos tanto a mudança macrocultural em direção a um sentido de liberdade de carreira quanto um novo tipo de "paternalismo" em organizações como Google, que tornam o trabalho tão atraente que os funcionários desejam permanecer ali. As premissas culturais são realçadas quando certas questões são levantadas sob uma perspectiva política: o que é um temporário, por quanto tempo uma pessoa pode ser mantida nesse *status*, quais os benefícios que recebem, como são rapidamente treinados sobre essências da cultura e como alguém lida com a ameaça de que temporários se candidatem a membros permanentes da organização (Kunda, 1992; Barley e Kunda, 2001).

Em resumo, definir os critérios para decidir quem é *insider* ou *outsider* de uma organização ou de qualquer de suas subunidades é uma das melhores maneiras de começar a analisar uma cultura. Mais ainda, o próprio processo pelo qual um grupo faz esses julgamentos e atua neles é um processo de formação e manutenção da cultura, que força algum tipo de integração das questões externas de sobrevivência e das questões internas de integração.

QUESTÕES DE DISTRIBUIÇÃO DE PODER, AUTORIDADE E *STATUS*

Ao criar as estruturas e processos de uma organização, torna-se óbvio quem e o que é mais importante para alcançar as metas. O fundador tem o maior impacto na maneira como distribui os principais recursos de dinheiro, tempo, espaço e materiais para diferentes subordinados, criando assim a estrutura básica de *poder*. Ao criar uma divisão de trabalho, a essência da organização, o fundador também cria a necessidade de coordenação, que eventualmente

CAPÍTULO 9 | COMO ADAPTAÇÃO EXTERNA E INTEGRAÇÃO INTERNA TORNAM-SE CULTURA **139**

se transforma em algum tipo de hierarquia que, por sua vez, cria uma estrutura de *autorida-de*. A tecnologia subjacente (engenharia elétrica na DEC e química na Ciba-Geigy) também desempenha um papel importante para que certos tipos de conhecimento se tornem o cerne do poder individual. Em organizações baseadas em conhecimento, isso se torna a essência da estrutura de *status*, embora, como na Ciba-Geigy, o *status* também possa vir de conexões familiares ou outros critérios macroculturais. É importante reconhecer que dentro da organização pode haver um consenso claro sobre quem tem poder, quem tem autoridade e quem tem *status*, mas esse talvez seja, de longe, o elemento mais difícil de decifrar para alguém que não seja um *insider*.

Uma questão correlacionada em qualquer novo grupo é quanta influência, poder e autoridade serão alocados e quais serão as regras para "respeito e conduta" (Goffman, 1967). Nos sistemas humanos, o processo de estratificação geralmente não é tão ostensivo quanto os rituais de estabelecimento de domínio das sociedades animais, mas é funcionalmente equivalente no tocante à evolução de regras viáveis para o gerenciamento da agressão e para as necessidades de comando. As sociedades humanas desenvolvem hierarquias como os animais, mas o processo e o resultado são, sem dúvida, mais complexos e variados. Em um novo grupo, o processo de definir quem dominará ou influenciará quem, e de que maneira, pode ser confuso e imprevisível. Mas a maioria das organizações começa com fundadores e líderes que têm preconcepções sobre como as coisas devem ser administradas e, portanto, impõem regras que determinam inicialmente como a autoridade deve ser obtida e como o comportamento agressivo deve ser gerenciado.

Os sociólogos têm mostrado muito convincentemente como os hábitos, a moral, a educação e o tato não são sutilezas da vida social, mas regras essenciais de como evitar a destruição social mútua (Goffman, 1959, 1967). Nossa atuação como seres humanos requer que desenvolvamos não apenas uma autoimagem de quem somos, mas também um grau de autoestima, um senso de que temos valor suficiente para continuar a agir como seres humanos. A palavra "reputação" captura esse valor publicamente reivindicado, e as regras da ordem social são que devemos proteger as reputações uns dos outros. Se ofendermos ou insultarmos alguém por não sustentar suas reivindicações – rindo de algo sério, humilhando ou constrangendo o outro –, essa é uma perda de reputação para ambos os lados. Não apenas uma parte falhou em defender suas reivindicações, mas a outra se comportou de maneira rude, destrutiva e irresponsável.

Desse modo, a regra mais fundamental em todas as sociedades é que devemos defender as reivindicações uns dos outros porque nossa autoestima é baseada nisso. Quando contamos uma piada, as pessoas riem, não importa quão sem graça ela seja; quando alguém expele gases em público, fingimos não perceber, independentemente do som emitido ou do odor exalado. A sociedade humana de qualquer tipo depende de acordos culturais para tentar preservar as identidades e as ilusões dos outros, mesmo quando isso implica mentir.

Elogiamos as pessoas para que se sintam bem, mesmo quando não acreditamos nisso; ensinamos as crianças a não dizer "Olhe lá aquela mulher gorda", embora uma pessoa obesa seja claramente visível.

Uma razão pela qual a avaliação de desempenho nas organizações enfrenta forte reação emocional é que os gerentes sabem muito bem que violam regras e normas culturais mais amplas quando convocam um subordinado para dar-lhe o *"feedback"*. *Grosso modo*, dizer a uma pessoa o que realmente pensamos sobre ela de maneira agressiva equivale, praticamente, a um assassinato social. Alguém que age dessa maneira é visto como perigoso para se ter por perto e, se o comportamento persistir, frequentemente declaramos tal pessoa mentalmente doente e a internamos. Em sua análise dos hospitais de doentes mentais, Goffman mostrou brilhantemente como a "terapia" consistia, em muitos casos, em ensinar aos pacientes as regras da sociedade educada, de modo que eles pudessem permanecer livres nessa sociedade sem deixar as outras pessoas muito ansiosas (Goffman, 1961). Nas sociedades mais tradicionais, o bobo da corte ou o tolo desempenhava o papel de dizer a verdade sobre o que estava acontecendo, e isso funcionava apenas porque o papel podia ser desprezado e ignorado publicamente.

Segurança psicológica. Em qualquer hierarquia, o subordinado é, por definição, mais vulnerável que seu superior. Os sistemas de autoridade diferem mais na grandeza da distância psicológica entre os escalões superiores e inferiores, a dimensão que Hofstede identificou como "distância do poder". O modo como os fundadores criam sua organização e seu comportamento pessoal terá grande impacto sobre como essa dimensão se desenrola e, eventualmente, torna-se rotulada na cultura. Quanto mais complexa for a tarefa, maior será a interdependência entre os níveis hierárquicos e maior a necessidade de fazer com que o subordinado se sinta psicologicamente seguro para falar e levar a verdade para os superiores (Edmondson, 2012; Schein, 2009a, 2013, 2016). As macroculturas diferem bastante no grau em que incentivam o funcionário a dizer ao chefe o que está errado ou quando ele está prestes a cometer um equívoco. O "informante" em setores de alto risco é incentivado a identificar práticas inseguras, mas sua carreira é frequentemente destruída. Por fim, recai sobre a pessoa de nível superior o ônus de criar um ambiente no qual os subordinados se sintam encorajados a falar e sejam recompensados por fazê-lo, mas a maneira como isso funcionará depende das normas que predominam na macrocultura.

Concluindo, todo grupo, organização, cargo e macrocultura desenvolve normas em torno da distribuição de influência, autoridade e poder. Se essas normas "funcionam" no sentido de fornecer um sistema que realiza tarefas externas e deixa os membros do grupo razoavelmente livres de ansiedade, elas gradualmente se tornam premissas tácitas compartilhadas e elementos críticos no DNA cultural. À medida que o mundo se torna mais interdependente culturalmente, mais organizações, projetos, forças-tarefa e empreendimentos conjuntos de vários tipos envolverão membros de diferentes nações, etnias e ocupações. Nos esforços desses grupos para desenvolver um consenso de trabalho, as diferenças nas premissas profundas sobre autoridade serão as mais problemáticas. Os líderes terão a tarefa especial de criar ilhas culturais, como aquelas descritas no Capítulo 7, nas quais seus membros poderão explorar essas diferenças para alcançar tanto a compreensão mútua quanto novas regras sobre como administrar suas relações de autoridade.

QUESTÕES DE DESENVOLVIMENTO DE NORMAS SOBRE COMO SE INTER-RELACIONAR EM TORNO DE CONFIANÇA E ABERTURA

Qualquer novo grupo deve decidir simultaneamente como lidar com problemas de autoridade e como estabelecer relacionamentos práticos com colegas. Os problemas de autoridade derivam da necessidade de lidar com sentimentos de agressão, os problemas de relacionamento e intimidade com colegas derivam da necessidade de lidar com sentimentos de afeição, amor e sexualidade. Assim, todas as sociedades desenvolvem papéis de gênero claros, sistemas de parentesco e regras de amizade e conduta sexual que servem para estabilizar relacionamentos correntes ao mesmo tempo em que asseguram mecanismos de procriação e, por conseguinte, de sobrevivência da sociedade. Na maior parte das organizações, as regras sobre intimidade estarão ligadas às regras sobre autoridade, pois os novatos aprendem rapidamente com quem podem brincar e com quem devem ser sérios, a quem podem confiar detalhes pessoais íntimos e a maneira adequada de desenvolver relações pessoais com outros funcionários, especialmente em relação a *status* ou hierarquia.

Nas organizações de trabalho, as regras que governam a "intimidade" cobrem uma grande gama de questões – como chamar um ao outro, quanta vida pessoal compartilhar, quanta emoção exibir, a quem pedir ajuda e em torno de quais questões, que abertura deve haver na comunicação e se relações sexuais com colegas são toleradas ou não. Coloquei a palavra intimidade entre aspas porque, na maioria das macroculturas, há distinções claras entre os níveis de relacionamentos sociais, como descrevi no Capítulo 6. O que chamei de relacionamentos transacionais de nível 1; relacionamentos pessoais de nível 2, como amizades; e relacionamentos íntimos de nível 3, entre amantes e amigos próximos, estarão presentes, mas os limites podem variar.

Para recapitular, nos relacionamentos de nível 1 nos tratamos como "estranhos" ou, em funções específicas – como o cliente em relação ao vendedor ou o paciente em relação ao médico – e aprendemos as regras que regem esses relacionamentos. Eles não são emocionalmente íntimos, mas o médico pode fazer perguntas muito pessoais relacionadas com o problema de saúde em discussão. Nos relacionamentos de nível 2, tratamos uns aos outros como seres humanos completos e podemos, então, ser mais pessoais e íntimos uns com os outros, como nas amizades, mas ainda não envolvemos, necessariamente, a profunda troca emocional de amantes e cônjuges, que podem envolver relações sexuais.

142 CULTURA ORGANIZACIONAL E LIDERANÇA SCHEIN

Se levarmos esses níveis para as relações de trabalho, surge a questão se eles devem ou não permanecer no nível 1, caso em que mantemos uma "distância profissional" adequada dos superiores, subordinados e membros da equipe, ou se as relações de trabalho complexas devem estar em nível 2 para promover o grau certo de confiança e abertura (Schein, 2013, 2016). Quanto maior a interdependência das tarefas, mais importante é desenvolver a confiança e a abertura que as relações pessoais de nível 2 implicam. Todas as atividades informais que passaram a caracterizar a "construção de equipe" são esforços para personalizar as relações no interesse da confiança e da abertura.

As regras de relacionamento interagem poderosamente com as regras de desempenho de tarefas nas novas organizações, especialmente as multiculturais, onde as macroculturas podem variar. A questão específica é se os membros da cultura acreditam que devem estabelecer alguma intimidade de nível 2 com seus colegas antes que possam realizar a tarefa de modo eficaz, ou se acreditam que as tarefas podem ser realizadas imediatamente com transações de nível 1. São muitas as histórias de reuniões em que os membros de uma cultura (geralmente a dos Estados Unidos) queriam ir direto ao trabalho, enquanto os membros de outra cultura queriam primeiro "conhecer uns aos outros em várias atividades informais" (geralmente culturas asiáticas ou latinas). Aqui, novamente, o papel da liderança é tomar consciência dessas diferenças e criar reuniões e eventos onde a questão possa ser confrontada e aceita.

Em resumo, é fundamental que se desenvolvam regras sobre como conviver uns com os outros para o funcionamento de qualquer grupo e organização. Dentro de determinada cultura, como nos Estados Unidos, haverá variações entre as organizações quanto ao grau de intimidade considerado adequado dentro e fora do trabalho. Ainda assim, como no caso das regras sobre relações de autoridade, se as futuras organizações forem mais multiculturais em termos de nações, etnias e ocupações, o potencial para mal-entendidos e ofensas mútuas será muito maior. Explorar essas regras em uma "ilha cultural" segura se tornará um componente essencial das organizações em desenvolvimento.

QUESTÕES DE ALOCAÇÃO DE RECOMPENSAS E PUNIÇÕES

De certa maneira, esse é o lado humano do problema técnico da mensuração e correção. Qualquer grupo deve desenvolver um sistema de sanções por obediência ou desobediência a suas normas e regras, a maioria tem a ver com o desempenho da tarefa, mas também estão incluídas importantes regras de convivência. São as violações dessas regras de convivência que geralmente se tornam os elementos mais críticos da cultura. Elas também costumam ser as mais difíceis de aprender porque muitas vezes são implícitas até serem violadas. Um novo funcionário pode ouvir de um amigo: "Você *nunca* deve falar com o chefe do jeito que acabou de fazer. Foi muito desrespeitoso".

CAPÍTULO 9 | COMO ADAPTAÇÃO EXTERNA E INTEGRAÇÃO INTERNA TORNAM-SE CULTURA **143**

A sutileza dessas regras deriva do fato de que o fundador pode não estar ciente dos sinais que está enviando sobre o que está certo ou não fazer e qual é o nível correto de "respeito". Os funcionários mais antigos socializam os mais novos e, assim, reforçam as regras, tornando-as mais difíceis de mudar se um novo líder de mudança pretender transformar o ambiente social. Mudanças deliberadas no sistema de recompensa e punição são as mais difíceis de realizar, são também uma das maneiras mais rápidas e fáceis de começar a transformar o comportamento manifesto e, assim, *começar* a mudar alguns elementos da cultura. Se as crenças e os valores se transformam, também depende do quão bem o novo comportamento funciona em termos de adaptação às novas tarefas externas.

As punições, como as recompensas, têm significados próprios em diferentes organizações. Em várias empresas de alta tecnologia, com valores claramente expostos de não despedir funcionários, as pessoas podem perder o cargo e passar a ser vistas como "sobreviventes" ou "errantes" enquanto procuram outra tarefa na organização. Ficarão indefinidamente na folha de pagamento, mas é claro que veem a situação como uma punição. Frequentemente, os sinais são sutis, mas os colegas sabem quando alguém está na "geladeira" ou "na reserva". Perda real de bônus ou impossibilidade de conseguir aumento de salário podem ocorrer, mas a punição inicial já está suficientemente clara.

Algumas organizações desenvolvem uma "cultura da culpa", que implica que quando alguma coisa dá errado, deve-se achar um culpado, e a carreira dessa pessoa é prejudicada. Um exemplo dramático foi revelado em uma análise cultural da Amoco, alguns anos antes de sua aquisição pela British Petroleum. Os gerentes e engenheiros da Amoco chamavam de "cultura da culpa" a norma que dizia que se algo desse errado em um projeto, o responsável pelo erro deveria ser identificado o mais rápido possível. *Quem* era mais importante do que *por que*. A pessoa considerada "culpada" não era necessariamente punida de maneira aberta e, com frequência, nem mesmo lhe era comunicado que os outros a consideravam responsável. Ao contrário, ficava gravado na memória dos gerentes seniores que essa pessoa era menos confiável, levando a uma limitação de sua carreira. As pessoas que não recebiam boas atribuições ou promoções poderiam nunca descobrir o motivo de isso ocorrer. Consequentemente, os funcionários consideravam essencial se afastar o mais rápido possível de qualquer projeto que pudesse fracassar, para que não fossem "culpados" pelos erros. Essa crença impediu a Amoco de se engajar em empreendimentos com outras empresas porque, se um projeto não desse certo, os funcionários da Amoco envolvidos se sentiriam vulneráveis, mesmo que ficasse claro que a culpa pelo fracasso era de pessoas de outra empresa.

Decifrar quando uma pessoa foi recompensada e quando foi punida é uma das tarefas mais difíceis para os recém-chegados nas organizações, porque os sinais muitas vezes são ambíguos do ponto de vista de uma pessoa de fora. Ser chamado pelo chefe pode ser uma recompensa, enquanto ser ignorado pode ser uma punição, e somente alguém que entenda melhor a cultura da empresa pode tranquilizar o recém-chegado, informando que, ao ser chamado, ele estava, de fato, indo bem. Como já foi observado, geralmente o trabalho em equipe é apontado como uma característica importante para a promoção, mas a definição de trabalho em equipe pode variar de um lugar para outro.

O que é recompensador ou punitivo varia de acordo com o nível da organização. Para funcionários iniciantes, um aumento ou uma atribuição melhor é uma recompensa importante, enquanto para gerentes mais antigos, só conta como recompensa uma grande promoção para uma função de mais responsabilidade ou o progresso ao longo do plano de carreira. Ser comunicado sobre os segredos da empresa é uma importante recompensa, enquanto desconhecer esses segredos pode ser uma punição importante que sinaliza a excomunhão final. Não estar mais em evidência é um sinal claro de que alguém fez algo errado.

Em suma, o sistema de recompensa e punição de uma organização juntamente a suas premissas sobre autoridade e intimidade formam a massa crítica da cultura que determina como as pessoas se relacionam umas com as outras, administram suas ansiedades e extraem significado de suas interações cotidianas. Como você trata o chefe, como trata os outros e como sabe se está fazendo a coisa certa ou não, tudo isso constitui uma espécie de fundamento do DNA cultural. Então, mais uma vez, à medida que as organizações se tornam mais multiculturais, vemos diferentes sistemas colidindo uns com os outros, levando a sentimentos de mágoa, ofensa, impaciência, ansiedade e outros comportamentos disfuncionais até que explorações mútuas em um ambiente de ilha cultural produzam compreensão e novo consenso.

QUESTÕES SOBRE GERENCIAR O INADMINISTRÁVEL E EXPLICAR O INEXPLICÁVEL

Qualquer grupo, inevitavelmente, enfrenta alguns problemas que não estão sob seu controle, eventos que são intrinsecamente misteriosos, imprevisíveis e, portanto, assustadores. No nível físico, eventos como desastres naturais e o estado atmosférico requerem explicação. No nível biológico e social, eventos como nascimento, crescimento, puberdade, doença e morte requerem uma teoria do que ocorre e o motivo, para evitar a ansiedade e o sentimento de falta de sentido.

Em uma cultura fortemente comprometida com a razão e a ciência, há uma tendência a tratar tudo como explicável, o misterioso é apenas o que ainda não foi decifrado. Entretanto, até a ciência ter desmistificado um evento que não pode controlar ou entender, necessitamos de uma base alternativa para colocar o que tem acontecido em um contexto significativo. As crenças religiosas podem fornecer tal contexto e também oferecer justificativa para eventos que, de outro modo, pareçam improváveis e sem sentido. As superstições explicam o inexplicável e fornecem orientações sobre o que fazer em situações ambíguas, incertas e ameaçadoras.

CAPÍTULO 9 | COMO ADAPTAÇÃO EXTERNA E INTEGRAÇÃO INTERNA TORNAM-SE CULTURA **145**

Por exemplo, em um estudo sobre a introdução da tomografia computadorizada nos departamentos de radiologia dos hospitais, Barley (1984) observou que se o computador travasse em um momento delicado, como quando um paciente estava no meio de um exame, os técnicos tentavam todos os tipos de medidas corretivas, incluindo o notório chute na máquina. Se o computador voltasse a funcionar, como ocasionalmente acontecia, o técnico documentava em detalhes o que havia acabado de fazer. Quando a engenharia chegava ao local, deixava muito claro para os técnicos que o que haviam feito não tinha "nenhuma conexão concebível" com a volta do funcionamento do computador, mas esse "conhecimento" era cuidadosamente anotado em um caderninho e passado para novos colegas como parte de seu treinamento. Em um sentido real, esse era um comportamento supersticioso, mesmo em um domínio em que seria possível haver uma explicação lógica.

Histórias e mitos são úteis não somente para explicar o inexplicável, mas também para reiterar o retrato da própria organização, sua teoria de como fazer o trabalho e como lidar com os relacionamentos internos (Hatch e Schultz, 2004; Pettigrew, 1979; Wilkins, 1983). Muitas das coisas que "sabemos" são, em última análise, baseadas naquilo que chamei de *consenso social*, que muitas vezes as torna tão firmes quanto as superstições.

RESUMO E CONCLUSÕES

Este capítulo revisou como as premissas culturais evoluem em torno de todas as questões que os fundadores enfrentam no que diz respeito à adaptação externa e à integração interna à medida que sua organização cresce e desenvolve uma cultura. Em última análise, todas as organizações são sistemas *sociotécnicos* nos quais a forma de adaptação externa e a solução dos problemas de integração interna são interdependentes e interligadas, ocorrendo simultaneamente. As crenças, os valores e as ações do fundador são os maiores determinantes de como a cultura evoluirá, mas outras influências importantes são a cultura do macrossistema no qual a nova organização evolui, a tecnologia subjacente e as experiências reais da organização.

A conclusão mais importante a ser extraída desta análise é que a cultura é um fenômeno multidimensional, multifacetado e não facilmente reduzido a algumas dimensões principais. A cultura cumpre a função de oferecer estabilidade, significado e previsibilidade no presente, mas é o resultado de decisões funcionalmente eficazes no passado do grupo. À medida que as organizações se tornam internamente mais multiculturais, os problemas de encontrar linguagem e significado comuns exigirão esforços especiais que ocorrem em ilhas culturais temporárias.

SUGESTÃO PARA ANALISTAS DE CULTURA

A maneira como a organização trata dos diversos elementos culturais descritos neste capítulo é uma parte essencial do seu DNA cultural e, portanto, é fundamental analisar quando as fusões, aquisições ou outros aspectos holísticos da cultura são desejados. Para cada categoria no capítulo, pode-se desenvolver perguntas de entrevista que serão feitas para gerentes em diversos níveis, para chegarmos a um quadro geral das crenças e valores expostos, que podem, então, ser verificados com observações para determinar quais seriam as premissas mais profundas.

SUGESTÃO PARA GERENTES E LÍDERES

Analise cada uma das categorias deste capítulo e pergunte a si mesmo como sua organização resolveu os problemas descritos e como isso serviu para modelar sua cultura. Procure as premissas básicas tácitas por trás da maneira como você faz as coisas.

CAPÍTULO
10

COMO OS LÍDERES FIXAM E TRANSMITEM A CULTURA

Nos capítulos anteriores, vimos como os fundadores de organizações iniciam o processo de formação cultural ao impor suas crenças, valores e premissas a respeito de como as coisas devem ser feitas a seus seguidores e funcionários. Depois, revisamos todos os problemas internos e externos que precisam ser tratados na criação de uma organização. Agora, uma cultura está a caminho de ser formada. Se os fundadores ou seus sucessores acreditam que estão no caminho certo a respeito do modo como resolvem os problemas externos e internos, como eles podem consolidar e fixar as novas estruturas, processos, crenças e valores? Os fundadores e líderes subsequentes (indicados ou promovidos) têm à sua disposição muitos mecanismos e processos para articular e fixar a cultura que eles criaram.

Como os fundadores e líderes formais saberão se devem ou não fixar agressivamente suas crenças, valores e premissas? O critério principal no curto prazo é o *externo* de se a organização está ou não tendo sucesso. Mas muitas das crenças, valores e premissas têm consequências de longo alcance. Como eles devem ser avaliados? Um líder que acredita no trabalho em equipe deve impor processos em equipe, incentivos à equipe e recompensas para a equipe? O principal critério *interno*, tanto para fundar algo novo quanto para fixá-lo às estruturas e processos da organização, deve ser examinar o grau em que essas crenças, valores e premissas estão alinhados com as macroculturas nas quais a nova organização deve funcionar.

Toda cultura está hospedada em alguma cultura maior e só pode fazer o que a cultura maior permite, tolera ou apoia. Por exemplo, não acredito que seja por acaso que as comunas criadas nas décadas de 1960 e 1970 tenham fracassado, uma vez que estavam inseridas

148 CULTURA ORGANIZACIONAL E LIDERANÇA SCHEIN

em uma cultura fundamentalmente não comunitária. Grupos religiosos como os amish ou os huteritas, mais comuns nos Estados Unidos, têm sucesso porque fazem parte de uma macrocultura religiosa mais ampla e se isolam o máximo possível da macrocultura imediata que poderia desafiar algumas de suas crenças e valores.

Se o fundador ou líder não considerar como as novas crenças, valores e premissas se encaixarão na macrocultura, elas não serão adotadas. Pude testemunhar um erro de cálculo impressionante nesse sentido em uma grande multinacional dos Estados Unidos que decidiu adotar um programa de melhoria de desempenho que dependia do *feedback* regular e direto, cara a cara, entre o superior e o subordinado. Muitos anos de treinamento para gerentes em todos os níveis foram fornecidos pelo departamento de recursos humanos (RH). No entanto, uma vez, eu estava em um programa de desenvolvimento para executivos no Havaí, que contava com a participação de uma equipe de gerentes da subsidiária japonesa. Uma das palestrantes externas designadas para o programa era a responsável pelo RH internacional da empresa. Ela havia sido convidada a descrever o programa como um exemplo de gestão de desempenho efetivo. Ela não apenas descreveu o programa, mas aproveitou a ocasião para anunciar, com muito orgulho, que o componente de *feedback* presencial havia sido oficialmente aceito no mundo inteiro como um elemento-chave da cultura da organização.

Naquela noite, jantei com diversos executivos da subsidiária japonesa e perguntei se eles haviam feito o treinamento e como ele estava funcionando. Todos haviam sido treinados, fingiram educadamente concordar com a abordagem, mas quanto a aplicá-la no Japão com seus subordinados, disseram: "Claro que não fazemos, isso não funcionaria em nossa cultura. Temos outras maneiras de passar as coisas para nossos subordinados, nunca diretamente, cara a cara!".

Supondo que a organização esteja tendo sucesso e que o fundador ou o novo líder tenha considerado o ajuste entre a nova cultura e a macrocultura em que a organização está hospedada, quais são os principais mecanismos para fixar a nova cultura? A explicação mais simples de como os líderes transmitem sua mensagem é que eles fazem isso por meio do "carisma", essa misteriosa capacidade de atrair a atenção dos subordinados e comunicar as principais premissas e valores de maneira vívida e clara (Bennis e Nanus, 1985; Conger, 1989; Leavitt, 1986). Carisma é um elemento importante na criação da cultura, mas, do ponto de vista empresarial ou social, não é um mecanismo de fixação ou socialização confiável, pois são raros os líderes que o têm e seu impacto é difícil de prever.

Os historiadores podem olhar para o passado e afirmar que certas pessoas foram carismáticas ou tiveram grande visão. Entretanto, nem sempre é claro na época como eles transmitiam essa visão. Por outro lado, os líderes de organizações sem carisma têm muitas formas de transmitir sua mensagem e essas outras formas serão o foco deste capítulo. O Quadro 10.1 mostra 12 mecanismos de fixação divididos em seções principal e secundária,

CAPÍTULO 10 | COMO OS LÍDERES FIXAM E TRANSMITEM A CULTURA **149**

para destacar a diferença entre os aspectos do comportamento cotidiano mais poderoso dos líderes e os mecanismos mais formais, porém menos poderosos, que apoiam e reforçam as principais mensagens.

QUADRO 10.1 COMO OS LÍDERES FIXAM CRENÇAS, VALORES E PREMISSAS

Principais mecanismos de fixação

- Em que os líderes prestam atenção e o que mensuram e habitualmente controlam
- Como os líderes reagem a incidentes críticos e a crises organizacionais
- Como os líderes alocam recursos
- Como os líderes deliberam sobre designação de papéis, ensino e *coaching*
- Como os líderes alocam recompensas e *status*
- Como os líderes recrutam, selecionam, promovem e demitem

Mecanismos secundários de reforço e estabilização

- *Design* e estrutura organizacional
- Sistemas e procedimentos organizacionais
- Ritos e rituais da organização
- *Design* do espaço físico, das fachadas e dos prédios
- Histórias sobre eventos e pessoas importantes
- Declarações formais da filosofia, das crenças e dos códigos organizacionais

---

Principais mecanismos de fixação

Os seis principais mecanismos de fixação mostrados no Quadro 10.1 são as principais "ferramentas" que os líderes têm disponíveis para ensinar suas organizações a perceber, pensar, sentir e se comportar, baseados em suas convicções conscientes e inconscientes. São discutidas em sequência, mas operam de modo simultâneo. São artefatos visíveis da cultura emergente e criam de forma direta o que, tipicamente, seria chamado de "clima" organizacional (Schneider, 1990; Ashkanasy *et al.*, 2000; Ehrhart *et al.*, 2014).

EM QUE OS LÍDERES PRESTAM ATENÇÃO, O QUE MENSURAM E O QUE CONTROLAM

Os mecanismos mais poderosos que fundadores, líderes, gerentes e pais dispõem para comunicar aquilo em que acreditam ou com o que se preocupam é no que eles sistematicamente prestam atenção. Isso pode significar qualquer coisa, desde o que percebem e comentam até o que mensuram, controlam, recompensam e, de outras maneiras, lidam *sistematicamente*. Mesmo observações e perguntas casuais ligadas de modo consistente a determinada área podem ser tão poderosas quanto mecanismos formais de controle e mensuração.

Se os líderes estiverem conscientes desse processo e prestarem sistematicamente atenção a certas coisas, isso se torna um poderoso meio de comunicar uma mensagem, em especial se eles se mantiverem coerentes em seu comportamento. Por outro lado, se os líderes não estiverem conscientes do poder desse processo, ou se forem inconsistentes naquilo em que prestam atenção, os subordinados e os colegas gastarão tempo e energia excessivos para decifrar o que o comportamento de um líder realmente reflete, e até especularão sentidos para comportamentos que, na verdade, são insignificantes. Esse mecanismo é bem capturado pela frase "você colhe o que planta".

O importante é a consistência, não a intensidade da atenção. Para ilustrar esse ponto, em um recente encontro sobre segurança em organizações industriais, o palestrante da Alcoa observou que um de seus ex-CEOs, Paul McNeill, desejava comunicar aos trabalhadores o quão importante era a segurança, e fez isso ao insistir que o primeiro item de *qualquer* agenda de reunião seria discutir assuntos relacionados ao tema. Na Alpha Power Company, que discutiremos posteriormente, os supervisores iniciam cada trabalho com um *briefing* que inclui uma discussão sobre os problemas de segurança que podem encontrar naquele dia. A organização tem muitos programas de segurança, e a alta gerência quase sempre reforça sua importância, mas são as perguntas que eles fazem diariamente que transmitem a mensagem.

Douglas McGregor (1960) contou sobre uma empresa que desejava que ele ajudasse a instalar um programa de desenvolvimento gerencial. O presidente esperava que McGregor propusesse exatamente o que e como fazer. Em vez disso, McGregor perguntou ao presidente se ele estava mesmo interessado em identificar e desenvolver gerentes. Ao ser assegurado que sim, McGregor propôs que ele deveria se preocupar com o sistema de remuneração e estabelecer um modo consistente de monitorar o progresso, em outras palavras, o presidente deveria passar a prestar atenção naquilo. O presidente concordou e anunciou que 50% da gratificação anual de cada gerente sênior dependeria do que ele fez para desenvolver seus subordinados imediatos durante o ano anterior. Acrescentou que ele próprio não tinha nenhum programa específico em mente, mas que *a cada trimestre perguntaria aos gerentes seniores o que havia sido feito*.

Pode-se imaginar que a gratificação era o principal incentivo para os gerentes seniores desenvolverem seus programas, mas o mais importante era o fato de que tinham de relatar regularmente o que faziam. Esses gerentes implantaram uma série completa de diferentes atividades, muitas delas derivadas de trabalhos que já ocorriam de forma fragmentada na organização. Um programa coerente foi elaborado para um período de dois anos e continuou a atender bem à empresa. O presidente manteve seus questionamentos trimestrais e, uma

CAPÍTULO 10 | COMO OS LÍDERES FIXAM E TRANSMITEM A CULTURA **151**

vez por ano, avaliava o quanto cada gerente havia feito pelo desenvolvimento gerencial. Nunca impôs qualquer programa, mas, ao prestar uma atenção consistente ao desenvolvimento gerencial e à premiação do progresso, sinalizou claramente à organização que considerava importante o desenvolvimento gerencial.

Em outro extremo, alguns gerentes da DEC ilustravam como a atenção inconsistente e indefinida levava os subordinados a prestar menos atenção aos desejos da alta gerência, fortalecendo assim o funcionário por padrão. Por exemplo, um gerente brilhante de um grupo técnico poderia lançar uma iniciativa importante e a ela dedicaria total apoio, mas duas semanas depois poderia lançar uma nova iniciativa, sem indicar se as pessoas deveriam ou não abandonar a iniciativa anterior. À medida que os subordinados de dois ou três níveis abaixo observavam esse comportamento aparentemente errático, passavam a confiar mais no próprio julgamento sobre o que realmente deveriam fazer.

Alguns dos sinais mais importantes sobre aquilo com o que os fundadores e líderes mais se preocupam são enviados durante as reuniões e outras atividades dedicadas ao planejamento e ao orçamento, motivo pelo qual esses momentos são importantes para os processos gerenciais. Ao questionar sistematicamente os subordinados sobre certos assuntos, os líderes podem transmitir sua visão de como encarar os problemas. O conteúdo final do plano pode não ser tão importante como a aprendizagem que ocorre durante o processo de planejamento.

Descontrole emocional do líder. Um sinal ainda mais poderoso do que as questões recorrentes é uma reação emocional visível, especialmente quando os líderes sentem que um de seus valores ou premissas importantes está sendo violado. Tal descontrole não é necessariamente ostensivo, porque muitos gerentes acreditam que não se deve permitir que as emoções influenciem o processo de tomada de decisões. Contudo, os subordinados, geralmente, sabem quando seus chefes estão irritados, e muitos líderes se permitem ficar abertamente irados e contrariados para usar esses sentimentos como mensagens.

Os subordinados ficam incomodados com o descontrole emocional de seus chefes e tentam evitá-lo. No processo, gradualmente chegam a condicionar seu comportamento ao que percebem ser o desejo do líder, e se com o tempo esse comportamento produz os resultados desejados, adotam também as premissas do líder. Por exemplo, a preocupação de Olsen com que os gerentes de linha ficassem na frente de suas tarefas foi originalmente sinalizada de forma mais clara em um incidente na reunião do comitê executivo quando a empresa ainda era muito jovem. Um diretor financeiro (CFO), recém-contratado, foi solicitado a apresentar um relatório sobre a situação da empresa. Analisou as três principais linhas de produto e apresentou sua análise na reunião. Distribuiu a informação e indicou que uma linha de produto em particular estava em dificuldades financeiras em razão da queda de vendas, do excesso de estoque e do rápido crescimento dos custos de fabricação. Na reunião, ficou

152 CULTURA ORGANIZACIONAL E LIDERANÇA SCHEIN

evidente que o vice-presidente (VP) responsável pela linha de produto não havia examinado os dados do diretor financeiro e mostrou-se muito embaraçado com o que foi revelado.

À medida que o relatório era apresentado, aumentava a tensão na sala porque todos sentiam que acabaria ocorrendo um confronto real entre o VP e o CFO. Após o CFO concluir a leitura, todos os olhos se voltaram para o VP. Ele disse que não havia examinado os dados e que desejava ter tido a oportunidade de fazê-lo, mas como não conhecia o relatório, não tinha uma resposta imediata a dar. Nesse ponto, Olsen (CEO) irritou-se, mas, para surpresa do grupo, não com o diretor financeiro e sim com o VP. Posteriormente, vários membros do grupo revelaram que esperavam que Olsen ficasse irritado com o CFO, por sua pretensão de impressionar apresentando dados ainda novos para todos. Entretanto, ninguém esperava que o CEO dirigisse sua fúria ao VP da linha de produto por não estar preparado para enfrentar os argumentos e as informações do diretor financeiro. Os protestos de que o VP não conhecia os dados foram ignorados. Ele foi informado de que se estivesse dirigindo apropriadamente o seu negócio, saberia tudo que o CFO sabia e, certamente, teria as respostas sobre o que deveria ser feito.

De repente, todos perceberam que havia uma poderosa mensagem no comportamento de Olsen. Claramente, ele esperava e presumia que um VP de linha de produto estaria sempre no topo de seu negócio e nunca se colocaria na posição de ficar embaraçado com os dados financeiros. Um VP não conhecer os próprios números era uma falha grave. O fato de não poder responder aos dados problemáticos também era uma falha grave. A irritação de Olsen com o gerente de linha foi uma mensagem bem mais clara do que teria sido qualquer discurso sobre delegação, responsabilização etc.

Se um gerente continuasse a mostrar ignorância ou falta de controle da situação, Olsen demonstrava sua raiva e o acusava de incompetência. Se o gerente tentasse se defender ao observar que sua situação era resultado de ações de outras pessoas sobre as quais não tinha controle ou de acordos anteriores feitos pelo próprio Olsen, o CEO, exaltado, diria que ele deveria ter exposto o problema para que reexaminassem a situação e renegociassem a decisão anterior. Em outras palavras, Olsen deixou muito claro, pelos tipos de situações que o levavam a reagir emocionalmente, que o mau desempenho poderia ser desculpado, mas que não estar consciente da situação e não informar aos outros o que estava ocorrendo era imperdoável.

A premissa profunda de Olsen sobre a importância de sempre dizer a verdade foi sinalizada mais claramente por ocasião de outra reunião do comitê executivo, quando se descobriu que a empresa tinha um excesso de estoque porque cada linha de produto, no processo de autoproteção, havia exagerado seus pedidos à produção por uma pequena porcentagem. O acúmulo dessas pequenas porcentagens em todas as linhas de produto provocou um estoque excessivo que o departamento de produção desconhecia o porquê havia fabricado apenas o que os responsáveis pelas linhas de produto haviam solicitado. Na reunião em

CAPÍTULO 10 | COMO OS LÍDERES FIXAM E TRANSMITEM A CULTURA **153**

que essa situação foi reavaliada, Olsen observou que raramente havia ficado tão irritado como ficou porque os gerentes das linhas de produto haviam *mentido*. Deixou claro que se surpreendesse um gerente exagerando novamente nos pedidos, seria motivo para demissão imediata, não importando quais as razões. A sugestão de que o departamento de produção poderia compensar os exageros do departamento de vendas estava fora de cogitação porque pioraria o problema. A perspectiva de uma função mentir enquanto a outra tentava imaginar como compensá-la violava totalmente as premissas de Olsen sobre como um negócio efetivo deveria ser dirigido.

Steinberg e Olsen compartilhavam a premissa de que atender às necessidades do cliente era um dos modos mais importantes de assegurar sucesso nos negócios, e suas reações mais emocionais ocorriam consistentemente sempre que tomavam conhecimento de que um cliente não havia sido bem tratado. Nessa área, as mensagens oficiais, fixadas nas crenças da companhia e no sistema formal de remuneração, estavam totalmente consistentes com as mensagens implícitas que poderiam ser deduzidas a partir das reações do fundador. No caso de Steinberg, as necessidades do cliente eram até colocadas à frente das necessidades da família, de modo que um membro da família enfrentaria problemas se destratasse um cliente.

Inferências a partir daquilo em que os líderes não prestam atenção. Outros sinais poderosos que os subordinados interpretam como evidência dos valores do líder são ao que eles *não* reagem. Por exemplo, na DEC, os gerentes estavam frequentemente enfrentando problemas com custo elevado, cronogramas atrasados e produtos imperfeitos, mas tais problemas raramente causavam comentários se o gerente evidenciasse que estava no controle da situação. As dificuldades eram consideradas uma condição normal nos negócios, apenas desistir de lutar e de recuperar o controle era inaceitável. Nos departamentos de *design* de produtos da DEC, constatavam-se, frequentemente, excesso de pessoal, orçamentos muito altos e gestão complacente em relação aos controles de custo, embora nenhum desses problemas gerasse muitos comentários. Os subordinados interpretavam corretamente isso como um indicativo de que era bem mais importante apresentar um bom produto do que controlar custos.

Inconsistência e conflito. Se os líderes enviam sinais inconsistentes sobre o que prestam atenção ou não, isso cria problemas emocionais para os subordinados, como foi mostrado no caso Steinberg. Sam Steinberg valorizava o alto desempenho, mas aceitava o mau desempenho de parentes, fazendo com que muitos funcionários que não eram da família saíssem da empresa. Ken Olsen queria capacitar as pessoas, mas também sinalizou que queria manter o controle "paternal" centralizado. Uma vez que alguns dos gerentes de engenharia capacitados desenvolveram confiança suficiente em sua capacidade de tomada de decisão, foram forçados a uma espécie de insubordinação patológica, concordaram com Olsen

154 CULTURA ORGANIZACIONAL E LIDERANÇA SCHEIN

durante uma reunião, mas depois, enquanto caminhávamos pelo corredor, disseram-me que "Ken não está mais no topo do mercado ou da tecnologia, então faremos algo diferente do que ele quer". Um jovem engenheiro que entrasse na DEC também encontraria uma inconsistência organizacional no sentido de que a clara preocupação com os clientes coexistia com uma arrogância implícita em relação a certas classes de consumidores, porque os engenheiros geralmente supunham que sabiam melhor que o próprio cliente o que ele gostaria no *design* do produto. Olsen implicitamente reforçou essa atitude ao não reagir de forma corretiva quando os engenheiros demonstravam tamanha arrogância.

O fato de que os líderes podem não estar cientes dos próprios conflitos ou questões emocionais e, portanto, podem enviar mensagens mutuamente contraditórias ocasiona vários graus de conflito cultural e patologia organizacional (Kets de Vries e Miller, 1987; Frost, 2003; Goldman, 2008). Tanto a Steinberg's quanto a DEC acabaram sendo enfraquecidas pelos conflitos inconscientes de seus líderes entre uma filosofia declarada de delegação e descentralização e uma poderosa necessidade de manter um rígido controle centralizado. Ambos interfeririam com frequência em questões muito detalhadas e se sentiam à vontade para contornar a hierarquia. Os subordinados tolerarão e aceitarão mensagens contraditórias porque, em certo sentido, fundadores, proprietários e outros nos níveis mais elevados têm sempre garantido o direito de ser inconsistentes ou, em qualquer caso, são muito poderosos para ser confrontados.

A cultura emergente refletirá, então, não apenas as premissas do líder, mas também acomodações internas complexas criadas pelos subordinados para conduzir a organização na ausência ou em torno do líder. O grupo, às vezes agindo sob a premissa de que o líder é um gênio criativo que tem peculiaridades, pode desenvolver mecanismos de compensação, como camadas tampão de gerentes, para proteger a organização dos aspectos disfuncionais do comportamento do líder. Nesses casos, a cultura pode tornar-se um mecanismo de defesa contra as ansiedades geradas pelo comportamento inconsistente do líder. Em outros casos, o estilo operacional da organização refletirá os muitos vieses e conflitos inconscientes do fundador, criando, assim, o que alguns acadêmicos denominam de organizações neuróticas (Kets de Vries e Miller, 1984, 1987). Em casos extremos, os subordinados ou o conselho de diretores podem ter que encontrar meios de afastar o fundador, como já ocorreu em várias empresas de primeira geração.

Em resumo, aquilo em que os líderes consistentemente prestam atenção, recompensam, controlam e reagem de forma emocional comunica mais claramente quais são suas prioridades, metas e premissas. Se os líderes prestam atenção a muitas coisas ou se seu padrão de atenção for inconsistente, os subordinados usarão outros sinais ou a própria experiência para decidir o que é realmente importante, levando a um conjunto de premissas muito mais diverso e a muitas outras subculturas.

REAÇÕES DOS LÍDERES A INCIDENTES CRÍTICOS E CRISES ORGANIZACIONAIS

Quando uma organização enfrenta uma crise, o modo como os líderes e outros dirigentes lidam com ela revela premissas básicas importantes e frequentemente cria novas normas, valores e procedimentos de trabalho. Crises são especialmente significativas na criação e transmissão da cultura, porque o alto envolvimento emocional durante tais períodos aumenta a intensidade do aprendizado. Crises aumentam a ansiedade, e a necessidade de reduzi-la é um poderoso motivador de aprendizagem. Se as pessoas compartilham experiências emocionais intensas e aprendem coletivamente como reduzir a ansiedade, elas têm maior probabilidade de lembrar o que aprenderam e repetir esse comportamento ritualmente para evitar essa sensação.

Por exemplo, uma empresa quase foi à falência porque sofisticou seus produtos e os tornou muito caros. Sobreviveu ao lançar no mercado um produto mais barato e de qualidade inferior. Alguns anos depois, o mercado exigiu um produto mais caro e de melhor qualidade, mas a empresa não tinha condições de fabricá-lo porque ainda não havia superado a ansiedade gerada pela memória de quase ter ido à falência com um produto mais caro e de qualidade superior.

Sem dúvida, o que é definido como crise é, parcialmente, uma questão de percepção. Perigos reais no ambiente externo podem existir ou não, e o que é considerado perigoso é, frequentemente, reflexão da cultura. Para propósitos desta análise, uma crise é o que é percebido e definido como crise por fundadores e líderes. As crises que surgem em torno de importantes questões externas de sobrevivência são as mais potentes para revelar as premissas profundas dos líderes.

Há uma história sobre Tom Watson Jr. (IBM) que destaca sua preocupação com as pessoas e o desenvolvimento gerencial. Um jovem executivo havia tomado algumas más decisões que custaram à empresa muitos milhões de dólares. Foi chamado ao escritório de Watson e esperava ser demitido. Assim que entrou na sala, disse: "Suponho que após esse conjunto de erros você me demitirá". Watson replicou: "De jeito nenhum, jovem, apenas gastamos alguns milhões de dólares educando-o".

Inúmeras organizações enfrentam a crise de queda de vendas, excesso de estoque, obsolescência tecnológica e a subsequente necessidade de demitir funcionários para cortar custos. Como os líderes lidam com a crise revela algumas de suas premissas sobre a importância das pessoas e sua visão da natureza humana. Ouchi (1981) cita vários exemplos cruciais em que as empresas norte-americanas decidiram despedir empregados em vez de reduzir o número de horas trabalhadas ou de negociar acordos de diminuição dos salários para gerenciar a redução de custos sem o corte de pessoas. Vimos muito exemplos desse tipo durante a crise econômica de 2009.

A premissa da DEC de que "somos uma família em que uns cuidarão dos outros" aparecia mais claramente durante períodos de crise. Quando a empresa estava indo bem, Olsen com frequência tinha explosões emocionais que refletiam sua preocupação de que as pessoas estavam ficando complacentes. Entretanto, quando a empresa estava em dificuldade, nunca punia alguém ou demonstrava raiva, ao contrário, tornava-se a figura do pai forte e apoiador, mostrando ao público externo e aos funcionários que as coisas não estavam tão más como pareciam, que a empresa tinha as forças que assegurariam o sucesso futuro e que as pessoas não deveriam ficar preocupadas com demissões porque a situação seria controlada com desaceleração das contratações.

Por outro lado, Steinberg mostrava falta de preocupação com seus jovens gerentes ao ser punitivo em momentos de crise, às vezes, despedindo impulsivamente as pessoas apenas para tentar recontratá-las ao perceber o quão importantes eram na operação da empresa. Isso criava, gradualmente, uma organização construída na desconfiança e no baixo comprometimento, levando bons profissionais a pedir demissão quando aparecia uma melhor oportunidade de emprego.

As crises em torno de questões de integração interna podem também revelar e fixar as premissas dos líderes. Tenho constatado que um bom momento para observar uma organização de perto é quando ocorrem atos de insubordinação. A cultura de uma organização está tão vinculada à hierarquia, à autoridade, ao poder e à influência que os mecanismos de resolução de conflito têm que ser constantemente elaborados e consensualmente validados. Não há melhor oportunidade para os líderes enviarem sinais de suas premissas sobre a natureza humana e os relacionamentos do que quando eles próprios são desafiados.

Por exemplo, Olsen revelava repetidamente e com clareza sua premissa de que não achava que sabia mais que os outros por meio de seu comportamento tolerante e até encorajador quando os subordinados o questionavam ou o desobedeciam. Assinalava que era verdadeiramente dependente de seus funcionários para saber o que era melhor e que eles deviam ser insubordinados se achassem que estavam certos. Em contraste, o presidente de um banco com o qual trabalhei insistia publicamente que desejava que seus subordinados pensassem por si próprios, mas seu comportamento ia contra o que afirmava. Durante uma importante reunião com toda a equipe, um dos subordinados, na tentativa de ser mais assertivo, cometeu alguns erros bobos em uma apresentação. O presidente riu do ocorrido e o ridicularizou. Embora, mais tarde, tenha pedido desculpas e dito que não era essa sua intenção, o dano já estava feito. Todos os funcionários que testemunharam o incidente interpretaram o fato como uma prova de que o presidente não estava realmente falando sério sobre delegar e torná-los mais assertivos. Ele continuava julgando-os e operando na premissa de que sabia muito mais do que eles.

CAPÍTULO 10 | COMO OS LÍDERES FIXAM E TRANSMITEM A CULTURA **157**

COMO OS LÍDERES ALOCAM RECURSOS

A criação de orçamentos em uma organização é outro processo que revela as premissas e as crenças do líder. Por exemplo, um líder pessoalmente avesso a contrair dívida influenciará o processo de planejamento orçamentário ao rejeitar planos que dependam de grandes empréstimos e ao privilegiar a manutenção de dinheiro em caixa, prejudicando, assim, investimentos potencialmente bons. Como Donaldson e Lorsch (1983) mostram em seu estudo sobre a tomada de decisão na alta diretoria, as crenças do líder sobre a competência distintiva de sua organização, os níveis aceitáveis de crise financeira e o grau em que a organização deve ser financeiramente autossuficiente influenciam fortemente suas escolhas de metas, os meios de atingi-las e os processos administrativos a serem usados. Tais crenças não apenas funcionam como critérios pelos quais as decisões são tomadas, mas como restrições à tomada de decisão, pois limitam a percepção de alternativas.

O processo orçamentário e de alocação de recursos de Olsen revelavam claramente sua crença no sistema empreendedor de baixo para cima (*bottom-up*). Ele resistia consistentemente em deixar a definição de metas por conta da alta administração, preferindo, ao contrário, estimular engenheiros e gerentes abaixo dele a apresentar propostas, planos de negócios e orçamentos que ele e outros executivos seniores aprovariam se fizessem sentido. O CEO estava convencido de que as pessoas se esforçariam e se comprometeriam ao máximo apenas em projetos e programas que tivessem criado, vendido e que fossem responsabilizados.

Esse sistema gerava problemas à medida que a DEC crescia e se encontrava cada vez mais operando em um ambiente competitivo, em que os custos tinham que ser controlados. Em seu início, a empresa podia dar-se ao luxo de investir em todos os tipos de projetos, fizessem ou não sentido. No final da década de 1980, um dos maiores problemas era como optar entre projetos que parecessem igualmente bons, quando havia recursos suficientes para todos. O esforço para custear tudo resultou no atraso de vários projetos importantes, o que se tornou um dos fatores que contribuíram para o fracasso final da DEC (Schein, 2003).

DESIGNAÇÃO DELIBERADA DE PAPÉIS, ENSINO E *COACHING*

Geralmente, parece que fundadores e novos líderes das organizações sabem que seu comportamento visível tem grande valor para comunicar premissas e valores a outros membros, especialmente os novatos. Na DEC, Olsen e outros executivos seniores preparavam vídeos que esboçavam sua filosofia explícita, e essas gravações eram exibidas aos novos membros da organização como parte inicial do treinamento. Entretanto, há uma diferença entre as mensagens transmitidas por vídeos ou apresentações formais, como quando um líder faz um discurso de boas-vindas aos novatos, e as mensagens recebidas quando esse líder é observado informalmente. As mensagens informais constituem poderosos ensinamentos e mecanismos de *coaching*.

158 CULTURA ORGANIZACIONAL E LIDERANÇA SCHEIN

Por exemplo, Steinberg demonstrava a necessidade de estar envolvido em todos os detalhes por suas visitas frequentes às lojas e pelas rápidas inspeções que fazia logo que entrava nelas. Quando saía de férias, telefonava para o escritório todos os dias em um horário específico para fazer perguntas detalhadas sobre todos os aspectos do negócio. Esse comportamento persistiu em sua semiaposentadoria, quando telefonava diariamente de sua casa há milhares de quilômetros. Por meio de perguntas, conferências e demonstração de preocupação pessoal com detalhes, esperava mostrar aos outros gerentes o que significava ser alguém altamente visível e no topo de sua função. Por sua lealdade resoluta aos membros da família, Steinberg também ensinava as pessoas sobre como pensar sobre família e respeitar os direitos de proprietários. Olsen fez uma tentativa explícita de minimizar o *status* e a hierarquia na DEC dirigindo um carro pequeno, vestindo-se informalmente e passando muitas horas vagando entre os funcionários de todos os níveis, para conhecê-los pessoalmente.

COMO OS LÍDERES ALOCAM RECOMPENSAS E *STATUS*

Os membros de qualquer organização aprendem por experiência própria (com promoções, avaliações de desempenho e discussões com o chefe) o que a organização valoriza e o que pune. A natureza do comportamento recompensado e punido e a própria natureza das recompensas e punições conduzem as mensagens. Os líderes podem, rapidamente, transmitir com sucesso suas prioridades, valores e premissas ao vincular consistentemente as recompensas e as punições ao comportamento que os afeta.

Refiro-me aqui às práticas reais – o que realmente ocorre –, não ao que é exposto, publicado ou divulgado. Por exemplo, esperava-se que os gerentes de produto da General Foods desenvolvessem um programa de marketing bem-sucedido de seu produto específico para que fossem recompensados com a promoção para um produto melhor após 18 meses. Visto que os resultados de um programa de marketing não poderiam ser conhecidos nesse período, o que era realmente recompensado era o desempenho do gerente de produto na criação de um "bom" programa de marketing, que era mensurado pela sua capacidade de vendê-lo aos gerentes seniores, não pelo desempenho final do produto no mercado.

A premissa implícita era que apenas a alta administração estava incumbida de avaliar rigorosamente o programa de marketing, por conseguinte, mesmo se um gerente de produto fosse tecnicamente responsável por seu produto, eram de fato os gerentes seniores que assumiam a responsabilidade real pelo lançamento dos programas de marketing onerosos. O que os gerentes juniores aprendiam disso era como desenvolver programas que tivessem as características e o estilo corretos do ponto de vista da alta administração. Se os gerentes juniores desenvolvessem a ilusão de que, realmente, tinham independência em tomar decisões de marketing, deveriam apenas observar a insignificância relativa das recompensas reais dadas aos gerentes bem-sucedidos. Eles recebiam um melhor produto para gerenciar, podiam obter um escritório um pouco melhor e recebiam um bom aumento salarial, mas

CAPÍTULO 10 | COMO OS LÍDERES FIXAM E TRANSMITEM A CULTURA **159**

ainda tinham de submeter seus programas de marketing à avaliação da alta administração, e as preparações e ensaios de tais representações levavam de quatro a cinco meses por ano, mesmo para os gerentes de produto mais experientes. Uma organização que, aparentemente, delegava muito poder a seus gerentes de produto estava, de fato, limitando muito sua autonomia e treinando-os de forma sistemática para pensar como gerentes seniores.

Para reiterar o ponto básico, se os fundadores ou líderes buscam a certeza de que seus valores e premissas serão aprendidos, devem criar um sistema de recompensas, promoção e *status* consistente com essas premissas. Embora a mensagem torne-se clara no comportamento diário do líder, ela é julgada em longo prazo se recompensas importantes forem alocadas consistentemente ao comportamento cotidiano.

A maioria das organizações expõe uma grande variedade de valores, alguns dos quais são intrinsecamente contraditórios, forçando os novos funcionários a descobrir por si mesmos o que é realmente recompensado: satisfação do cliente, produtividade, segurança, redução de custos ou maximização de retornos para os investidores. Somente observando o comportamento dos gerentes seniores e experimentando promoções e avaliações de desempenho reais, os recém-chegados podem descobrir quais são as premissas subjacentes pelas quais a organização funciona.

COMO OS LÍDERES SELECIONAM, PROMOVEM E DEMITEM

Uma das formas mais sutis, embora mais potente, de incorporar e perpetuar as premissas do líder é o processo de seleção de novos membros. Por exemplo, Olsen acreditava que a melhor maneira de construir uma organização era contratar pessoas muito inteligentes, articuladas, flexíveis e independentes e, depois, dar-lhes muita responsabilidade e autonomia. Por outro lado, a Ciba-Geigy contratava pessoas muito bem educadas e inteligentes que se ajustassem a uma cultura mais estruturada e desenvolvida durante um século.

Esse mecanismo de fixação cultural é sutil porque, na maioria das organizações, opera inconscientemente. Fundadores e líderes tendem a achar atraentes os candidatos que lembrem os membros atuais em estilo, premissas, valores e crenças. São percebidos como as melhores pessoas para os cargos disponíveis e são atribuídas a eles características que justificarão sua contratação. A menos que alguém de fora da organização esteja envolvido na contratação, não há meio de saber o quanto as premissas implícitas correntes dominam as percepções dos recrutadores. "Ajustar-se" torna-se um valor por si só.

Algumas observações finais. Todos esses mecanismos de fixação interagem e tendem a se reforçar mutuamente se as crenças, os valores e as premissas do líder forem consistentes. Ao separar essas seis categorias, estou tentando mostrar as muitas formas diferentes pelas quais os líderes podem e conseguem comunicar suas premissas. A maioria dos recém-chegados a uma organização tem uma riqueza de dados disponível para decifrar as premissas reais do líder. Por conseguinte, grande parte do processo de socialização está incorporada às rotinas de trabalho normais da organização. Não é necessário que os novatos frequentem sessões especiais de treinamento ou de doutrinação para aprenderem premissas culturais importantes. Essas se tornam bastante evidentes por meio do comportamento cotidiano dos líderes.

Mecanismos secundários de reforço e estabilização

Em uma jovem organização, o *design*, a estrutura, a arquitetura, os rituais, as histórias e as declarações formais são reforços culturais e criadores de cultura. Quando a organização estiver madura e estabilizada, esses mesmos mecanismos passam a ser restrições aos futuros líderes. Entretanto, em uma organização em crescimento, esses seis mecanismos são secundários porque funcionam apenas se forem consistentes com os mecanismos primários anteriormente discutidos. Quando são consistentes, passam a construir ideologias organizacionais e, assim, a formalizar parte do que é informalmente aprendido no início. Se forem inconsistentes, serão ignorados ou fontes de conflito interno. Esse conflito interno normalmente será a principal fonte de subculturas que não estão alinhadas com a cultura organizacional e, portanto, produz difíceis problemas de integração para os líderes, conforme veremos.

Todos esses mecanismos secundários podem ser imaginados nesse estágio como artefatos culturais altamente visíveis, embora possam ser difíceis de interpretar sem o conhecimento de alguém de dentro, obtido a partir de observação do comportamento dos líderes. Quando uma organização está em fase de desenvolvimento, as premissas propulsoras e de controle sempre serão manifestadas, primeiro e mais claramente, naquilo que os líderes demonstram por meio de seu comportamento, não no que está escrito ou deduzido dos *designs*, procedimentos, rituais, histórias e filosofias publicadas. Entretanto, como veremos posteriormente, esses mecanismos secundários podem tornar-se fortes perpetuadores das premissas, mesmo quando novos líderes em uma organização madura prefeririam mudá-las.

DESIGN E ESTRUTURA ORGANIZACIONAL

O modo como fundadores e primeiros líderes projetam suas organizações normalmente revela altos níveis de paixão e preconcepções, mas não uma lógica muito clara. Os requisitos da principal tarefa – como se organizar para sobreviver no ambiente externo – parecem confundir-se com premissas poderosas sobre relacionamentos internos e com teorias sobre como agir que derivam mais dos antecedentes do fundador do que da análise corrente. Se for uma empresa familiar, a estrutura deve acomodar os membros-chave da família ou colegas de confiança, cofundadores e amigos. Mesmo em empresas de capital aberto, o *design* da organização geralmente é construído em torno dos talentos dos gerentes individuais e não de requisitos das tarefas externas. As teorias de gestão, nas quais os fundadores acreditam, geralmente dominam o modo como o fundador quer se organizar, e não os requisitos da tarefa.

Baseados na própria história e experiência, os fundadores também têm fortes teorias sobre como se organizar para eficácia máxima. Alguns presumem que apenas eles podem determinar o que está correto, assim, constroem uma hierarquia rígida e controles altamente centralizados. Outros acham que a força de sua organização está em seu pessoal, por conseguinte, constroem uma empresa altamente descentralizada que transfere a autoridade até os níveis mais baixos possíveis. Ainda outros, como Olsen, acreditam que sua força está nas soluções negociadas, assim, contratam pessoas fortes, mas criam uma estrutura que as força a negociar entre si, criando, no processo, uma organização matricial.

Alguns líderes acreditam em minimizar a interdependência ao liberar cada unidade da organização, outros defendem a criação de controles para que nenhuma unidade possa funcionar autonomamente. Lee Kuan Yew acreditava na criação de departamentos como o EDB para dar-lhes simultaneamente "independência completa" e a exigência de "coordenar suas atividades com os outros departamentos governamentais", para que o investidor experimentasse Singapura como um "balcão único" que produzisse informações confiáveis, assumisse compromissos e "nunca quebrasse suas promessas".

As crenças também variam sobre quão estável determinada estrutura deve ser, com alguns líderes buscando uma solução e aderindo a ela, enquanto outros, como Olsen, redesenham perpetuamente sua organização na busca de soluções que melhor se ajustem aos problemas percebidos de condições externas sempre mutáveis. O *design* inicial da organização e as reestruturações periódicas que as empresas enfrentam fornecem, assim, amplas oportunidades para fundadores e líderes fixarem as premissas profundamente assumidas sobre a tarefa, os meios de realizá-la, a natureza das pessoas e os tipos corretos de relacionamentos a serem promovidos.

Alguns líderes são capazes de articular porque projetaram sua organização da forma que são, outros parecem estar racionalizando e não estão realmente conscientes das premissas assumidas, embora elas possam, às vezes, ser deduzidas dos resultados. De qualquer maneira, a estrutura e o *design* da organização podem ser usados para reforçar as premissas dos líderes, mas, raramente, fornecem uma base inicial rigorosa para incorporá-las, porque a estrutura, geralmente, é interpretada pelos funcionários de muitas formas diferentes, na medida em que qualquer relação hierárquica pode variar de dominação total a colaboração íntima. É a qualidade do relacionamento que faz a diferença em última análise, especialmente se o líder define seu relacionamento com os subordinados como uma relação de nível 1, emocionalmente distante, ou tenta criar um relacionamento de nível 2 mais pessoal, projetado para ser mais aberto e confiante.

SISTEMAS E PROCEDIMENTOS ORGANIZACIONAIS

As partes mais visíveis da vida de qualquer organização estão nos ciclos diários, semanais, mensais, trimestrais e anuais de rotinas, procedimentos, relatórios, formulários e outras tarefas recorrentes que precisam ser desempenhadas. As origens de tais rotinas são, frequentemente, desconhecidas dos participantes – ou, em alguns casos, até da alta administração. Mas sua existência empresta estrutura e previsibilidade a um mundo organizacional vago e ambíguo. Assim, os sistemas e procedimentos atendem a uma função bem similar à estrutura formal, no que tornam a vida previsível e, desse modo, reduzem a ambiguidade e a ansiedade. Embora os funcionários reclamem com frequência da burocracia sufocante, necessitam de alguns processos recorrentes para evitar a ansiedade de um mundo incerto e imprevisível.

Dado que os membros do grupo buscam esse tipo de estabilidade e redução da ansiedade, fundadores e líderes têm a oportunidade de reforçar suas premissas ao construir sistemas e rotinas em torno de si. Por exemplo, Olsen reforçava sua crença de que a verdade é atingida via debate ao criar muitos tipos diferentes de comitês e ao frequentar suas reuniões. Steinberg reforçava sua crença na autoridade absoluta ao criar processos de revisão em que ouvia brevemente e depois emitia ordens peremptórias. A Ciba-Geigy reforçava suas premissas sobre a verdade ser derivada da ciência criando estudos de pesquisa formal antes de tomar decisões importantes. A Alpha Power reforçou suas premissas sobre o perigo inerente de fornecer eletricidade, gás e vapor escrevendo centenas de procedimentos sobre como proceder e com treinamento e monitoramento constantes para garantir a conformidade. Lee Kuan Yew apoiou sua crença de que apenas os melhores e mais brilhantes deveriam estar no governo, criando um programa de bolsas de estudos que enviava os mais inteligentes para as melhores universidades estrangeiras, mas depois exigia que trabalhassem para o governo por alguns anos.

Sistemas e procedimentos podem formalizar o processo de "prestar atenção" e, assim, reforçar a mensagem de que o líder realmente se importa com certas coisas. É por isso que o presidente que desejava programas de desenvolvimento gerencial ajudou imensamente sua causa ao formalizar revisões trimestrais do trabalho individual dos subordinados. Frequentemente, as rotinas formais de orçamento e planejamento são seguidas menos por produzirem planos e orçamentos e mais por fornecerem um veículo para lembrar os subordinados no que prestar atenção.

Se fundadores ou líderes não projetam sistemas e procedimentos como mecanismos de reforço, abrem a porta para a evolução de inconsistências na cultura ou subculturas que estão em conflito com os principais valores do CEO. Olsen acreditava que os gerentes de linha deveriam estar em pleno controle de suas operações, mas não permitia que elas se tornassem divisões. Ele permitiu o desenvolvimento de uma forte organização corporativa centralizada nos setores de finanças, engenharia, manufatura e vendas, ao mesmo tempo,

CAPÍTULO 10 | COMO OS LÍDERES FIXAM E TRANSMITEM A CULTURA **163**

esperava que os gerentes da linha de produtos estivessem no topo de suas funções. Isso resultou em linhas de produtos muito mais caras, pois os gerentes queriam o próprio pessoal de engenharia, manufatura e finanças como conexões. À medida que a organização amadurece, as subculturas se desenvolvem em cada função, que podem ou não estar alinhadas entre si ou com a cultura corporativa geral. Se esses grupos acabarem lutando entre si, será resultado direto da inconsistência inicial da lógica do *design*, não das personalidades ou das forças competitivas dos gerentes dessas funções.

RITOS E RITUAIS DA ORGANIZAÇÃO

Alguns pesquisadores da cultura veem os processos organizacionais especiais dos ritos e rituais como centrais para decifrar, bem como para comunicar, as premissas culturais (Deal e Kennedy, 1982, 1999; Trice e Beyer, 1984, 1985). Ritos e rituais são formas simbólicas de formalizar certas premissas e são artefatos importantes a serem observados. No entanto, suas lições nem sempre são fáceis de decifrar, portanto, não os considero como mecanismos primários de fixação. Em vez disso, eles podem ser considerados reforçadores importantes de premissas culturais-chave se essas premissas forem esclarecidas pelos mecanismos primários de fixação.

Por exemplo, na DEC, as *woods meetings* eram dedicadas a importantes questões estratégicas de longo prazo e eram sempre realizadas fora da empresa, em ambientes descontraídos que encorajavam a informalidade, a igualdade de *status* e o diálogo. Geralmente, essas reuniões duravam dois ou mais dias e envolviam alguma atividade física conjunta, como caminhada ou alpinismo. Olsen acreditava fortemente que as pessoas aprenderiam a confiar e a se abrir umas com as outras se fizessem coisas em conjunto em um ambiente informal. À medida que a empresa se desenvolvia, vários grupos funcionais também adotaram esse estilo de reunião ao ponto em que encontros periódicos fora do local de trabalho tornaram-se rituais corporativos, com seus vários nomes, locais e procedimentos informais.

Na Ciba-Geigy, a reunião anual sempre envolvia o evento atlético surpresa em que ninguém era bom e que igualava o *status*. Os participantes ficavam completamente descontraídos, tentavam fazer o melhor, falhavam e se expunham ao ridículo em um ambiente bem-humorado. Era como se o grupo estivesse tentando dizer a si próprio: "Somos cientistas e homens de negócio sérios, mas também sabemos brincar". Durante a brincadeira, mensagens informais que não eram permitidas no ambiente de trabalho podiam ser transmitidas, compensando, de certa forma, a hierarquia restrita.

Na Alpha Power, os valores do trabalho em equipe, especialmente nas atividades de meio ambiente, saúde e segurança, eram simbolizados por almoços especiais mensais da "maneira como trabalhamos", com a presença de três ou quatro equipes que eram indicadas por realizações de destaque pela alta administração. Cada equipe era convidada a dizer a todo o grupo o que tinha realizado e como havia feito. As fotografias do grupo publicadas no periódico da empresa serviam como recompensa e publicidade adicionais. Além disso, a empresa dava todos os tipos de prêmios por desempenho em segurança.

Podem-se encontrar exemplos de atividades e de eventos ritualísticos formalizados na maioria das organizações, mas, tipicamente, eles revelam pouco das amplas premissas que formam a cultura de uma organização. Aí está o perigo de se colocar muita ênfase no estudo dos rituais. Pode-se, talvez, decifrar corretamente pequena parte da cultura, mas não se pode ter base para determinar o que mais está ocorrendo e quão importantes são as atividades ritualizadas no esquema maior das coisas.

DESIGN DO ESPAÇO FÍSICO, DAS FACHADAS E DOS PRÉDIOS

O *design* físico envolve todas as características visíveis da organização que clientes, consumidores, fornecedores, novos funcionários e visitantes encontram. As mensagens que podem ser inferidas do ambiente físico, como no caso da estrutura e dos procedimentos, reforçam potencialmente as mensagens do líder, mas apenas se forem administradas para isso (Steele, 1973, 1986; Gagliardi, 1990). Se não forem explicitamente gerenciadas, podem refletir as premissas dos arquitetos, dos gerentes de planejamento e instalações da organização, das normas locais da comunidade ou outras premissas subculturais. Muitas vezes, a arquitetura também reflete pressupostos da macrocultura em que os prédios devem se adequar ao estilo da comunidade em que existem.

A localização do escritório da DEC em uma antiga fábrica de lã também comunicava a forte ênfase em frugalidade e simplicidade. O que o visitante visualizava nessa organização era uma reflexão acurada de premissas profundas, e um indicador dessa profundidade estava reproduzido nos escritórios da empresa espalhados pelo mundo.

A Ciba-Geigy valorizava fortemente a *expertise* e a autonomia individual. Entretanto, em razão de sua premissa de que o titular de determinado cargo se tornava o principal *expert* na respectiva área do cargo, simbolizava fisicamente essa área como território pessoal dando privacidade às pessoas. Em ambas as empresas, os arranjos físicos não eram artefatos físicos incidentais ou acidentais. Refletiam as premissas básicas de como o trabalho era feito, como os relacionamentos deveriam ser gerenciados e como alguém chegava à verdade.

A tendência atual para áreas abertas, cubículos e espaços de uso misto é muito vívida, mas não é fácil de decifrar. Trata-se de reduzir custos, estimular certos tipos de interação, tornar os funcionários mais visíveis para os gerentes, criar *designs* flexíveis que podem ser facilmente alterados ou combinações dessas possibilidades? Sem entrar na organização para reconstruir a história do processo decisório, não sabemos o que deduzir a respeito da cultura.

HISTÓRIAS SOBRE EVENTOS E PESSOAS IMPORTANTES

À medida que um grupo se desenvolve e acumula uma história, parte dela fica fixada nos eventos e no comportamento de liderança (Allan, Fairtlough e Heinzen, 2002; Martin e Powers, 1983; Neuhauser, 1993; Wilkins, 1983). Assim, a história – seja na forma de parábola, lenda ou mesmo mito – reforça e ensina premissas aos novatos. Entretanto, dado que a mensagem a ser veiculada pela história é muitas vezes suavizada ou mesmo ambígua, essa forma de comunicação é, de certo modo, inconfiável. Os líderes nem sempre podem controlar o que será dito sobre eles nas histórias, embora, certamente, possam reforçar aquelas com as quais se sintam bem e, talvez, até criar histórias que conduzam as mensagens desejadas. Os líderes podem tornar-se altamente visíveis para aumentar a probabilidade de que histórias sobre eles serão contadas, mas, às vezes, as tentativas de administrar a mensagem desse modo têm resultado oposto, porque a história pode revelar inconsistências e conflitos no líder.

Os esforços para decifrar a cultura nas histórias encontram o mesmo problema de decifrar os rituais: a menos que alguém conheça outros fatos sobre os líderes, não se pode sempre inferir corretamente o objetivo da história. Quando se entende cultura, as histórias podem ser usadas para aumentar esse entendimento e torná-la concreta, mas é perigoso tentar chegar a esse entendimento pela primeira vez partindo apenas das histórias.

Por exemplo, contam que quando Ken Olsen viu pela primeira vez o microcomputador IBM PC, disse: "Quem vai querer um computador em casa?" e "Eu despediria o engenheiro que projetasse esse pedaço de sucata". Essa história conduz fortes mensagens sobre os preconceitos de Olsen, mas na verdade apenas uma delas está corretamente interpretada. Olsen achava que o PC era menos elegante do que teria desejado produzir, mas sua afirmativa sobre o computador doméstico estava no contexto dos computadores *controlando* tudo em casa. Essa afirmação foi feita em um momento em que se temia que os computadores pudessem controlar todas as funções de nossas vidas, como retratado no filme *2001: Uma odisseia no espaço*. Olsen dava boas-vindas aos computadores domésticos como estações de trabalho e lazer, mas não como mecanismos para organizar e controlar as atividades cotidianas. Infelizmente, muitas vezes a história era contada mostrando que Olsen não percebia o uso crescente de computadores domésticos, mesmo dizendo que achava que a DEC havia inventado o computador pessoal porque foi a primeira empresa a fornecer recursos interativos de *desktop*.

DECLARAÇÕES FORMAIS DA FILOSOFIA, DAS CRENÇAS E DOS CÓDIGOS ORGANIZACIONAIS

O mecanismo final de articulação e reforço a ser mencionado é a declaração formal, uma tentativa de fundadores ou líderes declararem explicitamente quais são seus valores ou premissas. Tipicamente, essas declarações mostram apenas pequena parte do conjunto de premissas que opera no grupo e, mais provavelmente, limitam-se a destacar os aspectos da filosofia ou da ideologia do líder que se submetem à articulação pública. Tais declarações públicas têm valor para o líder como um modo de enfatizar temas especiais a serem atendidos na organização, como os valores em torno dos quais reunir a equipe, e como lembretes de premissas fundamentais que não podem ser esquecidas.

A emissão de declarações formais pode ser essencial para articular a identidade que a organização deseja transmitir a seus investidores, clientes e funcionários, mas não podem ser vistas como uma forma de definir a cultura da organização como um todo. Na melhor situação, as declarações formais cobrem um pequeno segmento publicamente relevante da cultura, os aspectos que os líderes acham útil publicar como uma ideologia ou um foco para a organização. Chamo essas declarações de parte dos valores expostos, notando que é preciso determinar o quão bem alinhadas elas estão com as premissas básicas mais profundas examinando todos os indicadores primários mencionados anteriormente.

LIÇÕES PARA LÍDERES E PESQUISADORES

- **Cultura é um sistema complexo.** Quando os fundadores criam uma nova organização, é a totalidade de seu pensamento que é transmitida para a nova empresa por meio de todos esses mecanismos. Isso nos lembra que a cultura é um conjunto interconectado de premissas, não elementos isolados de como os grupos funcionam

- **Novas culturas precisam estar alinhadas com as macroculturas.** A nova cultura está hospedada nas macroculturas ocupacionais e nacionais, e não sobreviverá se não estiver alinhada com as premissas das macroculturas

- **Conflitos e inconsistências do fundador criam subculturas e conflito de culturas.** A maioria das subculturas se forma em torno da diferenciação das subtarefas que as organizações precisam realizar. Se o líder enviar sinais conflitantes, isso estimulará subculturas que podem se tornar contraculturas e criar conflitos organizacionais que serão difíceis de explicar e gerenciar até que o líder em conflito saia ou seja demitido

- **Muitos itens do segundo conjunto de mecanismos de fixação são artefatos e não podem ser confiavelmente usados para deduzir as premissas básicas de um fundador.**

- **Durante o período de crescimento, a cultura é a identidade da organização, e será ferozmente defendida se for percebida como fonte do sucesso da empresa.**

- **Os fundadores precisam estar cientes de que estão criando cultura, quer tenham ou não intenção explícita de fazê-lo e estejam ou não cientes de seu impacto.** É esse ponto que passa despercebido quando os gerentes de uma organização madura lançam programas de mudança de cultura sem examinar seriamente a cultura que já possuem, com base nas atividades do fundador e no histórico de aprendizado do grupo.

CAPÍTULO 10 | COMO OS LÍDERES FIXAM E TRANSMITEM A CULTURA

RESUMO E CONCLUSÕES

A finalidade deste capítulo é examinar como os líderes fixam as crenças, valores e premissas que assumem e, desse modo, criam as condições para a formação, estabilização e evolução da cultura. Seis dos mecanismos discutidos são meios poderosos pelos quais fundadores ou líderes conseguem incorporar premissas na vida diária de suas organizações. Mediante o que prestam atenção e remuneram, nas formas que alocam recursos, na designação de papéis, no modo como lidam com incidentes críticos e nos critérios que usam para recrutamento, seleção, promoção e demissão de funcionários, os líderes comunicam explícita e implicitamente as crenças, os valores e as premissas que realmente sustentam, mesmo que não consigam articulá-los com clareza. Se estiverem em conflito, os conflitos e as inconsistências também são comunicados e tornam-se parte da cultura ou a base para subculturas e contraculturas.

Menos poderosas, mais ambíguas e mais difíceis de controlar são as mensagens incorporadas na estrutura da organização, seus procedimentos e rotinas, seus rituais, seu *layout* físico, suas histórias e lendas e suas declarações formais. Todavia, esses seis mecanismos secundários podem mostrar o reforço poderoso das mensagens primárias se o líder for capaz de controlá-los. O ponto importante a entender é que todos esses mecanismos comunicam a cultura aos novatos. Os líderes não têm escolha sobre se devem ou não comunicar, apenas sobre como administrar o que comunicam.

No estágio inicial de crescimento da organização, os mecanismos secundários de estrutura, os procedimentos, os rituais e os valores formalmente expostos são apenas instrumentos de apoio. Entretanto, à medida que a organização amadurece e se estabiliza, tornam-se institucionalizados e importantes mecanismos de manutenção primária. Quanto mais efetivos forem em tornar a organização bem-sucedida, mais se tornam o filtro ou os critérios para seleção de novos líderes. "É assim que fazemos as coisas por aqui" torna-se a definição explícita da cultura. Como resultado, a probabilidade de novos líderes se tornarem agentes de mudança cultural declina à medida que a organização amadurece. O processo de socialização passa a refletir o que funcionou no passado, não o que pode ser a principal agenda da liderança atual. Por conseguinte, as dinâmicas da organização de "meia-idade" são bem diferentes da organização jovem e emergente, como será mostrado nos capítulos seguintes.

QUESTÕES PARA PESQUISADORES, ALUNOS E FUNCIONÁRIOS

- Visite um supermercado ou banco local, encontre um lugar para sentar e observe as interações de funcionários e gerentes pelo tempo que puder. Observe especialmente as interações com os gerentes e tente deduzir que tipo de regras estão operando em torno dos limites hierárquicos. Observe como os funcionários lidam uns com os outros e veja o que você pode deduzir sobre os relacionamentos. Eles são de nível 1 ou de nível 2?

- Pergunte a um amigo que trabalha em uma grande empresa como ele sabe o que é aceitável nessa organização ao lidar com o chefe. As pessoas podem ser abertas? Como o chefe reage às más notícias? O que você pode deduzir sobre se gostaria ou não de trabalhar nessa organização a partir do que seu amigo lhe diz?

CAPÍTULO
11

A DINÂMICA DE CULTURA DO CRESCIMENTO, MATURIDADE E DECLÍNIO ORGANIZACIONAL

Se uma organização for bem-sucedida no cumprimento de sua missão, ela amadurecerá e crescerá. Os fundadores e seus primeiros seguidores envelhecerão ou morrerão e serão substituídos por novos líderes promovidos dentro da própria organização ou trazidos de fora. A empresa de capital fechado, pertencente aos fundadores ou a suas famílias se transformará em empresa de capital aberto, dirigida por um conselho de diretores. A decisão de manter a propriedade privada ou "abrir o capital" pode parecer principalmente uma decisão financeira, mas tem enormes consequências culturais.

Com o capital fechado, os líderes podem continuar a impor seus valores e premissas por todos os mecanismos citados no capítulo anterior. Depois de a governança ter passado a um CEO promovido e a um conselho de diretores, o papel de liderança torna-se mais difuso e transitório, porque os CEOs e os membros do conselho, geralmente, têm mandatos limitados e respondem mais aos acionistas.

Ao mesmo tempo, a cultura que a organização desenvolveu até então será percebida como sua fonte de sucesso e, portanto, limitará a escolha dos novos CEOs a indivíduos que aderirem às premissas básicas dessa cultura. Embora a liderança tenha criado a cultura no estágio de fundação, essa ela agora cria critérios e limites dentro dos quais os líderes

CAPÍTULO 11 | A DINÂMICA DE CULTURA DO CRESCIMENTO, MATURIDADE E DECLÍNIO ORGANIZACIONAL **169**

promovidos precisam atuar, a menos que o conselho traga um "CEO de virada", cuja função principal seja *mudar a cultura*.

O novo CEO pode gradualmente corroer os elementos da cultura existente e tentar trazer novos elementos, mas só haverá uma grande mudança no nível de premissa básica se o novo CEO se livrar dos portadores de cultura, a alta administração que cresceu com a cultura existente. Caso contrário, a gerência e os funcionários existentes desejarão preservar sua cultura e limitar as opções do novo CEO ou prejudicar as mudanças que ele pretenda fazer.

Além desse ponto básico de que a liderança em uma empresa madura é culturalmente restrita, vamos examinar os tipos de problemas que surgem na evolução cultural normal que vem junto com o sucesso, o crescimento e o envelhecimento. Essas questões envolvem alguns efeitos gerais de idade e tamanho, bem como os efeitos específicos da diferenciação em subgrupos que criam as próprias subculturas, que podem ou não estar alinhadas.

Efeitos gerais do sucesso, crescimento e envelhecimento

Para entender completamente o impacto do crescimento e do envelhecimento, temos que analisar os efeitos sistêmicos que não estão imediatamente ligados à liderança ou à cultura, mas que possuem grandes consequências para os principais desafios que os líderes enfrentam.

A COMUNICAÇÃO CARA A CARA E O CONHECIMENTO PESSOAL SÃO PERDIDOS

Com o crescimento, torna-se cada vez menos possível "conhecer" todos aqueles com quem é preciso trabalhar e supervisionar. Chegar a "ver todo mundo" fica cada vez mais difícil, pois as pessoas estão mais afastadas, ocasionando uma comunicação mais eletrônica. Quando se deixa de lado os telefonemas, há ainda a perda do tom de voz, entonação e outras dicas que são necessárias para transmitir e sentir a emoção na comunicação.

A "FAMILIARIDADE FUNCIONAL" É PERDIDA

Com o crescimento, menos pessoas sabem o que os outros estão fazendo e como se relacionar com eles. Quando a DEC era pequena, todas as diferentes unidades de engenharia e suporte eram dirigidas por pessoas que eram amigas e sabiam o que esperar umas das outras. Com o crescimento, os "outros" tornaram-se nomes e papéis que nem sempre podiam ser previstos ou com quem se podia contar. Compromissos e promessas pessoais tornam-se "contratos" com estranhos, o que aumenta a impessoalidade e a formalidade. Esses contratos evoluem para descrições de cargos para as diferentes funções e um conjunto de regras processuais sobre como os diferentes papéis devem se relacionar, essas regras então são rotuladas de "burocracia" e são cada vez mais vistas como um "problema" que causa atrasos e torna os relacionamentos menos confiáveis. Durante o crescimento inicial, os relacionamentos pessoais de nível 2 são naturais, com o crescimento, muitos deles se transformam em transações de nível 1 e os recém-chegados se encontram principalmente em papéis de "estranhos" do primeiro nível.

MUDANÇA NOS MÉTODOS DE COORDENAÇÃO

A integração e o alinhamento de funções e grupos mudam de processos interpessoais para intergrupais, exigindo processos de comunicação mais formais e impessoais.

MUDANÇA NOS MECANISMOS DE MENSURAÇÃO

Agora, o que é medido e como é medido precisam ser consistentes entre muitas funções e unidades, o que pode parecer lógico e justo para alguns, mas não para outros.

PRESSÕES POR AUMENTO DE PADRONIZAÇÃO

À medida que mais unidades precisam ser coordenadas e mensuradas, torna-se mais dispendioso usar diferentes sistemas em cada uma, aumentando a pressão para encontrar meios padronizados de mensuração que podem afetar diferentes unidades de formas distintas.

MÉTODOS PADRONIZADOS TORNAM-SE MAIS ABSTRATOS E POTENCIALMENTE IRRELEVANTES

À medida que aumenta o número de diferentes unidades realizando tarefas diferentes, os padrões que se aplicam a todas tornam-se mais abstratos e distantes do trabalho real que está sendo feito. Nas empresas, esse processo leva, inevitavelmente, à mensuração de tudo em termos quantitativos, pois os números são mais fáceis de padronizar e comparar. O resultado desse processo é que o desempenho e o potencial dos funcionários individuais são reduzidos a números e posições.

A NATUREZA DA PRESTAÇÃO DE CONTAS MUDA

A prestação de contas passa a significar "cumprir os números", no lugar de descobrir por que os números não foram alcançados. O processo muda de medir a credibilidade da explicação de um gerente individual para os resultados ou os problemas, para descobrir as métricas apropriadas que podem ser aplicadas equitativamente entre os grupos e as unidades. Esse processo normalmente resulta em gerentes apenas examinando os resultados dos seus subordinados, gerando reclamações de que "meu pessoal não é responsável" quando os números não alcançam as metas. Esse processo reforça a despersonalização do nível 2 para a formalidade do nível 1 de relacionamentos "profissionais" distantes.

O FOCO ESTRATÉGICO TORNA-SE MAIS DIFÍCIL

Com o crescimento, surge uma proliferação de produtos, serviços e mercados, tornando cada vez mais difícil a alocação de recursos de forma equitativa e apropriada quando cada unidade está lutando por "sua fatia justa", enquanto a estratégia exige a alocação de recursos de formas diferenciadas. Decidir o que cortar ("comer os próprios filhos") se torna muito difícil.

O PAPEL DAS FUNÇÕES E SERVIÇOS CENTRAIS TORNA-SE MAIS CONTROVERSO

Com o crescimento, fica mais difícil decidir se cada unidade deve ter os próprios serviços ou se esses serviços devem ser centralizados. Quais devem ser centralizados e como eles devem ser conectados às suas contrapartes nas unidades tornam-se dilemas sistêmicos muito complexos.

O CRESCIMENTO DA RESPONSABILIDADE COM OS OUTROS AUMENTA

Com o envelhecimento e a experiência, os gerentes nas companhias em crescimento assumem subordinados pelos quais se tornam responsáveis. Deixar de fazer o seu trabalho agora significa não apenas perder o próprio emprego, mas possivelmente colocar em risco os empregos e os meios de subsistência de muitos outros.

A TOMADA DE DECISÃO TORNA-SE TENDENCIOSA PELA RESPONSABILIDADE COM OS OUTROS

Esse processo ficou mais claro na DEC, onde as mesmas pessoas que argumentavam apaixonadamente a partir de suas premissas lógicas quando a empresa era pequena tornaram-se gerentes de unidades maiores, o que os levou a "parecer racionais", quando na verdade apenas defendiam suas unidades. Essa tendência é fortemente influenciada pelo reconhecimento de que perder um "projeto" pode significar ter que demitir um grande número de pessoas.

O SENTIMENTO DE FAMÍLIA SE PERDE

Uma unidade pequena pode manter a ilusão de que "somos uma família" (ou, pelo menos, uma comunidade), mas com o crescimento fica claro que a maioria dos outros são "estranhos" com quem é difícil se identificar.

UMA CULTURA COMUM É MAIS DIFÍCIL DE SER MANTIDA

O termo "cultura corporativa" começa a ter mais significado à medida que a organização em crescimento se diferencia e passa a ter muitas unidades, que desenvolvem as próprias subculturas. A gestão dessas subculturas torna-se então a principal questão cultural na organização grande e antiga. Ao longo deste capítulo, vamos nos concentrar nas questões culturais mais específicas criadas pela diferenciação.

Todos esses efeitos são resultados sistêmicos do crescimento e do envelhecimento. Para entender completamente por que eles acontecem e quais são as consequências para a liderança e a cultura, temos que examinar mais de perto as questões de diferenciação e integração nos sistemas.

Diferenciação e crescimento das subculturas

Todas as organizações passam por um processo de diferenciação à medida que envelhecem e crescem. Isso recebe várias denominações, como divisão do trabalho, estrutura funcional, departamentalização ou diversificação. Entretanto, o elemento comum é que, à medida que o número de pessoas, clientes, bens e serviços aumentam, torna-se cada vez menos eficiente para fundador coordenar tudo. Se a organização for bem-sucedida, inevitavelmente, criará unidades menores que iniciam seus processos de formação cultural com líderes próprios. As principais bases em que tal diferenciação ocorre são as seguintes:

- Diferenciação funcional/ocupacional
- Descentralização geográfica
- Diferenciação por produto, mercado ou tecnologia
- Departamentalização
- Diferenciação por nível hierárquico.

DIFERENCIAÇÃO FUNCIONAL/OCUPACIONAL

As forças que criam as subculturas funcionais derivam da cultura tecnológica e ocupacional da função. O departamento de produção contrata pessoas treinadas em manufatura e engenharia; o departamento financeiro, pessoas com experiência em economia e finanças; o departamento de vendas, vendedores; o departamento de pesquisa e desenvolvimento, especialistas técnicos e assim por diante. Embora esses novatos na organização estejam fortemente socializados na cultura corporativa, trarão consigo outras premissas culturais derivadas da formação educacional e da associação com a comunidade ocupacional (Van Maanen e Barley, 1984). Tais diferenças surgem, inicialmente, das variações de personalidade e da subsequente educação e socialização em uma ocupação (Holland,1985; Schein, 1971, 1978, 1987c; Van Maanen e Schein, 1979).

As culturas de diferentes ocupações, no sentido das premissas compartilhadas que seus membros assumem, diferirão em função da tecnologia essencial (*core technology*) envolvida

CAPÍTULO 11 | A DINÂMICA DE CULTURA DO CRESCIMENTO, MATURIDADE E DECLÍNIO ORGANIZACIONAL **173**

em cada ocupação. Assim, engenheiros, médicos, advogados, contadores etc. diferirão entre si em crenças, valores e premissas tácitas porque fazem coisas fundamentalmente distintas, são treinados de maneira diferente e adquirem certa identidade ao praticarem suas ocupações. Por conseguinte, encontraremos em cada área funcional um misto de premissas do fundador e de premissas associadas a esse grupo funcional ou ocupacional.

Por exemplo, uma subcultura ocupacional poderosa baseada na tecnologia é a tecnologia da informação (TI). A subcultura do profissional de TI é um exemplo importante de uma "cultura da engenharia", dedicada principalmente à melhoria e à inovação. A TI tem as seguintes premissas:

- A informação pode ser embalada em *bits* e transmitida eletronicamente
- Mais informação é sempre melhor do que menos informação
- Quanto mais quantificável a informação, melhor
- A informação pode ser capturada e "congelada" no tempo na tela do computador
- Um escritório sem papel é possível e desejável
- A tecnologia lidera e as pessoas devem adaptar-se
- As pessoas podem e devem aprender a linguagem e os métodos da TI
- A administração abrirá mão da hierarquia se a TI fornecer melhores mecanismos de coordenação
- Quanto mais conectada for uma organização, melhor será seu desempenho
- As pessoas usarão a informação de modo responsável e apropriado
- Qualquer coisa que possa ser padronizada, rotinizada e à prova de pessoas deve ser instituída.

A título de comparação, funcionários e gerentes não técnicos poderiam presumir o seguinte:

- A informação relevante para as operações deve incluir o contato humano cara a cara para ser rigorosamente entendida
- A informação deve ser extraída de dados brutos e será significativa apenas em um contexto específico que esteja em constante mudança
- O significado deriva apenas de padrões complexos, não de *bits* individuais
- Os custos associados à velocidade podem não valer a pena
- Conectividade excessiva produz sobrecarga de informação

174 CULTURA ORGANIZACIONAL E LIDERANÇA SCHEIN

- Quanto mais informação você tem, mais você necessita, portanto, às vezes é melhor ter menos informação

- Certos tipos de informação, como o *feedback* das pessoas na avaliação de desempenho, não devem ser quantitativos nem computadorizados

- Nem tudo deve ser "sem papel", a habilidade de ver e manipular papéis é intrínseca a muitos tipos de tarefas

- A tecnologia deve adaptar-se às pessoas e ser amigável

- A hierarquia é intrínseca aos sistemas humanos e um mecanismo de coordenação necessário, não importa como as comunicações estejam eficientemente conectadas

- O controle da informação é uma ferramenta *gerencial* necessária e o único meio de manter poder e *status*

- Em um ambiente dinâmico, a padronização pode inibir a inovação.

Observe que, de muitas maneiras, esses conjuntos de premissas estão em conflito direto entre si, o que explica por que as implementações de TI costumam ser tão fortemente combatidas pelos funcionários. Se a subcultura de TI e as outras subculturas não forem reconhecidas e confirmadas como culturas que devem ser alinhadas, a organização fracassará. Contudo, se um CEO entende as diferentes premissas dessas subculturas, ele pode criar uma "ilha cultural" em que funcionários e profissionais de TI trabalhem juntos para decidir a melhor forma de implementar um novo sistema. Por necessidade, gerenciar problemas e conflitos de subculturas em potencial torna-se uma das funções críticas da liderança em uma organização madura.

Com o crescimento organizacional e o sucesso continuado, as subculturas funcionais tornam-se estáveis e bem articuladas. As organizações reconhecem isso mais claramente quando desenvolvem programas rotativos para treinamento e desenvolvimento de futuros líderes. Quando um jovem gerente passa pelos departamentos de vendas, marketing, finanças e produção, está aprendendo não apenas as habilidades técnicas dessas funções, mas também o ponto de vista, a perspectiva e as premissas básicas dessa subcultura. Imagina-se que tal entendimento mais profundo será necessário para que ele faça um bom trabalho como gerente-geral mais adiante em sua carreira.

Em alguns casos, as barreiras de comunicação entre as subculturas funcionais tornam-se tão poderosas e crônicas que as organizações precisam inventar novas funções ou processos de ampliação de fronteiras. O exemplo mais claro é a "engenharia de produção", função cujo principal propósito é facilitar a transição da engenharia para a produção. A engenharia normalmente projeta visando a elegância e acreditando que a produção poderá construir qualquer coisa que eles desenvolvam, enquanto a produção percebe a engenharia como

CAPÍTULO 11 | A DINÂMICA DE CULTURA DO CRESCIMENTO, MATURIDADE E DECLÍNIO ORGANIZACIONAL **175**

irrealista, sem consciência de custo e muito preocupada com a elegância do produto em vez de com os aspectos práticos sobre como construí-lo.

Em resumo, as subculturas funcionais mostram a diversidade associada às comunidades e às tecnologias ocupacionais que fundamentam as funções. Essa diversidade cria o problema básico da administração geral, em que o líder tem que alinhar os membros da organização com pontos de vista genuinamente diferentes, baseados em sua formação educacional e experiência na organização. Se esses problemas forem antecipados, o líder pode evitar organizar por função ou reunir as diferentes funções em diálogos que estimulem o entendimento mútuo entre as premissas naturalizadas. Facilitar a comunicação através das fronteiras subculturais requer humildade cultural do líder e a habilidade de não apenas perceber as diferenças subculturais, mas também de respeitá-las.

DESCENTRALIZAÇÃO GEOGRÁFICA

À medida que a organização cresce geograficamente, torna-se necessário criar unidades locais pelos seguintes motivos:

- Clientes em diferentes regiões exigem diferentes bens e serviços
- Os custos de mão de obra local são menores em algumas áreas geográficas
- É preciso estar mais perto de onde estão localizadas matérias-primas, fontes de energia ou fornecedores
- Se os produtos forem vendidos em um mercado local, eles também podem precisar ser produzidos na mesma área.

Com a diferenciação geográfica, inevitavelmente surge a questão de se a cultura corporativa é forte o bastante para ser afirmada nas diferentes regiões. Se a liderança da organização considera seriamente a ideia de perpetuar e estender suas premissas essenciais (*core assumptions*), ela tende a enviar gerentes seniores do país sede às outras regiões. Como alternativa, se ela seleciona gerentes locais, tende a submetê-los a processo intensivo de socialização. Lembre-se do australiano que encontrei em Singapura que havia sido nomeado diretor de uma fábrica local da Hewlett-Packard. Embora houvesse sido contratado na Austrália e passado a maior parte de sua carreira em Singapura, tinha a cultura de um autêntico homem da HP. Quando lhe perguntei o motivo de sua dedicação, ele explicou que logo após ser contratado foi enviado à Califórnia, onde foi imediatamente recebido pelo Sr. Packard e passou seis horas com toda a diretoria. Nas duas semanas seguintes, recebeu uma doutrinação completa do "HP *way*" e foi encorajado a visitar frequentemente o escritório central. O que mais o impressionou foi a disposição da diretoria em dedicar tempo a ele, para realmente motivá-lo a conhecer e perpetuar os valores centrais do HP *way*.

176 CULTURA ORGANIZACIONAL E LIDERANÇA SCHEIN

Na DEC, os gerentes seniores responsáveis por regiões e países maiores estavam baseados nesses locais, mas passavam dois a três dias por mês reunidos com Olsen e outros gerentes da matriz, de modo que as premissas básicas sob as quais a DEC operava eram constantemente reforçadas, embora a maioria dos funcionários fosse local. Todos os escritórios locais eram semelhantes e usavam as mesmas ferramentas e procedimentos para realizar seu trabalho.

No entanto, a macrocultura nacional local inevitavelmente também molda a subcultura geográfica. Uma combinação diferente de premissas pode ser encontrada em cada área geográfica, refletindo a cultura nacional local, bem como as condições de negócios, requisitos do cliente e similares. O processo de influência local torna-se mais destacado quando a ética nos negócios está envolvida, como quando oferecer dinheiro a fornecedores ou funcionários do governo local é definido em um país como suborno ou propina, sendo considerado ilegal e antiético, enquanto em outro país a mesma atividade não apenas é legal, mas é considerada uma parte essencial e normal dos negócios.

À medida que as organizações amadurecem, as unidades geográficas podem assumir cada vez mais funções. Em vez de serem apenas unidades locais de vendas ou distribuição, elas podem evoluir para divisões integradas, incluindo engenharia e fabricação. Nessas divisões, fica evidente a dificuldade subcultural adicional de alinhamento através das fronteiras funcionais. Por exemplo, as várias unidades europeias da DEC, normalmente organizadas por país, descobriram que os clientes em diferentes países queriam versões diferentes dos produtos básicos, levando à questão de onde deveria ser feita a engenharia para as necessidades locais. Por um lado, era importante manter padrões de engenharia comuns em todo o mundo, por outro, essas normas comuns tornavam o produto menòs atraente em determinada região. As unidades locais tiveram então que desenvolver sua própria engenharia para customizar o produto para o país em que era vendido.

DIFERENCIAÇÃO POR PRODUTO, MERCADO OU TECNOLOGIA

À medida que as organizações amadurecem, geralmente diferenciam-se em termos das tecnologias básicas que empregam, dos produtos gerados por essas tecnologias e dos tipos de clientes que atendem. Fundadores e líderes promovidos nas empresas mais antigas devem reconhecer e decidir em que ponto é desejável diferenciar produtos, mercados ou tecnologias, sabendo que isso criará novos problemas de integração cultural no futuro. Por exemplo, a Ciba-Geigy começou como fabricante de corantes de tecidos, mas sua pesquisa sobre componentes químicos a levou ao setor farmacêutico, agroquímico e químico-industrial. Embora a cultura essencial (*core*) estivesse baseada na química, como anteriormente descrito, era possível observar claramente diferenças subculturais que refletiam os diferentes grupos de produtos.

CAPÍTULO 11 | A DINÂMICA DE CULTURA DO CRESCIMENTO, MATURIDADE E DECLÍNIO ORGANIZACIONAL **177**

As forças que criavam tais diferenças subculturais eram de dois tipos. Primeiro, vários tipos de pessoas com origens educacionais e ocupacionais diferentes eram atraídos por empresas diferentes. Segundo a interação com o cliente exigia uma atitude mental distinta e levava a vários tipos de experiências compartilhadas. Lembre-se de quando a sede da Basileia sugeriu um programa de marketing que abrangeria todas as divisões, mas que foi derrubado quando um executivo de marketing da divisão farmacêutica disse: "Você realmente acha que um vendedor instruído, que lida diariamente com médicos e administradores hospitalares, tem alguma coisa em comum com um jovem ex-lavrador, habituado ao duro trabalho com esterco, convencendo os agricultores a comprar o mais novo pesticida?"

A Alpha Power fornece principalmente eletricidade para suas cidades, mas também possui uma unidade de gás e uma de vapor que utilizam diferentes tecnologias na prestação de seus serviços. Além disso, a empresa divide seu ambiente urbano em unidades geográficas, levando a um grande número de suborganizações que desenvolveram as próprias subculturas. Elas são rotuladas na organização como "silos" e são vistas como problemáticas para a segurança corporativa total e programas ambientais, pois as condições locais muitas vezes exigem modificações dos programas.

DEPARTAMENTALIZAÇÃO

À medida que as organizações crescem e desenvolvem mercados diferentes, frequentemente criam divisões para descentralizar a maioria das funções de produto, mercado ou unidades geográficas. Esse processo tem a vantagem de agrupar todas as funções em torno de determinada tecnologia, conjunto de produtos ou grupo de clientes, permitindo maior alinhamento entre as subculturas. Dirigir uma divisão integrada requer um gerente-geral forte que, provavelmente, deseja a autonomia justa e necessária para conduzir sua divisão. À medida que essa divisão desenvolve a própria história, ela começa a construir uma subcultura divisional, que reflete sua tecnologia e seu ambiente de mercado em particular, mesmo se estiver geograficamente próxima à matriz.

Subculturas divisionais fortes não são problemas para a matriz, a menos que a organização deseje implementar certas práticas e processos administrativos comuns. Um exemplo de minha própria experiência ilustra essa questão. Fui solicitado a atuar com a alta administração de um conglomerado de organizações pertencentes ao governo sueco para ajudar a matriz a decidir se deveria trabalhar ou não no desenvolvimento de uma "cultura comum". Esse conglomerado incluía estaleiros, mineração e, em outro extremo, produtos de consumo como a água engarrafada Ramlosa. Passei dois dias examinando todos os prós e contras e, finalmente, decidi que as duas únicas atividades que requeriam uma perspectiva comum eram os controles financeiros e o desenvolvimento de recursos humanos. Na área financeira,

178 CULTURA ORGANIZACIONAL E LIDERANÇA SCHEIN

o pessoal da matriz teve relativamente pouca dificuldade em estabelecer práticas comuns, mas na área de recursos humanos, eles enfrentaram dificuldades reais.

Do ponto de vista da matriz, era essencial desenvolver um quadro de futuros gerentes-gerais, requerendo que as divisões permitissem que os jovens gerentes de alto potencial se alternassem em diferentes divisões e unidades funcionais. Porém, as subculturas divisionais diferiam fortemente em suas premissas sobre como desenvolver gerentes. Uma divisão considerava essencial que todos os funcionários fossem promovidos internamente em razão de seu conhecimento do negócio, de modo que seus membros rejeitaram a ideia de qualquer tipo de rotação interdivisional. Em outra divisão, as pressões de custo eram tão severas que era impensável a ideia de abrir mão de um gerente de alto potencial para um programa de desenvolvimento. A norma de uma terceira divisão era que alguém seria promovido permanecendo em *stovepipes* funcionais, e os gerentes eram raramente avaliados por seu potencial generalista. Quando o programa de desenvolvimento pediu para essa divisão aceitar um gerente de outra área como prática rotativa de cargo, o pedido foi rejeitado porque o candidato não conhecia suficientemente o negócio da divisão para ser aceito em qualquer nível. As subculturas divisionais venceram e o programa de desenvolvimento foi abandonado.

A implementação de sistemas de tecnologia da informação em todas as divisões normalmente é citada como um problema importante. Por exemplo, na evolução da prática médica, a introdução de registros eletrônicos está encontrando resistência, muitos médicos se recusam a aprender a usar teclados porque tiraria muito do tempo que mantêm em contato direto, olho no olho, com seus pacientes. Muitos acham que isso despersonaliza o relacionamento em um momento em que as normas da prática médica defendem relacionamentos pessoais mais próximos para melhorar a "experiência geral do paciente".

Um dos fatos mais significativos sobre a evolução da DEC é que a empresa criou linhas de produto, mas nunca divisões, e permitiu que funções como vendas e engenharia permanecessem dominantes. Em contraste, a HP se departamentizou logo no início de sua história. Muitos gerentes da DEC especulavam que essa falha foi uma das principais razões para suas dificuldades econômicas finais.

Com a globalização, um problema cada vez maior será a imposição de processos comuns de recursos humanos. As premissas da matriz podem ser de que todos devem ser tratados da mesma maneira com relação a remuneração e benefícios, mas as realidades de outras macroculturas podem impossibilitar isso. Nos Estados Unidos, acredita-se que as pessoas devem ser pagas por suas habilidades, independentemente da posição formal ou das conexões familiares (o *status* é obtido por meio da conquista), no entanto, muitos outros países consideram apropriado contratar e pagar membros da família, independentemente do nível de realização. As empresas americanas distribuem bônus e opções de ações, mas muitas empresas não americanas seguem diretrizes salariais muito rígidas.

DIFERENCIAÇÃO POR NÍVEL HIERÁRQUICO

À medida que o número de pessoas na organização aumenta, fica cada vez mais difícil coordenar suas atividades. Um dos mecanismos mais simples e mais universais que quaisquer grupos, organizações e sociedades usam para lidar com esse problema é criar mais níveis hierárquicos, de modo que a amplitude de controle de qualquer gerente permaneça razoável. Sem dúvida, o que é definido como razoável poderá variar de 5 a 50. Todavia, está claro que qualquer organização, se for bem-sucedida e crescer, mais cedo ou mais tarde, vai diferenciar-se em mais e mais níveis.

A interação e a experiência compartilhada entre os membros de determinado nível oferecem uma oportunidade para a formação de premissas comuns – uma subcultura baseada em classificação ou *status* (Oshry, 2007). A força de tais premissas compartilhadas será uma função do volume relativo de interação e da intensidade da experiência compartilhada que os membros desse nível têm entre si em comparação com os membros de outros níveis.

Os gerentes promovidos às vezes contam histórias comoventes de como seu estilo gerencial teve que mudar à medida que subiam na hierarquia. Um executivo sênior de uma rede de supermercados descreveu como se tornou gerente de loja e teve sucesso conhecendo todos os seus funcionários pessoalmente. Quando foi promovido a gerente distrital de três lojas, ele ainda tentou manter esse contato visitando todas as unidades e passando o maior tempo possível com gerentes de lojas e departamentos. Quando foi promovido a gerente regional, com mais de 10 distritos, percebeu que não podia mais visitar as lojas porque era "um estranho cujas visitas faziam os funcionários arrumar a loja e reverenciar o chefe de alto nível".

Ele agora tinha que começar a administrar por regras e políticas e só podia ser pessoal com seus 10 gerentes distritais imediatos. Ao se mudar para a sede nacional, percebeu que precisava encontrar maneiras de desenvolver seus gerentes regionais e ajudá-los a desenvolver seus subordinados, mas seu desempenho passou a ser medido pelos resultados financeiros de cada região. Cada vez mais seu tempo era gasto examinando esses resultados e justificando-os ao CEO e ao conselho. Também notou que durante todo esse tempo estava perdendo "familiaridade funcional" não apenas com as pessoas, mas com o próprio trabalho. Ele estava se tornando cada vez mais dependente da organização abaixo dele porque sabia cada vez menos como as coisas realmente funcionavam.

O reconhecimento por parte dos gestores de que sabem cada vez menos como as coisas realmente funcionam nas trincheiras é uma das principais consequências do sucesso, do crescimento e da maturidade. Outra consequência é que os *designers* da organização, os engenheiros que criam novas ideias e processos, também caem na armadilha de não saber o que está acontecendo, além de terem uma desvantagem cultural adicional: sua cultura ocupacional, que valoriza menos o esforço humano e mais o *design* elegante. O que isso significa do ponto de vista da subcultura é que toda organização madura tem uma desconexão

180 CULTURA ORGANIZACIONAL E LIDERANÇA SCHEIN

potencial entre os executivos, os engenheiros e os *designers*, e os operadores que realmente fazem o trabalho cotidiano da organização.

A necessidade de alinhamento entre três subculturas genéricas: operadores, *designers* e executivos

Em toda organização do setor público ou privado, três subculturas genéricas precisam ser identificadas e administradas a fim de reduzir o desalinhamento ou o conflito destrutivo. Esses conflitos normalmente são mal diagnosticados como disputas políticas entre departamentos, manobras pelo poder ou conflitos de personalidade. Nessa percepção, o que pode estar faltando é que esses grupos podem ter evoluído diferentes subculturas de forma genuína, pois possuem funções distintas, enfrentam diferentes problemas de ambiente e frequentemente são baseados em macroculturas ocupacionais diversas. Em uma organização jovem, elas são misturadas e se mantêm unidas pelos fundadores, mas, em uma empresa mais antiga, elas terão evoluído para diferentes premissas básicas a respeito de si mesmas e seu papel, o que cria conflitos em potencial. Cada uma dessas "macrofunções" é necessária para a eficácia da organização, o que significa que uma das funções críticas da liderança é assegurar que essas subculturas estejam alinhadas em direção a objetivos organizacionais compartilhados.

A SUBCULTURA DA FUNÇÃO DO OPERADOR

Todas as organizações possuem alguma versão daquilo que se chama de "a linha de frente", em oposição a "o *staff*", referindo-se aos funcionários que produzem e vendem os produtos ou serviços da organização. Eu os chamo de "operadores", para identificar os funcionários que sentem que administram o local. Eles se distinguem dos *designers* do trabalho, dos "engenheiros" e dos principais executivos, cuja função é manter a saúde financeira da organização. Algumas das premissas básicas dos operadores em todas as organizações podem ser vistas no Quadro 11.1.

Essa subcultura é a mais difícil de ser descrita, pois evolui localmente em organizações e dentro das unidades operacionais. Assim, é possível identificar uma subcultura do operador em uma usina nuclear, em um complexo químico, em uma montadora de automóveis, na cabine de comando e no escritório, mas não sabemos com clareza quais elementos tornam essa cultura mais ampla que a unidade local. Para analisar essa questão, precisamos considerar que as operações em diferentes setores refletem as amplas tendências tecnológicas dentro de cada um deles.

Em um nível fundamental, o modo como alguém faz as coisas em determinada indústria reflete as tecnologias essenciais que a criaram. À medida que essas tecnologias essenciais evoluem, a natureza das operações muda. Por exemplo, conforme Zuboff (1984) argumentou

QUADRO 11.1 PREMISSAS DA SUBCULTURA DO OPERADOR

- A ação de qualquer organização é, em última análise, a ação das pessoas. Somos o recurso crítico, administramos o local
- O sucesso da empresa, portanto, depende do nosso conhecimento, habilidade, capacidade de aprendizado e comprometimento
- O conhecimento e as habilidades exigidas são "locais" e baseadas na tecnologia essencial da organização e em nossa experiência específica
- Não importa o cuidado com que o processo de produção é projetado ou com que as regras e rotinas são especificadas, sabemos que teremos que lidar com contingências imprevisíveis
- Portanto, precisamos ter a capacidade de aprender, de inovar e de lidar com as surpresas
- A maior parte das operações envolve interdependências entre elementos separados do processo, e por isso devemos ser capazes de trabalhar como uma equipe colaborativa, em que a comunicação, a abertura, a confiança mútua e o comprometimento são altamente valorizados
- Dependemos da gerência para nos dar os recursos apropriados, o treinamento e o suporte para realizar nossas funções.

de forma persuasiva, em muitos setores, a tecnologia da informação tornou o trabalho manual obsoleto, sendo substituído por tarefas conceituais. Em uma fábrica de tintas, o trabalhador não anda mais observando, cheirando, tocando e manipulando. Em vez disso, ele se senta em uma sala de controle e deduz as condições da fábrica a partir dos vários índices que aparecem na tela do computador. Mas o que define essa subcultura em todos os exemplos citados é a sensação que esses funcionários têm de que realmente administram o negócio, de que são a chave para o funcionamento da organização, a "linha de frente".

A subcultura do operador é baseada na interação humana, e a maior parte das unidades de linha aprende que altos níveis de comunicação, confiança e trabalho em equipe são essenciais para que a tarefa seja realizada com eficiência. Os operadores também aprendem que, não importa a clareza com que as regras são especificadas sobre o que deveria ser feito sob diferentes condições operacionais, o mundo é, até certo ponto, imprevisível, e eles precisam estar preparados para usar suas habilidades inovadoras para lidar com isso. Se as operações são complexas, como em uma usina nuclear, os operadores aprendem que eles são altamente interdependentes e que precisam trabalhar juntos como uma equipe, principalmente quando é preciso lidar com eventos imprevistos. Regras e hierarquia com frequência atrapalham sob condições imprevistas. Os operadores tornam-se muito sensíveis ao grau

182 CULTURA ORGANIZACIONAL E LIDERANÇA SCHEIN

em que o processo de produção é um sistema de funções interdependentes, todas devendo trabalhar juntas para serem eficientes e eficazes. Esses pontos se aplicam a todos os tipos de "processos de produção", quer estejamos falando de uma função de vendas, um grupo administrativo, uma cabine de comando ou uma unidade de serviço.

Os operadores sabem que, para realizar o trabalho com eficiência, precisam aderir à maior parte das premissas anteriormente declaradas, mas como as condições nunca são idênticas às que seu treinamento mostrou, todos os operadores aprendem a se desviar dos procedimentos formais, geralmente para realizar o trabalho, mas às vezes para subverter o que podem considerar exigências irracionais da gerência. Uma das variações mais eficazes desse processo é "trabalhar conforme a regra", que significa fazer tudo muito precisa e lentamente, tornando assim a organização muito ineficaz. Um exemplo que a maioria dos viajantes já experimentou é quando os controladores de tráfego aéreo podem praticamente paralisar o sistema trabalhando estritamente conforme a regra.

O fenômeno geral de adaptar o processo de trabalho formal à situação local e então normalizar o novo processo ensinando-o aos recém-chegados tem sido chamado de "deriva prática", sendo uma importante característica de todas as subculturas de operador (Snook, 2000). Esse é o motivo básico pelo qual os sociólogos que estudam como o trabalho é realmente feito nas organizações sempre encontram variações suficientes dos procedimentos formalmente designados para falar da "organização informal" e apontar que, sem tal comportamento inovador da parte dos funcionários, a organização poderia não ser tão eficaz (Dalton, 1959; Hughes, 1958; Van Maanen, 1979). As premissas culturais que evoluem em torno do modo como o trabalho é realmente feito costumam ser as partes mais importantes de uma cultura organizacional.

Por exemplo, como todos os observadores das unidades de produção já descobriram, os funcionários raramente trabalham com sua capacidade plena, exceto em condições de crise. Geralmente, desenvolvem-se normas de "uma carga horária justa por um salário justo", e aqueles que trabalham mais do que isso são definidos como "caçadores de hora extra" e correm o risco de serem condenados ao ostracismo. Para entender completamente como as coisas funcionam em uma organização madura, você deve, portanto, observar a cultura informal dentro das operações.

A SUBCULTURA DA FUNÇÃO DE ENGENHARIA E PROJETO

Em todas as organizações, há um grupo que representa os elementos de projeto básicos da tecnologia por trás do trabalho da empresa, e esse grupo tem o conhecimento de como essa tecnologia deve ser usada. Dentro de determinada organização, eles atuam como uma subcultura, mas o que os torna significativos é que suas premissas básicas são derivadas de sua comunidade ocupacional e sua educação. Embora os engenheiros trabalhem dentro

CAPÍTULO 11 | A DINÂMICA DE CULTURA DO CRESCIMENTO, MATURIDADE E DECLÍNIO ORGANIZACIONAL **183**

de uma organização, sua identificação ocupacional é muito mais ampla e atravessa nações e setores. Em companhias baseadas na tecnologia, os fundadores geralmente são engenheiros nesse sentido e criam uma organização dominada por essas premissas. A DEC foi uma organização desse tipo e, como veremos mais adiante, o domínio da subcultura de engenharia sobre outras funções do negócio faz parte da explicação do sucesso econômico da DEC, bem como de seu fracasso (Kunda, 1992; Schein, 2003). As premissas básicas da estrutura de engenharia estão listadas no Quadro 11.2.

As premissas compartilhadas dessa subcultura são baseadas em educação comum, experiência de trabalho e requisitos da função. A educação reforça a visão de que os problemas possuem soluções abstratas, e essas soluções, em princípio, podem ser implementadas no mundo real com produtos e sistemas livres de fraquezas e erros humanos. "Engenheiros", usando esse rótulo no sentido mais amplo, são projetistas de produtos e sistemas que possuem utilidade, elegância, permanência, eficiência, segurança e, talvez, como no caso da arquitetura, até mesmo apelo estético. No entanto, esses produtos são basicamente projetados para exigir respostas padrão de seus operadores humanos ou, de forma ideal, não ter nenhum operador humano.

Quando projeta sistemas complexos, como aviões a jato ou usinas nucleares, o engenheiro prefere uma rotina técnica para garantir a segurança, em vez de contar com uma equipe humana para gerenciar as contingências que possam surgir. Os engenheiros reconhecem o fator humano e projetam em função dele, mas preferem tornar os sistemas o mais automático possível, devido à premissa básica de que, em última análise, são as pessoas que cometem erros. Ken Olsen, o fundador da DEC, ficaria furioso se alguém dissesse que houve um "erro de computação", e explicaria que máquinas não cometem erros, somente os humanos.

QUADRO 11.2 PREMISSAS DA SUBCULTURA DE ENGENHARIA (COMUNIDADE GLOBAL)

- O mundo ideal possui máquinas e processos elegantes que atuam em perfeita precisão e harmonia, sem intervenção humana
- As pessoas são o problema, elas cometem erros e, portanto, devem ser excluídas do sistema sempre que possível
- A natureza pode e deve ser dominada: "aquilo que é possível deve ser feito" (proativamente otimista)
- As soluções devem ser baseadas na ciência e na tecnologia disponível
- O trabalho real envolve resolver dúvidas e contornar problemas
- O trabalho deve ser orientado a produtos e resultados úteis.

184 CULTURA ORGANIZACIONAL E LIDERANÇA SCHEIN

A segurança está embutida nos próprios projetos. Uma vez eu perguntei a um piloto da Egyptian Airlines se ele preferia aviões russos ou americanos. Ele respondeu imediatamente que preferia os americanos, pois os aviões da Rússia têm apenas um ou dois sistemas de *backup*, enquanto os dos Estados Unidos têm três sistemas de *backup*. Na mesma linha, ouvi dois engenheiros dizendo um ao outro durante um pouso no aeroporto de Seattle que a tripulação da cabine era totalmente desnecessária. O avião poderia facilmente ser pilotado e pousado por computador.

Em outras palavras, um dos principais temas na subcultura da engenharia é a preocupação em excluir os humanos dos sistemas, e não em incluí-los. Lembre-se de que a San Francisco Bay Transit Authority (BART), a agência de trânsito de São Francisco, foi projetada para operar com trens totalmente automatizados. Nesse caso, não foram os operadores, mas os clientes que se opuseram a esse grau de automação, forçando a administração a colocar condutores humanos de volta em cada trem, embora não tivessem nada a fazer além de tranquilizar as pessoas com sua presença. A automação e a robótica são cada vez mais populares devido ao menor custo e maior confiabilidade dos sistemas que não precisam de humanos. Mas, como foi apontado, as pessoas são necessárias quando as condições mudam e exigem respostas inovadoras.

Concentrei-me em engenheiros nas organizações técnicas, mas todas as organizações possuem um equivalente. Na medicina, seriam os médicos que estão desenvolvendo novas técnicas cirúrgicas; em escritórios de advocacia, os projetistas de sistemas informatizados para a criação dos documentos necessários; na indústria de seguros, os atuários e *designers* de produtos; e no mundo financeiro, os criadores de novos e sofisticados instrumentos financeiros. Sua função não é fazer o trabalho cotidiano, mas desenvolver novos produtos, novas estruturas e novos processos para que a organização se torne mais eficaz. Não está totalmente claro como a "engenharia de *software*" deve ser percebida. É projeto, operações ou ambos?

Tanto operadores quanto engenheiros frequentemente se encontram desalinhados com uma terceira cultura crítica, a cultura dos executivos.

A SUBCULTURA DOS EXECUTIVOS

Uma terceira subcultura genérica que existe em todas as organizações é a subcultura dos executivos, baseada no fato de que os altos gerentes de todas as organizações compartilham um ambiente e preocupações semelhantes. Essa subcultura geralmente é representada apenas pelo CEO e sua equipe executiva. Sua visão de mundo é construída em torno da necessidade de manter a sobrevivência e a saúde financeira da organização e é alimentada pelas preocupações dos conselhos, dos investidores e do mercado de capitais. Quaisquer que sejam as outras preocupações que os executivos possam ter, eles não podem deixar de gerenciar as questões financeiras de sobrevivência e crescimento de sua organização. Nas

CAPÍTULO 11 | A DINÂMICA DE CULTURA DO CRESCIMENTO, MATURIDADE E DECLÍNIO ORGANIZACIONAL **185**

empresas privadas, os executivos precisam se preocupar especificamente com os lucros e o retorno dos investimentos, mas as questões financeiras relacionadas à sobrevivência e ao crescimento são igualmente importantes nas empresas públicas e sem fins lucrativos. A essência dessa subcultura executiva está descrita no Quadro 11.3.

Como exemplo, um estudo de Donaldson e Lorsch (1983) mostrou que o nível executivo toma todas as decisões por meio de um "sistema de crenças dominante", que traduz todas as necessidades de seus principais constituintes – os mercados de capitais dos quais eles devem tomar empréstimos, os mercados de trabalho dos quais contratam seus empregados, fornecedores e, mais importante, seus clientes – em termos financeiros. Os executivos usavam equações mentais complexas para tomar suas decisões. Havia nitidamente uma cultura executiva que girava em torno das finanças. Se a cultura se forma em torno da experiência comum, pode-se também postular que, na maioria das organizações, haverá uma subcultura de gerência intermediária, porque eles não têm poder nem autonomia e, portanto, devem

---

QUADRO 11.3 PREMISSAS DA SUBCULTURA DOS EXECUTIVOS (COMUNIDADE GLOBAL)

Foco financeiro

- Sem manutenção e crescimento financeiro, não há retorno para os acionistas ou para a sociedade
- A sobrevivência financeira é equivalente à batalha perpétua com os concorrentes.

Foco na autoimagem: o herói solitário em apuros

- O ambiente econômico é perpetuamente competitivo e potencialmente hostil. "Em uma batalha, você não pode confiar em ninguém."
- Portanto, o CEO deverá ser "o herói solitário", isolado e sozinho, embora pareça ser onisciente, no controle total, e sentir-se indispensável
- O CEO não pode confiar nos dados que vêm de baixo, porque os subordinados dirão o que acham que ele quer ouvir, portanto, deve confiar cada vez mais no próprio julgamento (ou seja, a falta de *feedback* preciso aumenta o senso de retidão e onisciência do líder)
- A organização e a gestão são intrinsecamente hierárquicas. A hierarquia é a medida de *status* e sucesso, e é o principal meio de manter o controle
- Embora as pessoas sejam necessárias, elas são um mal necessário, não um valor intrínseco. Pessoas são um recurso, como outros recursos a serem adquiridos e administrados, não fins em si mesmas
- A máquina organizacional bem lubrificada não precisa das pessoas como um todo, apenas das atividades para as quais são contratadas.

186 CULTURA ORGANIZACIONAL E LIDERANÇA SCHEIN

aprender a viver nesse ambiente de autoridade ambíguo. Da mesma forma, os supervisores de primeira linha têm sido frequentemente identificados como uma subcultura distinta, pois são vistos tanto como operários quanto como gerência.

As premissas básicas da subcultura executiva se aplicam particularmente aos CEOs que ascenderam hierarquicamente e foram promovidos a seus cargos. Fundadores de organizações ou membros da família que foram nomeados para esses níveis apresentam diferentes tipos de premissas e quase sempre podem manter um foco mais amplo e humanista (Schein, 1983). O CEO promovido costuma adotar o ponto de vista exclusivamente financeiro, devido à natureza de sua carreira executiva. À medida que os gerentes ascendem cada vez mais na hierarquia e que seu nível de responsabilidade e prestação de contas cresce, eles têm que se preocupar mais com questões financeiras e descobrem que fica cada vez mais difícil observar e influenciar o trabalho básico da organização. Descobrem também que precisam administrar a distância, e isso inevitavelmente os obriga a pensar em termos de sistemas e rotinas de controle, que se tornam cada vez mais impessoais.

Como a prestação de contas é sempre centralizada e flui para o topo das organizações, os executivos sentem uma necessidade crescente de saber o que está acontecendo, reconhecendo que é cada vez mais difícil obter informações confiáveis. Essa necessidade de informação e controle os impulsiona a desenvolver sistemas de informação elaborados junto com os sistemas de controle e a se sentir cada vez mais sozinhos em sua posição no topo da hierarquia.

Paradoxalmente, ao longo de sua carreira, os gerentes precisam lidar com pessoas e certamente reconhecer intelectualmente que são elas que, em última análise, fazem a organização funcionar. Os supervisores de primeira linha,[*] especialmente, sabem muito bem como são dependentes das pessoas. No entanto, à medida que os gerentes ascendem na hierarquia, dois fatores fazem com que eles se tornem mais "impessoais".

Primeiro, eles ficam cada vez mais conscientes de que não estão mais gerenciando *operadores*, mas outros *gerentes* que pensam como eles, tornando assim não apenas possível, mas provável que seus padrões de pensamento e visão de mundo diferenciem-se cada vez mais da visão de mundo dos operadores. Em segundo lugar, à medida que ascendem, as unidades que administram crescem cada vez mais, até que se torna impossível conhecer pessoalmente todos os que trabalham nelas. Em algum momento, eles reconhecem que não podem gerenciar todas as pessoas diretamente e, portanto, precisam desenvolver sistemas, rotinas e regras para administrar "a organização". As pessoas passam a ser vistas como "recursos humanos" e são tratadas como um custo e não como um investimento de capital. Os subordinados imediatos também representam um problema por serem pessoas, mas

---

*N.R.T.: supervisor de primeira linha é o supervisor operacional, coordenador de uma área ou qualquer outro cargo que represente a média gerência.

CAPÍTULO 11 | A DINÂMICA DE CULTURA DO CRESCIMENTO, MATURIDADE E DECLÍNIO ORGANIZACIONAL **187**

estarem concorrendo ao cargo de CEO e, portanto, precisam ser tratados de forma impessoal para evitar acusações de favoritismo.

Assim, a subcultura executiva tem em comum com a subcultura da engenharia a propensão a ver as pessoas como recursos impessoais, que geram problemas em vez de soluções. Outra maneira de explicar esse ponto é observar que tanto na subcultura executiva quanto na de engenharia, as pessoas e os relacionamentos são vistos como meios para o fim da eficiência e da produtividade, não como fins em si mesmos. Essas duas subculturas também têm em comum sua base ocupacional fora da organização específica em que trabalham. Mesmo que um CEO ou engenheiro tenha passado toda a sua carreira dentro de determinada organização, ele ainda tende a se identificar com o grupo de referência ocupacional fora da empresa. Por exemplo, ao conduzir programas executivos para CEOs, eles só irão comparecer se outros CEOs estiverem presentes. Da mesma forma, os engenheiros de projeto contam com a possibilidade de ir a conferências profissionais, onde aprenderão as tecnologias mais modernas que seus colegas profissionais externos utilizam.

Destaquei essas três subculturas porque muitas vezes elas trabalham com propósitos opostos umas às outras, e não podemos compreender a cultura organizacional se não entendermos como esses conflitos são tratados na organização. Muitos problemas atribuídos à burocracia, fatores ambientais ou conflitos de personalidade entre os gestores são, na verdade, resultado da falta de alinhamento entre essas subculturas. Assim, quando tentamos compreender determinada organização, devemos considerar não apenas a cultura corporativa geral, mas também a identidade das diversas subculturas e avaliar o alinhamento entre elas.

O papel exclusivo da função executiva: gerenciamento da subcultura

Descrevi a subcultura do executivo e suas propensões. O que resta dizer, porém, é que a função executiva na maioria das organizações públicas e privadas tem, também, o papel único de gerenciar as demais funções e, portanto, lidar com as demais subculturas. É por esse motivo que os executivos, os líderes formais das organizações, precisam entender e gerenciar a dinâmica cultural para que a empresa funcione bem.

Como veremos nos capítulos seguintes sobre evolução da cultura e mudança gerenciada, os piores exemplos de mau gerenciamento da cultura são organizações em que os líderes transferem a responsabilidade por esse gerenciamento para a função de recursos humanos ou para consultores. As subculturas não podem coordenar a si próprias. Os líderes criam cultura, e são eles que precisam gerenciar as culturas que estão na meia-idade organizacional e além, se as mudanças ambientais, tecnológicas, econômicas ou políticas criarem a ameaça de um declínio organizacional (O'Reilly e Tushman, 2016). A cultura da organização que foi construída sobre o sucesso do passado pode se tornar, em vários graus, disfuncional, exigindo que o líder perceba a necessidade de uma "mudança de cultura". Essa mudança varia desde a simples adaptação aos processos evolutivos normais, direcionando-os sem mudar o DNA cultural, ou confrontando a necessidade de uma mudança cultural mais fundamental, conforme descrito nos capítulos seguintes.

RESUMO E CONCLUSÕES

O sucesso da organização geralmente produz a necessidade de expansão, com o crescimento e o amadurecimento, as empresas precisam se diferenciar em unidades funcionais, geográficas, de produto, de mercado ou hierárquicas. Nesse processo, uma das funções críticas da liderança é reconhecer as consequências culturais das várias formas de diferenciação. Novos subgrupos acabarão compartilhando experiência suficiente para criar subculturas baseadas em experiências ocupacionais, nacionais e exclusivamente históricas. Depois que ocorre essa diferenciação, a tarefa do líder é encontrar maneiras de coordenar, alinhar e integrar as diferentes subculturas.

O crescimento e a idade também produzem problemas gerais de perda de relacionamentos pessoais e a substituição gradual dos métodos presenciais de coordenação, mensuração, responsabilização e manutenção do foco estratégico por rotinas padronizadas, contratos, mecanismos de comunicação impessoais e o que acaba sendo rotulados negativamente como burocracia.

Os líderes não devem se surpreender quando descobrirem que diferentes funções parecem não estar falando a mesma língua, quando gerentes geograficamente isolados não interpretam com precisão os memorandos da matriz ou quando as preocupações da alta administração sobre custos e produtividade não são compartilhadas pelos funcionários. Construir uma organização eficaz é, em última análise, uma questão de mesclar as diferentes subculturas, incentivando a evolução de metas comuns, linguagem comum e procedimentos comuns para a solução de problemas.

É fundamental que os líderes reconheçam que esse alinhamento cultural requer humildade cultural de sua parte junto a habilidades para reunir diferentes subculturas em um tipo de diálogo que mantenha o respeito mútuo e crie uma ação coordenada. Isso exige cada vez mais a projeção de ilhas culturais e a solução dialógica de problemas dentro da organização, do tipo que descrevi no Capítulo 7 para o gerenciamento de macrocultura.

- Pense em uma organização em que você esteja interessado e compare as atividades dos *designers*, engenheiros, operadores e executivos.
- Para cada um desses grupos, descubra o ambiente em que estão inseridos e como isso afeta sua cultura.
- Veja se você consegue identificar a falta de alinhamento entre as culturas dos três grupos.

CAPÍTULO 12

EVOLUÇÃO CULTURAL NATURAL E GUIADA

Este capítulo trata dos processos naturais pelos quais a cultura evolui e muda à medida que as organizações crescem e amadurecem, e também discute como líderes de mudança podem instigar esses processos. Essa influência pode ocorrer por meio do redesenho deliberado da estrutura da organização para criar ambientes diferentes aos subgrupos, alterando alguns dos processos organizacionais e, assim, "coagindo" novos tipos de comportamento, que podem ou não levar a novas crenças e valores, ou aproveitando-se de eventos naturais como desastres ou escândalos, que forçam um novo comportamento entre os membros da organização. Essas mudanças geralmente não são planejadas nem precedidas por diagnósticos ou avaliações culturais formais. Em vez disso, elas resultam do modo como os líderes da mudança reagem a eventos emergentes.

Nos próximos capítulos, vamos nos ater aos casos em que os líderes de mudança percebem um problema específico a ser enfrentado e iniciam um processo de transformação *gerenciado*, que inevitavelmente envolverá a cultura de alguma forma. Para poder conduzir os processos normais de mudança evolutiva, os líderes precisam compreendê-los.

Os mecanismos e processos pelos quais a cultura pode evoluir, e de fato evolui, dependem do estágio em que a organização se encontra. Essas ferramentas são cumulativas no sentido de que, em um estágio mais avançado, todos os mecanismos de mudança anteriores ainda estão em operação, mas outros estão se tornando relevantes.

É especialmente importante que os líderes formais compreendam como essas ferramentas funcionam, pois os melhores programas de mudança costumam ser aqueles em que o líder contribui para um processo evolutivo normal, em vez de ir contra o que pode se tornar os elementos mais estáveis no DNA cultural. A resistência baseada no DNA cultural é bastante

190 CULTURA ORGANIZACIONAL E LIDERANÇA SCHEIN

provável se considerarmos que uma organização de uma macrocultura pode estar inserida em uma macrocultura diferente, com seu DNA próprio. Por exemplo, uma corporação de um país em que subornar as autoridades é um procedimento normal notaria que suas tentativas de fazer isso nos Estados Unidos é inútil ou até mesmo perigoso.

Fundação e crescimento inicial

No primeiro estágio – a fundação e o crescimento inicial de uma nova organização – o principal impulso cultural vem dos fundadores e de suas premissas, conforme descrevemos no Capítulo 8. O paradigma cultural que é incorporado (*embedded*) torna-se a competência distintiva dessa organização, a base de identidade dos membros e a "cola" psicossocial que a une. A ênfase nesse estágio inicial está em diferenciar a empresa do ambiente e de outras organizações, à medida que explicita sua cultura, integra-a na medida do possível e a ensina aos novatos (ou os seleciona pela compatibilidade inicial).

As implicações para a mudança nesse estágio são claras. A cultura em uma empresa jovem e em crescimento será profundamente assimilada porque (1) os criadores iniciais da cultura ainda estão presentes, (2) a cultura ajuda a organização a se definir e a encontrar seu caminho em um ambiente potencialmente hostil e (3) muitos elementos da cultura são aprendidos como defesas contra a ansiedade que surge enquanto a organização luta para se desenvolver e se manter.

Por conseguinte, é provável que as propostas de mudar a cultura de forma deliberada de dentro para fora ou de fora para dentro sejam totalmente ignoradas ou sofram forte resistência. Ao contrário, os membros ou as coalizões dominantes tentarão preservar e melhorar a cultura. A única força que pode influenciar tal situação é uma crise externa de sobrevivência na forma de uma rápida queda da taxa de crescimento, perda de vendas ou lucro, o fracasso de um produto importante, a perda de alguma pessoa-chave ou algum outro evento que não possa ser ignorado. Se tal crise ocorrer, pode ser que o fundador seja desacreditado e que um novo dirigente entre em cena. Se a base da organização permanecer intacta, a cultura também permanecerá. Então, como a cultura evolui na fase de crescimento inicial de uma organização?

MUDANÇA INCREMENTAL POR MEIO DA EVOLUÇÃO GERAL E ESPECÍFICA

Se a organização não estiver sob muito estresse externo e se o fundador ou a família fundadora estiver presente por muito tempo, a cultura evolui em pequenos incrementos ao assimilar continuamente o que melhor funciona no decorrer dos anos. Tal movimento envolve dois processos básicos: a evolução geral e a específica (Sahlins e Service, 1960).

CAPÍTULO 12 | EVOLUÇÃO CULTURAL NATURAL E GUIADA **191**

Evolução geral. A evolução geral para o estágio seguinte do desenvolvimento envolve diversificação, complexidade crescente, níveis maiores de diferenciação e integração e síntese criativa em formas novas e mais complexas. O crescimento das subculturas, a diversificação para outras macroculturas, o envelhecimento gradual e a saída do grupo de fundadores, a mudança de estrutura de propriedade de privada (capital fechado) para pública (capital aberto) e a aquisição ou fusão com outras empresas criam a necessidade de novas estruturas, novos sistemas de governança e novos alinhamentos culturais. Embora haja muitos modelos propostos para essa evolução, minha experiência mostra que ainda precisamos ver muito mais casos antes que qualquer um deles possa ser validado (Adizes, 1990; Aldrich e Ruef, 2006; Chandler, 1962; Gersick, 1991; Greiner, 1972; Tushman e Anderson, 1986).

O princípio básico desse processo evolutivo é que a cultura corporativa geral se adaptará às mudanças em seu ambiente externo e em sua estrutura interna. As premissas básicas podem ser mantidas, mas a forma como aparecem pode mudar, criando novos padrões de comportamento que, no fim, mudam o caráter dessas premissas. Por exemplo, na DEC, as premissas de que se "deve chegar à verdade por meio do debate" e de sempre "fazer a coisa certa" evoluíram do debate fundamentado puramente na lógica para discussões que pretendiam proteger a própria unidade.

Evolução específica. A evolução específica envolve a adaptação de determinadas partes da organização a seus ambientes particulares e o impacto da diversidade cultural subsequente sobre a cultura essencial (*core*). Esse é o mecanismo que leva as organizações de diferentes indústrias a desenvolver culturas diferentes na *indústria* e subgrupos a desenvolver subculturas diversas. Assim, uma empresa de tecnologia avançada desenvolverá habilidades em pesquisa e desenvolvimento (P&D) altamente refinadas, enquanto uma empresa de produtos de consumo de alimentos ou cosméticos desenvolverá habilidades sofisticadas em marketing. Em cada caso, tais diferenças passarão a refletir premissas básicas importantes sobre a natureza do mundo e a experiência real de crescimento da organização.

Se a subcultura é baseada na ocupação, ela também adquirirá seus valores *à medida que a própria ocupação mudar.* Por exemplo, a função de pessoas na maioria das empresas a princípio é definida muito localmente na cultura da organização, mas, à medida que a ocupação se torna mais cosmopolita e "profissional", mais gerentes nessa função começam a defender os valores e crenças da *profissão*, mesmo que isso se desvie da cultura corporativa. Em muitas organizações, os "recursos humanos" começaram a exercer o poder e a mudar algumas das regras para se adequarem à profissão, ficando, assim, menos alinhados com o DNA cultural original.

Essa falta de alinhamento entre os ideais da cultura corporativa e as práticas de uma subcultura é uma das principais forças que levam à "evolução gerenciada da cultura" à medida que a organização amadurece (comunicação pessoal, Cook, 2016). No estágio inicial, essas diferenças serão toleradas e haverá um esforço para minimizá-las. Por exemplo, estava claro

192 CULTURA ORGANIZACIONAL E LIDERANÇA SCHEIN

que a organização de serviço na DEC era dirigida mais autocraticamente, mas isso era tolerado porque todos entendiam que uma organização de serviço exigia mais disciplina para que os clientes recebessem um serviço eficiente e pontual. O princípio de ordem superior de "fazer as coisas certas" justificava todos os tipos de variações gerenciais nas diversas funções. No entanto, é a falta de alinhamento entre a cultura e as subculturas da empresa que se torna uma força importante para a mudança da meia-vida em diante.

EVOLUÇÃO AUTO-ORIENTADA POR MEIO DO *INSIGHT*

Uma organização jovem geralmente é bastante consciente de sua cultura, mesmo que não chame sua maneira de fazer as coisas de "nossa cultura". Em algumas empresas (p. ex., a DEC), a cultura tornou-se foco de atenção e foi percebida como fonte de força. Os gerentes da DEC perceberam que sua cultura era um importante motivador e força integradora, então criaram *boot camps* para ajudar os recém-chegados a obter *insights* e publicaram muitos documentos internos nos quais a cultura era explicitamente articulada e apontada como um ponto forte. Eles também reconheceram que as premissas culturais e as normas que criaram poderiam ser usadas como um poderoso mecanismo de controle (Kunda, 1992; O'Reilly e Chatman, 1996).

EVOLUÇÃO GERENCIADA POR HÍBRIDOS

Os mecanismos anteriores servem para preservar e melhorar a cultura existente, mas as transformações no ambiente, frequentemente, criam desequilíbrios que forçam maior mudança adaptativa, que desafia algumas das premissas mais profundas do paradigma cultural. Como uma organização jovem, altamente comprometida com sua identidade, pode fazer tais mudanças? Um mecanismo de mudança gradual e incremental é a promoção sistemática de pessoas de dentro da organização (*insiders*) cujas próprias premissas estejam mais bem adaptadas às novas realidades externas. Por serem *insiders*, aceitam mais a essência cultural e têm credibilidade. Mas, em razão de suas personalidades, experiências de vida ou da subcultura em que suas carreiras foram desenvolvidas, assumem premissas que variam em diferentes graus do paradigma básico e, assim, podem levar a organização gradualmente a novos modos de pensar e agir. Quando tais gerentes são colocados em posições-chave, frequentemente trazem à tona nos outros o sentimento de que "Não gostamos das mudanças que ele está fazendo, mas pelo menos é um dos nossos".

Para esse mecanismo funcionar, os líderes mais experientes da empresa devem ter o *insight* sobre o que precisa ser mudado e o que está faltando ou inibindo a mudança na cultura. Eles podem conseguir esse *insight* realizando atividades formais de avaliação cultural, estimulando o questionamento pelos membros do conselho e consultores ou participando de programas educacionais em que se encontram com outros líderes. O que todas essas atividades têm em comum é que obrigam o líder a se desprender parcialmente de sua cultura

CAPÍTULO 12 | EVOLUÇÃO CULTURAL NATURAL E GUIADA **193**

para poder olhar para ela de forma mais objetiva. Se os líderes reconhecerem a necessidade de mudança, podem começar a selecionar "híbridos" para os cargos-chave, localizando *insiders* que possuem uma inclinação para novas crenças e valores que eles desejam introduzir ou intensificar. Por exemplo, à medida que a indústria da computação passou da inovação do *hardware* para o desenvolvimento de *softwares*, os líderes de mudança puderam colocar gerentes mais especializados em *software* em cargos-chave no desenvolvimento de produtos. Como a DEC precisava se tornar mais disciplinada em suas operações enquanto crescia, colocou mais pessoas de manufatura para cargos-chave na linha de produtos, pois elas haviam aprendido a ser mais disciplinadas em sua função.

Transição para a meia-idade: problemas de sucessão

Podemos definir a meia-idade organizacional estruturalmente como o estágio em que os proprietários fundadores renunciam ao controle da organização para gerentes-gerais promovidos ou nomeados. Eles ainda podem ser proprietários e permanecer no conselho, mas o controle operacional é entregue a uma segunda geração de gerentes-gerais. Esse estágio pode ocorrer lenta ou rapidamente e pode acontecer quando a organização é muito pequena ou muito grande, portanto, é melhor pensar nele estruturalmente e não temporalmente. Muitas *startups* atingem a meia-idade muito rápido, enquanto uma organização como a IBM só a atingiu quando Tom Watson Jr. largou as rédeas da empresa. A Ford Motor Company talvez ainda esteja na fase de transição, pois um membro da família, William Clay Ford, é o presidente do conselho.

A sucessão dos fundadores e das famílias proprietárias para a meia-idade sob o comando de gerentes-gerais, envolve, frequentemente, muitos subestágios e processos. O primeiro e, frequentemente, o mais crítico desses processos é quando o fundador deixa o cargo de CEO. Mesmo que seu sucessor seja um dos filhos do fundador ou outro membro de confiança da família, está na natureza dos fundadores e empreendedores ter dificuldade de renunciar ao que criaram (Dyer, 1986, 1989; Schein, 1978; Watson e Petre, 1990). Durante a fase de transição, os conflitos sobre que elementos da cultura os funcionários gostam ou não se tornam substitutos para o que gostam ou não no fundador, porque a maior parte da cultura é, provavelmente, reflexo de sua personalidade.

Batalhas se desenrolam entre os "conservadores", que gostam da cultura do fundador, e os "liberais" ou "radicais", que desejam mudá-la parcialmente porque pretendem melhorar sua posição de poder. O perigo dessa situação é que os sentimentos sobre o fundador estão projetados na cultura e, no esforço de substituí-lo, parte dela é desafiada. Se os membros da organização esquecerem que a cultura é um conjunto de soluções aprendidas que produz sucesso, conforto e identidade, podem tentar mudar aspectos importantes que valorizam e necessitam.

194 CULTURA ORGANIZACIONAL E LIDERANÇA SCHEIN

Nesse estágio é comum faltar um entendimento do que a cultura organizacional representa e o que ela está fazendo pela organização, independentemente de como surgiu. Os líderes de mudança entre os investidores e os membros do conselho devem, portanto, desenvolver processos de sucessão que aprimorem as partes da cultura que oferecem identidade, competência distinta e proteção contra a ansiedade. Os novos líderes devem não apenas ter competência para levar a organização para a maturidade, mas também devem ter crenças e atitudes compatíveis com a cultura, ou então falharão, como aconteceu com John Sculley e vários outros CEOs de fora que a Apple recrutou. Descobrir qual é o DNA da cultura existente e o DNA das macroculturas em que a organização está inserida tornam-se tarefas críticas para um líder de mudança.

A preparação para sucessão é psicologicamente difícil para o fundador e os sucessores potenciais porque os empreendedores, em geral, gostam de manter níveis elevados de controle. Eles podem, oficialmente, estar preparando os sucessores, mas, de forma inconsciente, estão evitando que pessoas poderosas e competentes passem a ocupar esses cargos. Podem até designar sucessores, mas evitam que assumam responsabilidades suficientes para aprender a exercer o cargo. É a chamada "síndrome de Príncipe Albert", de quando a Rainha Vitória não deu a seu filho muitas oportunidades para assumir o poder como rei. Esse padrão ocorre mais em transições de pai para filho, como aconteceu na IBM (Watson e Petre, 1990).

Quando o fundador ou família fundadora finalmente abandona o controle, surge uma oportunidade para mudar a direção da evolução cultural se o sucessor for flexível e representar o que é necessário para a sobrevivência da organização. Se não for achado o tipo certo de flexível, a organização quase sempre recorre a ex-membros que se tornaram flexíveis ao desenvolver sua carreira fora da organização original. Por exemplo, depois que Scully foi demitido pela Apple, vários CEOs externos foram contratados, mas nenhum foi capaz de revitalizar a empresa. Somente quando trouxeram de volta Steve Jobs, que havia criado e dirigido a NeXT e, presumivelmente, aprendido algumas coisas novas e valiosas para a organização que ele fundou, que a Apple recuperou seu impulso.

Em sua meia-vida, os elementos mais importantes da cultura terão sido fixados na estrutura e nos principais processos da organização. Logo, a conscientização da cultura e a tentativa deliberada de construir, integrar ou conservá-la tornam-se menos importantes. A cultura que a organização adquiriu durante seus primeiros anos se torna naturalizada. Provavelmente, os únicos elementos conscientes são as crenças, os valores dominantes expostos, os *slogans* da empresa, os estatutos e outros pronunciamentos públicos sobre o que a empresa deseja e pretende ser – sua filosofia e ideologia –, que podem ou não ser coerentes com seu DNA cultural.

Diversos mecanismos de mudança entram em jogo em conexão com esses processos de transição. Eles podem ser lançados pelo fundador ou proprietário que está se retirando ou pelo novo CEO, ou podem ocorrer espontaneamente. Nas organizações de meia-idade, esses mecanismos operarão *em conjunto* com aqueles anteriormente mencionados.

MUDANÇAS APROVEITANDO A DIVERSIDADE DAS SUBCULTURAS

A força da organização de meia-idade está na diversidade de suas subculturas. Os líderes podem, portanto, desenvolver culturalmente as organizações de meia-idade avaliando as forças e as fraquezas de diferentes subculturas e, então, direcionando a cultura corporativa para uma dessas subculturas e promovendo sistematicamente pessoas dessa subcultura para posições-chave de poder. Essa é uma extensão do uso de híbridos anteriormente mencionado, mas tem um efeito mais potente na meia-idade porque a preservação da cultura corporativa não é um problema tão grande como era na organização jovem em crescimento. Além disso, a organização de meia-idade é liderada por gerentes-gerais que não estão tão emocionalmente presos à cultura original e estão, assim, em melhores condições de avaliar as direções futuras necessárias. Quando a Ciba-Geigy passou por uma mudança de produto/mercado, no caso em direção aos produtos farmacêuticos, observei que vários dos mais importantes cargos de gerência geral em nível corporativo passaram a ser ocupados por executivos da divisão farmacêutica.

Enquanto a diversidade das subculturas é uma ameaça à organização jovem, nas de meia-idade ela pode ser uma vantagem distinta, caso o ambiente esteja mudando. A diversidade aumenta a capacidade adaptativa. A única desvantagem desse mecanismo de mudança é sua lentidão. Se o ritmo da mudança de cultura precisa ser acelerado devido a condições de crise, devem ser lançados projetos mais sistemáticos de mudança planejada.

MUDANÇAS NA TECNOLOGIA

Os elementos da cultura, mesmo no nível de premissa básica, às vezes são forçados a evoluir na meia-idade quando uma nova tecnologia é trazida de forma "disruptiva" por concorrentes ou pelos próprios líderes, por meio de fusões, aquisições ou das próprias unidades de P&D (Christensen, 1997; O'Reilly e Tushman, 2016). Novas tecnologias exigem novo comportamento de funcionários e gerentes, podendo ou não ser compatíveis com seus talentos e preferências. Conforme Zuboff (1984) mostrou de forma tão poderosa, quando a tecnologia da informação e os números na sala de controle substituíram a dependência dos dados sensoriais dos funcionários na fabricação de tintas, muitos não conseguiram fazer a transição e tiveram que abandonar aquilo que se tornara uma "nova" cultura para eles. Os médicos que agora são obrigados a preencher dados eletrônicos de pacientes e não usam mais a escrita manual para prescrições experimentam essas inovações como grandes mudanças culturais, com as quais muitos se ressentem e se recusam a adotar.

Curiosamente, experimentei recentemente outra faceta dessa mudança de tecnologia quando meu médico estava usando o Google Glass, que lhe permitiam olhar diretamente

196 CULTURA ORGANIZACIONAL E LIDERANÇA SCHEIN

para mim e ditar tudo aquilo que ele costumava digitar em um computador. As mudanças na tecnologia não influenciam diretamente a cultura, mas impõem novos comportamentos, o que gradualmente leva a novas habilidades, crenças e atitudes. Quando apareceram os primeiros computadores pessoais, muitas organizações exigiram que todos os gerentes começassem a usá-los, assim como a medicina está começando a forçar os médicos a usá-los para registros e prescrições médicas. O líder de mudança perspicaz notará que, se as crenças e os valores forem seguidos, a maneira pela qual essas novas tecnologias são introduzidas influencia a probabilidade de uma aceitação bem-sucedida. Em vez de apenas ceder à força coercitiva da nova tecnologia, muitos líderes de mudança criaram mais programas de *mudança gerenciada* do tipo discutido nos próximos capítulos.

Como uma preliminar aos programas de mudança gerenciada, as empresas têm usado "intervenções educacionais" para introduzir uma nova tecnologia social como parte de um programa de desenvolvimento organizacional, com o propósito declarado de criar alguns conceitos e linguagem comuns em uma situação em que percebem falta de premissas compartilhadas. Por exemplo, a *grid* gerencial de Blake (Blake e Mouton, 1969; Blake, Mouton e McCanse, 1989); a "dinâmica de sistemas" e "a organização de aprendizagem", apresentadas em *A quinta disciplina*, de Senge (1990) e *Teoria U*, de Scharmer (2007); a gestão de qualidade total; e o sistema de produção da Toyota, geralmente definido como "enxuto" (Womack, Jones e Roos, 1990).

A prática cada vez mais utilizada de introduzir microcomputadores e a tecnologia de informação em rede, os cursos de treinamento obrigatórios, a introdução de sistemas especializados para facilitar a tomada de decisão e o uso de diversos tipos de *ferramentas virtuais* para possibilitar reuniões remotas sem as barreiras de tempo e espaço constituem, claramente, outra versão da "sedução" tecnológica, embora, talvez, seus arquitetos originais não tenham previsto esse fator (Gerstein, 1987; Grenier e Metes, 1992; Johansen et al., 1991; Savage, 1990; Schein, 1992). A premissa por trás dessa estratégia é que uma nova linguagem e conceitos comuns em determinada área cultural, como "a forma como as pessoas se relacionam com seus subordinados" ou "como as pessoas definem a realidade em termos de seus modelos mentais", aos poucos forçará os membros da organização a adotar um quadro de referência comum que, por fim, levará a novas premissas compartilhadas.

Um exemplo não usual de sedução tecnológica foi dado por um gerente que assumiu uma transportadora britânica com mais de 100 anos de história, e com uma carta de aprovação real, que desenvolvera fortes tradições em torno de seus caminhões azuis com o brasão real de armas pintado nas laterais. A empresa estava perdendo dinheiro porque não estava buscando agressivamente novos conceitos de como vender transporte. Após observar a organização por alguns meses, o novo CEO, repentinamente e sem justificativa, ordenou que toda a frota de caminhões fosse pintada de branco. Desnecessário dizer que houve consternação. Surgiram delegações insistindo para o presidente reconsiderar a decisão, protestos sobre

CAPÍTULO 12 | EVOLUÇÃO CULTURAL NATURAL E GUIADA **197**

perda de identidade, previsões de desastre econômico total e outras formas de resistência. O presidente ouviu tudo pacientemente, mas reiterou o que desejava que fosse feito, e que fosse rápido, neutralizando, assim, a resistência ao tornar a solicitação inegociável.

Após os caminhões serem pintados de branco, os motoristas, repentinamente, perceberam que os clientes estavam curiosos sobre o que a empresa havia feito e perguntavam o que seria colocado nos veículos em substituição aos antigos logos. Isso levou os funcionários de todos os níveis a pensar sobre o negócio em que trabalhavam e começaram a orientar seu foco para o mercado, que era o que o presidente estava tentando estabelecer desde o início. Certo ou errado, ele acreditava que não conseguiria esse foco mais amplo só com uma solicitação. Precisava levar os funcionários a uma situação em que não haveria outra escolha a não ser repensarem sua identidade.

Além desses processos intraorganizacionais, temos que reconhecer que a revolução mais ampla de TI é pelo menos tão poderosa quanto a introdução do automóvel na criação de grandes mudanças no mundo inteiro, mesmo no conceito de "organização" e "comunidade ocupacional". Como Tyrell (2000) coloca em seu resumo desses impactos: "o desenvolvimento e a implantação de tecnologias de comunicação de rápida interação (especialmente... a internet, intranets, EDI [*electronic data interchange*] e a World Wide Web) produziram novos ambientes que dão a muitas pessoas acesso sem precedentes a comunidades de interesse especializadas" (p. 96). Depois que essas palavras foram escritas, surgiram Facebook, LinkedIn, Twitter e outras novas tecnologias que já estão tornando até mesmo o *e-mail* potencialmente obsoleto.

Se as fronteiras das organizações e comunidades ocupacionais se tornam fluidas, surge toda a questão de como a cultura, como premissas compartilhadas, pode se formar e operar em um grupo de pessoas que interagem apenas eletronicamente (Baker, 2016). Alguns dos aspectos mais fundamentais da cultura tratam de como as pessoas administram suas interações. Na era eletrônica, novas formas de contrato social devem evoluir para lidar com questões de autoridade e convivência. Por exemplo, muitas organizações de serviços profissionais agora consistem em uma empresa matriz muito pequena e uma enorme rede de especialistas relevantes, geograficamente dispersos (advogados, consultores, doutores), que estão "à disposição", mas não são funcionários da organização, exceto por prestação de serviços. À medida que vários contratos de trabalho mudam, o conceito do que é uma "carreira" também muda, levando a uma maior evolução cultural no domínio macrocultural (Schein e Van Maanen, 2013).

MUDANÇA CULTURAL PELA INCLUSÃO DE *OUTSIDERS*

As premissas compartilhadas podem ser alteradas, mudando-se a composição dos grupos dominantes ou das coalizões em uma organização – o que Kleiner identificou em sua pesquisa como "o grupo que realmente importa" (2003). A versão mais potente desse mecanismo de mudança ocorre quando um conselho de diretores empossa um novo CEO, ou um novo CEO assume a organização como resultado de uma aquisição, fusão ou compra alavancada. Geralmente, o novo CEO traz pessoas de sua confiança e afasta aquelas que representam a antiga e ineficaz forma de trabalhar. Como resultado, isso destrói o grupo ou a subcultura hierárquica que deu origem à cultura corporativa e inicia um novo processo de formação cultural. Se houver fortes subculturas funcionais, geográficas ou divisionais, os novos líderes, geralmente, têm que substituir também os líderes dessas unidades. Dyer (1986, 1989) examinou esse mecanismo de mudança em várias empresas e constatou que ele segue certos padrões:

- A organização desenvolve uma sensação de crise em razão do desempenho declinante ou de algum tipo de fracasso no mercado, concluindo que necessita de uma nova liderança
- Simultaneamente, há enfraquecimento da "manutenção do padrão" no sentido em que os procedimentos, as crenças e os símbolos que apoiam a antiga cultura se rompem
- Um novo líder, com novas crenças e valores, é trazido de fora para lidar com a crise
- Os defensores das antigas premissas e a nova liderança entram em conflito
- Se a crise for amenizada e o novo líder receber o crédito, ele vence o conflito, e as novas crenças e valores passam a ser assimiladas e reforçadas por um novo conjunto de atividades de manutenção padronizadas.

A versão extrema disso é chamada de gerenciamento de "reviravolta", que muda drasticamente as estruturas e os processos e expõe novas crenças e valores, mas isso pode acontecer em diversos graus. Os funcionários podem pensar: "Não gostamos da nova abordagem, mas temos que reconhecer que somos rentáveis de novo, de modo que, talvez, precisemos experimentar os novos processos". Aqueles que continuam a se apegar ao passado são forçados a deixar a empresa ou saem voluntariamente, porque não mais se sentem confortáveis com a nova direção da organização e com como as coisas são feitas.

O novo líder pode fracassar de três maneiras: a melhoria não ocorre, o novo líder não recebe crédito pela melhoria que de fato ocorre, ou as premissas do novo líder ameaçam grande parte do núcleo da cultura que ainda está baseada nas tradições do fundador. Se uma dessas três condições acontecerem, o novo líder será desacreditado e forçado a sair, como aconteceu com Scully na Apple (dizem que ele nunca recebeu o respeito da comunidade técnica dentro da Apple, que era seu núcleo). Essa situação ocorre com frequência quando alguém de fora é trazido para empresas novas, em que os fundadores ou as famílias proprietárias ainda são poderosas. Nessas circunstâncias, é alta a probabilidade de que o novo líder viole as premissas dos proprietários, que o forçarão a sair.

Às vezes, a mudança cultural é estimulada pela contratação sistemática de *outsiders* para assumir cargos abaixo da alta administração e, gradualmente, aperfeiçoar e remodelar as ideias desta última. É mais provável que isso ocorra quando esses *outsiders* assumem subgrupos, remoldam suas culturas, tornam-se altamente bem-sucedidos e, assim, criam um modelo de como a organização pode funcionar. Provavelmente, a versão mais comum desse processo é a contratação de um *outsider* forte ou a promoção de um *insider* inovador para dirigir uma das divisões mais autônomas de uma organização multidivisional. Se essa divisão for bem-sucedida, não apenas gerará um novo modelo para as outras se identificarem, mas também criará um quadro de gerentes que poderão ser promovidos a cargos mais elevados e, por conseguinte, influenciarão a parte principal da organização. Conforme O'Reilly e Tushman (2016) mostraram, também é assim que as empresas podem lidar com mudanças disruptivas tecnológicas ou de mercado, criando as próprias subunidades de ruptura e promovendo seu crescimento junto à cultura original.

Por exemplo, a divisão Saturn da General Motors e a fábrica NUMMI (New United Motor Manufacturing, Inc.) – *joint venture* da GM e Toyota – receberam liberdade deliberada para desenvolver novas premissas sobre como envolver os funcionários no *design* e na produção dos carros e, assim, aprenderam algumas novas premissas culturais sobre os relacionamentos humanos em um contexto fabril. Similarmente, a GM também adquiriu a EDS (Electronic Data Systems) como estímulo tecnológico à mudança organizacional. Cada uma dessas unidades tonou-se bem-sucedida e criou diferentes culturas, assim, elas poderiam se tornar um modelo para mudança na organização matriz, mas o "experimento" da GM mostrou que, se uma subcultura inovadora estiver inserida em uma macrocultura forte, a cultura maior não necessariamente adota a nova cultura. A GM fechou a Saturn e a NUMMI apesar de sua necessidade de fazer grandes mudanças, pois o DNA dos inovadores entrou em grande conflito com as premissas básicas que tinham impulsionado a GM e que persistiam mesmo depois que a empresa passou por processos de falência alguns anos mais tarde.

Maturidade organizacional e declínio potencial

O sucesso continuado cria dois fenômenos organizacionais que tornam a mudança cultural mais complicada: (1) muitas premissas básicas tornam-se mais fortemente mantidas e (2) as organizações desenvolvem valores expostos e ideais sobre si mesmas, que estão cada vez menos alinhados com as premissas reais pelas quais elas operam. Se os ambientes interno e externo permanecem estáveis, as premissas fortemente mantidas podem ser uma vantagem. No entanto, se houver uma mudança no ambiente, algumas dessas premissas compartilhadas podem se tornar um problema exatamente por causa de sua força.

À medida que uma organização amadurece, ela também desenvolve uma ideologia positiva e um conjunto de mitos sobre como opera. A empresa desenvolve uma autoimagem, uma "cara" organizacional, por assim dizer, que será construída em torno das melhores coisas que ela faz e já fez. Como as organizações, assim como os indivíduos, têm a necessidade de autoestima e orgulho, não é incomum que elas comecem a afirmar ser o que aspiram ser ou

200 CULTURA ORGANIZACIONAL E LIDERANÇA SCHEIN

foram no passado, enquanto suas práticas efetivas são mais responsivas às realidades de realizar sua tarefa primária. Portanto, os valores expostos passam a estar, em variados graus, desalinhados com as premissas reais que evoluíram a partir de práticas cotidianas bem-sucedidas e com algumas das premissas que se desenvolveram nas diversas subculturas.

Os melhores exemplos desses mitos podem ser vistos em torno da questão da "segurança" em indústrias de alto risco, como empresas petrolíferas, empresas de energia, companhias aéreas, hospitais e outras organizações que defendem a preocupação com a segurança de seus funcionários e do público. Cada um desses setores e empresas individuais defende que "a segurança é nossa principal preocupação", mas suas práticas são quase sempre impulsionadas por várias compensações envolvendo custo, produtividade, cronogramas e considerações políticas (Amalberti, 2013). Nos dois grandes acidentes sofridos pela NASA com os ônibus espaciais *Challenger* e *Columbia* alguns funcionários relataram preocupações com a possibilidade de problemas com a segurança. As mortes da BP Texas City foram resultado da proximidade das casas de funcionários com locais de processos químicos perigosos. A falha em tampar o poço no Golfo do México ocorreu porque havia apenas um em vez de dois sistemas de *backup*, devido a pressões de custo. A ironia final desse caso foi que, no dia da explosão, os funcionários estavam recebendo prêmios por desempenho de segurança devido à redução no número de "escorregões, tropeções e quedas".

Se não acontecer nada para expor essas incompatibilidades, surgem mitos que dão suporte aos valores expostos, e até mesmo constroem reputações que estão fora da realidade. O exemplo mais comum na década de 1990 foi o mito em muitas empresas de que elas nunca demitiriam ninguém; e, em 2009, o mito de que os bancos, as instituições financeiras e os setores relacionados poderiam sobreviver às consequências do estouro da bolha imobiliária. É a força cada vez maior da cultura e a ilusão de que os valores expostos são realmente o modo como a organização opera que torna a mudança gerenciada da cultura tão difícil em uma companhia madura. A maioria dos executivos dirá que apenas uma "plataforma em chamas" ou alguma grande crise motivará uma avaliação real e um processo de mudança decorrente disso.

MUDANÇA CULTURAL POR MEIO DE ESCÂNDALOS E EXPLOSÃO DE MITOS

Onde existem divergências entre os valores adotados e as premissas básicas, o escândalo e a explosão de mitos tornam-se os principais mecanismos de mudança cultural. Nada motiva uma avaliação e posterior programa de mudança até que ocorra um acidente grave, geralmente envolvendo perda de vidas, que produz consequências que não podem ser ocultadas, evitadas ou negadas e, portanto, cria um escândalo público e visível. Acidentes desastrosos, como o quase colapso em Three Mile Island, as perdas dos ônibus espaciais *Challenger* e *Columbia*, a explosão química de Bhopal, a explosão da refinaria BP Texas City e o derramamento de óleo no Golfo do México e a destruição da usina nuclear de Fukushima pelo *tsunami*, rapidamente levaram a um clamor para "examinar a cultura que poderia permitir que tal coisa acontecesse". No setor de saúde, o equivalente é uma "morte culposa", que revela uma falha nos programas de segurança do hospital.

Nesses casos, normalmente se descobre que as premissas pelas quais a organização estava operando se desviaram para o que era mais econômico e prático para realizar o trabalho, e essas práticas passaram a ser, em variados graus, diferentes do que a ideologia oficial declarava (Gerstein, 2008; Snook, 2000). Frequentemente havia reclamações dos funcionários identificando essas práticas, mas, por estarem desalinhadas com o que a organização desejava acreditar sobre si mesma, elas eram ignoradas ou negadas, às vezes levando à punição dos funcionários que traziam a informação. Quando um funcionário se sente forte o suficiente para denunciar, pode provocar um escândalo e as práticas podem finalmente ser reexaminadas, embora a carreira do denunciante possa ser arruinada (Gerstein, 2008).

Escândalos públicos forçam os altos executivos a examinar normas, práticas e premissas naturalizadas e operadas de forma inconsciente. Desastres e escândalos não causam *automaticamente* uma mudança de cultura, mas são uma poderosa força de negação que não pode ser ignorada e que, portanto, iniciam algum tipo de programa público de autoavaliação e mudança. Nos Estados Unidos, esse tipo de reexame público começou com relação à cultura ocupacional das finanças com os escândalos públicos envolvendo a Enron e diversas outras organizações que desenvolveram práticas financeiras questionáveis. As práticas de supervisão do governo foram revisadas após o escândalo de Bernie Madoff, e até mesmo algumas das premissas mais fundamentais do sistema capitalista de livre iniciativa foram reexaminadas por causa da profunda recessão de 2009. Esses reexames às vezes levam a novas práticas, mas não criam automaticamente novas culturas, porque essas práticas podem não resultar em maior sucesso externo ou conforto interno. Os escândalos criam as condições para que novas práticas e valores entrem em jogo, mas eles só se tornam novos elementos culturais se produzirem resultados melhores.

Depois que um escândalo ou crise traz à consciência premissas básicas e é avaliado como disfuncional, as opções estão entre algum tipo de "reviravolta", uma transformação mais rápida de partes da cultura para permitir que a organização se torne adaptável de novo, ou destruição da organização e sua cultura por um processo de reorganização total por meio de uma fusão, aquisição, um processo de recuperação com líderes externos ou processos de falência (ou todos os anteriores). De qualquer forma, é provável que sejam necessários novos líderes de mudança fortes para descongelar a organização e iniciar o programa de mudança que por fim transformará o DNA cultural (Kotter e Heskett, 1992; Tichy e Devanna, 1987). O ponto importante a ser observado é que, quando mitos são desfeitos, há uma oportunidade para os líderes de mudança conduzirem a organização em uma nova direção.

MUDANÇA CULTURAL POR MEIO DE FUSÕES E AQUISIÇÕES

Quando uma organização adquire outra ou quando duas organizações se fundem por motivos financeiros ou de marketing, ou em vários tipos de *joint ventures*, há um choque cultural inevitável porque é improvável que duas organizações tenham a mesma cultura. O papel da liderança é mostrar como melhor gerenciar esse choque. As duas culturas podem ser deixadas em paz para se desenvolverem à sua maneira. Um cenário mais provável é que uma cultura dominará e, gradualmente, converterá ou excomungará os membros da outra cultura. Uma terceira alternativa é mesclar as duas culturas, selecionando seus elementos para construir uma nova, seja deixando que novos processos de aprendizagem ocorram ou selecionando deliberadamente os elementos de cada cultura para cada um dos principais processos organizacionais (Salk, 1997; Schein, 2009b).

Por exemplo, na fusão da HP com a Compaq, muitos acharam que era, na verdade, uma aquisição que levaria ao domínio da HP. Na verdade, as equipes de implementação da fusão examinaram cada processo de negócio de ambas as organizações, escolheram o que parecia melhor e o instituíram imediatamente. Desse modo, elementos de ambas as culturas foram importados, alcançando a meta de eliminar os elementos que a liderança da HP achava disfuncionais na cultura HP.

Uma variação interessante dessa abordagem foi relatada na compra pela General Electric da Pignone, uma antiga empresa italiana em 1994, uma aquisição que Jack Welch mais tarde anunciou como um passo fundamental na "globalização" da GE (Busco, Riccaboni e Scapens, 2002). Nem é preciso dizer que a cultura da GE e da Pignone diferiam em muitas dimensões, mas a abordagem da GE para a aquisição era impor apenas seu sistema contábil e, assim, concentrar tudo nos números, mesmo quando os executivos da GE exortavam os gerentes da Pignone "a não prestar atenção aos números, mas concentrar-se na visão". Os números, sendo mais objetivos e gerenciáveis, não apenas se tornaram o foco principal, como também permitiram à Pignone melhorar significativamente seus processos de gestão. Os autores relatam que a Pignone, que inicialmente resistiu a ser dominada pela cultura da GE, começou a ficar muito interessada em como a GE operava e voluntariamente passou a adotar muitos outros elementos da cultura da GE!

MUDANÇA CULTURAL POR MEIO DE DESTRUIÇÃO E RENASCIMENTO

Esse título dramático reflete o fato de que trazer executivos de fora porque não há híbridos que possam evoluir a cultura estrategicamente é o último recurso quando uma empresa madura está enfrentando uma séria crise de sobrevivência. Se a diretoria ou os investidores trouxerem um *outsider* forte para "consertar" a situação, o chamado "gerente de recuperação", é provável que esse novo líder ache necessário trazer a própria equipe e basicamente descartar os gerentes que abraçam os antigos fundamentos culturais. Em outras palavras,

CAPÍTULO 12 | EVOLUÇÃO CULTURAL NATURAL E GUIADA **203**

quando você remove os principais portadores de cultura, geralmente os veteranos nos níveis seniores, pode destruir a cultura porque está destruindo o grupo.

Quando uma empresa é adquirida, pode haver um processo semelhante em que a organização compradora impõe sua cultura substituindo todas as pessoas-chave na aquisição por seu próprio pessoal. Uma terceira versão dessa destruição geralmente ocorre por meio de processos de falência. Durante esses procedimentos, a diretoria pode trazer executivos totalmente novos, cancelar a certificação de um sindicato, reorganizar funções, trazer novas tecnologias e forçar de outras maneiras uma mudança de cultura real. Uma nova organização então começa a funcionar e a construir sua nova cultura. Esse processo é traumático e, portanto, não costuma ser usado como uma estratégia deliberada, mas pode ser necessário se a sobrevivência econômica estiver em jogo. Na recessão de 2009, muitas organizações financeiras e empresas automobilísticas passaram por tais processos destrutivos, mas nem sempre se pode prever de que forma o "renascimento" ocorreu ou ocorrerá. Pesquisas históricas sobre transformações passadas na indústria mostram que, algumas vezes, mesmo com crises, ocorrem apenas pequenas mudanças, enquanto em outras, as mudanças são verdadeiramente transformadoras (Gersick, 1991; Tushman e Anderson, 1986).

RESUMO E CONCLUSÕES

Descrevi vários mecanismos e processos pelos quais a cultura muda de uma forma natural, mas também observei que essas transformações podem ser dirigidas por líderes de mudança. Como foi observado, funções diferentes são atendidas pela cultura em diferentes estágios organizacionais, e os problemas de mudança são, por conseguinte, diferentes nesses estágios. No estágio de formação de uma organização, a cultura tende a ser uma força de crescimento positivo que precisa ser elaborada, desenvolvida e articulada. Na meia-idade organizacional, a cultura torna-se diversa, formando muitas subculturas. Decidir quais elementos precisam ser mudados ou preservados torna-se uma das questões estratégicas mais difíceis que o líder enfrenta, mas, nesse momento, ele também tem mais opções para mudar premissas ao recompensar de maneira diferente as várias subculturas. No estágio de maturidade e declínio, a cultura com frequência torna-se parcialmente disfuncional e só pode ser mudada por meio de processos mais drásticos, como escândalos que levam a fusões, aquisições, falência e reviravoltas.

A cultural evolui a partir da entrada de pessoas com novas premissas na organização e de diferentes experiências de diversas partes da empresa. Os líderes têm o poder de estimular a diversidade e encorajar a formação da subcultura, ou então podem, por meio de seleção e promoção, reduzir a diversidade e, dessa forma, manipular a direção em que determinada organização evolui culturalmente. Quanto mais turbulento for o ambiente, mais importante é para a empresa maximizar a diversidade, maximizando assim também suas chances de se ajustar a quaisquer novos desafios que o ambiente crie por ter uma seleção mais ampla de híbridos à disposição.

- Analise a abordagem sobre mudanças apresentada no capítulo, considerando o contexto da pandemia de Covid-19.
- Considere um evento ambiental negativo que tenha ocorrido nos últimos anos e identifique as mudanças que ocorreram.
- Você consegue se lembrar de alguma mudança importante nos anos recentes que tenha acontecido sem um escândalo ou crise de algum tipo?

PARTE 4

AVALIAÇÃO DA CULTURA E LIDERANÇA DA MUDANÇA PLANEJADA

O que tentei oferecer até agora é uma análise descritiva do que é a cultura, como ela funciona e como pensar a respeito dela e entendê-la. Quando e como você *avaliará* a cultura depende inteiramente de suas razões. Por exemplo, você pode querer avaliar a cultura de uma organização que lhe ofereceu um emprego e se perguntar se se adaptaria ou não a ela. Ou pode ser um líder que está pensando em adquirir outra empresa e pode querer saber como sua cultura e a cultura da nova empresa se encaixarão. Você pode ser um gerente que está tentando reduzir o conflito entre dois departamentos subordinados e deseja saber a respeito das culturas desses dois setores. Ou pode ser um executivo de recursos humanos cujo CEO lhe perguntou se os funcionários estão suficientemente comprometidos com seus trabalhos e pediu que você criasse "uma cultura de engajamento". Ou então pode ser um executivo de hospital que está preocupado com muitas mortes por negligência ou altas taxas de infecção e ouviu falar sobre o conceito de "cultura de segurança" em setores de alto risco.

Com isso, quero dizer que cada uma dessas e muitas outras razões possíveis para avaliar uma cultura podem levar a diferentes processos de diagnóstico e mudança, usando diferentes tipos de ferramentas e modelos de mudança. O que faremos nesta parte do livro é oferecer, da melhor maneira possível, algumas das questões genéricas de avaliação e mudança, descrevendo os tipos de ferramentas de avaliação cultural e os processos mais apropriados para cada uma dessas questões genéricas. No Capítulo 13, revisamos o problema geral da avaliação quando ela está envolvida com um conceito tão complexo quanto a *cultura*. Nos Capítulos 14 e 15, focamos nos dois principais métodos de avaliação que evoluíram em relação aos programas de *mudança* de cultura e, no Capítulo 16, indicamos um modelo geral de mudança a ser considerado pelos líderes de mudança.

Nosso último capítulo irá considerar quais são as questões envolvidas na criação e gestão da cultura agora e possivelmente no futuro. O que os líderes devem ser e fazer para lidar com essa área complexa?

CAPÍTULO 13

A DECODIFICAÇÃO DA CULTURA

A cultura organizacional pode ser estudada de várias formas. O método escolhido deve ser determinado de acordo com seu propósito. Avaliar uma cultura apenas por curiosidade é tão vago quanto avaliar apenas a personalidade ou o caráter de um indivíduo. A análise faz mais sentido quando existe algum problema a ser esclarecido ou alguma questão específica sobre a qual precisamos de informação. Veremos que a forma como realizamos a avaliação e que ferramentas usamos dependem muito de nosso propósito. Se pensarmos em todas as dimensões culturais que analisamos nos capítulos anteriores, perceberemos que decifrar a cultura até o nível de suas premissas básicas pode ser uma grande tarefa. Este capítulo descreve os problemas gerais encontrados quando tentamos decifrar algo tão complexo quanto a cultura.

Por que decifrar a cultura?

Existem muitas razões diferentes para se querer decifrar ou avaliar uma cultura organizacional. Em um extremo está a pesquisa acadêmica pura, onde o pesquisador tenta apresentar um retrato de uma cultura a colegas pesquisadores e outras partes interessadas para desenvolver uma teoria ou testar alguma hipótese. Inclui-se aí a maior parte dos antropólogos que vão viver em uma cultura para obter uma visão privilegiada e, em seguida, escrevem um trabalho apresentando a cultura para que outros tenham uma noção do que acontece nela (p. ex., Dalton, 1959; Kunda, 1992; Van Maanen, 1973).

No outro extremo está a necessidade do aluno de avaliar a cultura de uma organização para decidir se irá ou não trabalhar lá, ou a necessidade de um funcionário ou gerente de

208 CULTURA ORGANIZACIONAL E LIDERANÇA SCHEIN

compreender melhor sua organização a fim de melhorá-la. Entre esses opostos está a necessidade do consultor e do agente de mudança de decifrar a cultura para facilitar algum programa de mudança que a organização tenha iniciado, a fim de resolver um problema do negócio. O que difere muito nesses casos é o foco e o nível de profundidade envolvidos na avaliação e quem precisa saber os resultados. Ao final deste capítulo, discutiremos também as questões éticas e os riscos envolvidos em cada uma dessas abordagens.

DECIFRAR DE FORA

Não é apenas o etnógrafo ou o pesquisador que precisa decifrar a cultura de uma empresa. O candidato a uma vaga, o cliente e o jornalista, de vez em quando, também necessitam descobrir o que acontece dentro de uma organização em particular. Eles não precisam conhecer a totalidade de determinada cultura, mas tem de entender parte de sua essência em relação à sua meta. A versão mais comum dessa necessidade é uma pessoa recém-graduada que deseja saber se irá ou não trabalhar em determinada organização. Assim, ela pode

- Visitar e observar
- Identificar artefatos e processos que sejam intrigantes
- Perguntar aos que trabalham lá por que as coisas são feitas daquele modo
- Identificar valores expostos que sejam atraentes e perguntar como eles são implementados dentro da organização
- Procurar inconsistências e perguntar o que realmente determina o comportamento cotidiano.

O ponto essencial é não se envolver demais com o conteúdo profundo da cultura até que você a tenha experimentado no nível de artefato. Isso significa visitar os espaços públicos, fazer passeios, pedir para ver as áreas internas e ler qualquer literatura que a organização coloque à disposição. O primeiro corte ao pensar em áreas de conteúdo deve vir das coisas que o intrigam. Por que os escritórios (ou cubículos ou mesas) estão dispostos dessa forma, por que o ambiente é tão silencioso ou barulhento, por que não há quadros nas paredes e assim por diante? Suas necessidades e interesses pessoais devem guiar esse processo, não uma lista de verificação (*checklist*) formal. Para se concentrar no conteúdo, tente observar como os *insiders* (funcionários) se comportam em relação às questões críticas de autoridade e convivência.

Você terá conhecido alguns *insiders* nesse processo – recrutadores, representantes de clientes, guias turísticos, amigos que trabalham lá ou desconhecidos amigáveis com quem você pode iniciar uma conversa. Quando você interage com *insiders*, a cultura se revela na maneira como essas pessoas lidam com você. A cultura é mais bem revelada por meio da interação. Pergunte aos *insiders* sobre as coisas que observou que o intrigam. Para sua surpresa, eles também podem ficar confusos, porque não sabem necessariamente por que sua cultura funciona daquela maneira. Mas ficar intrigado em conjunto começa a lhe dar uma visão das camadas da cultura, e você pode fazer a mesma pergunta a outros *insiders*, alguns dos quais podem entender melhor o que está acontecendo. Se você leu tudo sobre a organização e ouviu suas declarações a respeito de metas e valores, procure evidências de que eles estão ou não sendo alcançados e pergunte aos *insiders* como isso ocorre. Se descobrir inconsistências, pergunte a respeito delas. Sempre que ouvir uma generalização ou uma abstração como "aqui nós somos um time", peça alguns exemplos específicos de comportamentos que demonstrem isso.

Esse processo de decifração não pode ser padronizado, porque as organizações são muito diferentes quanto ao que permitem que as pessoas de fora vejam. Em vez disso, é preciso pensar como um antropólogo, apoiar-se fortemente na observação e depois fazer o acompanhamento com vários tipos de investigação. A razão para se concentrar em coisas que o confundem é que isso mantém a investigação pura. Se você começar tentando verificar suas suposições ou estereótipos da organização, será percebido como ameaçador, podendo obter informações imprecisas e defensivas. Se demonstrar uma incompreensão genuína, os *insiders* se esforçarão para ajudá-lo a entender. Nesse sentido, a melhor forma de indagação pode ser revelar algo que o intriga e depois dizer: "Ajude-me a entender por que as seguintes coisas estão acontecendo".

DECIFRAR EM UM PAPEL DE PESQUISADOR É UMA INTERVENÇÃO

Se você é um pesquisador tentando decifrar determinada questão de seu estudo, o primeiro problema é conseguir entrar. Ao contatar a organização e negociar o que precisa e o que pode oferecer em troca, você passará por todas as etapas anteriores com os *insiders* que já conheceu e irá adquirir muito conhecimento cultural superficial, mas potencialmente muito relevante. Dependendo dos objetivos da sua pesquisa, você terá então que decidir quais informações adicionais deseja obter para conhecer a cultura com mais profundidade.

É preciso observar que levantar dados válidos de um sistema humano complexo é intrinsecamente difícil, implica uma variedade de escolhas e opções e *é sempre uma intervenção na vida da organização*. A maior e mais óbvia dificuldade no levantamento de dados culturais válidos é um fenômeno bem conhecido: pessoas envolvidas no tema das pesquisas tendem a resistir e ocultar dados, mantendo-se na defensiva ou a exagerar para impressionar o pesquisador ou obter alívio catártico – "Finalmente alguém está suficientemente interessado em ouvir nossa história." A necessidade de tal alívio deriva do fato de que mesmo as melhores organizações geram "toxinas" – frustrações com o chefe, tensões pela falta de objetivos, competição destrutiva entre colegas, recursos escassos, exaustão pelo trabalho excessivo e assim por diante (Frost, 2003; Goldman, 2008).

CULTURA ORGANIZACIONAL E LIDERANÇA SCHEIN

No processo de tentar entender como a organização realmente funciona, o pesquisador pode encontrar-se ouvindo histórias de aflições e sofrimento de funcionários ansiosos ou frustrados que não têm outra válvula de escape. Se o pesquisador quiser obter um retrato preciso do que está ocorrendo na empresa, deve encontrar um método para encorajar os entrevistados a "dizer a verdade" em vez de tentar impressioná-lo, ocultar dados ou liberar a tensão ou a raiva. A melhor maneira de fazer isso pode ser se voluntariar para ajudar de alguma maneira ou se tornar parte da equipe, perguntar se há tarefas que você poderia fazer em meio período ou de alguma outra forma indicar que está disposto a ajudar e que não está lá apenas para colher dados.

Se você fizer qualquer tipo de contato com a organização, mesmo se for apenas para obter permissão de observar silenciosamente, o sistema humano é perturbado de formas imprevisíveis. O funcionário sendo observado pode vê-lo como um espião ou uma oportunidade de catarse, como anteriormente comentado. Surgirão questionamentos sobre o motivo de a diretoria permitir sua presença ali. Você pode ser visto como um transtorno, um perturbador ou uma plateia para a qual se atua. Mas não terá como saber quais dos muitos resultados possíveis de sua intervenção serão obtidos, nem se eles são desejáveis ou não do ponto de vista ético ou de levantamento de dados. Por essa razão, é preciso examinar minuciosamente a ampla faixa de intervenções possíveis e escolher com cuidado que método usar.

As muitas formas possíveis de levantamento de dados podem ser vistas na lista a seguir em termos dos graus de envolvimento do "pesquisador" com a organização sendo estudada e de envolvimento dos membros da organização no processo de levantamento de dados. Coloquei pesquisador entre aspas porque, com sistemas humanos, não há como ser "apenas um pesquisador", a menos que você estude literalmente só os produtos da organização ou seus dados demográficos. *As questões éticas de fazer a pesquisa, portanto, devem ser consideradas logo no início e devem estar acima das necessidades do pesquisador por dados confiáveis e válidos.*

- Dados demográficos: mensuração das "variáveis distantes"
- Análise de conteúdo dos documentos e produtos da organização, como histórias, mitos, rituais, símbolos e outros artefatos
- Etnografia ou observação participante: pedir para frequentar o ambiente, acompanhando os participantes selecionados e sentando-se em silêncio para observar, mas evitando se envolver, mesmo que solicitado
- Participação em função voluntária ou de assistência
- Pedir aos membros para preencher questionários, avaliações, testes objetivos e graduações como indivíduos e anonimamente, com os resultados medidos externamente
- Intervenções educacionais, testes projetivos, centros de avaliação e entrevistas

CAPÍTULO 13 | A DECODIFICAÇÃO DA CULTURA **211**

- Pesquisa-ação ou pesquisa por contrato iniciada pela organização
- Pesquisa clínica de incidentes como parte de um processo de assistência ou consultoria
- Envolvimento total em processos de melhoria, como controle estatístico da qualidade ou reprojeto do processo "enxuto"
- Assumir um cargo por algum tempo para experimentar totalmente a cultura.

Experimentos geralmente não são possíveis por questões éticas, mas pesquisas e questionários são muito utilizados, com as limitações discutidas em detalhes no próximo capítulo. Se a interpretação de dados culturais exigir interação com as pessoas, você pode usar entrevistas semiestruturadas, testes projetivos ou situações de avaliação padronizadas, mas esses métodos, mais uma vez, levantam questões éticas sobre a possibilidade de o estudo interferir no sistema além do que foi concordado e influenciar a cultura por meio do próprio processo de levantamento de dados.

Em uma entrevista, podem-se fazer perguntas gerais, como:

- Como você avalia sua vinda para esta organização?
- O que você avalia como mais importante para uma boa relação com seus colegas?
- Como os chefes comunicam suas expectativas?

O principal problema com essa abordagem é que ela consome muito tempo e pode ser difícil reunir os dados de diferentes indivíduos em um quadro coerente, porque cada pessoa pode ver as coisas de formas levemente diferentes, ainda que usem as mesmas palavras. Logo, o dilema é como ter acesso a grupos que revelam as premissas culturais mais profundas. A resposta é que você precisa, de alguma forma, motivar a organização a querer se revelar, pois terá algo a ganhar. Isso nos leva aos conceitos de *pesquisa-ação* e *pesquisa clínica*. A pesquisa-ação geralmente é considerada um processo no qual os membros da organização estudada se envolvem no levantamento dos dados e, especialmente, na interpretação do que foi descoberto. Se a motivação para o projeto é ajudar o pesquisador a levantar dados válidos, o rótulo de pesquisa-ação é apropriado. No entanto, se o projeto foi iniciado pela organização para resolver um problema, seguimos para o que eu chamei de "pesquisa ou levantamento clínico" (Schein, 1987a, 2001, 2008).

PESQUISA CLÍNICA: APURAÇÃO NO PAPEL DE ASSISTENTE OU CONSULTOR

A metodologia que mais tenho usado para decifrar a cultura é aprender com minha própria experiência como assistente, seja como voluntário ou como consultor remunerado. Esse nível de análise pode ser alcançado se a organização precisar de algum tipo de auxílio seu e se você estiver tentando ajudar a empresa a se entender melhor para fazer mudanças. Sua percepção mais profunda da cultura é então um subproduto de sua ajuda, e é provável

212 CULTURA ORGANIZACIONAL E LIDERANÇA SCHEIN

que ela seja ainda mais profunda, porque no papel de ajudante você pode fazer perguntas que os *insiders* normalmente considerariam intrusivas. O diferencial crítico desse modelo de pesquisa é que os dados vêm voluntariamente dos membros da organização, seja porque eles iniciaram o processo e têm algo a ganhar se revelando a você, o *outsider*, ou, se você iniciou o projeto, porque sentem que têm algo a ganhar cooperando. Em outras palavras, não importa como o contato foi iniciado, os melhores dados culturais virão à tona se os membros da organização sentirem que estão recebendo alguma ajuda da sua parte.

Se você é um etnógrafo ou pesquisador, deverá analisar cuidadosamente o que pode genuinamente ter a oferecer à organização e trabalhar na direção de um contrato psicológico em que a empresa se beneficie de alguma forma ou até mesmo se torne um cliente. Esse modo de pensar requer que você reconheça desde o início que sua presença será uma intervenção, e que a meta deve ser como torná-la útil à organização.

Os etnógrafos contam histórias sobre como não foram "aceitos" até se tornarem úteis aos membros da empresa, fosse fazendo um trabalho que precisava ser feito ou contribuindo de algum outro modo (Barley, 1984; Kunda, 1992). A contribuição pode ser totalmente simbólica e não relacionada ao trabalho do grupo que está sendo estudado. Por exemplo, Kunda (1992) conta que, em seu trabalho com um grupo de engenharia, teve a "permissão" de estudar a organização, seus membros toleravam sua presença, mas com muita indiferença, o que tornou difícil perguntar sobre o que certos rituais e eventos significavam para eles. Entretanto, Kunda jogava futebol muito bem e foi convidado a disputar partidas no horário de almoço. Um dia, marcou um gol para o seu time, dali em diante, conta ele, seu relacionamento com a equipe mudou completamente. De repente, estava "dentro" e fazia parte do grupo, o que tornou possível discutir muitos assuntos que anteriormente estavam fora dos limites.

Em seu estudo sobre a introdução da tomografia computadorizada no departamento de radiologia de um hospital, Barley (1984) ofereceu-se para integrar a equipe e foi aceito, realmente contribuindo de várias maneiras para a realização do trabalho. O ponto importante é aproximar-se da organização com a intenção de ajudar, não apenas de levantar dados. Um consultor também pode ser convidado a entrar na empresa para ajudar com algum problema que inicialmente não tem relação alguma com a cultura. No processo de solucionar a questão, o consultor descobrirá informações culturalmente relevantes, principalmente se for usado o modelo de consultoria de processos, dada sua ênfase na pesquisa, e ajudando a organização a se ajudar (Schein, 1999a, 2009a, 2016).

Se você estiver no papel de ajudante, está autorizado a fazer todos os tipos de perguntas que podem levar diretamente à análise cultural, permitindo assim o desenvolvimento de um foco de pesquisa. Tanto você quanto o "cliente" se envolvem totalmente no processo de solução de problemas, e a busca por dados relevantes torna-se uma responsabilidade conjunta. É então do interesse do cliente dizer o que realmente está acontecendo, em vez de sucumbir à tendência de esconder, exagerar ou desabafar. Nesta função de ajuda clínica, você não está limitado aos dados que surgem em torno dos problemas específicos do cliente. Geralmente, haverá muitas oportunidades para observar o que mais está acontecendo, permitindo que você combine alguns dos melhores elementos do modelo clínico e do modelo etnográfico do observador participante. De fato, o modelo etnográfico (onde o etnógrafo passa a ser visto como um ajudante) e o modelo do assistente, como acabamos de descrever, convergem e se tornam apenas um.

Qual é a validade dos dados clinicamente levantados?

Como é possível julgar a "validade" dos dados levantados por esse modelo clínico? A questão da validade tem dois componentes: (1) precisão factual baseada em quaisquer dados contemporâneos ou históricos que você possa levantar e (2) precisão interpretativa em termos da sua representação de fenômenos culturais de uma forma que comunica o que os membros da cultura realmente querem dizer, em vez de projetar nos dados suas interpretações (Van Maanen, 1988). Para compreender totalmente os fenômenos culturais, é preciso pelo menos uma combinação de história e pesquisa clínica, conforme alguns antropólogos argumentam de modo persuasivo (Sahlins, 1985). A precisão factual pode ser verificada pelos métodos normais de triangulação, múltiplas fontes e replicação. A precisão interpretativa é mais difícil, mas podem ser aplicados três critérios. Primeiro, se a análise cultural for "válida", um observador independente entrando na organização deve ser capaz de ver os mesmos fenômenos e interpretá-los da mesma forma. Segundo, você deverá ser capaz de prever a existência de outros fenômenos e antecipar como a organização tratará de problemas futuros. Em outras palavras, a previsibilidade e a replicação tornam-se os principais critérios de validade. Terceiro, os membros da organização devem sentir que o que você descreveu faz sentido para eles e os ajuda a entender a si mesmos.

O modelo clínico torna explícitas duas premissas fundamentais: (1) não é possível estudar um sistema humano sem intervir nele e (2) só é possível entender plenamente um sistema humano tentando mudá-lo (Lewin, 1947). Essa conclusão pode parecer paradoxal porque supostamente queremos entender um sistema na forma como ele existe no momento. Isso é impossível não apenas porque nossa própria presença é uma intervenção que produz mudanças desconhecidas, mas porque, se tentarmos fazer mudanças úteis, permitiremos que o sistema revele tanto suas metas quanto suas rotinas defensivas, as partes essenciais de sua cultura. Para que esse processo funcione, as metas de intervenção devem ser compartilhadas em conjunto pelo *outsider* e o *insider*. Se o consultor tentar mudar a organização em termos das próprias metas, o risco de uma postura defensiva e de retenção de dados por parte dos funcionários aumenta drasticamente. Se o consultor estiver ajudando a organização a fazer algumas mudanças que ela deseja, aumenta a probabilidade de que seus membros revelem o que está realmente acontecendo. Os Capítulos 15 e 16 contêm uma análise mais detalhada de como funciona esse processo de mudança gerenciada.

Problemas éticos para decifrar a cultura

Decifrar a cultura apresenta alguns riscos inerentes que o *insider* e o *outsider* devem avaliar antes de prosseguir. Os riscos diferem, dependendo do propósito da análise, e são frequentemente sutis e desconhecidos. Por conseguinte, o desejo de seguir adiante e a permissão da organização para isso podem não ser suficientes para autorizar os procedimentos. O profissional externo, seja consultor ou etnógrafo, deve fazer uma avaliação separada e, às vezes, limitar suas intervenções para proteger a empresa.

RISCOS DE UMA ANÁLISE PARA PROPÓSITOS DE PESQUISA

Uma organização pode tornar-se vulnerável ao ter sua cultura revelada a *outsiders*. A solução óbvia é sempre dissimular a empresa nos dados contábeis publicados. Mas se a intenção for comunicá-los rigorosamente aos *outsiders*, os dados serão muito mais significativos se a organização e as pessoas forem identificadas. Nomear a empresa, como tenho feito na maioria dos exemplos usados neste livro, torna possível um entendimento mais profundo do fenômeno cultural, e possibilita às outras pessoas conferirem a exatidão e replicarem as constatações.

Por outro lado, se uma análise correta da cultura de uma organização tornar-se conhecida por *outsiders* por ter sido publicada ou simplesmente discutida entre partes interessadas, a organização ou algum de seus membros pode ficar em desvantagem, porque dados que normalmente permaneceriam restritos podem tornar-se públicos. Por várias razões, os membros da organização podem não desejar que sua cultura seja exposta. Se a informação não for precisa, funcionários potenciais, clientes, fornecedores e quaisquer outras categorias de *outsiders* que lidam com a organização podem ser influenciados de modo adverso.

Os casos estudados nas escolas de negócios são raramente dissimulados, embora com frequência incluam detalhes reveladores sobre a cultura de uma organização. Se a empresa entender plenamente o que está sendo revelado e se as informações forem precisas, não ocorre nenhum dano. Mas se o caso revelar informações das quais a organização não está consciente, sua publicação pode produzir interpretações ou tensões desagradáveis por parte dos membros, além de criar impressões indesejáveis nos *outsiders*. Se a informação não for rigorosa, *insiders* e *outsiders* podem obter impressões erradas e basear suas decisões em dados incorretos.

Por exemplo, quando eu estava ensinando no Centre d'Etudes Industrielles, em Genebra, no início da década de 1980, eles usavam um caso desatualizado sobre a DEC, dando uma impressão totalmente incorreta sobre o que ocorria na empresa. Todavia, os alunos foram influenciados por esse caso ao decidir se se candidatavam ou não a empregos na DEC. Ademais, a maioria dos casos é apenas parte representativa da organização em determinado

CAPÍTULO 13 | A DECODIFICAÇÃO DA CULTURA **215**

momento, e não considera a evolução histórica. O material do caso da DEC pode ter sido exato em determinado momento, mas era apresentado como se fosse uma situação geral.

Frequentemente, os pesquisadores tentam evitar esse perigo apresentando suas análises aos membros da organização antes de elas serem publicadas. Essa etapa oferece também a vantagem de testar, em algum grau, a validade das informações. Entretanto, isso não evita o risco de os membros da organização, responsáveis pela "liberação" dos dados para publicação, não estarem conscientes de como a análise pode tornar outros membros da empresa mais vulneráveis. Nem evita o risco de os membros que analisam o material desejarem, por segurança, proibir a publicação de algo que identifica a organização. Por conseguinte, a responsabilidade ética final recai sobre o pesquisador. Sempre que um pesquisador publicar informações sobre um indivíduo ou organização, deve refletir cuidadosamente sobre as consequências potenciais de sua ação. Nos pontos em que nomeio as empresas neste livro, obtive permissão ou decidi que o material não prejudicaria organizações ou indivíduos. Na minha edição original, eu ainda estava envolvido com a DEC e a Ciba-Geigy, e por isso as rotulei como Action Co. e Multi Co. Nenhuma dessas empresas existe mais, o que justifica minha decisão de citá-las agora. A mesma lógica foi aplicada ao caso da Steinberg's.

RISCOS DE UMA ANÁLISE INTERNA

Se uma organização precisar entender suas forças e fraquezas e fazer escolhas estratégicas baseadas em avaliações realistas de fatores externos e internos, é importante, em algum ponto, estudar e entender a própria cultura (Bartunek e Louis, 1996; Coghlan e Brannick, 2005). Entretanto, esse processo apresenta seus problemas, riscos e custos potenciais. Basicamente, dois tipos de riscos devem ser avaliados: (1) a análise da cultura pode ser incorreta e (2) a organização pode não estar preparada para receber *feedback* sobre sua cultura.

Se forem tomadas decisões na base de suposições incorretas sobre a cultura, sérios prejuízos podem ocorrer na organização. Tais erros são mais prováveis de acontecer se a cultura for definida em um nível muito superficial, se os valores ou dados presumidos, baseados em questionários, forem tomados como uma representação rigorosa das premissas básicas sem que sejam feitas entrevistas em grupo ou individuais que, especificamente, levantem premissas e padrões mais profundos. Esse é o principal risco do uso de tipologias e pesquisas e será discutido com mais detalhes no próximo capítulo.

O segundo risco é que a análise pode estar correta, mas *insiders* que não a prepararam podem não estar prontos para assimilar o que foi descoberto sobre eles. Se a cultura funciona em parte como um conjunto de mecanismos de defesa para ajudar a evitar a ansiedade e proporcionar orientações positivas, autoestima e orgulho, a relutância em aceitar certas verdades sobre sua cultura é uma reação humana normal. Psicoterapeutas e orientadores lidam constantemente com a resistência ou a negação por parte de pacientes e clientes. De modo semelhante, a menos que os funcionários de uma organização reconheçam uma

216 CULTURA ORGANIZACIONAL E LIDERANÇA SCHEIN

necessidade real de mudança e se sintam psicologicamente seguros o suficiente para examinar os dados sobre a empresa, eles não estarão em condições de ouvir as verdades culturais que o levantamento pode revelar. Pior ainda, podem perder a autoestima porque alguns mitos ou ideais sobre si próprios podem ser destruídos pela análise.

Outro risco é que alguns membros obtenham *insights* instantâneos e, automática e imprudentemente, tentem produzir mudanças na cultura que (1) alguns membros da organização podem não desejar, (2) outros ainda podem não estar preparados e, por conseguinte, não ter condições de implementá-las e (3) podem não resolver o problema.

Portanto, o analista de cultura deve conscientizar o sistema cliente de que há consequências em ter elementos da cultura expostos. Consultores são frequentemente chamados por *insiders* para revelar o que alguns *insiders* já sabem, mas sentem que não podem dizer por vários motivos. Ao concordar em fazer isso, existe o risco de a organização não gostar de ouvir a análise do consultor sobre sua cultura. Já tive mais de uma experiência em que minha pesquisa foi elogiada por alguns *insiders* e rejeitada por outros, o que me levou à conclusão geral de que é melhor ajudar a organização a descobrir a própria cultura e não se tornar um especialista externo em algo tão intrinsecamente sistêmico e tão repleto de significado para o *insider*, que os *outsiders* poderão nunca entender. O *outsider* nunca deve dar lições aos *insiders* sobre a cultura deles, porque o *outsider* não saberá onde estão as sensibilidades e não poderá contornar suas preconcepções sutis.

Obrigações profissionais do analista cultural

Se os riscos precedentes forem reais, quem deve se preocupar com eles? É suficiente dizer a uma organização que estudaremos sua cultura, que informaremos as conclusões e que nada será publicado sem sua permissão? Se lidamos com manifestações superficiais, artefatos e valores publicamente expostos, a orientação de deixar os membros aprovarem o material parece suficiente. Entretanto, se estivermos lidando com os níveis mais profundos da cultura, as premissas e os padrões entre elas, os *insiders*, claramente, podem não saber com o que estão concordando, e o *outsider*, como um profissional, tem a obrigação de tornar o cliente genuinamente consciente sobre quais poderiam ser as consequências de uma análise cultural. O princípio do consentimento informado não é suficiente para proteger o cliente ou o sujeito da pesquisa se ele não puder, inicialmente, avaliar o que será revelado.

O analista cultural assume a obrigação profissional de entender plenamente as consequências potenciais de uma investigação. Tais consequências devem ser cuidadosamente esclarecidas antes que o relacionamento atinja um nível em que há um contrato psicológico implícito, onde o *outsider* dará *feedback* aos *insiders* sobre o que foi descoberto a respeito da cultura, seja para fins internos de obter *insight* ou para revisar o que possa vir a ser publicado. Por todos esses motivos, decifrar e reportar sobre uma cultura funciona melhor e é

CAPÍTULO 13 | A DECODIFICAÇÃO DA CULTURA **217**

psicologicamente mais seguro quando a organização está motivada a fazer mudanças que possam envolver a cultura.

Como já deve estar evidente no momento, não existe uma fórmula simples para levantar dados culturais. Os artefatos podem ser diretamente observados, os valores expostos são revelados por meio das perguntas que o pesquisador/consultor faz aos membros disponíveis e do material publicado pela organização, e as premissas tácitas compartilhadas precisam ser deduzidas de várias observações e averiguações em torno de inconsistências.

Como a cultura é um fenômeno compartilhado coletivo, a melhor forma de levantar dados sistemáticos é reunir grupos representativos de 10 a 15 pessoas e pedir para discutirem seus artefatos, valores e premissas. Uma forma detalhada de fazer isso está descrita no Capítulo 15. Se o pesquisador simplesmente tentar levantar informações para propósitos próprios, e se pode se dar ao luxo de ignorar os problemas de confiabilidade e validade, as várias categorias de conteúdo da cultura descritas nos capítulos anteriores são orientações perfeitamente adequadas para a formulação das perguntas. As questões reais em torno de cada uma das áreas de conteúdo devem ser desenvolvidas pelo pesquisador em termos dos objetivos da pesquisa, mantendo em mente que a cultura é ampla e profunda. Compreender uma cultura de maneira completa é provavelmente impossível, de maneira que o pesquisador deve ter algum objetivo mais específico em mente antes de preparar um conjunto de questões para os grupos.

RESUMO E CONCLUSÕES

Há muitos métodos para decifrar ou "avaliar" as dimensões culturais, que podem ser categorizados em termos do grau em que o pesquisador está diretamente envolvido com a organização e o grau em que os membros da organização estão diretamente envolvidos no processo de pesquisa. Para propósitos de estudo acadêmico ou de construção da teoria, é essencial aprender o que realmente está ocorrendo, e isso requer a entrada e o envolvimento com a organização além do que os questionários, levantamentos ou mesmo entrevistas individuais possam proporcionar. O pesquisador deve criar um relacionamento com a empresa que o permita tornar-se um pesquisador ajudante, assegurando, assim, que dados confiáveis e válidos estarão disponíveis, pois é do próprio interesse da organização fornecê-los.

Se o consultor estiver ajudando os líderes a administrar um processo de mudança, ele pode elaborar um método de avaliação cultural e aprender algumas coisas sobre a cultura, mas somente os *insiders* compreendem a própria cultura. Já participei de muitas situações em que os funcionários se esclareceram sobre os elementos essenciais de sua cultura, enquanto eu deixava os projetos sem realmente compreendê-la, mas tudo bem. Em qualquer situação, dados culturais mais profundos surgirão desde que o pesquisador ou consultor estabeleça um relacionamento de ajuda com a organização, de modo que seus membros sintam que têm algo a ganhar ao revelar o que realmente pensam e sentem para o pesquisador. Tal relacionamento de "pesquisa clínica" é a exigência mínima para a obtenção de dados culturais válidos, mas o pesquisador *outsider* pode ir além ao ajudar a organização e levantar dados adicionais que sejam relevantes à finalidade de sua pesquisa.

O processo de decifrar uma cultura, seja para propósitos internos ou para descrevê-la a *outsiders*, apresenta alguns riscos e custos potenciais associados. Esses riscos são internos no sentido em que os membros da organização podem não querer saber ou não ser capazes de lidar com os *insights* em sua própria cultura, e são externos no sentido de que os membros da organização podem não estar conscientes de como se tornarão vulneráveis uma vez que a informação sobre sua cultura ficar disponível a outras pessoas.

A implicação para os líderes é: "sejam cuidadosos". A análise cultural pode ser muito útil se você souber o que está fazendo e por quê. Com isso quero dizer que deve haver algum propósito válido em uma análise cultural e um conhecimento claro das diferentes consequências de diferentes métodos. Uma avaliação é uma intervenção na organização. Se for feita apenas por fazer, os riscos de ser nociva ou um desperdício de tempo aumentam. Entretanto, o potencial para *insight* e ação construtiva é imenso se for realizada com um facilitador responsável de dentro ou de fora da organização.

QUESTÕES PARA OS LEITORES

- Por que você está lendo este livro? Qual é o seu interesse na cultura?
- Você já pensou na sua história cultural e como decifraria as diversas culturas de onde veio: família, grupo de colegas, escola, empregos, comunidade?
- Que problema você enfrenta para decifrar a cultura e qual é o seu plano para avaliação da cultura?

CAPÍTULO

14

ABORDAGEM QUANTITATIVA DIAGNÓSTICA PARA AVALIAÇÃO E MUDANÇA PLANEJADA[1]

No capítulo anterior discutimos as questões gerais sobre decifrar a cultura. Neste capítulo, iremos nos concentrar no líder de mudança que quer saber sobre cultura porque tem uma agenda de mudança. Se não houver uma noção precisa e concreta do tipo de mudança que o líder quer fazer, não adianta avaliar a cultura. Porém uma vez que o líder de mudança tenha definido claramente o problema em termos de comportamento futuro, é hora de avaliar a cultura para ver como ela ajudará ou atrapalhará esse processo. Isso pode ser feito de duas maneiras:

- Buscando *insight* pela medição de dimensões específicas ou pela busca de diversos modelos tipológicos de cultura, o que chamamos de abordagem *quantitativa diagnóstica*, conforme ilustrado neste capítulo

- Buscando *insight* pelo uso de observações focadas internamente, combinadas com entrevistas individuais ou em grupo, o que chamamos de abordagem *qualitativa dialógica*, conforme será descrito no próximo capítulo.

220 CULTURA ORGANIZACIONAL E LIDERANÇA SCHEIN

Muitas das tipologias diagnósticas e perfis propostos por vários autores são baseados em questionários ou pesquisas de membros da organização. Portanto, discutiremos tipologias tanto como construções teóricas, quanto como rótulos derivados da análise de fatores de muitos dados perceptivos. O fato de existirem vários modelos diferentes construídos em torno de questionários exige que consideremos como avaliar a validade relativa e a utilidade de tais modelos. Antes de rever alguns deles, precisamos compreender o papel que as tipologias desempenham na tentativa de entender um conceito abstrato como a cultura organizacional e quais são as vantagens e desvantagens de usá-las.

Por que usar tipologias e por que não usá-las?

Quando observamos o mundo "natural", o que vemos, ouvimos, saboreamos, cheiramos e sentimos é potencialmente surpreendente. Por si, a "simples experiência" não faz sentido, mas nossa formação cultural nos ensina a interpretá-la pelas categorias conceituais que estão embutidas em nossa linguagem. O que experimentamos quando crianças é, citando *Princípios de psicologia* de William James (1890), uma "confusão intensa e vibrante", lentamente ordenada à medida que aprendemos a discriminar objetos, como cadeiras e mesas, mãe e pai, luz e escuridão e a associar palavras a esses objetos e eventos experienciados.

No momento em que nos tornamos jovens adultos, temos um vocabulário completo e um conjunto de categorias conceituais que nos permitem discriminar e nomear a maioria das coisas que experienciamos. Entretanto, não devemos esquecer que essas categorias e a linguagem que as acompanha são aprendidas em determinada cultura, e tal aprendizagem continua à medida que nos movemos em novas subculturas, como nas profissões e nas organizações. O engenheiro aprende novas categorias e palavras, assim como o médico, o advogado e o gerente.

Novos conceitos tornam-se úteis se (1) ajudarem a dar sentido e a dar alguma ordem a partir do fenômeno observado, (2) ajudarem a definir qual pode ser a estrutura básica dos fenômenos ao construir uma teoria de como as coisas funcionam, que, por sua vez, (3) possibilitam algum grau de previsão sobre os aspectos de fenômenos futuros. No entanto, no processo de construção de novas categorias, inevitavelmente, devemos nos tornar mais abstratos. À medida que desenvolvemos abstrações, torna-se possível criar modelos, tipologias e teorias de como as coisas funcionam. A vantagem de tais tipologias e das teorias que nos permitem postular é que elas tentam ordenar uma grande variedade de diferentes fenômenos.

As tipologias da cultura nos permitem "colocar em escala" o processamento de novas informações e organizar, assim, observações dos comportamentos individuais ou em grupo nas normas ou padrões que constituem o modelo cultural como um todo. A desvantagem e

CAPÍTULO 14 | ABORDAGEM QUANTITATIVA DIAGNÓSTICA PARA AVALIAÇÃO E MUDANÇA PLANEJADA **221**

o perigo das tipologias é que elas são (1) tão abstratas que não refletem adequadamente a realidade de determinado conjunto de fenômenos observados, ou (2) tão simples que nos forçam a minimizar demais os detalhes relevantes (talvez contrários) para que sejam coerentes com o modelo ao qual aderimos (as bordas dos pinos quadrados são arredondadas apenas o suficiente para que se encaixem no furo redondo, mas nuances importantes são deixadas no pó de serra que fica no chão). Nesse sentido, as tipologias podem ser úteis se tentarmos comparar muitas organizações, mas inúteis se quisermos compreender as nuances de uma organização específica.

As tipologias e os modelos que usamos passam a ser gradualmente nossa visão da realidade, e isso simplifica o trabalho cotidiano de dar sentido à experiência vivenciada. Essa simplificação é importante para reduzir a ansiedade e manter a energia mental. O perigo é que reduzimos atenção e nos tornamos mais negligentes em relação ao que estamos observando. Essa redução pode ser útil se estivermos lidando com fenômenos de pouca consequência. Rotular restaurantes ou bancos como organizações do tipo "comando e controle" funciona se formos apenas clientes ocasionais. No entanto, se se tornar crítico em uma recessão econômica decidir se devemos ou não manter nosso dinheiro em determinado banco, o "tipo" de banco pode não nos dar informações suficientes sobre suas práticas financeiras específicas. Se confiamos demais em determinada tipologia, podemos não ter as ferramentas conceituais para analisar nosso banco.

Um terceiro aspecto no uso de tipologias diz respeito à questão de como chegamos ao *rótulo* abstrato. Diversos modelos de cultura que analisaremos levantam dados perguntando aos funcionários como eles percebem sua organização. Depois, essas percepções são agregadas e combinadas em um conceito mais abstrato. Frequentemente, o conceito é derivado da análise de fatores de um grande conjunto de respostas de questionários para determinar quais itens se encaixam e, portanto, sugerir uma categoria que seja baseada nas percepções dos funcionários. Esses "fatores" são, então, rotulados e descritos em um modelo resumido. Por exemplo, o rótulo "direção e intenção estratégica" (Denison, 1990) junto à pontuação da cultura nessa dimensão é baseado na combinação das avaliações dos funcionários da organização em relação aos seguintes itens:

- Existe um propósito e direção a longo prazo

- Nossa estratégia leva outras organizações a mudarem o modo como competem no setor

- Existe uma missão clara que oferece significado e direção ao nosso trabalho

- Existe uma estratégia clara para o futuro

- Nossa direção estratégica é obscura para mim (pontuação negativa).

222 CULTURA ORGANIZACIONAL E LIDERANÇA SCHEIN

A pontuação final pode ser uma medida confiável da percepção do funcionário e um indicador válido do grau em que determinado conjunto de funcionários acredita que sua organização possui uma estratégia forte ou fraca. Ainda assim, resta-nos saber se essa pontuação pode ser uma medida da cultura conforme definida neste livro, visto que o elemento *cultural* da estratégia tem a ver com seu *conteúdo*, e não se existe uma estratégia ou não. A Ciba-Geigy teria sido avaliada como tendo uma estratégia muito forte, mas antes de comprar a Airwick, a organização não estava ciente de que culturalmente tinha uma estratégia que rejeitava estar associada a uma empresa de purificadores de ar orientada para o consumidor.

PROBLEMAS NO USO DE PESQUISAS PARA "MEDIR" A CULTURA

Diversas tipologias que analisaremos dependem de pesquisas com funcionários que foram pontuadas da forma como descrevemos anteriormente. Portanto, precisamos nos perguntar quais são os problemas e as questões no uso das pesquisas que medem a cultura.

Não saber o que perguntar. Se definirmos a cultura como algo que abrange todas as dimensões internas e externas que foram analisadas neste livro, precisaríamos de um estudo imenso para abordar todas essas dimensões possíveis. O que isso significa para uma organização específica é que, basicamente, não saberíamos quais perguntas incluir na pesquisa, e se usássemos pesquisas existentes, não saberíamos quais escolher. Não saberíamos quais dimensões são proeminentes para a organização em torno do problema ou programa de mudança identificados, e não saberíamos por uma pesquisa quais são as premissas básicas do nosso DNA cultural. Algumas dimensões poderiam ser irrelevantes e não merecer nenhuma investigação. Cada pesquisa afirma analisar "a cultura" ou importantes "dimensões da cultura", mas não haveria um modo *a priori* de saber como avaliar essas alegações.

Os funcionários podem não estar motivados a responder honestamente. Os funcionários sempre são encorajados a ser francos e honestos em suas respostas, e normalmente recebem a garantia de que elas serão totalmente confidenciais. O fato de que tais garantias precisam ser dadas em primeiro lugar implica que nossa premissa original é de que os funcionários não se abririam se suas respostas fossem identificadas. Como a cultura é uma realidade viva, temos que usar um método que permita a sinceridade na resposta das pessoas. Muitas perguntas nas pesquisas exigem avaliações e julgamentos que fazem com que os funcionários sejam cuidadosos no modo como respondem.

Os funcionários podem não compreender as perguntas ou podem interpretá-las incorretamente. Um item como "Existe uma estratégia clara para o futuro" pressupõe que os funcionários possuem definições semelhantes da palavra "estratégia". Se esse pressuposto não puder ser feito, então não haverá sentido em combinar suas respostas. Portanto, pode ser muito difícil deduzir um conceito "compartilhado" a partir de respostas individuais.

CAPÍTULO 14 | ABORDAGEM QUANTITATIVA DIAGNÓSTICA PARA AVALIAÇÃO E MUDANÇA PLANEJADA **223**

O que está sendo medido pode ser preciso, porém superficial. É difícil chegar aos níveis mais profundos de uma cultura por meio de percepções em lápis e papel. A cultura é um fenômeno intrinsecamente compartilhado, que se manifesta apenas na interação, quaisquer que sejam as dimensões medidas pela pesquisa estão fadadas a ser superficiais. Como já observamos, pode ser muito importante mensurar como os indivíduos respondem dentro do contexto de seu grupo. O clima e a cultura da empresa são uma função do comportamento do grupo tanto ou mais do que o comportamento individual. Pesquisar apenas os indivíduos deixa de lado o efeito derivativo das respostas individuais nos contextos do subgrupo.

A amostra de funcionários pesquisados pode não representar os principais portadores de cultura. A maioria dos administradores de pesquisa considera que, se for feito um trabalho cuidadoso de amostragem e teste da amostra em relação às demografias totais da organização, eles podem descrever de forma válida o todo com base na amostra. Essa lógica pode não funcionar para a cultura, pois as forças motrizes em uma cultura podem ser a subcultura executiva e, conforme indicou Martin (2002), a cultura pode ser fragmentada e diferenciada em torno de muitas subculturas que a pesquisa não teria como identificar de modo estatístico. Com o conhecimento qualitativo da organização baseado em observação e entrevistas coletivas, podemos identificar certos grupos com mais rapidez e testar as diferenças na pesquisa, mas primeiro teríamos que realizar a análise qualitativa para identificar os subgrupos a serem comparados.

O perfil das dimensões não revela sua interação ou padronização em um sistema total. Os relatórios de pesquisa são frequentemente apresentados como perfis ou como notas, para dar a impressão de uma medição integrada, mas as profundas interações das premissas sobre as dimensões se perdem. Por exemplo, no caso da DEC, as percepções de que a natureza da verdade só poderia ser encontrada por meio de um intenso conflito em uma organização igualitária não teriam se revelado em uma pesquisa, qualquer que fosse sua abrangência.

O impacto da realização da pesquisa terá consequências desconhecidas, algumas delas podendo ser indesejáveis ou destrutivas. Responder a perguntas força os funcionários a pensar sobre categorias que podem nunca ter ocorrido a eles e fazer julgamentos de valor em áreas polêmicas. Não somente os indivíduos são influenciados dessa maneira, mas se eles compartilharem julgamentos de valor, como ao descobrir que todos são críticos a respeito da liderança da organização, atitudes negativas do grupo podem se acumular, prejudicando a capacidade de funcionamento da empresa. Além disso, os funcionários desenvolvem a expectativa de que, uma vez que a gerência receba os resultados, ela tomará alguma atitude para melhorar as áreas com reclamações. Se a gerência não responder, o moral pode cair, e as pesquisas podem não oferecer nenhuma explicação sobre o motivo.

224 CULTURA ORGANIZACIONAL E LIDERANÇA SCHEIN

Apresentamos essas várias advertências porque o incentivo para obter rapidamente um quadro quantitativo da "cultura" é incrivelmente sedutor, e os desenvolvedores e fornecedores de pesquisas ignoram ou minimizam os problemas que identificamos. Há muitas coisas que podem ser mensuradas muito bem por pesquisas, mas quando se trata de um conceito complexo como a *cultura*, é preciso ter cautela.

QUANDO USAR PESQUISAS

Tendo identificado alguns dos problemas das pesquisas como medidas da cultura de determinada organização, existem ocasiões em que elas podem ser úteis e apropriadas, conforme descrevemos a seguir.

Determinar se dimensões específicas da cultura estão sistematicamente relacionadas com algum elemento do desempenho. Para essa finalidade, precisamos estudar muitas organizações e encontrar um meio de compará-las apenas nessas dimensões e em seu desempenho. Realizar estudos etnográficos completos é impraticável ou muito dispendioso, de modo que ficamos com uma definição operacional da dimensão abstrata que queremos medir e projetamos uma entrevista padronizada, uma lista de verificação de observações ou uma pesquisa para definir uma pontuação ou nota para cada organização. Essas notas podem então ser comparadas com várias outras medidas de desempenho dentre muitas organizações (Cooke e Szumal, 1993; Corlett e Pearson, 2003; Denison, 1990; Denison e Mishra, 1995; Gittell, 2016).

Dar a uma organização específica um perfil de si mesma para estimular uma análise mais profunda de sua cultura. A premissa aqui é que as pontuações nas dimensões medidas são apresentadas como "como os funcionários percebem esta empresa" e não como uma medida absoluta da cultura. Essas percepções podem, então, tornar-se um estímulo para novos trabalhos a fim de melhorar o desempenho organizacional. Para facilitar essa melhora, as pesquisas perguntam "como você percebe sua empresa no presente" e "como você gostaria que ela fosse no futuro". Em termos do exemplo anterior, os funcionários podem indicar sobre a dimensão de *intenção estratégica* que têm uma pontuação baixa no presente e que gostariam que sua organização fosse mais alta nessa dimensão. Ao utilizar pesquisas dessa forma, é importante acompanhar a análise cultural usando outros métodos e não presumir que determinado perfil é "a cultura".

Comparar organizações umas com as outras em dimensões selecionadas como na preparação para fusões, aquisições e joint ventures. Essa abordagem pode ser útil se tivermos alguma ideia das dimensões a serem comparadas e se pudermos supor que os funcionários responderão a pesquisa com boa vontade e honestidade.

CAPÍTULO 14 | ABORDAGEM QUANTITATIVA DIAGNÓSTICA PARA AVALIAÇÃO E MUDANÇA PLANEJADA **225**

Testar as diferenças de subcultura. Muitas vezes é útil testar se certas subculturas que suspeitamos estarem presentes podem ser objetivamente diferenciadas e definidas em termos de dimensões pré-selecionadas que uma pesquisa pode identificar. Se suspeitarmos que a subcultura da engenharia e a subcultura de operação têm premissas diferentes ao longo das linhas descritas no Capítulo 11, podemos elaborar uma pesquisa para verificar isso, desde que possamos obter amostras válidas e presumindo que receberemos respostas honestas.

Treinar funcionários sobre certas dimensões que a gerência deseja atuar. Por exemplo, se o desempenho futuro da organização depende do consenso e do compromisso com certa estratégia, as perguntas da pesquisa revisadas anteriormente podem se tornar um veículo tanto para testar as percepções atuais quanto para iniciar programas de mudança para construir o comprometimento com a estratégia.

Em cada um desses casos, aplica-se o princípio de que devemos pensar cuidadosamente se utilizar ou não a pesquisa teria possíveis consequências negativas, e devemos envolver as partes relevantes na tomada de decisão sobre seguir ou não em frente. Tendo fornecido esse pano de fundo, podemos agora examinar várias tipologias baseadas em categorias teóricas e "medidas" com dados de pesquisa.

Tipologias que enfocam premissas a respeito de autoridade e convivência

As organizações são, em última análise, o resultado de pessoas fazendo coisas juntas para um propósito comum. A relação básica entre o indivíduo e a organização pode, portanto, ser pensada como a dimensão cultural mais fundamental em torno da qual se constrói uma tipologia, porque fornecerá categorias críticas para analisar pressupostos sobre autoridade e convivência. Uma das teorias mais gerais é a distinção fundamental de Etzioni (1975) entre três tipos de organizações que existem em todas as sociedades e que desenvolvem culturas organizacionais fundamentalmente diferentes.

1. ORGANIZAÇÕES COERCITIVAS

O indivíduo é basicamente cativo ("preso") por causas físicas ou econômicas e deve, portanto, obedecer a quaisquer regras impostas pelas autoridades. Exemplos incluem prisões, academias e unidades militares, hospitais psiquiátricos, organizações de treinamento religioso, campos de prisioneiros de guerra, cultos e assim por diante. As culturas que evoluem em tais organizações geralmente geram fortes contraculturas entre os participantes, como defesas contra a autoridade arbitrária, e espera-se que os relacionamentos sejam menos 1, conforme descrito no Quadro 6.4.

2. ORGANIZAÇÕES UTILITÁRIAS

São organizações baseadas no modelo do ser humano como um ator econômico racional, trocando seu trabalho por pagamento, ou, como muitos funcionários expressam, "uma carga horária justa por um salário justo" e, portanto, respeitando quaisquer regras que sejam essenciais para o desempenho geral da organização. Alguns exemplos são organizações de negócios dos mais variados tipos. Espera-se que os relacionamentos sejam transacionais, de nível 1 e baseados em funções. Conforme visto na maioria dessas empresas, elas também desenvolvem normas contraculturais para que os funcionários possam se proteger da exploração pelas autoridades.

3. ORGANIZAÇÕES NORMATIVAS

O indivíduo contribui com seu comprometimento e aceita a autoridade legítima porque os objetivos da organização são basicamente os mesmos objetivos do indivíduo. Alguns exemplos são igrejas, partidos políticos, organizações voluntárias, hospitais e escolas. Espera-se que os relacionamentos sejam de nível 2, pessoais, mas não íntimos, exceto em tarefas específicas.

A autoridade no tipo coercitivo de organização é arbitrária e absoluta; no sistema utilitarista (ou seja, na empresa típica), a autoridade é um relacionamento negociado no sentido de que se pressupõe que o empregado aceita o método pelo qual as pessoas em cargos mais altos atingiram seu *status*. No sistema normativo, a autoridade é mais informal e sujeita ao consentimento pessoal, e funcionários ou membros podem sair se não estiverem satisfeitos com o tratamento recebido.

Essa tipologia é importante porque os tipos de organizações e as macroculturas nas quais estão aninhadas diferem no grau em que esperam que os membros sejam subordinados, calculistas ou normativamente envolvidos. Em organizações multiculturais, um conflito real pode surgir quando a autoridade espera obediência, mas o funcionário quer ser valorizado e incluído. Um dos principais desafios do globalismo é que alguns dos estilos de gestão utilitária e normativa ocidentais, que também acreditamos ser o estilo "correto", simplesmente não funcionam em macroculturas que são tipicamente mais coercitivas.

As premissas sobre relacionamentos entre pares e convivência também são esclarecidas por essa tipologia. No sistema coercitivo, relacionamentos próximos entre pares se desenvolvem como defesa contra a autoridade, levando a sindicatos e outras formas de grupos autoprotetores que desenvolvem fortes contraculturas. No sistema utilitário, as relações entre pares evoluem em torno do grupo de trabalho e normalmente refletem o tipo de sistema de incentivos que a gerência utiliza. Como esses sistemas geralmente são construídos em torno do desempenho da tarefa, relacionamentos próximos são desencorajados na premissa de que podem tirar o foco dela. No sistema normativo, os relacionamentos

CAPÍTULO 14 | ABORDAGEM QUANTITATIVA DIAGNÓSTICA PARA AVALIAÇÃO E MUDANÇA PLANEJADA **227**

evoluem naturalmente em torno de tarefas e crenças centrais em apoio à organização. Nessas organizações, relacionamentos mais íntimos normalmente são vistos como auxiliares na construção de forte motivação e compromisso com os objetivos da organização. Por esse motivo, algumas empresas tentam ser organizações normativas, envolvendo ("engajando") os funcionários em sua missão e incentivando relacionamentos mais íntimos. Organizações profissionais, como escritórios de advocacia, ou organizações de serviços, que consistem em grupos de "parceiros", combinam alguns dos elementos dos sistemas utilitário e normativo (Greiner e Poulfelt, 2005; Jones, 1983; Shrivastava, 1983).

O valor dessa tipologia é que ela nos permite diferenciar a ampla categoria de organizações empresariais utilitárias de instituições totais coercitivas, como prisões e hospitais psiquiátricos, e de organizações normativas, como escolas, hospitais e organizações sem fins lucrativos (Goffman, 1961). Porém a dificuldade é que, dentro de qualquer organização, podem operar variações de todos os três sistemas de autoridade, o que nos obriga a contar com outras dimensões para capturar a singularidade de determinada empresa.

Para lidar com as variações de autoridade dentro de uma organização, foram propostas várias tipologias que se concentram especificamente em como a autoridade é usada e qual o nível de participação esperado dentro da empresa: (1) autocrático, (2) paternalista, (3) consultivo ou democrático, (4) participativo e de compartilhamento de poder, (5) delegativo e (6) abdicativo (o que implica delegar não apenas tarefas e responsabilidades, mas também poder e controle) (Bass, 1981, 1985; Harbison e Myers, 1959; Likert, 1967; Vroom e Yetton, 1973).

Essas tipologias organizacionais lidam muito mais com agressão, poder e controle do que com amor, convivência e relacionamentos entre pares. A esse respeito, elas são sempre construídas sobre premissas subjacentes sobre a natureza e a atividade humana. Um gerente que adota as premissas da teoria X (de que não se pode confiar nas pessoas) iria automaticamente para o estilo de gestão autocrático e lá permaneceria. No entanto, o gerente que mantém as premissas da teoria Y (de que as pessoas estão motivadas e querem fazer seu trabalho) optaria por um estilo de gestão de acordo com os requisitos da tarefa e variaria seu comportamento. Algumas tarefas exigem autoridade autocrática, como na realização de uma missão militar, enquanto outras devem ser totalmente delegadas, pois os subordinados têm todas as informações (McGregor, 1960; Schein, 1975).

Os argumentos que os gerentes adotam sobre o nível "correto" de participação e uso da autoridade geralmente refletem as diferentes suposições que fazem sobre a natureza dos subordinados com os quais estão lidando. Olhar a participação e o engajamento como uma questão de premissas culturais deixa claro que o debate sobre se os líderes devem ser mais autocráticos ou participativos é, em última análise, direcionado pelas premissas de um grupo específico em um contexto particular. A busca pelo estilo de liderança universalmente correto está sujeita a erros de simplificação excessiva – se não inteiramente

Tipologias de caráter corporativo e cultura

fadada ao fracasso – devido às variações culturais por país, por indústria, por ocupação, pela história particular de determinada organização e, mais importante, pelas tarefas reais a serem executadas.

Tipologias de caráter corporativo e cultura

Tipologias que tentam capturar as essências culturais nas organizações foram introduzidas por Harrison (1979) e Handy (1978) com quatro "tipos" baseados em seu foco principal. Os quatro tipos de Harrison eram:

- Orientada para o poder: organizações dominadas por fundadores carismáticos ou autocráticos
- Orientada para a realização: organizações dominadas por resultados de tarefa
- Orientada para a função: burocracias públicas
- Orientada para o suporte: organizações sem fins lucrativos ou religiosas.

Charles Handy traçou um paralelo entre os tipos de organizações e o que alguns dos principais deuses da mitologia grega representavam:

- Zeus: a cultura do *clube*
- Atena: a cultura da *tarefa*
- Apolo: a cultura da *função*
- Dionísio: a cultura do *existencial.*

Essas duas tipologias são medidas com rápidos questionários e são usadas para ajudar uma organização a obter uma visão de sua "essência" (Handy, 1978; Harrison e Stokes, 1992).

O conceito de "caráter" corporativo foi introduzido por Wilkins (1989), que o via como um componente da cultura consistindo em "visão compartilhada", "fé motivacional" de que as coisas seriam justas e que as habilidades seriam usadas e "habilidades distintivas". Na sua visão, a construção do caráter era possível enfatizando programas que lidam com cada um dos componentes, mas ele não montou uma tipologia em torno das dimensões. A partir das dimensões da personalidade, Corlett e Pearson apresentam um modelo mais elaborado, baseado na teoria dos 12 arquétipos junguianos: governante, criador, inocente, sábio, explorador, rebelde, mágico, herói, amante, tolo, cuidador e o sujeito comum (Corlett e Pearson, 2003). Elas medem, usando um questionário de autorrelato, como as coisas são feitas dentro da organização e depois classificam os resultados dentro dos 12 arquétipos para determinar quais são os que mais se destacam na organização. Ao obter autoconhecimento, presume-se que a organização seja capaz de ser mais efetiva.

CAPÍTULO 14 | ABORDAGEM QUANTITATIVA DIAGNÓSTICA PARA AVALIAÇÃO E MUDANÇA PLANEJADA **229**

Goffee e Jones (1998) viam o caráter como equivalente à cultura e criaram uma tipologia baseada em duas dimensões-chave: "solidariedade" (a tendência de ter a mesma opinião) e "sociabilidade" (a tendência de ser amigável um com o outro). Essas dimensões são medidas com um questionário de autodescrição com 23 itens. Elas são muito parecidas e são derivadas da distinção clássica de dinâmica em grupo entre variáveis de tarefa e variáveis de construção e manutenção. Goffee e Jones usam essas dimensões para identificar quatro tipos de culturas:

- Fragmentada: baixa em ambas as dimensões
- Mercenária: alta na solidariedade, baixa na sociabilidade
- Comum: alta na sociabilidade, baixa na solidariedade
- Interligada: alta em ambas as dimensões.

Cada tipo tem certas virtudes e deficiências que são descritas, mas a tipologia perde uma dimensão crucial que foi identificada por Ancona (1988) e outros: a relação entre o grupo (organização) e seus ambientes externos, que é a função de gerenciamento de fronteiras que deve ser adicionada às funções de tarefa e manutenção. Sem um modelo do que acontece na fronteira, não é possível determinar que tipo de cultura é eficaz sob diferentes condições ambientais.

Cameron e Quinn (1999, 2006) também desenvolveram uma tipologia de quatro categorias baseada em dimensões e nos trabalhos mais antigos de Ouchi e Johnson (1978) e Williamson (1975), porém, no caso deles, as dimensões são mais estruturais: até que ponto a organização é estável ou flexível e quão externa ou internamente ela é focada. Essas dimensões são vistas como "valores competindo perpetuamente", o que leva à seguinte tipologia:

- Clã: foco interno e flexível; colaborativa, amigável, familiar
- Hierarquia: foco interno e estável; estruturada, bem coordenada
- Adocracia: foco externo e flexível; inovadora, dinâmica, empreendedora
- Mercado: foco externo e estável; competitiva, orientada a resultados.

Embora a tipologia de Goffee e Jones (1998) fosse baseada em dimensões básicas que derivavam da dinâmica de grupo (tarefa *versus* manutenção), a tipologia de Cameron e Quinn (1999, 2006) era baseada na análise de fatores de grandes quantidades de indicadores de desempenho organizacional e na descoberta de que esses resultados se reduzem a dois grupos que se correlacionam intimamente com o que os pesquisadores cognitivos descobriram serem também dimensões "arquétipas".

Nessa tipologia, como na anterior, não sabemos a importância relativa dessas dimensões dentro da organização sendo analisada, nem qual tipologia é a mais relevante, ou se um

230 CULTURA ORGANIZACIONAL E LIDERANÇA SCHEIN

questionário curto pode ser válido na "tipificação" de uma cultura. No entanto, o questionário é focado no comportamento gerencial, de modo que pode ser um diagnóstico útil para determinar os tipos de clima que os administradores estabelecem para seus subordinados e correlacioná-los com o desempenho. A "estrutura de valores concorrentes" de Cameron e Quinn (1999, 2006) também é baseada na ideia teórica de que os polos de qualquer dimensão dada estão inevitavelmente em conflito entre si e que a solução cultural envolve reconciliá-los. Essa é a mesma ideia do modelo de Hampden-Turner e Trompenaars (2000) de mostrar às organizações como as soluções culturais são sempre algum nível de integração dos extremos da dimensão. Por exemplo, todas as culturas precisam ser coletivistas e individualistas, a forma como elas resolvem esse dilema dá seu caráter distinto.

Outro modelo de cultura que tem sido observado em referência ao mundo do desenvolvimento de *software* é a matriz de cultura de William Schneider proposta no trabalho de 1994 *Uma alternativa à reengenharia*. É um modelo matricial 2×2 de "valores concorrentes" que propõe que a maioria das empresas ou subgrupos (como um departamento de P&D) é organizada dentro das quatro dimensões de "controle" (ou comando e controle), "colaboração", "cultivo" e "competência".

O modelo de Schneider (1994) foi endossado por alguns no desenvolvimento de *software* porque oferece uma linguagem apropriada para descrever as condições necessárias para a metodologia do Ágil, uma estrutura de desenvolvimento de *software* predominante. O Ágil deriva em parte de precedentes históricos como o Toyota Production System e as metodologias enxutas documentadas por Womack, Jones e Roos em *A máquina que mudou o mundo* (1990). O Ágil também é derivado de um sentimento mantido em grande parte do final do século XX de que a estrutura comum "em cascata" do desenvolvimento de *software* era *top-down* (de cima para baixo), lenta e inflexível, e, por fim, levava a uma perda na garantia de qualidade e no ritmo de desenvolvimento.

Embora não haja uma associação explícita entre o Ágil e qualquer modelo de cultura específico, alguns de seus consultores e *designers* adotaram o modelo de Schneider (1994) porque os dois eixos são úteis para descrever o substrato cultural que o Ágil pode precisar ser capaz de nutrir em uma organização de desenvolvimento inovadora. Michael Sahota explica em detalhes (www.methodsandtools.com/archive/agileculture.php) como a cultura tem um papel crítico na implementação do Ágil, "fazer Ágil não é ser ágil" e, por consequência, ser ágil exige o tipo correto de cultura. Ele adaptou o modelo de Schneider para descrever essa distinção e mostrar como o Ágil difere das metodologias Kanban e Lean.

Sahota sugere que os líderes de P&D precisam entender que implementar o Ágil não se trata apenas da linguagem e das ferramentas. Refere-se às normas e premissas que formam o alicerce para o esforço de desenvolvimento. Uma cultura de comando e controle que tenha adotado um sistema de desenvolvimento baseado no Kanban pode não achar fácil adotar rapidamente as ferramentas do Ágil, pois o substituto cultural sobre o qual ele é construído é categoricamente diferente. Kanban está mais associado a uma cultura de controle. Uma cultura de competência pode favorecer uma abordagem de habilidade no *software*, que pode produzir uma qualidade muito alta, mas também pode ser opressora, inflexível e lenta em sua insistência na habilidade superior. Culturas de colaboração e cultivo são os locais onde o Ágil prospera. O modelo de cultura de Schneider (1994) é usado dessa maneira para evidenciar essas distinções culturais e sua importância para diferentes abordagens de desenvolvimento de produto.

Exemplos de perfis de culturas baseados em pesquisa

Existem diversos modelos de cultura reforçados por instrumentos de pesquisa e muitos anos de dados de pesquisa agregados por diversos setores, companhias e regiões. Um desses modelos, ilustrado por Denison (1990), identifica uma série de dimensões da cultura que são supostamente relevantes a determinado resultado organizacional, como desempenho, crescimento, inovação ou aprendizagem. As perguntas da pesquisa são, então, focadas apenas nas dimensões consideradas relevantes, e se essas dimensões não puderem ser convenientemente medidas com um questionário, o pesquisador ou consultor pode suplementá-lo com entrevistas e observações. Essa abordagem se preocupa menos em criar uma tipologia e mais em mensurar as principais dimensões em muitas organizações e depois relacioná-las ao desempenho. Por exemplo, a pesquisa de Denison mede as 12 dimensões a seguir sob quatro categorias gerais:

- Missão
  - Direção estratégica e intenção
  - Metas e objetivos
  - Visão
- Consistência
  - Valores básicos
  - Concordância
  - Coordenação e integração
- Envolvimento
  - Empoderamento
  - Orientação para a equipe
  - Desenvolvimento de capacidade
- Adaptabilidade
  - Criação de mudança

232 CULTURA ORGANIZACIONAL E LIDERANÇA SCHEIN

- Foco no cliente
- Aprendizagem organizacional.

As notas em cada uma das 12 dimensões aparecem em um perfil circular do grupo e podem ser comparadas com as normas com base em uma amostra maior das organizações classificadas como mais ou menos eficazes. Observe que as categorias são bastante abstratas, de modo que precisamos voltar aos itens reais para descobrir exatamente o que cada dimensão significa.

A Human Synergistics International (HSI) oferece uma abordagem semelhante com o seu "inventário de cultura organizacional" (Cooke e Szumal, 1993). As 12 dimensões da HSI, também mostradas como um perfil "circunflexo", são organizadas em torno de três estilos organizacionais básicos:

- Estilos construtivos
  - Realização
  - Autorrealização
  - Encorajamento humanista
  - Afiliativo
- Estilos agressivos-defensivos
  - Oposicionista
  - Poder
  - Competitivo
  - Perfeccionista
- Estilos passivos-defensivos
  - Impedimento
  - Dependente
  - Convencional
  - Aprovação.

O inventário de cultura organizacional da HSI e o inventário de eficácia organizacional relacionado oferecem dados analíticos abrangentes estatisticamente válidos com conjuntos de dados globais, históricos e normativos, para oferecer às empresas que usam essas pesquisas uma grande quantidade de dados comparativos. Sua pesquisa mostra claramente que as organizações que usam o estilo construtivo se saem melhor do que aquelas que são agressivas ou passivas.

Entretanto, dado o peso analítico (pesquisas que consistem em centenas de "itens"), pode não ser fácil para as empresas que usam esses instrumentos analisar e repetir a pesquisa

CAPÍTULO 14 | ABORDAGEM QUANTITATIVA DIAGNÓSTICA PARA AVALIAÇÃO E MUDANÇA PLANEJADA **233**

sem a assistência de especialistas terceirizados que ajudem a gerenciar e interpretar os resultados. Assim, surge uma preocupação potencial com essa abordagem: os *insiders* deveriam ser capazes de decifrar as próprias dimensões culturais profundas sem métodos de pesquisa complexos ou estatísticos especializados para esclarecer os dados. Com abordagens profundamente analíticas, como as da Human Synergistics, ressalvas do tipo "essas coisas levam tempo e esforço" certamente se aplicam. Ainda assim, toda essa seriedade analítica também pode ajudar a reforçar um comprometimento com um trabalho sério de mudança, no qual o movimento em direção a uma cultura mais "construtiva" pode ser um elemento crítico.

Como em todas essas abordagens analíticas, definir o escopo e focar o instrumento é uma consideração crítica. A avaliação da HSI se concentra nas "crenças e valores compartilhados que orientam como os membros de uma organização interagem e trabalham". Certamente, a forma como os funcionários interagem e trabalham é crítica, mas em vez de um levantamento geral de todos os aspectos desse domínio, também pode ser importante focar mais especificamente em questões de autoridade e intimidade (a floresta e não apenas as árvores), que correm o risco de serem perdidas nessas grandes pesquisas de múltiplos itens. A HSI oferece customizações com itens adicionais que podem atingir áreas de foco idiossincráticas, e o único *trade-off* aqui será o tempo adicional necessário para concluir o que normalmente são pesquisas extensas e complexas.

O "perfil de cultura organizacional" (OCP, *organizational culture profile*) de O'Reilly, Chatman e Caldwell (1991) oferece uma alternativa. O OCP distingue atributos associados a "ambientes de trabalho preferidos". A forma como a cultura é expressa nesses ambientes pode ser útil para antecipar o ajuste de novas contratações e elaborar a marca geral da empresa. O OCP se concentra em sete dimensões-chave: inovação, estabilidade, orientação para pessoas, orientação para resultados, facilidade para lidar, orientação para detalhes e orientação para equipe. Para avaliar onde a organização se encaixa nessas dimensões, 54 declarações de valor são classificadas pelos entrevistados, de acordo com sua importância relativa. Metodologicamente, o OCP de O'Reilly se diferencia ao usar a "análise de fatores Q Sort", que classifica a importância dos fatores em relação uns aos outros e pode, portanto, ser mais provável para identificar quais dimensões da cultura estão mais próximas da essência ou do DNA da cultura.

Caberá aos consultores ou especialistas da empresa que gerenciam o projeto de pesquisa decidir se, para o projeto em questão, é mais adequada uma metodologia usando uma escala Likert de 5 pontos ou uma abordagem de análise de fatores Q Sort. Como o OCP inclui até 54 itens (para "classificação"), ele abrange uma ampla gama de valores, aspirações, crenças etc. que podem contribuir para a formação ou manutenção da cultura. O OCP também é notavelmente flexível na forma como é administrado, permitindo que as empresas ajustem os itens para melhor se adequarem ao "problema cultural" que encontrarem.

234 CULTURA ORGANIZACIONAL E LIDERANÇA SCHEIN

Outra avaliação de cultura merece ser mencionada aqui; a *culture compass*[2] fornecida pelo Hofstede Centre e ITIM International baseia-se no modelo de cultura nacional de Hofstede, visto no Capítulo 6. Essa pesquisa individual de 15 minutos usa 42 pares de declarações que se baseiam nas dimensões originais de Hofstede: "distância do poder", "individualismo", "masculinidade", "aversão à incerteza", "orientação de longo prazo" e "indulgência". O objetivo da pesquisa é avaliar a adequação individual, para um emprego em uma nova cultura, para uma missão de expatriado, presumivelmente até para uma fusão que envolva a combinação de indivíduos em novas culturas nacionais e assim por diante. Essa avaliação não tenta medir a cultura organizacional em si. Embora possa parecer semelhante a outras avaliações descritas anteriormente, o uso pretendido da bússola cultural é avaliar o desempenho de um indivíduo dentro das normas de um contexto de trabalho em um ambiente cultural específico (p. ex., "Qual seria o meu desempenho em uma empresa chinesa em Xangai?").

O ponto-chave aqui é que o "problema da cultura" ainda precisa ser definido no início: qual é o nosso objetivo ao realizar essa avaliação? Não faz sentido se engajar em um desses projetos de avaliação apenas para diagnosticar a cultura sem ter alguma definição de qual é o problema apresentado e o que podemos tentar mudar.

Análise automatizada da cultura com *software* como serviço

Quando este livro foi escrito, no fim de 2016, um número cada vez maior de empresas de *software* como serviço (SaaS, *software-as-a-service*) haviam sido fundadas e ricamente financiadas para fornecer pesquisas e análises para clientes que queriam obter uma compreensão melhor de seu clima, cultura e do engajamento de funcionários. Das centenas de empresas oferecendo *software* e serviços para ajudar a automatizar e aplicar análises de *big data* a variáveis de recursos humanos, encontramos cerca de 20 que têm foco no fornecimento de *software* e de soluções de nuvem para a pesquisa da cultura corporativa, clima e engajamento dos funcionários. Embora não tentemos analisar todas essas empresas, existem algumas que oferecem um contexto e indicação de como essa tendência poderá afetar a análise da cultura organizacional.

TinyPulse. A primeira empresa digna de nota é a TinyPulse (www.tinypulse.com). Com cerca de US$10 milhões em financiamento de risco de duas rodadas de empreendimento e cinco investidores, a TinyPulse está pronta para expandir seus negócios fornecendo *feedback* de "engajamento" e "desempenho" rápido e frequente para o departamento de RH e

---

[2]Poderia ser traduzido como "bússola cultural", ou seja, uma ferramenta ou um teste que mostra as características culturais de um indivíduo.

a gerência sênior. Ela desenvolveu uma plataforma e um aplicativo para pesquisas curtas e direcionadas, enviadas para os dispositivos e *desktops* dos funcionários. Uma das promessas centrais da TinyPulse é que as curtas pesquisas confidenciais e anônimas entregues pelo aplicativo são tão rápidas e fáceis que as taxas de resposta são de quase 100%, e os relatórios de dados aparecem quase em tempo real. Nas palavras da TinyPulse, essa abordagem de pesquisa de pulso (repetida com frequência) é "rápida, eficaz e transparente". Independentemente do que pensamos sobre a qualidade dos dados, a facilidade de coleta e a apresentação visual atraente em belos painéis claramente atraem um segmento do mercado para medição de engajamento dos funcionários. Ser capaz de simplesmente fazer a mesma pequena lista de perguntas aos funcionários e relatar diariamente em um gráfico de painel o grau de melhoria ou deterioração é uma proposta atraente e oferece leituras de pulso quase em tempo real sobre como os membros da equipe estão se sentindo. Para muitos gerentes, a tendência relativa de alta ou baixa nas métricas pode ser bastante significativa, não importando se esses instantâneos têm ou não alguma validade em relação aos fatores culturais subjacentes.

Glint. Glint (www.glintinc.com) é outro fornecedor de SaaS cujo sistema de engajamento de funcionários também é baseado em pesquisas repetidas com frequência, ou de "pulso". Em meados de 2016, a Glint arrecadou quase US$ 16 milhões de investidores de primeira linha do Vale do Silício. Embora seu foco de produto pareça estar em métricas de engajamento de funcionários bem apresentadas e medidas com frequência, vale a pena notar que a Glint descreve seu pacote de produtos como uma "plataforma de desenvolvimento organizacional para a era digital". A Glint está prometendo "ação de *insight* de visibilidade", indicando que a medição frequente de perguntas simples de engajamento fornecerá o entendimento de que os líderes seniores precisam para fazer mudanças nos sistemas de incentivo, *feedback* e comunicação, estilos e espaços de trabalho e outros artefatos e valores expostos que contribuem para o clima e a cultura. É muito cedo para saber se novas "plataformas de OD" como esta fornecem informações suficientes sobre os níveis mais profundos de cultura que persistem por meio de muitas iterações de melhorias climáticas.

CultureIQ. Aprofundando a análise de cultura por SaaS, encontramos a CultureIQ (www.cultureiq.com) cujo sistema promete permitir que as empresas gerenciem sua cultura para impulsionar o engajamento e o sucesso dos funcionários. Esse sistema reduz a cultura a "10 qualidades mensuráveis de culturas de alto desempenho: colaboração, inovação, agilidade, comunicação, suporte, bem-estar, ambiente de trabalho, responsabilidade, foco no desempenho e alinhamento de missão e valor". O sistema da CultureIQ oferece um instrumento de pesquisa simples, construído em torno dessas 10 dimensões. Além disso, oferece análises e painéis para obter *insights* – uma escala de "CultureIQ" de 0 a 100, em que podemos supor que uma pontuação entre 80 e 90 é a mais "bem-sucedida" —, exibições gráficas de resultados e apresentações personalizadas para as partes interessadas.

A CultureIQ também oferece serviços de consultoria para ajudar os clientes a interpretar os dados e "fortalecer sua cultura". Nesse sentido, a CultureIQ oferece um modelo direto do que é uma "boa" cultura e ajuda as empresas a se fortalecerem nessas dimensões determinísticas. O sistema da CultureIQ também enfatiza a aplicação de análise de *big data* para descobrir incógnitas sobre o clima e cultura. Uma abordagem de *big data* para medir e "mudar" a cultura certamente atrai um mercado faminto por respostas imediatas e tangíveis. Por enquanto, vamos nos abster de questionar se a *força* das dimensões bem-sucedidas da cultura é uma maneira apropriada de pensar a respeito do problema. A CultureIQ promete resultados simples e convenientes, o que pode ser exatamente o que alguns líderes estão procurando quando acordam um dia com aquele súbito "*insight*" de que podem ter um problema com sua cultura.

RoundPegg. RoundPegg (http://roundpegg.com) oferece outra "plataforma de cultura e engajamento". Essa empresa levantou cerca de US$ 6 milhões de cinco investidores em cinco rodadas. A plataforma da RoundPegg "torna muito simples para os líderes resolverem problemas de negócios e alcançarem objetivos estratégicos, mensurando e gerenciando seu maior impulsionador de negócios, a cultura da empresa". Uma pesquisa de cultura de sete minutos pede aos entrevistados que façam escolhas binárias entre os aspectos "mais importantes" e "menos importantes" da vida profissional – por exemplo, "criar ordem" ou "prestar atenção aos detalhes". A RoundPegg chama essa pesquisa de sete minutos de "avaliação do DNA cultural" para ver como os valores compartilhados dos funcionários se alinham com a missão corporativa, para contratar funcionários que se encaixam melhor na cultura da empresa, para "capacitar os gerentes com uma melhor visão sobre o que cada membro de sua equipe mais valoriza" e para medir o engajamento de seus membros.

A alegação é que as organizações podem usar seus dados de cultura para entender como motivar seus funcionários. Essa interessante descrição da plataforma RoundPegg implica que a simples pesquisa de sete minutos não é anônima nem confidencial, caso contrário, não esclareceria como alterar os incentivos individuais com base no que cada membro da equipe mais valoriza. Por enquanto, vamos deixar para a RoundPegg a questão de saber se podemos aceitar a noção de caracterizar o DNA cultural de uma empresa com base nas respostas a uma pesquisa de sete minutos por um funcionário que poderia nem ter estado na empresa há sete dias.

CultureAmp. A CultureAmp (www.cultureamp.com) descreve seus negócios como "análise de pessoas para sua empresa". Fundada em Melbourne, Austrália, a CultureAmp tem forte presença na costa oeste dos Estados Unidos, com uma respeitável lista de clientes

CAPÍTULO 14 | ABORDAGEM QUANTITATIVA DIAGNÓSTICA PARA AVALIAÇÃO E MUDANÇA PLANEJADA **237**

(principalmente empresas de serviços *web* e comércio eletrônico). Não é possível distinguir claramente o que há de diferente na CultureAmp em relação a muitos outros produtos nesse campo. Ela parece ser uma das pioneiras nessa categoria, mas isso não quer dizer que sua abordagem de pesquisa seja diferente ou superior. Como outros, eles fazem uma ligação estreita entre engajamento e cultura. O processo de diagnóstico da cultura começa com uma pesquisa de engajamento e também oferece opções para pesquisas de "pulso" (repetidas com frequência). Eles provavelmente continuarão a adicionar variantes de pesquisas para complementar seus instrumentos de diagnóstico de "ciclo de vida" e "desempenho".

A empresa é composta por pelo menos tantos engenheiros de *software* quanto psicólogos industriais ou especialistas em cultura organizacional. Isso parece comum entre a categoria de concorrentes de diagnóstico de cultura de engajamento rápido. A CultureAmp descreve sua equipe como "pessoal *geek*".* A questão dos "*geeks*" da CultureAmp e para os demais do segmento é se sua missão é entender as empresas clientes, seu pessoal e sua cultura, ou se trata-se de um *software* para levantamento e análise rápidos de dados sobre funcionários. A "*datafication*" das pessoas está acontecendo, tudo está se instrumentalizando. A questão é se todo esse *big data* recentemente coletado e acessado sobre pessoas é acionável e transformacional, ou se os vários instantâneos de alta resolução acabam focando nas árvores e não na floresta.

Ninguém sabe se esses provedores de SaaS de pesquisas de cultura e engajamento sobreviverão, prosperarão e redefinirão o cenário cultural de diagnóstico quantitativo. Dado que vários deles são apoiados por empreendimentos, o resultado provável é que muitos desses especialistas em SaaS sejam absorvidos por grandes provedores de serviços completos de plataformas de "operações de pessoas" (p. ex., Workday, Salesforce, Oracle etc.). Ou talvez essas plataformas de SaaS de pesquisa de engajamento possam complementar os provedores de pesquisa consultiva existentes, como HSI e Denison (ou talvez Gallup, NBRI ou SurveyMonkey).

De qualquer forma, essas *startups* de SaaS criam novas abordagens que desafiam nossas premissas sobre pesquisas e podem causar perturbação suficiente no mercado para provocar uma mudança real. Os clientes de SaaS trabalham diretamente com as plataformas, consultores especializados administrando pesquisas e interpretando resultados não são necessários nessa abordagem. Canais globais de consultores especializados certamente levantam barreiras de entrada que protegem os participantes da pesquisa de cultura estabelecida, mas pode ser que os provedores de SaaS estejam apostando na premissa de que

---

*N.R.T.: entende-se por *geek* alguém dedicado ou preocupado com as pessoas e que acredita no poder do *feedback* dos funcionários.

238 CULTURA ORGANIZACIONAL E LIDERANÇA SCHEIN

muitos clientes preferem uma abordagem mais rápida e direta, que não conte com interme-diários especializados, compromissos mais duradouros e despesas adicionais.

Portanto, podemos ver a dinâmica da mudança nos *diagnósticos* da cultura. Porém isso não irá alterar as realidades do que é a cultura e como ela muda. Se há um ponto que os pro-vedores de SaaS gostam de proclamar que deve ser desafiado, é a sugestão de que a cultura pode ser mudada ou alterada tão facilmente quanto as pesquisas de SaaS são administra-das. Esse argumento de ritmo de mudança pode ser aplicado com precisão a elementos do *clima* que influenciam diretamente no engajamento e no desempenho. A cultura é mais profunda e não muda no ritmo de pesquisas rápidas. Os programas de mudança de cultura são intensos, envolventes, sociais e interativos. O diagnóstico rápido, mesmo que bastante preciso, é apenas uma pequena parte do processo de mudança de cultura.

Ainda assim, todo o rumor a respeito de abordagens de pesquisa rápidas e "pulsantes" amplifica que agora é comum que os líderes aceitem a centralidade da cultura para a saú-de de seus negócios. Os líderes modernos esperam que essas abordagens rápidas pintem uma imagem adequada, se não completa, da cultura de suas empresas? O engajamento é sintomático, a cultura é causal. As abordagens rápidas podem chegar às causas raiz? Os capítulos anteriores construíram o argumento de que a cultura deriva da história, que se leva tempo para descobrir e decifrar completamente o DNA cultural. Mesmo que as abordagens de pesquisa rápida possam explorar os valores expostos com agilidade, elas capturarão as sutilezas dos artefatos e as premissas tácitas? Refletindo sobre as abordagens de pesquisa por SaaS, podemos ver uma distinção entre o viés metodológico da psicologia organizacio-nal industrial centrado na análise quantitativa de uma amostra de pesquisas de indivíduos, e as metodologias sociais e etnográficas centradas na observação, entrevistas individuais e em grupo, coleta de dados ao longo do tempo, interações de grupo e interpretações de grupo.

Considere esta analogia de navegação: abordagens de pesquisa rápidas podem fornecer silhuetas de formas de relevo vistas a alguns quilômetros de distância. As avaliações apro-fundadas (p. ex., HSI, Denison etc.) podem fornecer uma grande quantidade de contorno e detalhe dos acidentes geográficos observados (litorais, praias, falésias etc.). No entanto, lembrando Sahlins e o exemplo do Capitão Cook, entender camadas profundas de sutileza cultural requer sair do navio metafórico de observação e, entrando em um diálogo imersivo com membros do grupo em questão – sobre passado, presente e futuro –, descobrir *o que eles acham* que está certo, *o que acham* que está errado e *o que acreditam* que realmente está acontecendo.

RESUMO E CONCLUSÕES

O valor das tipologias é que elas tornam o pensamento mais simples e oferecem categorias úteis para separar as complexidades com que lidamos quando nos confrontamos com realidades organizacionais. Os pontos fracos das tipologias de cultura é que eles simplificam demasiadamente essas complexidades e podem nos oferecer categorias que são incorretas em termos de sua relevância quanto ao que estamos tentando compreender. Elas podem limitar nosso ponto de vista fazendo com que focalizemos prematuramente apenas poucas dimensões, restringir nossa capacidade de encontrar padrões complexos e derivados entre diversas dimensões e não revelar sobre o que determinado grupo sente *mais intensamente*.

As tipologias também introduzem um viés no que Martin (2002) chama de "perspectiva de integração" nos estudos da cultura, uma abordagem que enfatiza as dimensões em que existe um alto grau de consenso. Martin nos lembra que muitas organizações são "diferenciadas" ou mesmo "fragmentadas" ao ponto de existir pouco consenso sobre quaisquer dimensões culturais. Uma cultura integrada poderia ser uma em que a organização inteira compartilha um único conjunto de premissas; uma cultura diferenciada é uma organização em que subculturas poderosas discordam em certos aspectos essenciais, como mão de obra e gerência; e uma cultura fragmentada é uma organização como um conglomerado financeiro que possui muitas subculturas e nenhum conjunto abrangente de premissas compartilhadas. Claramente, o esforço de classificar determinada empresa em uma única categoria tipológica (p. ex., "clã" ou "interligada") presume não apenas integração em torno de duas dimensões, mas a premissa de que essas dimensões podem ser medidas suficientemente bem para determinar o grau de consenso.

Algumas tipologias tentam reduzir todas as organizações a poucos tipos, enquanto outras dependem mais do perfil das organizações em termos de uma série de dimensões que são medidas separadamente por pesquisas com funcionários. Analisamos os prós e os contras de usar essas pesquisas para "mensurar" as culturas. A questão principal é se as respostas individuais em um questionário podem chegar aos níveis mais profundos de premissas tácitas compartilhadas que podem se revelar apenas na interação real do grupo. O que as pesquisas medem pode ser válido, mas pode não alcançar a essência cultural ou o DNA da cultura.

A conclusão principal para o líder de mudança é continuar voltado para o problema da mudança e realmente pensar se a abordagem de medição será útil ou se algum trabalho qualitativo deverá preceder qualquer avaliação de cultura, bem como se a própria cultura é mais bem compreendida de forma qualitativa.

SUGESTÕES PARA OS LEITORES

- Pense em diversas organizações com as quais você está familiarizado, seja como cliente, funcionário ou gerente. Escolha duas ou três das tipologias discutidas neste capítulo e veja se consegue encaixar claramente cada uma de suas organizações em uma delas.
- Se você tiver problema para encaixar algumas organizações nos tipos, tente descobrir quais dimensões não funcionam e use-as para criar novos tipos para você mesmo.
- Pergunte-se se você acredita ou não na utilidade de quantificar as dimensões da cultura e sob quais condições.

CAPÍTULO 15

O PROCESSO DE AVALIAÇÃO DA CULTURA QUALITATIVA DIALÓGICA

A abordagem qualitativa dialógica para a avaliação é baseada em três premissas essenciais:

1. A finalidade da avaliação é ajudar o líder de mudança a impulsionar o processo de mudança.
2. É fundamental que o líder de mudança se envolva em um processo de avaliação que revele os elementos da cultura que se relacionam com o problema da mudança.
3. *Não* é importante que o consultor externo entenda a cultura do cliente, mas ele precisa ser muito claro a respeito das implicações de mudança do próprio processo de avaliação.

Definir metas de mudança não diz ao líder de mudança o que pode estar envolvido na implementação do próprio processo. Os elementos culturais que temos, a cultura que construímos e a que está presente *ajudam* ou *atrapalham* "a nova maneira de trabalhar" definida pelas metas de mudança? Com as metas claras em mente, o processo de avaliação deve responder a essa pergunta fundamental.

O processo de mudança não começa no marco cultural zero, a organização construiu uma cultura cujas premissas básicas, seu DNA, são a fonte de seu sucesso. A organização provavelmente também construiu elementos culturais que agora são percebidos como uma fonte dos problemas que o processo de mudança deveria "reparar".

Devido à inevitável diferenciação em várias subculturas, é provável que existam conflitos e tensões dentro das diversas unidades da organização que precisam ser diagnosticados e compreendidos para que o processo de mudança funcione de forma efetiva.

242 CULTURA ORGANIZACIONAL E LIDERANÇA SCHEIN

Contudo, paradoxalmente, não é importante para o "especialista em diagnóstico" de fora obter esse entendimento, enquanto é essencial para o líder de mudança obtê-lo.

No modelo quantitativo de diagnóstico, presume-se que o *outsider* pode "mensurar" as dimensões e "explicar" a cultura aos *insiders* e ao líder de mudança. No modelo qualitativo dialógico, o papel do especialista externo é ajudar os *insiders*, especialmente o líder de mudança, a descobrir quais elementos da cultura existente ajudarão ou atrapalharão o processo de mudança.

No modelo de mensuração, a energia de intervenção destina-se a garantir que os números sejam "cientificamente" válidos e precisos, no modelo qualitativo, a energia da intervenção é destinada a ajudar o cliente a compreender como a cultura em que vive afetará o processo de mudança.

No modelo de mensuração prevalece a ética da "ciência" em que os dados devem ser tão precisos quanto possível em questões de amostragem e utilização dos melhores métodos estatísticos. No modelo qualitativo prevalece a ética da "intervenção" em perguntar se o próprio processo de avaliação poderia ser prejudicial ao sistema cliente.

No modelo de mensuração, o ajudante externo está no papel de um *especialista* em diagnóstico de cultura, medindo o sistema. No modelo qualitativo, o *outsider* está no papel de um "humilde consultor de processos" que pode saber muito sobre a dinâmica da cultura em geral, mas cuja especialidade está em facilitar um processo que permita ao cliente (o líder de mudança) diagnosticar sua cultura (Schein, 2016).

Não existe uma fórmula para esse processo qualitativo dialógico porque depende da natureza do problema, do contexto macrocultural e do tipo de relação que se constrói entre cliente e ajudante. Portanto, a melhor maneira de explicar essa abordagem é com alguns casos ilustrativos.

Caso 4: MA-COM – Revisão de uma agenda de mudança como resultado de *insight* cultural

A avaliação da cultura feita com uma finalidade pode revelar elementos culturais que não foram antecipados, mas que explicam muito sobre o comportamento observado da organização e de seus líderes. Nesse caso, uma vez identificados os elementos mais profundos e imprevistos da cultura, a agenda de mudanças é revisada para que se chegue a uma solução melhor.

Um CEO recém-nomeado da MA-COM, uma empresa de alta tecnologia que consistia em 10 ou mais divisões, pediu que eu o ajudasse a descobrir como a organização poderia desenvolver uma "cultura comum". Ele achava que sua história de divisões autônomas e

CAPÍTULO 15 | O PROCESSO DE AVALIAÇÃO DA CULTURA QUALITATIVA DIALÓGICA **243**

descentralizadas não funcionavam mais e que a empresa deveria trabalhar em direção a um conjunto comum de valores e premissas.

O CEO, o diretor de recursos humanos e eu éramos o grupo de planejamento que deveria decidir como abordar o problema. Chegamos à conclusão de que todos os diretores de divisão, todos os chefes das unidades corporativas de pessoal e vários outros funcionários considerados relevantes para a discussão seriam convidados para uma reunião de um dia inteiro onde identificaríamos os elementos de uma cultura *corporativa* comum para o futuro. Estiveram presentes 30 pessoas.

Começamos com o CEO, como "líder de mudança", declarando seus objetivos e o porquê ele havia pedido ao grupo para se reunir. Ele me apresentou como a pessoa que "gerenciaria" o dia, deixando claro que estávamos trabalhando na agenda dele. Em seguida, dei uma palestra de 30 minutos sobre como pensar a cultura com base no modelo de três níveis e iniciei a autoavaliação pedindo a algumas das pessoas mais recentes na empresa que compartilhassem como foi entrar na organização. À medida que as pessoas traziam vários artefatos e normas, eu as anotava em *flip charts* e pendurava as páginas preenchidas pela sala. Parecia claro que havia poderosas subculturas divisionais, mas também que havia muitos artefatos comuns em todo o grupo.

Meu papel, além de anotar o que era dito, era pedir esclarecimento ou mais detalhes quando as pessoas jogavam abstrações como "era uma organização que trabalhava em equipe". Eu então pediria um exemplo do que a pessoa quis dizer. À medida que avançávamos pela segunda e terceira horas, começaram a aparecer alguns conflitos de valores centrais. As várias unidades divisionais realmente favoreceram a premissa tradicional de que altos graus de descentralização e autonomia divisional eram a maneira correta de administrar o negócio como um todo. Ao mesmo tempo, eles ansiavam por uma liderança forte e centralizada e um conjunto de valores básicos que pudessem identificá-los como uma única empresa.

Meu papel nesse momento mudou para ajudar o grupo a enfrentar o conflito e tentar entender suas raízes e suas consequências. Paramos na hora do almoço e instruímos subgrupos selecionados aleatoriamente com sete a oito membros a continuar a análise desses valores e premissas por algumas horas após o almoço. Em seguida, nos encontramos por volta das 15 horas para uma análise final de duas horas e uma sessão de encerramento.

Para iniciar a sessão final, pedi a cada grupo que apresentasse um breve relatório das premissas que, segundo eles, ajudavam e as que atrapalhavam a alcançar uma cultura corporativa comum. Nessas apresentações, o mesmo conflito divisional *versus* corporativo continuou aparecendo, então, quando os relatórios terminaram, encorajei o grupo a se aprofundar um pouco mais nisso. Qual era realmente o conflito, e por que eles não conseguiam resolvê-lo? Percebi que alguém havia mencionado os "fundadores fortes", então pedi que falassem mais sobre como foram criadas as divisões. Essa discussão levou a um *insight* importante.

244 CULTURA ORGANIZACIONAL E LIDERANÇA SCHEIN

Descobriu-se que quase todas as divisões foram adquiridas com seu fundador ainda no cargo. A política da sede corporativa de conceder autonomia às divisões havia encorajado esses fundadores a permanecerem como CEOs, embora tivessem desistido da posse. A maioria dos gerentes na sala cresceu sob esses líderes fortes e desfrutou muito desse período de sua história. Cada divisão havia criado sua cultura sob a forte liderança dos fundadores.

Na ocasião, porém, todos os fundadores já haviam se aposentado, saído ou morrido, e as divisões eram lideradas por gerentes gerais que não tinham o mesmo carisma dos antecessores. O grupo ansiava pela sensação de unidade e segurança que cada um teve em suas respectivas divisões sob a gerência de seus fundadores. Eles perceberam que, de fato, não queriam uma cultura e liderança *corporativa* unificadas fortes, porque os diferentes negócios precisavam de autonomia para operar com eficácia. Eles compreenderam que seu desejo por uma cultura corporativa mais forte era equivocado. O que realmente queriam era a mesma autonomia de que sempre desfrutaram, mas com uma liderança mais forte no nível divisional.

Essas percepções, baseadas na reconstrução histórica de como a cultura corporativa foi formada, levaram a um conjunto muito diferente de propostas para o futuro. O grupo, com a aprovação da liderança corporativa, concordou que precisava apenas de algumas políticas comuns em áreas como relações públicas, recursos humanos e pesquisa e desenvolvimento. Eles não precisavam de valores ou premissas comuns, embora não houvesse problema se se desenvolvessem naturalmente ao longo do tempo. No entanto, queriam uma liderança mais forte no nível divisional e um programa de desenvolvimento que maximizasse suas chances de obter tal liderança. Por fim, queriam reafirmar fortemente o valor da autonomia divisional para capacitá-los a fazer o melhor trabalho possível em cada um de seus vários negócios.

LIÇÕES APRENDIDAS

Esse caso ilustra os seguintes pontos importantes sobre como decifrar a cultura e gerenciar premissas culturais:

- O processo foi iniciado por um CEO que estava preocupado com "a falta de uma cultura corporativa comum" e queria "criá-la". Eu estava disposto a examinar essa questão e sugeri um grupo de planejamento que "lidaria" com o problema. O grupo de planejamento então trabalhou comigo para elaborar uma intervenção qualitativa de um dia para avaliar a cultura existente. Concordamos que uma intervenção de um dia seria um começo e que o que mais fosse necessário seria decidido depois desse dia. Considero essa uma "intervenção qualitativa"

- Um grupo da alta gerência, com a ajuda de um facilitador externo, seria capaz de decifrar as principais premissas relacionadas a um problema de negócios específico,

CAPÍTULO 15 | O PROCESSO DE AVALIAÇÃO DA CULTURA QUALITATIVA DIALÓGICA **245**

nesse caso, se deviam ou não pressionar por um conjunto comum de valores e premissas mais centralizados

- A análise qualitativa de artefatos e valores pelos membros da organização revelou várias premissas básicas do DNA que estavam centralmente relacionados ao problema de negócios, conforme julgado pelos participantes. Outros elementos da cultura que também foram claramente revelados na autoanálise não foram considerados relevantes. Visto que toda cultura inclui premissas sobre quase tudo, é importante haver uma técnica de avaliação que permita aos indivíduos estabelecer prioridades e descobrir quais são os aspectos relevantes de uma cultura

- A resolução do problema da empresa não exigiu nenhuma mudança de *cultura*. De fato, o grupo reafirmou um de seus pressupostos culturais mais centrais. Nesse contexto, no entanto, foram definidas algumas novas prioridades para ações futuras: desenvolver políticas e práticas comuns em determinadas áreas de negócios e desenvolver líderes de divisão mais fortes. Muitas vezes, o que é necessário é uma mudança nas *práticas de negócios* dentro do contexto de uma determinada cultura, não necessariamente uma *mudança* na cultura, mas uma *evolução*.

Caso 5: Reavaliação da missão do Corpo de Engenheiros do Exército dos Estados Unidos

Este caso ilustra o processo de compreensão da cultura em um tipo diferente de organização. Como parte de um processo de planejamento estratégico de longo prazo, em 1986 me pediram para realizar uma análise da cultura do Corpo de Engenheiros do Exército dos Estados Unidos devido a preocupações de que sua missão estava mudando e eles não tinham certeza de quais seriam as futuras fontes de arrecadação. Estiveram presentes cerca de 25 gerentes seniores, tanto militares quanto civis, com o propósito específico de analisar sua cultura (1) para permanecer adaptável em um ambiente em rápida mudança, (2) para conservar os elementos da cultura que eram uma fonte de força e orgulho, e (3) para gerenciar a evolução da organização de forma realista. Os gerentes sabiam que a missão fundamental da entidade havia mudado nas últimas décadas e que a sobrevivência da organização dependia de obter uma autoavaliação precisa de seus pontos fortes e fracos.

Seguimos um procedimento de avaliação em 10 etapas, que às vezes uso com um pequeno grupo que deseja descobrir rapidamente os principais elementos de sua cultura.

ETAPA 1: OBTER O COMPROMETIMENTO DA ALTA LIDERANÇA

Decifrar as premissas culturais e avaliar sua relevância para um programa de mudança organizacional deve ser visto como uma grande intervenção no cotidiano da organização e,

246 CULTURA ORGANIZACIONAL E LIDERANÇA SCHEIN

portanto, deve ser realizado apenas com o pleno entendimento e consentimento de seus líderes formais. Isso significa sondar porque os líderes desejam fazer essa avaliação e descrever por completo o processo e suas possíveis consequências para obter o total comprometimento com as reuniões em grupo que serão realizadas. Neste caso, foram os líderes que me procuraram com a aprovação de seus superiores no governo.

ETAPA 2: SELECIONAR OS GRUPOS PARA AUTOAVALIAÇÃO

O próximo passo é o facilitador trabalhar com os líderes formais para determinar a melhor forma de selecionar alguns grupos que representem a cultura corporativa. Os critérios de seleção geralmente dependem da natureza concreta do problema a ser resolvido. Os grupos podem ser homogêneos em relação a um determinado departamento ou nível de classificação ou deliberadamente heterogêneos, pela seleção de fatias diagonais da organização, e podem ter de 3 a 30 membros. Nesse caso, os líderes e eu selecionamos o grupo que teria mais experiência com o assunto.

ETAPA 3: ESCOLHER UM AMBIENTE ADEQUADO
PARA A AUTOAVALIAÇÃO DO GRUPO

A reunião do grupo deve estimular percepções, pensamentos e sentimentos que normalmente estão implícitos. A sala em que a reunião será realizada deve, portanto, ser confortável, permitir que as pessoas se sentem em formato circular e permitir a colocação de muitas folhas de *flip chart* onde serão escritos os elementos da cultura. Além disso, deve haver um conjunto de salas de apoio nas quais os subgrupos possam se reunir, principalmente se o grupo inteiro tiver mais que 15 participantes.

ETAPA 4: EXPLICAR O PROPÓSITO DA REUNIÃO EM GRUPO (15 MINUTOS)

A reunião deve começar com uma declaração do seu propósito por alguém da organização que desempenhe um papel de liderança ou autoridade, para que as respostas abertas sejam incentivadas. O problema da mudança organizacional deve ser claramente declarado e escrito, permitindo perguntas e discussões. O objetivo desta etapa é esclarecer o motivo da reunião e começar a envolver o grupo nesse processo.

O *insider* então apresenta o consultor do processo como o "facilitador que nos ajudará a conduzir uma avaliação de como a cultura de nossa organização nos auxiliará ou restringirá na solução do problema que identificamos". O consultor do processo pode ser um *outsider*, um membro da organização que faz parte de um grupo de funcionários dedicado à prestação de serviços de consultoria interna, ou mesmo um líder de outro departamento, se estiver familiarizado com o funcionamento da cultura e com o processo desse grupo.

ETAPA 5: ENTENDER COMO PENSAR A RESPEITO DA CULTURA (15 MINUTOS)

É essencial que o grupo entenda que, embora a cultura se manifeste no nível de artefatos e valores expostos, o objetivo é tentar decifrar as premissas básicas compartilhadas que se encontram em um nível inferior de consciência. O consultor deve, portanto, apresentar o modelo de três níveis de artefatos, valores expostos e premissas tácitas mostrado no Capítulo 3, e garantir que todos entendam que a cultura é um conjunto aprendido de premissas com base na história compartilhada de um grupo. É importante que entendam que o que eles estão prestes a avaliar é um produto de sua história e que a estabilidade da cultura se baseia no sucesso passado da organização.

ETAPA 6: GERAR DESCRIÇÕES DOS ARTEFATOS (60 MINUTOS)

O consultor do processo então diz ao grupo que eles vão começar descrevendo a cultura por meio de seus artefatos. Uma maneira útil de começar é descobrir quem se juntou ao grupo mais recentemente e perguntar a essa pessoa como foi entrar na organização e o que mais chamou sua atenção de imediato. Tudo o que é mencionado é anotado em um *flip chart*, à medida que as páginas vão sendo preenchidas, elas são arrancadas e penduradas na parede para que fiquem visíveis.

Se os membros do grupo forem ativos ao prestar informações, o facilitador pode ficar relativamente quieto, mas se precisarem de incentivo, o facilitador deve sugerir categorias como códigos de vestimenta, modos de comportamento desejados ao se dirigir ao chefe, o *layout* do local de trabalho, como são usados o tempo e o espaço, que tipo de emoção alguém notaria, como as pessoas são recompensadas e punidas, como alguém evolui na organização, como são tomadas as decisões, como os conflitos e desacordos são tratados, como o trabalho e a vida familiar são equilibrados e assim por diante.

ETAPA 7: IDENTIFICAR VALORES EXPOSTOS (15-30 MINUTOS)

A pergunta que identifica artefatos é "O que está acontecendo aqui?" Por outro lado, a pergunta que suscita os valores adotados é "Por que você está fazendo o que está fazendo?" Muitas vezes, os valores já foram mencionados durante a discussão de artefatos, então eles devem ser escritos em páginas diferentes. Para obter mais valores, costumo escolher uma área de artefatos que claramente interesse ao grupo e peço às pessoas que articulem os motivos pelos quais fazem seu trabalho.

À medida que valores ou crenças são declarados, verifico se há consenso, se houver, anoto os valores ou crenças em uma nova folha. Se os membros discordam, exploro o motivo perguntando se é uma questão de diferentes subgrupos terem valores distintos ou se há uma genuína falta de consenso, caso em que o item vai para a lista com um ponto de interrogação

248 CULTURA ORGANIZACIONAL E LIDERANÇA   SCHEIN

para nos lembrar de retornar a ele. Encorajo o grupo a olhar para todos os artefatos que eles identificaram e descobrir, da melhor forma possível, quais valores parecem estar implícitos. Se vir alguns valores óbvios que eles não indicaram, eu os citarei como possibilidades, mas em um espírito de investigação conjunta, não como um especialista realizando uma análise de conteúdo de seus dados. Depois de termos uma lista de valores para examinar, estamos prontos para avançar para as premissas subjacentes.

ETAPA 8: IDENTIFICAR PREMISSAS SUBJACENTES COMPARTILHADAS (15-30 MINUTOS)

A chave para se chegar às premissas subjacentes é verificar se os valores expostos identificados realmente explicam todos os artefatos ou se as coisas que foram descritas como acontecendo claramente não foram explicadas ou estão em conflito real com alguns dos valores articulados. Um modo fácil de fazer isso é perguntar ao grupo se a estrutura e os processos que eles utilizam são coerentes com os valores expostos.

À medida que surgem premissas, o facilitador deve testar o consenso e, em seguida, anotá-las em uma lista separada. Essa lista torna-se importante como a articulação visível das essências culturais que foram identificadas. Esta fase do exercício termina quando o grupo e o facilitador sentem que identificaram a maior parte das áreas críticas de premissas que se referem ao problema que estão tentando resolver, e os participantes agora conseguem entender com clareza o que é uma premissa.

ETAPA 9: IDENTIFICAR AUXÍLIOS E OBSTÁCULOS CULTURAIS (30-60 MINUTOS)

Neste ponto, é importante rever o objetivo da mudança. O que estamos tentando fazer, o que estará envolvido para chegarmos lá e como nossa cultura atual nos ajudará ou nos impedirá de atingir o objetivo.

ETAPA 10: TOMAR DECISÕES SOBRE OS PRÓXIMOS PASSOS (30 MINUTOS)

O objetivo desta etapa é chegar a algum tipo de consenso sobre quais são as premissas compartilhadas mais importantes e suas implicações para aquilo que a organização deseja fazer em seguida. Isso levou ao desenvolvimento dos seguintes temas, declarados como valores-chave ou premissas, dependendo de como o próprio grupo experimentou o elemento:

- Nossa missão é resolver problemas de controle de rios, represas, pontes etc. pragmaticamente, não esteticamente, mas nossa capacidade de resposta ao nosso ambiente leva a preocupações estéticas dentro do contexto de qualquer projeto

- Sempre respondemos às crises e estamos organizados para fazer isso

CAPÍTULO 15 | O PROCESSO DE AVALIAÇÃO DA CULTURA QUALITATIVA DIALÓGICA **249**

- Somos conservadores e protegemos nosso território, mas valorizamos um pouco de ousadia
- Somos descentralizados e esperamos que as decisões sejam tomadas no campo, mas o controlamos rigorosamente por meio do engenheiro distrital
- Estamos orientados para os números e sempre operamos em termos de análises de custo-benefício, em parte porque a qualidade é difícil de ser mensurada
- Minimizamos o risco porque não devemos falhar, portanto, tudo é muito bem projetado e usamos apenas tecnologias seguras e bem estabelecidas
- Exercemos integridade profissional e dizemos "não" quando devemos
- Tentamos minimizar a crítica pública
- Somos responsivos às externalidades, mas tentamos manter nossa independência e integridade profissional
- Muitas vezes somos um instrumento de política internacional por meio de nossos projetos fora dos Estados Unidos.

O grupo identificou como seu principal problema o fato de que a missão tradicional de controle de enchentes havia sido amplamente concluída e, com a mudança de padrões no Congresso, não era fácil dizer que tipos de projetos continuariam a justificar o orçamento. Segundo eles, as pressões financeiras faziam com que mais projetos tivessem o custo compartilhado com as autoridades locais, exigindo graus de colaboração com que a corporação não tinha certeza de que poderia lidar. A discussão sobre cultura ofereceu perspectivas úteis sobre o que estava por vir, mas não forneceu dicas sobre a estratégia específica a ser seguida no futuro.

LIÇÕES APRENDIDAS

Este caso, assim como os outros, ilustra como podemos fazer um grupo decifrar os principais elementos de sua cultura em relação a uma meta de mudança, e como isso pode ser um exercício útil para esclarecer o que é estrategicamente possível. Também é evidente que uma avaliação de cultura não precisa levar a uma *mudança* de cultura, mesmo que seja o objetivo inicial.

A definição de premissas subjacentes por meio de um processo passo a passo que identifique os artefatos e valores expostos e, em seguida, compare-os entre si para procurar discrepâncias, como o local das premissas tácitas, é efetivo e pode ser feito em metade de um dia, se for preciso.

O que faz o processo funcionar é um acordo inicial claro entre o cliente e o facilitador sobre as metas, o problema da mudança e a disposição do cliente de assumir o plano e os

250 CULTURA ORGANIZACIONAL E LIDERANÇA SCHEIN

resultados. Sem um objetivo claro de mudança, o processo vagueia sem rumo e muitas vezes é percebido pelo grupo como chato e sem sentido.

Caso 6: A Apple avalia sua cultura como parte de um processo de planejamento de longo prazo

Em 1991, a Apple Computer decidiu realizar uma análise cultural como parte de um exercício de planejamento de longo prazo voltado para questões de recursos humanos. Qual seria o tamanho da empresa em cinco anos, de que tipo de pessoas ela precisaria e onde deveria se localizar geograficamente em diferentes cenários de tamanho?

Um grupo de trabalho de 10 pessoas, composto por vários gerentes de linha e membros do departamento de recursos humanos, recebeu a tarefa de descobrir como a cultura da Apple influenciaria o crescimento e que impacto isso poderia ter sobre os tipos de pessoas que seriam atraídas no futuro. O vice-presidente de recursos humanos conhecia meu trabalho sobre cultura e me pediu para ser consultor desse grupo de trabalho, em que atuou como presidente.

O plano original era separar várias tarefas de planejamento e delegá-las a outros comitês para um trabalho mais detalhado, porque a apresentação na reunião da empresa seria seis meses depois. Um desses outros grupos foi encarregado de analisar o impacto da cultura da Apple sobre o crescimento futuro. Meu papel era ajudar a organizar o estudo, ensinar a melhor forma de analisar a cultura e prestar consultoria ao subcomitê de cultura no futuro.

A primeira reunião foi marcada para um dia inteiro e envolveu o planejamento de diversos tipos de atividades, das quais o estudo da cultura era apenas uma. Quando chegou a hora de decidir como estudar a cultura da Apple, tive 20 minutos para descrever o modelo de artefatos, valores expostos e premissas básicas subjacentes. Também descrevi em termos gerais como usei o modelo com outras organizações para ajudá-las a decifrar sua cultura usando várias versões do processo de 10 etapas explicado anteriormente. O grupo ficou intrigado e decidiu experimentá-lo. Partimos diretamente para descobrir artefatos e valores expostos, para compará-los e chegar a um conjunto provisório de premissas tácitas apoiadas por vários tipos de dados que o grupo produziu. As informações foram escritas em forma de rascunho em *flip charts*, e me pediram para organizá-los em um conjunto mais ordenado do que acabamos chamando de "premissas governantes" da Apple.

1. *Não estamos no negócio apenas pelo negócio, mas por um propósito mais elevado: mudar a sociedade e o mundo, criar algo duradouro, resolver problemas importantes e nos divertir.*

Um dos principais produtos da Apple foi projetado para ajudar as crianças a aprender. Outro produto importante foi projetado para tornar a computação mais fácil e divertida. A Apple desenvolveu em muitos recreativos, por exemplo, festas após o expediente, brincadeiras no

CAPÍTULO 15 | O PROCESSO DE AVALIAÇÃO DA CULTURA QUALITATIVA DIALÓGICA **251**

trabalho e *shows* de mágica em eventos de treinamento de executivos. O grupo sentia que só o que era divertido e exclusivo recebia as grandes recompensas.

Alegou-se que muitas pessoas na Apple se oporiam se a empresa fosse atrás do amplo mercado de negócios e se vendesse produtos para determinados grupos que fariam mal uso deles (p. ex., o Departamento de Defesa dos Estados Unidos).

2. *A realização da tarefa é mais importante do que o processo utilizado ou os relacionamentos formados.*

O grupo listou várias versões dessa premissa:

- Quando você falha na Apple, está sozinho e abandonado, você se torna uma "pessoa à deriva"
- O tempo de casa, a lealdade e a experiência passada não contam em relação às realizações das tarefas no presente
- Quando você tropeça, ninguém o levanta
- Longe dos olhos, longe do coração; você é tão bom quanto seu último sucesso, os relacionamentos formados no trabalho não são duradouros
- As pessoas estão tão concentradas em sua missão que não têm tempo para você ou para formar relacionamentos
- Os vínculos ocorrem apenas em torno das tarefas e são temporários
- Grupos são uma boia de segurança
- A Apple é um clube ou uma comunidade, não uma família.

3. *O indivíduo tem o direito e a obrigação de ser uma pessoa completa.*

Isso deu origem às seguintes premissas:

- Os indivíduos são poderosos, podem ser autossuficientes e podem criar o próprio destino
- Um grupo de indivíduos motivados por um sonho compartilhado pode fazer grandes coisas
- As pessoas têm um desejo inerente de dar o melhor de si e vão atrás disso
- A Apple não espera lealdade à empresa por parte dos indivíduos nem espera garantir a segurança de emprego aos indivíduos
- As pessoas têm o direito de ser totalmente elas mesmas no trabalho, de expressar sua personalidade e singularidade, de ser diferente

252 CULTURA ORGANIZACIONAL E LIDERANÇA SCHEIN

- Não há código de vestuário e nenhuma restrição sobre como o espaço pessoal é decorado
- Crianças e animais de estimação podem ser levados ao trabalho
- As pessoas têm o direito de se divertir, brincar, serem peculiares
- Os indivíduos têm o direito de serem materialistas, de ganhar muito dinheiro e de conduzir carros de luxo, independentemente do seu *status* formal.

4. *Apenas o presente importa.*

- A Apple não tem senso de sua história ou preocupação com o futuro
- Aproveite o momento, Deus ajuda quem cedo madruga
- A Apple não é um empregador vitalício
- Planos e tarefas de mais longo prazo são discutidos, mas não executados
- As pessoas não constroem relacionamentos interfuncionais duradouros
- A existência nômade dentro da Apple é normal, as pessoas não têm escritórios, apenas "barracas" e "abrigos"
- O ambiente físico é constantemente reorganizado
- É mais fácil consertar as coisas do que planejar visando a perfeição, flexibilidade é a nossa maior habilidade
- As pessoas são esquecidas rapidamente se saem de um projeto ou da empresa.
- "Aprendemos fazendo."

Essas premissas governantes e os dados de suporte foram repassados ao subcomitê que trata da cultura da Apple, que os verificaram e refinaram com mais entrevistas. Curiosamente, após vários meses de trabalho, nenhuma mudança substancial havia sido feita na lista, sugerindo que um grupo pode chegar à essência de sua cultura muito rapidamente.

LIÇÕES APRENDIDAS

Este caso ilustra os seguintes pontos importantes:

- Se um grupo de *insiders* motivados participa de um processo para decifrar sua cultura, os membros podem chegar rapidamente a algumas de suas premissas básicas mais centrais. Retornei à Apple vários anos depois desse evento e me mostraram o mesmo conjunto de premissas como ainda sendo a essência de sua cultura, embora tenham sido declaradas em uma ordem um pouco diferente e com alguns

CAPÍTULO 15 | O PROCESSO DE AVALIAÇÃO DA CULTURA QUALITATIVA DIALÓGICA **253**

comentários adicionais sobre as áreas que precisavam ser alteradas. Não tenho dados atuais sobre a cultura da Apple, mas sua linha de produtos e a maneira como suas lojas são administradas sugerem que a descrição de 1991 ainda é válida em grande parte

- Com o lugar muito mais proeminente da Apple no mundo atual de eletrônicos de consumo e computação móvel, é tentador pensar que essas premissas ainda refletem a empresa que conhecemos hoje. É possível que grande parte se aplique, mas também é bastante provável que, com quatro CEOs promovidos desde que esse trabalho foi feito, a Apple tenha evoluído significativamente em sua cultura. Sempre temos que pensar na cultura como algo mutável, orgânico e evolucionário, especialmente com o crescimento e o amadurecimento, como descrevi no Capítulo 11

- A afirmação dessas premissas governantes permitiu que os gerentes da empresa avaliassem onde sua estratégia poderia esbarrar em restrições culturais. Em particular, eles perceberam que, se quisessem crescer rapidamente e entrar no mercado de computação corporativa, teriam que lidar com membros de sua organização que cresceram sob a premissa de que os negócios deveriam envolver mais do que apenas fazer dinheiro. Eles também perceberam que viviam demais no presente e que teriam que desenvolver habilidades de planejamento e implementação de mais longo prazo

- A Apple reafirmou suas premissas sobre primazia da tarefa e responsabilidade individual ao começar a articular explicitamente uma filosofia de não obrigação mútua entre a empresa e seus funcionários. Quando demissões se tornavam necessárias, a empresa simplesmente as anunciava sem desculpas e as executava. A Apple foi uma das primeiras empresas a articular que a segurança do emprego gradualmente teria que dar lugar à segurança da empregabilidade, dando a entender que um indivíduo aprenderia o suficiente durante alguns anos na Apple para ser atraente para outro empregador, caso fosse demitido. Não deveria haver lealdade em nenhuma direção, pois os funcionários também deveriam se sentir à vontade para sair caso aparecesse uma oportunidade melhor. Onde, então, residiriam o comprometimento e a lealdade? No projeto. O projeto parecia ser a unidade organizacional crítica em torno da qual tudo girava.

Caso 7: SAAB COMBITECH – Colaboração nas unidades de pesquisa

O chefe da divisão de pesquisa da empresa SAAB, Per Risberg, observou que suas seis unidades de pesquisa que se reportavam a diferentes divisões de produtos tinham muitos

254 CULTURA ORGANIZACIONAL E LIDERANÇA SCHEIN

problemas e processos tecnológicos em comum, mas construíram subculturas tão fortes ao longo dos anos que não percebiam que a colaboração ajudaria a todos. Ele me contratou para auxiliá-lo a desenvolver um *workshop* de três dias que os ensinaria sobre cultura e os capacitaria a descobrir como poderiam colaborar de maneira útil uns com os outros. Antes do *workshop*, ele enviou a cada um uma cópia do meu livro e pediu que me escrevessem uma carta na qual deveriam comparar a própria subcultura com a da DEC e da Ciba-Geigy, os dois casos detalhados no livro.

No primeiro dia do *workshop*, apresentei o modelo de cultura, dei mais exemplos e revisei brevemente suas autoanálises. Em seguida, pedimos a cada grupo que indicasse dois de seus membros para se tornarem "etnógrafos" que entrariam em um outro grupo para aprender como era sua cultura. Ofereci algumas dimensões que lidam com autoridade e convivência e dei-lhes várias horas para visitar, observar e indagar sobre os artefatos do grupo, valores expostos e premissas tácitas. No segundo dia, essas observações foram relatadas em uma sessão plenária para que cada grupo ouvisse como foi percebido pelos dois "antropólogos". Por meio desse processo, todos nos tornamos altamente conscientes tanto da semelhança quanto da diversidade de premissas entre os grupos. Eles foram encorajados a fazer perguntas e a explorar mais as culturas uns dos outros.

O terceiro dia foi dedicado a uma exploração sistemática das maneiras pelas quais as unidades de pesquisa eram interdependentes e como poderiam ajudar umas às outras compartilhando mais de sua tecnologia e *know-how*. Pode-se dizer que esse processo mudou a cultura *corporativa* para a premissa de que a colaboração é mais produtiva do que a independência e que, ao mesmo tempo, as subculturas evoluíram, criando vínculos e permitindo que cada uma delas execute melhor o seu trabalho.

LIÇÕES APRENDIDAS

Aprendi com essa experiência que trabalhar com o *insider* leva a melhores projetos de mudança do que tentar desenvolver e impor um plano sobre o sistema. Risberg conhecia seu pessoal e sabia que, se encontrasse uma maneira de expô-los uns aos outros, eles achariam a experiência valiosa e mudariam seu comportamento. Eu poderia ter pensado que isso era desejável no campo abstrato, mas não teria sido capaz de prever o *design* elegante que criamos em conjunto.

A abordagem qualitativa dialógica é mais intensa, mas em geral muito mais rápida. Em três dias intensivos conseguimos realizar o que poderia ter levado meses de medição e análise dos subgrupos. Os alvos da mudança fizeram as mudanças porque se tornaram clientes dispostos, que sentiram que a atividade de serem "forçados" a atuar como etnógrafos amadores os ajudou.

CAPÍTULO 15 | O PROCESSO DE AVALIAÇÃO DA CULTURA QUALITATIVA DIALÓGICA **255**

Caso 8: O uso de critérios *a priori* para a avaliação da cultura

Um tipo diferente de abordagem é ilustrado em uma editora alemã, que em 2003 ofereceu um prêmio a seis empresas selecionadas dentre um grupo de 63 para o seguinte:

> "modelos individuais de excelência no desenvolvimento e vivência de uma cultura corporativa... Uma comissão de trabalho internacional composta por especialistas dos mundos acadêmico e empresarial desenvolveu 10 dimensões críticas da cultura corporativa em intensa discussão... Em seguida, uma equipe de pesquisadores da Bertelsman Stiftung e da consultoria Booz Allen Hamilton avaliou essas empresas em relação às 10 dimensões e seus critérios relacionados."
>
> *(Sackman, 2006, p. 43)*

As dimensões escolhidas foram:

1. Orientação a um objetivo comum
2. Responsabilidade social corporativa
3. Crenças, atitudes e valores comuns
4. Governança corporativa independente e transparente
5. Liderança participativa
6. Comportamento empreendedor
7. Continuidade na liderança
8. Capacidade de adaptação e integração
9. Orientação para o cliente
10. Orientação de valor voltada para o acionista.

A equipe de pesquisa então examinou o desempenho econômico e as informações disponíveis de cada empresa nos últimos 10 anos para reduzir a lista a 10 finalistas, que foram então avaliados de acordo com os 10 critérios. As avaliações foram feitas por meio de visitas às empresas e entrevistas com todos os níveis, desde os diretores até os funcionários subordinados. Para cada um dos 10 fatores, foram desenvolvidas listas de verificação detalhadas para permitir que as equipes de avaliação pontuassem cada empresa de forma relativamente objetiva.

Os resultados detalhados foram então revisados com a comissão original, levando à seleção de seis empresas como exemplos notáveis da evolução e uso da cultura corporativa para alcançar seu excelente desempenho: BMW Group, Deutsche Lufthansa, Grundfos, Henkel, Hilti e Novo Nordisk. Sackman (2006) concluiu que "a cultura corporativa que distinguiu cada um deles hoje [em 2006], por um lado, contribuiu para o seu sucesso e, por outro, os colocou em uma posição forte diante dos desafios que estão por vir" (p. 45).

256 CULTURA ORGANIZACIONAL E LIDERANÇA SCHEIN

O que torna essa pesquisa valiosa é a descrição detalhada das seis empresas para que o leitor possa superar as abstrações que as 10 dimensões representam e ver como as coisas realmente funcionavam em cada uma delas. Observe que os 10 critérios envolvem tanto questões de sobrevivência no ambiente externo quanto questões de integração interna. Um exemplo semelhante é a análise detalhada de um programa de mudança de cultura corporativa realizado no HSBC em Hong Kong (O'Donovan, 2006).

E quanto a DEC, Ciba-Geigy e Singapura? Suas culturas evoluíram e mudaram?

Os três casos principais deste livro tinham histórias culturais diferentes. A DEC estava tão apaixonada por seu compromisso com a inovação e sua mistura de liberdade e forte paternalismo que recusou conscientemente as mudanças necessárias para a sobrevivência econômica. De certa maneira, a DEC não tinha o "gene do dinheiro" em seu DNA cultural. Mas a cultura sobreviveu, pois a maioria dos ex-alunos da DEC ainda argumenta que defenderia o estilo de administração da organização para conduzir qualquer empresa.

A Ciba-Geigy estava em um processo evolutivo estimulado pela mudança de tecnologias e pressões econômicas, levando primeiro a uma reestruturação que envolveu o abandono de grandes produtos químicos e depois a uma reorientação para produtos farmacêuticos, o que levou à fusão com a Sandoz para se tornar a Novartis. Suas premissas centrais sobre a estratégia de longo prazo tornaram-se mais focadas em um conjunto de produtos mais restrito, algo que a DEC não podia fazer, mas seus valores de tratar bem as pessoas permaneceram durante o *downsizing*.

O Economic Development Board de Singapura continuou a fazer o que desempenhava tão bem desde o início e se tornou parte de uma cidade-estado moderna e bem-sucedida. Foi feito um grande esforço para estimular o empreendedorismo, uma área que havia sido identificada por mim e por outros como um elo fraco em sua cadeia de desenvolvimento econômico.

RESUMO E CONCLUSÕES

O processo de avaliação descrito e ilustrado neste capítulo leva a uma série de conclusões:
A cultura pode ser avaliada por meio de diversos processos de entrevistas individuais e em grupo, entrevistas em grupo são preferíveis porque a cultura é um conjunto de crenças, valores e premissas compartilhadas, que se revelam melhor em um ambiente coletivo. Essas avaliações baseadas em grupo podem ser feitas de maneira útil por pessoas de dentro com a ajuda de um facilitador até mesmo em meio dia.

CAPÍTULO 15 | O PROCESSO DE AVALIAÇÃO DA CULTURA QUALITATIVA DIALÓGICA **257**

Os *insiders* são capazes de compreender e tornar explícitas as premissas tácitas compartilhadas que compõem a cultura, mas precisam de ajuda externa nesse processo. O ajudante ou consultor deve, portanto, operar principalmente a partir de um modelo de consultoria de processos e evitar, tanto quanto possível, tornar-se um especialista no conteúdo da cultura de determinado grupo (Schein, 1999a, 2009a, 2016).

O facilitador pode nunca entender completamente a cultura, mas se o grupo avançar em sua agenda de mudança, isso não terá importância. De qualquer maneira, o significado contextual das premissas culturais pode ser totalmente compreendido apenas pelos membros da cultura, portanto, criar um processo para facilitar que eles a compreendam é mais importante do que para o pesquisador, consultor ou facilitador obter essa compreensão. Se for fundamental que o observador externo ou o pesquisador seja capaz de descrever a cultura em termos mais detalhados, análises adicionais, observações dos participantes e mais avaliações de grupo teriam que ser feitas até que surgisse um quadro mais completo.

Uma avaliação da cultura tem pouco valor, a menos que esteja vinculada a algum problema ou questão organizacional. Em outras palavras, avaliar uma cultura por si só é uma tarefa muito grande, que pode ser vista como chata e inútil. No entanto, quando a organização tem um propósito, uma nova estratégia, um problema a ser resolvido ou uma agenda de mudanças, determinar como a cultura afeta a questão não é apenas útil, mas na maioria dos casos, necessário. A questão deve estar relacionada à eficácia da organização e deve ser declarada da forma mais concreta possível. Não podemos dizer que a cultura em si é uma questão ou um problema. A cultura afeta o desempenho da organização, e o foco inicial deve sempre ser onde o desempenho precisa ser melhorado.

Para que uma avaliação de cultura seja valiosa, ela deve chegar ao nível das premissas. Se o sistema cliente não chegar às premissas, ele não pode explicar as discrepâncias que quase sempre surgem entre os valores expostos e os comportamentos observados. O processo de avaliação deve identificar as premissas culturais e, em seguida, avaliá-las em termos de se elas são uma força ou uma restrição ao que a organização está tentando fazer. Na maioria dos esforços de mudança organizacional, é muito mais fácil aproveitar os pontos fortes da cultura do que superar as restrições mudando-a. Nem todas as partes de uma cultura são relevantes para qualquer problema que a organização possa estar enfrentando, portanto, tentar estudar uma cultura inteira em todas as suas facetas não é apenas impraticável, mas também geralmente inadequado. No entanto, em qualquer processo de avaliação cultural, devemos estar sensíveis à presença de subculturas e preparados para fazer avaliações separadas para determinar sua relevância no que a organização está tentando fazer.

Se descobrirmos que são necessárias mudanças, elas raramente envolverão toda a cultura, isso quase sempre será uma questão de alterar uma ou duas premissas. Raramente a premissa básica precisa mudar, mas se isso acontecer, a organização enfrentará um grande processo de mudança de vários anos.

Avaliações quantitativas como as descritas no capítulo anterior podem complementar esses processos qualitativos, mas não são essenciais, como os casos acima tentaram mostrar.

SUGESTÕES PARA OS LEITORES

A melhor maneira de testar este modelo qualitativo é reunir um pequeno grupo de 3 a 5 pessoas de sua empresa, clube ou outro grupo e levar uma hora para discutir: (1) como é entrar nesse grupo, (2) quais são os valores pelos quais vivemos nesse grupo e (3) quais são as premissas profundas que nos impulsionam. Se puder pensar em mudanças que gostaria de fazer na forma como o grupo opera, pergunte a si mesmo como o que você identificou anteriormente o ajudaria ou atrapalharia.

CAPÍTULO
16

MODELO DE GERENCIAMENTO DE MUDANÇA E O LÍDER DE MUDANÇA

Se você é um líder ou gerente e deseja criar, evoluir ou mudar sua cultura porque acredita que algum aspecto dela é importante para o funcionamento de sua organização, precisa entender o que abordamos até agora neste livro, ainda que não lhe pareça muito prático. O que você quer e precisa, além disso, é de um modelo do próprio processo de mudança e algumas diretrizes de como começar. Neste capítulo, definiremos você como o "líder de mudança" e forneceremos um modelo para gerenciá-la a mudança.

Veremos primeiro um modelo geral de como a mudança organizacional funciona, porque você não pode mudar a cultura se não entender o processo geral de mudança nos sistemas humanos. Antes de chegar à mudança de cultura, é necessário responder primeiro qual é o problema, o que o preocupa. Se concluir que precisa mudar alguma coisa, tem que ser muito preciso e concreto sobre o que deseja transformar e por quê. Paradoxalmente, você terá que responder a essas perguntas sem usar a palavra *cultura* porque o termo é apenas uma abstração que se refere a muitas coisas concretas, como estrutura, processo, crenças, valores e comportamento.

Se pensarmos na cultura sendo, para o grupo ou a organização, o que personalidade ou caráter é para o indivíduo, perceberemos que apenas avaliar uma personalidade sem ter

260 CULTURA ORGANIZACIONAL E LIDERANÇA SCHEIN

algum motivo para fazê-lo pode ser um exercício sem fim e sem sentido. O mesmo vale para a avaliação geral da cultura. Então, quando alguém que está em uma posição de liderança de mudança me aborda com a pergunta: "Você pode nos ajudar a diagnosticar nossa cultura?", envolvo-me primeiro na definição do problema da mudança.

O líder da mudança precisa de ajuda para definir o problema ou o objetivo da mudança

A melhor forma de explicar como fazer isso é oferecendo um diálogo hipotético baseado em diversas conversas que já tive.

Cliente: "Olá, na minha empresa estamos muito interessados no conceito de cultura e queremos saber se você nos ajudaria a definir os principais elementos da nossa."

EHS: "Estou curioso para saber por que você deseja fazer isso."

Cliente: "Bem, estamos preocupados com algumas pesquisas recentes que mostram que podemos estar perdendo o envolvimento dos funcionários e achamos que deveríamos examinar nossa cultura para descobrir o que está acontecendo."

(Para saber quais elementos da cultura poderiam ser relevantes para isso, eu preciso saber mais sobre o que o cliente quer dizer com "perdendo o envolvimento dos funcionários", em vez do que ele quer dizer com "cultura".)

EHS: "Tudo bem, você pode me contar um pouco mais sobre o que está acontecendo que o faz pensar que está perdendo o envolvimento dos funcionários?"

Cliente: "Bem, estamos passando por uma rotatividade estranhamente alta com nossos funcionários mais jovens."

EHS: "Em todas as categorias, ou está preocupado com alguma em particular?"

(O princípio geral é descer a escada da abstração para algum problema ou questão específica que está preocupando o cliente.)

Cliente: "É especialmente com os recém-contratados do nosso grupo de engenharia criativa, estamos perdendo pessoas dentro de um ou dois anos depois que entram, então precisamos descobrir o que em nossa cultura está causando isso. Sei que existem algumas boas pesquisas por aí que podem nos dar uma dica de onde nossa cultura está falhando e o que temos que fazer para construir uma nova cultura no departamento de engenharia."

(Agora sabemos que isso poderia ser um problema da "subcultura" da engenharia, mas ainda não está claro exatamente o que o cliente quer, exceto algum diagnóstico vago.)

CAPÍTULO 16 | MODELO DE GERENCIAMENTO DE MUDANÇA E O LÍDER DE MUDANÇA **261**

EHS: "Então a questão é que você gostaria de reduzir a rotatividade dos engenheiros recém-contratados, foi isso mesmo que eu entendi?"

Cliente: "Sim, exatamente, por isso quero uma pesquisa da cultura."

EHS: "Então, o que precisamos é de um processo de avaliação que nos ajudará a entender por que os jovens engenheiros estão saindo e como a cultura existente em sua empresa pode estar envolvida nisso."

Cliente: "Não foi exatamente isso que pedi: eu quero realizar um questionário sobre a cultura."

(Agora finalmente tenho algum material para entrar na complicada questão do que queremos dizer com a palavra *cultura*, e posso avançar para o que fazer a seguir.)

EHS: "Antes de aplicarmos um questionário, que pode ser um tiro no escuro, seria útil reunir alguns grupos de jovens engenheiros e perguntar a eles qual é sua percepção sobre a cultura da organização. Se apresentarem algumas dimensões relevantes, poderemos saber que tipo de pesquisa e solução precisamos. Também podemos conversar com alguns dos gerentes e perguntar qual é sua visão do problema e como eles acham que isso se relaciona com as dimensões da cultura."

Cliente: "Não seria mais eficiente ir em frente e fazer um questionário?"

(Se o cliente parecesse ter alguma compreensão da cultura e tivesse proposto um conjunto específico de dimensões para testar – talvez em vários departamentos de engenharia com diferentes níveis de rotatividade –, eu poderia concordar que um questionário seria um bom próximo passo e o ajudaria a criar um, ou o levaria a uma organização que faz pesquisas em torno dessas dimensões, mas ainda não sabemos que tipo de pesquisa poderia ajudar.)

EHS: "Na verdade não, porque existem muitos questionários por aí que tratam de diferentes dimensões e diferentes modelos de cultura. Eles podem não ter nada a ver com seu problema específico, então acho melhor começar com algumas entrevistas em grupo, para decidirmos se devemos aplicar um questionário e de que tipo."

O princípio é se envolver em uma "mudança de cultura" só depois de saber qual problema ou questão está motivando essa mudança e, então, ajudar o cliente a entender o processo que estaria envolvido na realização das "mudanças de cultura".

Teoria geral da mudança

Toda mudança planejada começa com o reconhecimento de um problema, com a constatação de que algo não está indo conforme o esperado. Minha elaboração da teoria original da mudança de Kurt Lewin (1947) é um bom ponto de partida para analisar todo o processo de mudança em seus diversos estágios. Como foi observado por Lewin, os sistemas humanos estão sempre em um "equilíbrio quase estacionário", no sentido de que sempre há muitas forças agindo para a mudança, muitas outras forças agindo para manter o presente, e que o sistema sempre busca uma espécie de equilíbrio.

Os sistemas humanos são "abertos", no sentido de estarem perpetuamente envolvidos com seu ambiente físico e social e, portanto, perpetuamente influenciados e, por sua vez, tentando influenciar esse ambiente. Precisamos entender o que então desencadeia a mudança "gerenciada", o desejo de alguém mudar deliberadamente algo que está em um equilíbrio quase estacionário. Quais são as condições necessárias para que essa mudança gerenciada deliberada seja bem-sucedida e alcance os objetivos do projeto? Essas condições são diferentes se a mudança envolve o DNA cultural, as premissas básicas pelas quais o grupo ou organização vem trabalhando? Como essa mudança deliberada e gerenciada começa e quais estágios estão envolvidos no processo?

Por que mudar? Onde está a dor?

Um desejo por mudança, de fazer algo de modo diferente, de aprender algo novo, *sempre começa com algum tipo de dor ou insatisfação*. Isso pode ter muitas formas: um resultado negativo inesperado de algum programa, uma queda nas vendas, pessoas saindo inesperadamente, perda de moral. Deixar de realizar algo que foi desejado ou esperado pode ser igualmente doloroso, especialmente se criar desapontamento ou desilusão. O desejo de mudar alguma coisa pode até mesmo resultar de uma lembrança de algo planejado que ainda não foi realizado. Em todos os casos, o fator comum é algum tipo de "dor".

Os líderes formais podem não estar magoados ou insatisfeitos, mas poderão iniciar um programa de mudança se virem alguém com quem se importam sofrendo ou insatisfeito. Pode ser um cliente, um subordinado, um colega ou alguém acima dele. Muitos dos programas de mudança mais significativos na área de saúde começaram com líderes observando que os *pacientes* estavam tendo dificuldades com o sistema médico, resultando no lançamento de programas para melhorar a satisfação ou *a qualidade da experiência do paciente*. Um diretor de hospital pode observar que alguns médicos são desnecessariamente rudes com enfermeiras, ou mesmo com pacientes, e decidir que isso não apenas é prejudicial para as enfermeiras, mas também diminui o moral delas, o que, por sua vez, influencia seu atendimento ao paciente.

Podemos pensar no ato de ver ou experimentar algo que causa a dor como "desconfirmação", que inicia o processo de mudança criando sua motivação. Isso desencadeia o que podemos pensar como uma série de estágios do processo de mudança, como mostra o Quadro 16.1.

CAPÍTULO 16 | MODELO DE GERENCIAMENTO DE MUDANÇA E O LÍDER DE MUDANÇA **263**

QUADRO 16.1   OS ESTÁGIOS E O CICLO DE APRENDIZAGEM/MUDANÇA

Estágio 1: Criar a motivação para mudar (descongelar)

- Desconfirmação
- Criação de ansiedade pela sobrevivência ou culpa
- Ansiedade pela aprendizagem produz resistência à mudança
- Criação de segurança psicológica para contornar a ansiedade pela aprendizagem

Estágio 2: Aprender novos conceitos, novos significados para antigos conceitos e novos padrões de julgamento

- Imitação e identificação com modelos de função
- Varredura de soluções e aprendizagem por tentativa e erro

Estágio 3: Internalizar novos conceitos, significados e padrões

- Incorporação no autoconceito e identidade
- Incorporação em relacionamentos contínuos

Estágios e etapas do gerenciamento de mudança

ESTÁGIO 1: CRIAR MOTIVAÇÃO E PRONTIDÃO PARA MUDANÇA

Se alguma parte da estrutura cognitiva ou emocional básica tiver que passar por mais do que pequenas mudanças incrementais, o sistema deve primeiro experimentar desequilíbrio suficiente para forçar um processo de enfrentamento que vá além de apenas reforçar as premissas existentes. Lewin (1947) chamou a criação desse desequilíbrio de *descongelamento*, ou criação de uma motivação para mudar. Para compreender isso, temos que definir quatro processos muito diferentes, cada um devendo estar presente até certo ponto para que o sistema desenvolva motivação para mudança e dê a partida nesse processo.

Desconfirmação. Desconfirmação é qualquer informação que mostre a alguém na organização que alguma de suas metas não está sendo alcançada ou que algum de seus processos não está realizando o que deveria. Alguém está sofrendo em algum lugar. As informações não confirmadas podem ser econômicas, políticas, sociais ou pessoais – como quando um líder carismático repreende um grupo por não estar à altura de seus ideais e, assim, induz à culpa. Escândalos ou vazamentos de informações embaraçosas costumam ser o tipo mais poderoso de desconfirmação. No entanto, geralmente a informação é apenas sintomática. Ela não informa automaticamente à organização qual pode ser o problema subjacente, só cria desequilíbrio ao apontar que algo está errado em algum lugar.

264 CULTURA ORGANIZACIONAL E LIDERANÇA SCHEIN

Os líderes de mudança, então, precisam usar os dados de desconfirmação que já existem ou até mesmo ser a fonte deles definindo o problema, às vezes criando uma crise para gerar motivação para a mudança.

Ansiedade pela sobrevivência e ansiedade pela aprendizagem (Coutu, 2002). A desconfirmação, por si só, não produz automaticamente uma motivação para mudar, pois os membros da organização podem negar a validade da informação ou entendê-la como irrelevante. Por exemplo, se a rotatividade de funcionários de repente aumentar, os líderes ou membros da empresa podem dizer: "São apenas as pessoas ruins que estão saindo, aquelas que de qualquer forma não queremos mais". Ou então, se as vendas caírem, é possível pensar: "Isso é apenas reflexo de uma pequena recessão".

Para que a informação de desconfirmação crie *ansiedade pela sobrevivência* ou *culpa*, é preciso implicar que algum objetivo importante não está sendo alcançado ou algum valor fundamental está comprometido. Mesmo quando a ansiedade pela sobrevivência é sentida, a negação e a repressão podem surgir devido ao entendimento de que novas maneiras de perceber, pensar, sentir e se comportar podem ser muito difíceis de aprender, criando dessa forma o que chamo de *ansiedade pela aprendizagem*, um sentimento de que "não posso aprender novos comportamentos ou adotar novas atitudes sem perder minha posição, minha autoestima ou minha participação no grupo".

Por exemplo, a Alpha Power Company teve que se tornar ambientalmente responsável, o que significou que seus eletricistas tiveram que mudar sua autoimagem de funcionários que heroicamente mantinham energia e calor ligados para serem guardiões responsáveis do meio ambiente, prevenindo e limpando derramamentos produzidos por seus caminhões ou transformadores. As novas regras exigiam que eles relatassem incidentes que pudessem ser embaraçosos para seu grupo e até mesmo denunciassem uns aos outros se observassem algum comportamento ambientalmente irresponsável em colegas de trabalho. Ao mesmo tempo, ficaram em pânico porque não sabiam como diagnosticar condições ambientalmente perigosas, como determinar, por exemplo, se um derramamento exigia uma simples limpeza ou estava cheio de produtos químicos perigosos, como PCBs (bifenilos policlorados, do inglês: *polychlorinated biphenyls*), ou se um porão estava apenas empoeirado ou cheio de pó de amianto.

Às vezes, dados de desconfirmação já existem há muito tempo, mas devido à ansiedade pela sobrevivência insuficiente e muita ansiedade pela aprendizagem, a empresa evita a mudança coletiva negando a relevância, a validade ou mesmo a existência dos dados. É a nossa capacidade, tanto como indivíduos quanto como organizações, de negar ou até mesmo reprimir dados de desconfirmação que tornam as denúncias ou escândalos motivadores de mudança tão poderosos. A Alpha Power Company lançou seu grande programa de mudança somente depois que foi revelado que uma explosão havia lançado produtos químicos

CAPÍTULO 16 | MODELO DE GERENCIAMENTO DE MUDANÇA E O LÍDER DE MUDANÇA **265**

perigosos no meio ambiente, produtos esses que a organização alegou não estarem nos transformadores.

A falta de atenção aos dados de desconfirmação ocorre em dois níveis: (1) líderes que estão em posição de agir negam ou reprimem os dados por motivos psicológicos pessoais, ou (2) a informação está disponível em várias partes da organização, mas é suprimida de várias maneiras. Por exemplo, na análise de acidentes graves, verifica-se rotineiramente que alguns funcionários observaram vários perigos e não os relataram, não foram ouvidos ou foram até mesmo encorajados a abafar suas observações (Gerstein, 2008; Perin, 2005). A organização pode negar a informação, pois aceitá-la comprometeria sua capacidade de atingir outros valores ou metas ou prejudicaria sua autoestima ou imagem. Quando essas forças de manutenção da imagem são fortes, a ansiedade pela sobrevivência a princípio não é experimentada. Portanto, muitas vezes é preciso haver um escândalo para que os dados de desconfirmação sejam reconhecidos, de modo que um programa de mudança possa ser lançado.

Ansiedade pela aprendizagem produz resistência à mudança. Se os dados de desconfirmação "passarem" pela negação e defesa da organização, ela reconhecerá a necessidade de mudar, de abandonar alguns velhos hábitos e aprender novas formas de pensar. No entanto, o lançamento de um programa de mudança produz ansiedade pela aprendizagem. A complexa dinâmica da mudança é formada pela interação das duas ansiedades.

Para ilustrar essa situação, vejamos o que acontece com o jogo de tênis. O processo começa com a desconfirmação: você não está vencendo alguns adversários que costuma vencer, ou seu desejo de uma pontuação mais alta ou de um jogo mais bonito não está sendo atendido, então sente a necessidade de melhorar seu jogo. Mas, ao contemplar o processo real de desaprender sua antiga jogada e desenvolver uma nova, você percebe que pode não ser capaz de fazê-lo, ou pode ficar temporariamente incompetente durante o processo de aprendizagem. Esses sentimentos exemplificam a "ansiedade pela aprendizagem".

Tais sentimentos podem surgir quando a mudança proposta requer uma nova aprendizagem, ou seja, tornar-se competente em informática, mudar seu estilo de supervisão, transformar relacionamentos competitivos em trabalho em equipe e colaboração, mudar de uma estratégia de alta qualidade e alto custo para se tornar o produtor de baixo custo, passar do domínio da engenharia e orientação ao produto para uma orientação ao marketing e ao cliente, aprender a trabalhar em redes difusas não hierárquicas e assim por diante. No setor de saúde existem muitos programas de mudança que exigem que os médicos abram mão de parte da autonomia que sempre assumiram ser intrínseca ao seu papel, ou que aprendam novos padrões de comportamento em relação a pacientes, enfermeiros e técnicos.

266 CULTURA ORGANIZACIONAL E LIDERANÇA SCHEIN

É importante entender que a resistência à mudança baseada na ansiedade pela aprendizagem pode ser resultado de uma ou mais razões válidas:

- **Medo da perda de poder ou posição:** com a nova aprendizagem, temos menos poder ou *status* do que tínhamos antes

- **Medo de incompetência temporária:** durante o processo de aprendizagem, nós nos sentiremos incompetentes porque renunciamos ao modo antigo e ainda não dominamos a nova maneira. Os melhores exemplos vêm dos esforços para aprender a usar computadores

- **Medo de punição por incompetência:** se levarmos muito tempo para aprender uma nova forma de pensar e fazer as coisas, tememos ser punidos por falta de produtividade. Na área da informática, existem alguns casos impressionantes em que os funcionários nunca aprendiam um novo sistema bem o suficiente para tirar proveito de seu potencial, pois achavam que deveriam continuar sendo produtivos e, portanto, dedicavam muito pouco tempo ao aprendizado

- **Medo de perda de identidade pessoal:** podemos não querer ser o tipo de pessoa que a nova forma de trabalho exige. Por exemplo, alguns eletricistas da Alpha Power pediram demissão ou se aposentaram porque não suportavam a autoimagem de guardiões ambientais

- **Medo de perda de participação no grupo:** as premissas compartilhadas que compõem uma cultura também identificam quem está dentro e quem está fora do grupo. Se ao desenvolver novas formas de pensar ou um novo comportamento nos tornarmos um divergente em nosso grupo, podemos ser rejeitados ou até banidos. Esse medo talvez seja o mais difícil de superar, pois exige que todo o grupo mude sua forma de pensar e suas normas de inclusão e exclusão.

Uma ou mais dessas forças levam ao que chamamos de "resistência à mudança". Geralmente ela é atribuída à "natureza humana", mas, como tentei explicar, é na verdade uma resposta racional a muitas situações que exigem que as pessoas mudem. Enquanto a ansiedade pela aprendizagem permanecer alta, um indivíduo resistirá à validade dos dados de desconfirmação ou inventará várias desculpas para não se envolver em um processo de aprendizagem. Essas respostas geralmente se apresentam nos estágios a seguir (Coghlan, 1996):

1. **Negação:** convencermo-nos de que os dados de desconfirmação não são válidos, são temporários, realmente não contam, ou alguém está apenas fazendo tempestade em copo d'água

2. **Bode expiatório, passar a bola, esquivar-se:** convencer-nos de que a causa está em outro departamento, que os dados não se aplicam a nós, que outros precisam mudar primeiro

3. **Manobra, barganha:** querer uma compensação especial pelo esforço para fazer a mudança, querer ser convencido de que isso é do nosso próprio interesse e nos beneficiará.

CAPÍTULO 16 | MODELO DE GERENCIAMENTO DE MUDANÇA E O LÍDER DE MUDANÇA **267**

Dadas todas essas bases de resistência à mudança, como então o líder pode criar as condições para que ela aconteça, ou seja, como a nova aprendizagem deve começar? Dois princípios essenciais entram em jogo.

PRINCÍPIO 1: A ANSIEDADE PELA SOBREVIVÊNCIA OU CULPA DEVE SER MAIOR QUE A ANSIEDADE PELA APRENDIZAGEM

Do ponto de vista do líder de mudança, pode parecer óbvio que a melhor maneira de motivar a aprendizagem é simplesmente aumentar a ansiedade pela sobrevivência ou a culpa. O problema com essa abordagem é que uma maior ameaça ou culpa pode simplesmente exaltar uma postura defensiva para evitar o perigo ou a dor do processo de aprendizagem. Com mais forças operando por todo o sistema, a tensão geral aumenta, levando a uma resistência à mudança mais imprevisível e indesejável. Essa observação leva a uma percepção fundamental sobre a mudança, incorporada no segundo princípio.

PRINCÍPIO 2: DEVE-SE REDUZIR A ANSIEDADE PELA APRENDIZAGEM EM VEZ DE AUMENTAR A ANSIEDADE PELA SOBREVIVÊNCIA

O líder de mudança deve reduzir a ansiedade pela aprendizagem aumentando a sensação de segurança psicológica e reduzindo as barreiras externas contra a mudança. Descobrir como fazer isso e ter as habilidades de consultoria e ajuda para transformar o alvo da mudança em um cliente é a fase mais difícil do processo. O envolvimento do alvo da mudança no processo agora se torna crítico.

Criar segurança psicológica. A pessoa ou grupo que se torna alvo da mudança, que deve desaprender uma antiga forma de trabalhar e aprender uma nova, precisa sentir que isso é possível e do seu interesse. Paradoxalmente, o *alvo* da mudança deve se tornar um *cliente*, deve começar a ver que a transformação é factível e benéfica e que o líder de mudança pode auxiliar no novo processo de aprendizagem. Criar essa segurança psicológica para os membros da organização que estão passando pela mudança envolve oito atividades que devem ser executadas quase simultaneamente. Elas estão listadas em ordem cronológica, mas o líder de mudança deve estar preparado para implementar todas:

1. **Fornecer uma visão positiva convincente:** os alvos da mudança devem acreditar que eles e a organização ficarão em melhor situação se aprenderem a nova maneira de pensar e trabalhar. Tal visão deve ser articulada e amplamente defendida pela alta administração, que deve explicitar qual será a "nova forma de trabalhar" em termos comportamentais claros. Também é preciso estabelecer que essa nova forma de trabalho é inegociável.

2. **Oferecer treinamento formal:** se a nova forma de trabalho exigir novos conhecimentos e habilidades, os membros devem receber o treinamento formal e informal necessário. Por exemplo,

se as novas diretrizes exigirem cooperação em equipe, então deve ser fornecido treinamento formal sobre formação e manutenção de equipes. Se as novas habilidades forem complexas, pode ser necessário um período de *coaching* até que o novo comportamento esteja bem incorporado (Nelson, Batalden, Godfrey e Lazar, 2011).

3. **Envolver o aprendiz:** para que o treinamento formal se consolide, os aprendizes devem ter a sensação de que podem gerir o próprio processo de aprendizagem informal. Cada um deles assimilará de uma maneira ligeiramente diferente, por isso é essencial envolvê-los na concepção do seu processo de aprendizagem ideal. As metas podem ser inegociáveis, mas o método de aprendizagem e a nova forma de trabalho podem ser altamente individualizados.

4. **Treinar grupos e equipes "familiares" relevantes:** como as premissas culturais estão embutidas nos grupos, o treinamento e a prática informais devem ser fornecidos a grupos inteiros para que novas normas e premissas possam ser construídas em conjunto. Os aprendizes não devem se sentir como divergentes se decidirem se envolver no novo processo.

5. **Fornecer recursos:** inclui tempo, campos de prática, treinadores e *feedback*. As pessoas não podem aprender algo fundamentalmente novo se não tiverem tempo, espaço, orientação e *feedback* válido sobre como estão se saindo. Os campos de prática são particularmente importantes para que os aprendizes possam cometer erros sem perturbar a organização (Kellogg, 2011).

6. **Fornecer modelos positivos:** a nova forma de pensar e se comportar pode ser tão diferente da estabelecida, que os aprendizes podem precisar ver como ela acontece antes que consigam se imaginar praticando-a. Eles devem ser capazes de ver o novo comportamento e atitudes em outras pessoas com quem possam se identificar, especialmente aqueles em níveis mais altos na organização.

7. **Criar grupos de apoio nos quais os problemas de aprendizagem possam ser expostos e discutidos:** os aprendizes precisam ser capazes de falar sobre suas frustrações e dificuldades com outras pessoas que estão passando por questões semelhantes, para que possam apoiar uns aos outros e aprender juntos novas maneiras de lidar com os problemas.

8. **Remover barreiras e montar novos sistemas e estruturas de suporte:** estruturas organizacionais, sistemas de recompensa e de controle devem ser consistentes com a nova maneira de pensar e trabalhar. Por exemplo, se o objetivo do programa de mudança é aprender a trabalhar mais em equipe, o sistema de metas de vendas competitivas individualizadas deve ser descontinuado, e o sistema de recompensas deve se tornar orientado para o grupo; o sistema de disciplina deve começar a punir em vez de recompensar comportamentos individualmente competitivos, agressivos ou egoístas; e as estruturas organizacionais devem permitir o trabalho em equipe.

Em qualquer sistema complexo, se você mudar uma parte, terá repercussões em outras partes, que devem ser antecipadas e abordadas. Por exemplo, um programa para que os enfermeiros visitassem os pacientes na noite anterior a uma operação ou um programa de

CAPÍTULO 16 | MODELO DE GERENCIAMENTO DE MUDANÇA E O LÍDER DE MUDANÇA **269**

tratamento críticos foi abandonado porque o sistema de manutenção de registros não fornecia as informações necessárias a respeito do paciente para tornar as visitas possíveis. A maioria dos programas de mudança falha porque não cria as oito condições descritas aqui. Quando consideramos a dificuldade de atingir todas as oito condições e a energia e os recursos que precisam ser gastos para alcançá-las, não é de admirar que as mudanças geralmente sejam de curta duração ou nunca aconteçam. No entanto, quando uma organização se propõe a se transformar de verdade criando segurança psicológica, mudanças culturais reais e significativas podem ser alcançadas.

ESTÁGIO 2: A MUDANÇA REAL E O PROCESSO DE APRENDIZAGEM

Ao analisar a mudança real e o processo de aprendizagem, temos que discutir o que realmente muda e por qual mecanismo a mudança ocorre. Vamos discutir primeiro os mecanismos de aprendizagem e depois mostrar como eles se relacionam com o que realmente muda.

IMITAÇÃO E IDENTIFICAÇÃO *VERSUS* VARREDURA E APRENDIZAGEM POR TENTATIVA E ERRO

Existem basicamente dois mecanismos pelos quais aprendemos novos comportamentos, crenças e valores:

1. Imitar um modelo e identificar-se psicologicamente com essa pessoa
2. Esquadrinhar nosso ambiente e usar a tentativa e erro conforme continuamos criando soluções até que algo funcione

Na prática, usamos ambos os métodos de aprendizagem no sentido de que aquilo que queremos experimentar muitas vezes é baseado na imitação de um modelo. A razão para distinguir os dois métodos em tipos de mudança planejada é que o líder de mudança tem a opção de tornar visível ou não "a nova maneira de trabalhar" apresentando modelos ou escondendo-os deliberadamente para forçar o aprendiz a investigar e criar as próprias experiências.

A imitação e a identificação funcionam melhor quando está claro qual deve ser a nova maneira de trabalhar e quando as novas crenças e valores a serem adotados também são claros. O líder pode "servir de exemplo" no sentido de tornar-se um modelo do novo comportamento esperado. Como parte de um programa de treinamento, o líder pode fornecer modelos apresentando casos, filmes, dramatizações ou simulações. Os aprendizes que assimilaram os novos conceitos podem ser trazidos para encorajar outros a entenderem como eles conseguiram. Esse mecanismo também é o mais eficaz, mas traz o risco de que aquilo que é aprendido não se integre bem à personalidade do indivíduo ou não seja aceitável para os grupos aos quais pertence. Isso significa que a nova aprendizagem pode não ser internalizada, e o aprendiz retornará aos hábitos anteriores depois que a pressão coercitiva para adotar o novo comportamento acabar.

Se estivermos falando de novas crenças e valores, às vezes eles poderão ser aceitos imediatamente por meio da identificação com um líder de mudança carismático ou com outras pessoas incluídas no processo de mudança. Quando isso não funciona, o líder de mudança precisa esperar que o novo comportamento, ainda que tenha sido inicialmente coagido, seja bem-sucedido em melhorar a situação e que o aprendiz adote as crenças e valores que o justificam.

Se o líder de mudança quer que aprendamos coisas que realmente se encaixam em nossa personalidade, ele deve nos encorajar a investigar nosso ambiente e a desenvolver nossas próprias soluções. Como exemplo de *investigação*, quando a Amoco mudou a função de "engenheiro" de recurso incorporado para consultor *freelancer*, a empresa poderia ter desenvolvido um programa de treinamento sobre como ser um consultor elaborado em torno de engenheiros que fizeram a transição com sucesso. No entanto, a alta administração sentiu que tal mudança era tão pessoal que decidiram simplesmente criar a estrutura e os incentivos, mas deixar os engenheiros descobrirem individualmente como queriam gerenciar os novos tipos de relacionamentos. Em alguns casos, funcionários saíram da organização. Mas os engenheiros que aprenderam por experiência própria como ser consultores evoluíram genuinamente para um novo tipo de carreira que integraram a suas identidades totais. Esse processo não descartou a imitação, mas deu aos aprendizes a escolha de quem imitar.

O uso explícito de *imitação e identificação* é ilustrado pelo programa da Alpha Power para criar uma "cultura de responsabilidade ambiental". Tanto os objetivos quanto os métodos de como ser ambientalmente responsável foram claros e inegociáveis. Os funcionários, portanto, tiveram que ser treinados para identificar perigos e derramamentos e deixar tudo limpo, o que significava dar-lhes tempo e recursos para aprender como fazê-lo e oferecer modelos e orientação para todas as situações que pudessem surgir. Havia princípios e regras claras a serem seguidas, por exemplo, "até mesmo algumas gotas de óleo no pavimento precisam ser limpas" e "se você se deparar com uma condição perigosa, deve denunciá-la imediatamente".

O princípio geral aqui é que o líder de mudança deve ser claro sobre os objetivos finais (ou seja, a nova maneira de trabalhar que deve ser alcançada), mas isso não significa necessariamente que todos alcançarão esse objetivo da mesma maneira. O envolvimento do aprendiz não implica que ele tenha uma escolha sobre as metas finais, mas que pode escolher os meios para chegar lá quando isso parecer apropriado.

Mudar primeiro crenças e valores ou o comportamento? Alguns teóricos da mudança argumentam que é preciso primeiro mudar crenças e valores, e o comportamento desejado virá

CAPÍTULO 16 | MODELO DE GERENCIAMENTO DE MUDANÇA E O LÍDER DE MUDANÇA **271**

automaticamente; outros argumentam que é preciso primeiro mudar o comportamento, e então as crenças e os valores se seguirão para justificá-lo. A primeira teoria é mais simples, porém, mais difícil de implementar, pois quando se trata de cultura não é fácil convencer as pessoas de que as crenças e valores culturais precisam mudar, visto que essas mesmas crenças e valores têm sido a fonte do sucesso da organização. A primeira teoria também fica aquém quando a conexão entre crenças e comportamento não é claramente especificada. Muitas organizações defendem o trabalho em equipe e os funcionários concordam que é importante, mas o que consideram ser um *comportamento* de trabalho em equipe não está alinhado com as crenças que o agente de mudança vendeu.

Mudar o comportamento primeiro evita esse problema porque começa com a necessidade de definir claramente o que de fato se espera dos funcionários no futuro se o programa de mudança for bem-sucedido. Se você quer trabalho em equipe, como será o comportamento da equipe e que tipo de treinamento e estruturas de apoio serão necessários para dar suporte a ele? Quanto mais claramente o comportamento desejado for especificado, mais fácil será identificar as fontes da ansiedade de aprendizagem e o tipo de segurança psicológica que teria de ser fornecida. É por esse motivo que especificar o comportamento futuro deve ser parte da decisão inicial de qual é o problema e quais mudanças são desejadas. "Vamos criar uma cultura de trabalho em equipe" é, desse ponto de vista, um objetivo inútil, a menos que o comportamento desejado específico seja definido concretamente.

A mudança de comportamento pode ser "coagida" pela ameaça de perda de emprego ou outra punição se os alvos da mudança não concordarem pelo menos em seguir os movimentos. Isso funciona se o comportamento for algo simples, mas se torna irrelevante se exigir o aprendizado de novas habilidades ou atividade coordenada. Naturalmente, o treinamento também pode ser coagido. Por exemplo, já vi muitas empresas se esforçarem para introduzir a tecnologia da informação em fluxos de trabalho treinando os funcionários no novo processo e declarando vitória quando o treinamento termina, apenas para descobrir que a produtividade esperada não aumentou e os funcionários reclamam sobre os indesejados efeitos colaterais do novo sistema.

Essa situação está ocorrendo agora mesmo na introdução de sistemas de registro eletrônico de pacientes, que exigem que os médicos aprendam a inserir todas as informações do paciente em computadores para criar "uma cultura de segurança mais eficiente na medicina". Em alguns hospitais, os médicos foram envolvidos, receberam treinamento adequado e agora acreditam que o novo sistema não apenas funciona bem, mas é claramente "o caminho do futuro". Em outros hospitais, os médicos foram "coagidos" a usar o sistema, acharam complicado e demorado, alegaram que atrapalhava a manutenção de um bom contato visual com os pacientes e, portanto, tinham certeza de que voltariam ao sistema antigo.

272 CULTURA ORGANIZACIONAL E LIDERANÇA SCHEIN

Em outras palavras, a mudança de comportamento leva à mudança de cultura apenas se a nova conduta for percebida como uma melhoria e, portanto, se tornar internalizada e estável. Os funcionários que são coagidos e que não estão envolvidos no processo de mudança provavelmente não verão os resultados como "melhores" e, portanto, continuarão apenas seguindo os movimentos. Precisamos, em seguida, entender como surgem novas crenças e valores.

***Novas crenças e novos valores pela* redefinição cognitiva.** A nova aprendizagem pode acontecer por meio de investigação, identificação ou ambos, mas de qualquer forma, a essência da nova aprendizagem que pode ser legitimamente descrita como cultural (ou seja, novas crenças e valores) envolve alguma "redefinição cognitiva" de alguns dos conceitos básicos no conjunto de premissas do aprendiz. Por exemplo, quando as empresas que se assumem como empregadoras vitalícios que nunca demitem ninguém se deparam com a necessidade econômica de reduzir os custos da folha de pagamento, elas redefinem cognitivamente as demissões como "transições" ou "aposentadorias antecipadas", tornam os pacotes de transição generosos, dão longos períodos para os funcionários procurarem um emprego alternativo, oferecem aconselhamento, fornecem serviços de recolocação e assim por diante, tudo para preservar a premissa de que "tratamos nosso pessoal de maneira boa e justa". Esse processo é mais do que uma racionalização. É uma redefinição cognitiva genuína por parte da alta administração da organização e é vista, em última análise, como uma "reestruturação". Um valor publicamente defendido de emprego vitalício está subordinado a outros valores, como a sobrevivência da empresa e o tratamento benéfico das pessoas demitidas.

Como argumentei anteriormente, a maioria dos processos de mudança deve enfatizar a necessidade de uma alteração de comportamento específica. Tal alteração é importante para lançar as bases para a redefinição cognitiva, mas a mudança do comportamento por si só não durará a menos que seja acompanhada por essa redefinição. Por exemplo, o programa ambiental da Alpha começou com a imposição de regras, mas acabou sendo internalizado quando os funcionários viram os benefícios de sua própria mudança de comportamento e, portanto, foram capazes de redefinir cognitivamente sua função e identidade. Alguns engenheiros da Amoco foram capazes de redefinir sua autoimagem rapidamente e de se sentir confortáveis com a nova estrutura de trabalho, passando a divulgar o valor da engenharia como um serviço de consultoria independente. Alguns dos médicos que foram forçados a usar o sistema de registros eletrônicos de pacientes viram seus benefícios, mudaram seus conceitos de valor e perceberam que o contato visual não era crítico, desde que demonstrassem de outras maneiras que estavam realmente ouvindo.

Aprendizagem de novos conceitos e novos significados para conceitos antigos. Novos conceitos são frequentemente promulgados primeiro na visão do líder de mudança: "um novo engenheiro independente" na Amoco, "uma organização ambientalmente responsável" na

CAPÍTULO 16 | MODELO DE GERENCIAMENTO DE MUDANÇA E O LÍDER DE MUDANÇA **273**

Alpha Power e uma "cidade-estado limpa, sem corrupção e de classe mundial", no caso de Singapura. Bushe e Marshak (2015) chamam esses conceitos visionários de "metáforas generativas", pois uma metáfora como "sustentabilidade" ou "salvar o planeta" é um objetivo claro e positivo, mas não especifica como será alcançado. Nas muitas mudanças que estão ocorrendo na cultura da medicina, é o "envolvimento do paciente", uma "melhor experiência do paciente" e uma ênfase na "saúde da população" (em vez de curar doenças) que se tornaram as metáforas generativas.

Além desses novos conceitos amplos, se uma pessoa foi treinada para pensar de certa maneira e é membro de um grupo que também pensa assim, como pode imaginar adotar um novo modo de pensar? Se você fosse um engenheiro na Amoco, antes teria sido membro de uma divisão, trabalhando como um especialista técnico, com um plano de carreira claro e um único chefe. Na nova estrutura como um grupo de engenharia centralizado "vendendo seus serviços por preços fixos", você teria que começar a pensar em si mesmo como membro de uma consultoria que vende seus serviços a clientes que podem comprá-los em outro lugar, caso não gostem da sua proposta. Para fazer tal transformação, você precisaria desenvolver vários novos conceitos: "consultor *freelancer*", "vender serviços por um preço" e "competir com pessoas de fora que podem oferecer um preço menor". Além disso, teria que aprender um novo significado para os conceitos de ser "engenheiro" e ser "funcionário da Amoco". Você teria que aprender um novo sistema de recompensas, no qual seria pago e promovido com base em sua capacidade de trazer trabalho. Teria que aprender a se ver tanto como um vendedor quanto um engenheiro. Precisaria definir sua carreira em termos diferentes e aprender a trabalhar para vários chefes. Esse tipo de mudança não é necessariamente benigno e certamente não é fácil!

Desenvolvimento de novos padrões de avaliação. Junto com novos conceitos surgem novos padrões de avaliação. Metas de produção, padrões de qualidade e requisitos de segurança exigem um novo comportamento em que as metas da mudança agora serão avaliadas. Quando essas novas metas e critérios não são cuidadosamente pensados em termos de como seria a "nova maneira de trabalhar" para alcançá-los, muitas vezes temos uma patologia organizacional na forma de funcionários que afirmam cumprir as metas quando, na verdade, não as atendem. No programa de mudança da Alpha, monitores tiveram que ser instalados em todo o sistema por um tempo para impor o padrão de limpeza de *todos os derramamentos*.

No escândalo de 2014 na Veteran's Administration, nos Estados Unidos, descobriu-se que as metas estabelecidas em Washington de atender certo número de pacientes dentro de um prazo estabelecido não estavam sendo cumpridas, mas, pior, muitos escritórios alegavam alcançá-las, o que deixava muitos veteranos sem atendimento por longos períodos. Tais eventos novamente destacam a importância de definir o problema com clareza e pensar no que o programa de mudança envolveria para que a nova maneira de trabalhar fosse implementada

274 CULTURA ORGANIZACIONAL E LIDERANÇA SCHEIN

com sucesso. A fraude nos padrões de emissão revelada na Volkswagen em 2016 também foi um caso da alta administração definindo metas sem considerar se o sistema poderia ou não as alcançar.

Para o alvo de mudança individual, tudo isso significa que agora você será avaliado de forma diferente. Enquanto na antiga estrutura da Amoco os engenheiros eram avaliados em grande parte pela qualidade de seu trabalho, agora eles tinham que estimar com mais precisão quantos dias um determinado trabalho levaria, qual nível de qualidade poderia ser alcançado naquele tempo e quanto custaria se usassem o padrão de qualidade mais alto a que estavam acostumados. Isso poderia exigir todo um novo conjunto de habilidades envolvendo fazer estimativas e criar orçamentos precisos.

O que foi mais difícil para os funcionários da Alpha aprenderem foram os novos padrões do que significava ser ambientalmente responsável, eles achavam que já eram, mas nunca consideraram que limpar algumas gotas de óleo era algo considerado essencial. Se encontrassem um possível risco, como engenheiros responsáveis, sempre verificavam os dados cuidadosamente antes de reportá-los. Aceitar a ideia de que "a possibilidade de algo perigoso" tinha que ser relatada *imediatamente*, mesmo antes que o laboratório pudesse verificar se o perigo era real ou não, era difícil para os engenheiros da Alpha. Uma versão mais extrema de uma mudança nos padrões foi a que os cidadãos de Singapura precisaram aprender, dados os novos padrões exigidos de limpeza e não corrupção que tiveram que ser aceitos para alcançar os objetivos econômicos mais amplos.

No caso da DEC, os engenheiros tinham certos padrões para o que era um bom computador, com base no que seus clientes sofisticados valorizavam. Quando o mercado mudou para "usuários burros", que só queriam um produto pronto para uso, os engenheiros rejeitaram explicitamente esse novo padrão de trabalho. Quando por fim decidiram desenvolver alguns produtos de *desktop* simples, usaram os próprios padrões para avaliar o que um cliente esperava, criaram projetos complicados e excessivos, o que tornou os computadores muito caros e difíceis de usar. O DNA da cultura da DEC nunca mudou.

Definir novos padrões talvez seja mais claro em programas de mudança para "melhorar a segurança". Muitas organizações afirmam que estão preocupadas com a segurança e se avaliam cuidadosamente nas estatísticas da OSHA [Occupational Safety and Health Administration, agência do Departamento do Trabalho dos Estados Unidos], mas um hospital levou a sério a segurança do paciente apenas quando o CEO anunciou com grande pesar que "ele não estava disposto a se encontrar com mais uma família para lhes dizer que um parente morreu por causa de um erro no hospital". Em setores de alto risco, os programas de mudança direcionados para a melhoria da segurança só se concretizam quando o CEO se envolve pessoalmente, oferece um modelo por meio do próprio comportamento e define os padrões a serem atendidos.

CAPÍTULO 16 | MODELO DE GERENCIAMENTO DE MUDANÇA E O LÍDER DE MUDANÇA **275**

ESTÁGIO 3: RECONGELAMENTO, INTERNALIZAÇÃO E AGILIDADE DE APRENDIZAGEM

A última etapa em qualquer processo de mudança é o recongelamento, pelo qual Lewin (1947) quis dizer que a nova aprendizagem não se estabilizará até que seja reforçada por resultados reais. Os funcionários da Alpha descobriram que não apenas podiam lidar com os riscos ambientais, mas que era satisfatório e valia a pena fazê-lo, portanto, eles internalizaram à atitude de que um ambiente limpo e seguro era do interesse de todos, mesmo que isso significasse desacelerar o trabalho quando houvesse um risco. Se os líderes de mudança diagnosticaram corretamente o comportamento necessário para corrigir os problemas que iniciaram o programa, o novo comportamento produzirá melhores resultados e será confirmado.

Se o novo comportamento não produzir melhores resultados, essa informação será percebida como uma desconfirmação e iniciará um novo processo de mudança. Portanto, os sistemas humanos estão potencialmente em fluxo perpétuo, quanto mais dinâmico o ambiente se torna, mais pode exigir um processo de mudança e aprendizagem quase constante.

Cuidados em relação à "mudança de cultura"

Quando uma organização encontra informações de desconfirmação e inicia um programa de mudança, no início não fica claro se a cultura estará envolvida e como ela auxiliará ou prejudicará o programa. Para esclarecer essas questões, é adequado que haja um processo de avaliação da cultura do tipo descrito nos dois capítulos anteriores. Contudo, geralmente é melhor ter as metas de mudança bem claras antes de iniciar a avaliação da cultura.

1. **A meta de mudança deve ser definida de forma concreta em termos comportamentais, não como "mudança de cultura".** Por exemplo, no caso da Alpha Power, a justiça disse que a empresa precisava se tornar mais ambientalmente responsável e mais aberta em seus relatórios. O objetivo da mudança era fazer com que os funcionários (1) se tornassem mais conscientes dos perigos ambientais, (2) relatassem os riscos imediatamente às agências apropriadas, (3) aprendessem a corrigir as condições perigosas e (4) aprendessem como evitar derramamentos e outros perigos em primeiro lugar.

    Quando o programa de mudança foi lançado, não se sabia ao certo de que maneira a "cultura" precisava ser mudada. Somente à medida que metas específicas foram identificadas, os líderes de mudança puderam determinar se os elementos culturais ajudavam ou impediam a mudança. Na verdade, descobriu-se que grandes partes da cultura poderiam ser usadas positivamente para transformar alguns de seus elementos específicos que precisavam ser mudados. O fato de a Alpha ser bastante autocrática e muito orientada ao treinamento permitiu que ela treinasse toda a sua força de trabalho imediatamente para aprender a identificar e lidar com os riscos. A maior parte da cultura existente foi usada para mudar alguns elementos culturais periféricos.

Um dos maiores erros que os líderes cometem quando realizam iniciativas de mudança é ser vago sobre seus objetivos e presumir que seria necessária uma "mudança de cultura". Quando alguém me pede para ajudá-lo com um "programa de mudança de cultura", minha pergunta inicial mais importante é "O que você quer dizer com isso? Você pode explicar seus objetivos sem usar a palavra *cultura*?"

2. **Elementos culturais antigos podem ser destruídos dispensando as pessoas que os "carregam", mas novos elementos culturais só podem ser aprendidos se o novo comportamento levar ao sucesso e à satisfação.** Uma vez que uma cultura existe e que uma organização tenha tido um período de sucesso e estabilidade, essa cultura não pode ser mudada diretamente a menos que o próprio grupo seja desmantelado. Um líder pode impor novas maneiras de agir, pode articular novas metas e meios e pode mudar os sistemas de recompensa e controle, mas nenhuma dessas transformações produzirá mudança de cultura, a menos que os novos processos realmente funcionem melhor e forneçam aos membros um novo conjunto de experiências compartilhadas que eventualmente passa a ser percebido como uma mudança na cultura.

3. **Mudanças nas premissas básicas da cultura sempre exigem um período psicologicamente doloroso de "desaprendizado".** Muitos tipos de mudanças que os líderes impõem em suas organizações exigem apenas novos aprendizados e, portanto, não terão resistência. Esses geralmente são novos comportamentos que tornam mais fácil fazer o que já queríamos fazer de qualquer maneira. No entanto, uma vez que somos adultos e que nossas empresas desenvolveram rotinas e processos aos quais nos acostumamos, podemos descobrir que novas maneiras propostas de fazer as coisas – como aprender um novo programa de *software* para tornar nosso trabalho no computador mais eficiente – podem parecer fáceis para os líderes de mudança, mas podem ser difíceis para os funcionários aprenderem. Podemos nos sentir confortáveis com nosso *software* atual e achar que aprender um novo sistema não vale o esforço. O líder de mudança, portanto, precisa de um modelo que inclua o "desaprender" como um estágio legítimo e que possa lidar com transformações, não apenas melhorias aparentes.

4. **À medida que a complexidade das tarefas e a interdependência sistêmica aumentam, a mudança se torna perpétua.** Falamos em termos de estágios, mas com a complexidade tecnológica e a diversidade cultural, o processo de mudança está se tornando mais ou menos perpétuo na maioria das organizações. Mesmo que alguns novos comportamentos sejam "recongelados", eles provocam novas reações no ambiente, o que cria um novo ciclo de desconfirmação, ansiedade pela sobrevivência e motivação para novas mudanças. Novas crenças, valores e condutas devem ser pensados como "movimentos adaptativos" em vez de "soluções" para os problemas. Embora o processo de mudança possa ser analisado em termos de estágios, em muitas organizações ele está se tornando cada vez mais um modo de vida perpétuo (Schein, 2016).

RESUMO E CONCLUSÕES

Este capítulo descreve um modelo geral de mudança que reconhece desde o princípio a dificuldade de iniciar qualquer transformação devido à ansiedade associada à nova aprendizagem. O processo de mudança começa com a desconfirmação, produzindo duas ansiedades: (1) *ansiedade pela sobrevivência ou culpa,* o sentimento de que devemos mudar, e (2) *ansiedade pela aprendizagem,* a percepção de que podemos ter que desaprender algo e aprender coisas novas que podem desafiar nossas competências, nosso papel ou posição de poder, nossos elementos de identidade e possivelmente nossa participação no grupo. A ansiedade pela aprendizagem causa negação e resistência à mudança. A única maneira de superar essa resistência é reduzir a ansiedade pela aprendizagem, fazendo com que o aprendiz se sinta "psicologicamente seguro".

Descrevemos as condições para a criação de segurança psicológica. Se ocorrer uma nova aprendizagem, ela geralmente reflete uma "redefinição cognitiva", que consiste em aprender novos conceitos, novos significados para conceitos antigos e adotar novos padrões de avaliação. Essa nova aprendizagem ocorre por meio da identificação com modelos de comportamento ou pela tentativa e erro, com base na investigação do ambiente.

As metas de mudança devem estar inicialmente focadas nos problemas concretos a serem corrigidos. Somente quando esses objetivos são claramente definidos em termos de comportamento futuro desejado é apropriado iniciar uma avaliação da cultura para determinar como ela ajudará ou dificultará o processo de mudança.

SUGESTÕES PARA OS LEITORES

- Aplique esses estágios a alguma mudança que você tenha experimentado pessoalmente, algum hábito que tenha tentado romper ou alguma nova habilidade que tentou aprender.
- Determine qual estágio e qual processo foi mais difícil.
- Agora pense em uma mudança organizacional que você queira fazer e aplique o mesmo pensamento.

CAPÍTULO

17

O LÍDER DE MUDANÇA COMO APRENDIZ

As várias previsões sobre globalização, organizações baseadas no conhecimento, era da informação, era da biotecnologia, liberação das fronteiras organizacionais, redes e assim por diante têm um tema em comum: basicamente, não sabemos como será o mundo de amanhã, exceto que será diferente, mais complexo, de mudança mais rápida e culturalmente mais diverso (Drucker Foundation, 1999; Global Business Network, 2002; Michael, 1985, 1991; Schwartz, 2003).

Isso significa que as organizações, seus líderes e todos nós teremos que nos tornar eternos aprendizes (Kahane, 2010; Michael, 1985, 1991; Scharmer, 2007; Senge, Smith, Kruschwitz, Laur, & Schley, 2008). Quando apresentamos a questão da aprendizagem perpétua no contexto da análise cultural, confrontamos um paradoxo. Cultura é uma força estabilizadora, conservadora, um meio de tornar as coisas significativas e previsíveis. Muitos consultores e teóricos da administração defendem que culturas "fortes" são desejáveis como base para um desempenho efetivo e duradouro. Entretanto, as culturas fortes são, por definição, estáveis e difíceis de mudar.

Se o mundo está tornando-se mais turbulento, exigindo maior flexibilidade e aprendizagem, isso não implica que as culturas fortes cada vez mais se tornarão um risco? Não significa, então, que o processo de criação cultural por si só é potencialmente disfuncional por estabilizar as coisas, enquanto a flexibilidade pode ser mais apropriada? Ou é possível imaginar uma cultura que, por sua natureza, seja orientada à aprendizagem, adaptativa e flexível? Pode-se estabilizar a aprendizagem e a mudança perpétuas? Com o que parece uma cultura que favoreceu a aprendizagem e a flexibilidade constantes? Com o que parece um líder que promoveu essa cultura?

CAPÍTULO 17 | O LÍDER DE MUDANÇA COMO APRENDIZ **279**

Traduzindo essa questão em termos de liderança, em que direção os líderes atuais deveriam direcionar a evolução cultural para se prepararem para as surpresas do amanhã? Que tipo de características e habilidades um líder deve ter para perceber as necessidades do amanhã e implementar as mudanças necessárias para sobreviver?

Com o que deve parecer uma cultura de aprendizagem?

As ideias levantadas neste capítulo são resultado de muitas conversas com o falecido Donald Michael (1985, 1991) e com meus colegas Tom Malone (2004), Peter Senge (1990; *et al.*, 2008) e Otto Scharmer (2007) sobre a natureza das organizações e do trabalho no futuro. Elas foram verificadas em diversos *workshops* onde ouvi em primeira mão de líderes dos setores privado e sem fins lucrativos sobre a rapidez com que o mundo está evoluindo para um novo território inexplorado. Como eu as experimentei no Vale do Silício durante os últimos cinco anos, essas ideias foram reforçadas e aprimoradas.

1. *Proatividade.* Uma cultura de aprendizagem teria de assumir que a maneira apropriada dos humanos se comportarem no relacionamento com seu ambiente é serem solucionadores proativos de problemas e aprendizes. Se a cultura for construída sob premissas fatalistas de aceitação passiva, a aprendizagem se tornará mais e mais difícil à medida que a taxa de mudança no ambiente aumentar.

O líder orientado para aprendizagem deve retratar a confiança de que a solução de problemas ativos leva à aprendizagem e, assim, dar um exemplo apropriado aos outros membros da organização. Será mais importante estar comprometido com o processo de aprendizagem do que com qualquer solução particular de um problema. Face à maior complexidade, a dependência dos líderes de outras pessoas para gerar soluções aumentará, e temos evidências esmagadoras de que novas soluções são mais prováveis de serem adotadas se os membros da empresa estiverem envolvidos no processo de aprendizagem (Schein, 2009a, 2009b, 2016).

2. *Comprometimento com "aprender a aprender".* A cultura de aprendizagem deve ter em seu DNA um "gene de aprendizagem", no sentido em que os membros devem assumir a premissa compartilhada de que a aprendizagem é algo em que vale a pena investir, e que aprender a aprender é, por si, uma habilidade a ser dominada. "Aprender" deve incluir não apenas a aprendizagem sobre mudanças no ambiente externo, mas também a aprendizagem sobre os relacionamentos internos e quão bem a organização está adaptada às mudanças externas. Por exemplo, um meio de entender o fracasso da DEC é observar que seu pessoal estava comprometido com a inovação tecnológica continuada, mas houve muito pouca reflexão

280 CULTURA ORGANIZACIONAL E LIDERANÇA SCHEIN

ou comprometimento para aprender como a organização estava criando uma competição destrutiva intergrupal gerada pelo sucesso, o crescimento e a idade.

A chave para a aprendizagem é obter *feedback* e dedicar tempo para refletir, analisar e assimilar as implicações do que é comunicado. O *feedback* só é útil se o aprendiz o tiver pedido, de modo que uma das principais características do líder de aprendizagem deve ser a disposição para pedir ajuda e aceitá-la (Schein, 2009a, 2016). Outra chave para a aprendizagem é a habilidade de gerar novas respostas, experimentar novos meios de fazer as coisas, aceitando erros e fracasso como oportunidades para aprender. Isso exige tempo, energia e recursos. Por conseguinte, uma cultura de aprendizagem deve valorizar a reflexão e a experimentação, e deve dar a seus membros tempo e recursos para fazê-los.

3. Premissas positivas a respeito da natureza humana. Os líderes de aprendizagem devem ter fé nas pessoas e acreditar que a natureza humana é, basicamente, boa e maleável. O líder de aprendizagem deve acreditar que os humanos podem e vão aprender se receberem os recursos e a segurança psicológica necessários. Aprendizagem implica algum desejo de sobrevivência e melhoria. Se os líderes começarem com premissas de que as pessoas são, basicamente, preguiçosas e passivas, que não estão preocupadas com organizações ou causas acima ou abaixo de si mesmas, inevitavelmente criarão empresas que se tornarão profecias autorrealizadas. Tais líderes treinarão seus funcionários para serem preguiçosos, autoprotetores e autocentrados e citarão essas características como prova de sua premissa original sobre a natureza humana. As organizações orientadas para o controle resultantes podem sobreviver e até prosperar em alguns tipos de ambientes estáveis, mas com certeza fracassarão à medida que os ambientes ficarem mais turbulentos e as tendências tecnológicas e globais tornarem as soluções de problemas cada vez mais complexas.

O conhecimento e a habilidade estão tornando-se mais amplamente distribuídos, forçando os líderes – gostem ou não – a serem mais dependentes de outras pessoas em suas organizações. Sob tais circunstâncias, uma atitude cínica em relação à natureza está determinada a criar, na melhor das hipóteses, rigidez burocrática e, no pior extremo, subgrupos contraorganizacionais.

4. Crença de que o ambiente pode ser dominado. Uma cultura de aprendizagem deve conter em seu DNA um gene que reflete a premissa compartilhada de que o ambiente é, em algum grau, maleável. Um líder de aprendizagem que acredita que as organizações devem aceitar simbioticamente seu nicho terá mais dificuldade para aprender quando o ambiente se tornar mais turbulento. A adaptação a um ambiente lentamente mutante é também um processo de aprendizagem viável, mas presumo que a forma com que o mundo está mudando tornará isso cada vez menos possível. Em outras palavras, quanto mais turbulento o ambiente, mais importante será para os líderes argumentarem e mostrarem que algum nível de controle sobre ele é desejável e possível.

CAPÍTULO 17 | O LÍDER DE MUDANÇA COMO APRENDIZ **281**

Um argumento poderoso nessa linha é feito por O'Reilly e Tushman (2016) em seu conceito de *liderança e disruptura*, que mostra que as empresas que sobreviveram por muito tempo conseguiram manter sua principal linha de negócios e simultaneamente construir negócios novos e adaptativos dentro delas.

5. Comprometimento com a verdade mediante investigação e diálogo. Uma cultura de aprendizagem deve conter a premissa compartilhada de que as soluções dos problemas derivam de uma crença profunda na averiguação e em uma busca pragmática pela "verdade" por um processo dialógico que permite a diferentes culturas começarem a entender umas às outras. O processo de averiguação deve ser flexível e refletir a natureza das mudanças ambientais encontradas. O que deve ser evitado na cultura de aprendizagem é a premissa automática de que a sabedoria e a verdade residem em qualquer fonte ou método. Esse ponto é especialmente importante porque, no mundo da macrocultura, até mesmo o que é considerado "científico" pode variar bastante, não podemos aceitar parte dos modelos físicos da ciência como a única forma de verdade.

À medida que os problemas que encontramos mudam, nosso método de aprendizagem também terá que mudar. Para alguns propósitos, teremos que confiar muito na "ciência normal", para outros, precisamos encontrar a verdade em diálogos com pessoas experientes, porque será impossível obter a prova científica; e às vezes teremos que experimentar coletivamente e conviver com erros até que seja encontrada uma solução melhor. Conhecimento e habilidade serão encontrados em muitas formas, e o que estou chamando de processo de pesquisa clínica – em que orientadores e clientes trabalham juntos – se tornará cada vez mais importante, porque ninguém será *expert* o suficiente para dar uma resposta. Pode-se dizer que na organização de aprendizagem, todos terão que aprender a aprender (Scharmer, 2007; Senge, 1990).

O problema mais difícil para os líderes de aprendizagem é chegar a um acordo com sua falta de *expertise* e sabedoria. Quando estamos em posição de liderança, nossas necessidades e as expectativas dos outros dizem que deveríamos saber a resposta e estar no controle da situação. Todavia, se fornecermos respostas, estaremos criando uma cultura que, inevitavelmente, assumirá uma posição mais moralista em relação à realidade e à verdade. A única forma de construir uma cultura de aprendizagem que continue aprendendo é os próprios líderes aprenderem a perceber que há muita coisa que não sabem e ensinar os outros a aceitarem que também há muita coisa que eles não sabem (Schein, 2009a). Assim, a tarefa de aprendizagem torna-se uma responsabilidade compartilhada e exige que os líderes em todos os níveis criem relacionamentos mais pessoais, abertos e de confiança com seus subordinados (Schein, 2016).

Sou indagado com frequência sobre como tornar alguém mais sensível à cultura. Minha curta resposta é "Viaje mais". É vivenciando experiências variadas nos tipos mais diferentes

282 CULTURA ORGANIZACIONAL E LIDERANÇA SCHEIN

de culturas que aprendemos a multiplicidade cultural e desenvolvemos humildade cultural. O líder de aprendizagem deve passar muito tempo fora de sua organização, viajar para muitas outras culturas e criar relacionamentos pessoais com os membros dessas culturas.

6. Orientação positiva em relação ao futuro. A melhor época para a aprendizagem parece estar entre o futuro distante e o futuro próximo. Devemos pensar à frente o suficiente para ter condições de avaliar as consequências sistêmicas de diferentes cursos de ação, mas devemos também pensar em termos de futuro próximo para avaliar se nossas soluções estão ou não funcionando. Se o ambiente se torna mais turbulento, a premissa de que a melhor orientação é viver no passado ou viver no presente parece claramente disfuncional.

7. Comprometimento com a comunicação relevante plena e aberta da tarefa. A cultura de aprendizagem deve ser construída sob a premissa de que comunicação e informação são centrais ao bem-estar organizacional e que é preciso, assim, criar um sistema de comunicação multicanal que permita a todos se conectarem entre si. Isso não significa que todos os canais serão usados ou que qualquer canal será usado para todas as coisas. Significa que todos devem ter condições de se comunicar entre si e que todos supõem que falar a verdade da melhor forma que se pode é positivo e desejável. Esse princípio de "abertura" não significa que devemos abolir todas as regras culturais relativas para encarar e adotar uma definição de abertura equivalente a "ficar totalmente à vontade". Há ampla evidência de que tal abertura interpessoal pode criar problemas graves ao longo das fronteiras hierárquicas e nos ambientes interculturais.

Mas devemos usar nossa percepção cultural para saber quando passar de um relacionamento transacional de nível 1 para um relacionamento de nível 2 mais pessoal dentro das fronteiras de nossa tarefa ou objetivos conjuntos que nos permitam ser o mais abertos possível sobre informações relevantes. Informações completas relevantes para a tarefa só podem ser alcançadas se os membros do grupo aprenderem a confiar uns nos outros, e a confiança é construída basicamente quando as partes dizem a verdade umas às outras até onde as regras da ordem social permitem. Um dos maiores desafios para a liderança de aprendizagem é como estabelecer confiança em uma rede onde as pessoas podem não ter contato cara a cara.

Para conseguir tudo isso, uma das habilidades mais importantes do líder de aprendizagem é a capacidade de ser pessoal quando for apropriado e necessário.

8. Comprometimento com a diversidade cultural. Quanto mais turbulento o ambiente, é mais provável que uma organização mais diversificada tenha os recursos para enfrentar os eventos imprevistos. Por conseguinte, o líder de aprendizagem deve estimular a diversidade e promulgar a premissa de que ela criará, inevitavelmente, subculturas, que acabarão sendo um recurso necessário para aprendizagem e inovação.

Entretanto, para a diversidade ser um recurso, as subculturas ou os indivíduos em um grupo de tarefa multicultural devem estar conectados e devem aprender a valorizar uns aos outros o suficiente para aprender algo de suas cultura e linguagem. Uma tarefa essencial para o líder de aprendizagem é assegurar boa comunicação intercultural e o entendimento em toda a organização. Algumas ideias de como isso pode ser implementado foram apresentadas no Capítulo 7. Criar diversidade não significa deixar partes diversas do sistema por conta própria, sem coordenação. A liderança *laissez-faire* não funciona porque está na natureza dos subgrupos e das subculturas proteger seus interesses. Assim, a otimização da diversidade requer alguns mecanismos de coordenação de ordem mais elevada e de entendimento cultural mútuo.

9. Comprometimento com o pensamento sistêmico. À medida que o mundo se torna mais complexo e interdependente, a habilidade de pensar sistemicamente, de analisar campos de forças e entender seus efeitos causais conjuntos e de abandonar a lógica causal linear simples em favor de modelos mentais complexos se tornará mais crítica para a aprendizagem. O líder de aprendizagem deve acreditar que o mundo é intrinsecamente complexo, não linear, interconectado e "excessivamente determinado" no sentido em que a maioria das coisas é causada pela multiplicação. A capacidade de pensar dessa forma complexa passou a ser uma competência interpessoal crítica na análise de segurança dos setores de alto risco e no setor de saúde, sendo bem capturada no conceito de "sentido de grupo" (Weick e Sutcliffe, 2001).

10. Crença no valor da análise cultural interna. Em uma cultura de aprendizagem, líderes e membros devem acreditar que analisar e refletir sobre sua cultura é uma parte necessária do processo de aprendizagem. A análise cultural interna revela mecanismos importantes pelos quais grupos e organizações funcionam para concluir suas tarefas. Sem uma análise interna da cultura, é difícil entender como os grupos são criados, como se tornam organizações e como evoluem ao longo de sua existência. Porém, mais importante, sem análise cultural interna, como podemos esperar entender outras culturas? Dito isso, ainda acredito que essa análise interna é realmente útil apenas no contexto de uma agenda de aprendizado e mudança.

Qual é a relevância dessas dimensões?

Muitas outras dimensões podem ser analisadas como relevantes à aprendizagem. Decidi ignorar aquelas em que a conclusão sobre o que ajudaria ou prejudicaria a aprendizagem parecia incerta. Por exemplo, sobre a dimensão do individualismo e do agrupamento, talvez a melhor prescrição para a aprendizagem é aceitar a noção de que cada sistema tem ambos os elementos e a cultura de aprendizagem será aquela que otimiza a competição individual

284 CULTURA ORGANIZACIONAL E LIDERANÇA SCHEIN

e o trabalho em equipe, dependendo da tarefa a ser realizada. Um argumento semelhante pode ser usado em torno da dimensão da tarefa *versus* a orientação para o relacionamento. Um sistema aprendizagem ideal balancearia o que fosse exigido pela tarefa em vez de optar pelo outro extremo.

Com respeito ao grau de hierarquia, autocracia, paternalismo e participação, é novamente um assunto do tipo de tarefa, de aprendizagem exigido e das circunstâncias particulares. No exemplo da Alpha Power, vimos que o conhecimento sobre riscos ambientais e como lidar com eles foi, inicialmente, aprendido em um programa de treinamento muito autocrático, imposto de cima para baixo (*top-down*), mas à medida que a experiência em campo se acumulava, o processo de aprendizagem se tornava uma inovação local que depois circulava pelo restante da organização. As soluções inovadoras para as questões ambientais, de saúde e segurança eram gravadas em vídeo e passadas a toda a organização. Eram oferecidos almoços mensais de premiação em que as equipes bem-sucedidas se encontravam com a alta administração para compartilharem "como fizeram" e comunicar as soluções às outras equipes.

No fim, temos que reconhecer que até o conceito de aprendizagem está fortemente colorido pelas premissas culturais e que pode ter significados muito diferentes em diversas culturas e subculturas. As dimensões que listei acima refletem apenas meu entendimento cultural e devem, por conseguinte, ser tomadas apenas como primeira aproximação do que uma cultura de aprendizagem deve enfatizar.

O papel da liderança orientada à aprendizagem em um mundo turbulento é promover esses tipos de premissas. Os próprios líderes devem, primeiro, assumir tais premissas, tornar-se aprendizes e ter condições de reconhecer e de recompensar sistematicamente o comportamento de seus subordinados imediatos baseado nelas. Somente se os subordinados apresentarem a mesma conduta, há alguma esperança de que os vários níveis abaixo deles a adotem.

Liderança orientada para a aprendizagem

Após descrever as características genéricas de uma cultura de aprendizagem e as implicações em geral para o líder de aprendizagem, resta-nos examinar rapidamente se a liderança orientada para a aprendizagem varia em função dos diferentes estágios da evolução organizacional.

LIDERANÇA DE APRENDIZAGEM NA CRIAÇÃO DA CULTURA

Em um mundo que muda rapidamente, o líder de aprendizagem ou fundador deve não apenas ter visão, mas também ter condições de impô-la e desenvolvê-la à medida que as

CAPÍTULO 17 | O LÍDER DE MUDANÇA COMO APRENDIZ **285**

circunstâncias externas mudam. Visto que os novos membros de uma empresa chegam com experiências organizacionais e culturais anteriores, um conjunto comum de premissas pode ser forjado apenas por mensagens claras e consistentes à medida que o grupo encontra e sobrevive a suas crises. Assim, o líder de criação da cultura precisa de persistência e paciência, todavia, como aprendiz, deve ser flexível e estar pronto para mudar.

À medida que os grupos e as organizações se desenvolvem, surgem certas questões emocionais relacionadas à dependência do líder, aos relacionamentos com colegas e a como trabalhar efetivamente. Em cada um desses estágios de desenvolvimento do grupo, a liderança é necessária para ajudar a equipe a identificar as questões e a lidar com elas. Durante esses estágios, os líderes, muitas vezes, têm que absorver e conter a ansiedade que é liberada quando as coisas não funcionam como deveriam (Hirschhorn, 1988; Schein, 1983, Frost, 2003). O líder pode não ter a solução, mas deve proporcionar estabilidade temporária e segurança emocional enquanto a resposta estiver sendo trabalhada. Essa função de contenção da ansiedade é especialmente relevante durante períodos de aprendizagem, quando antigos hábitos e maneiras devem ser abandonados antes de novos serem aprendidos. Se o mundo está tornando-se mais mutante, tal ansiedade pode ser constante, exigindo do líder de aprendizagem um papel de apoio perpétuo.

A difícil agenda de aprendizagem dos líderes fundadores é como ser, simultaneamente, claro e forte para articular sua visão e ficar aberto à mudança à medida que essa visão se torna deficiente em um ambiente turbulento.

LIDERANÇA DE APRENDIZAGEM NA MEIA-IDADE ORGANIZACIONAL

Depois que a organização desenvolve sua história substancial, a cultura torna-se mais uma causa do que um efeito. Ela passa a influenciar a estratégia, a estrutura, os procedimentos e os modos pelos quais os membros do grupo se relacionam. A cultura torna-se poderosa influência sobre a percepção, o pensamento e o sentimento dos membros, e essas predisposições, acompanhadas de fatores situacionais, influenciarão o comportamento das pessoas. Em razão de servir a uma importante função de reduzir a ansiedade, a cultura estará valorizada, mesmo se passar a ser disfuncional em relação às oportunidades e às restrições ambientais.

Entretanto, as organizações de meia-idade mostram dois padrões bem diferentes. Algumas, sob a influência de uma ou mais gerações de líderes, desenvolvem uma cultura altamente integrada, embora passem a se tornar grandes e diversificadas. Outras permitem crescimento e diversificação nas premissas culturais e passam a ser descritas como culturalmente diversas com respeito a suas subunidades de negócios, funcionais, geográficas e mesmo hierárquicas. A forma como os líderes gerenciam a cultura nesse estágio de

286 CULTURA ORGANIZACIONAL E LIDERANÇA SCHEIN

evolução organizacional depende do padrão que percebem e de qual decidem ser o melhor para o futuro.

Nesse estágio, os líderes necessitam, acima de tudo, de *insight* e de habilidade para ajudar a organização a desenvolver o que a tornará mais efetiva no futuro. Em algumas situações, isso pode significar aumentar a diversidade cultural, permitindo o desgaste da uniformidade que pode ter sido construída no estágio de crescimento. Em outras situações, pode significar agrupar um conjunto de unidades organizacionais culturalmente diverso para impor novas premissas comuns. De qualquer maneira, o líder precisa (1) ser capaz de analisar a cultura em detalhes suficientes para saber quais premissas culturais podem ajudar e quais podem prejudicar o cumprimento da missão organizacional e (2) ter habilidades de intervenção para fazer as mudanças desejadas.

A maioria das análises prescritivas de como restaurar as organizações nesse período enfatiza que o líder deve ter certos *insights*, visão clara e habilidades de articular, comunicar e implementar essa visão, mas não diz nada sobre como determinada organização pode encontrar e empossar tal líder. Nas organizações dos Estados Unidos, em particular, os membros externos do conselho de administração provavelmente exercem papel crítico nesse processo, mas se a empresa tem forte base cultural, seu conselho pode ser composto apenas por pessoas que compartilham a visão do fundador. Consequentemente, mudanças reais de direção podem não ser possíveis até a organização enfrentar sérias dificuldades de sobrevivência e procurar uma pessoa com premissas diferentes para liderá-la.

LIDERANÇA EM ORGANIZAÇÕES MADURAS E EM DECLÍNIO

Na organização madura, quando uma forte cultura de unificação é desenvolvida, ela passa a definir o que deve ser imaginado como "liderança", o que é comportamento heroico ou pecaminoso e como a autoridade e o poder são alocados e gerenciados. Assim, o que a liderança cria se perpetua cegamente ou traz novas definições de liderança que podem não incluir os tipos de premissas empreendedoras que deram início à organização. O primeiro problema da organização madura e, possivelmente, em declínio, é encontrar um processo para empossar um líder potencial que possa ter *insight* e poder suficientes para superar algumas das restrições das premissas culturais.

Líderes capazes de tal mudança cultural gerenciada podem vir da própria organização se adquirirem objetividade e *insight* nos elementos da cultura. Entretanto, os gerentes seniores formalmente designados de uma empresa podem não estar dispostos ou habilitados a exercer tal liderança de mudança cultural. Se um líder externo for contratado, deve ter a habilidade de diagnosticar precisamente qual é a cultura da organização, que elementos estão bem adaptados e quais são problemáticos para a futura adaptação e como mudar o que necessita de mudança.

CAPÍTULO 17 | O LÍDER DE MUDANÇA COMO APRENDIZ **287**

Concebida dessa forma, liderança é, em primeiro lugar, a capacidade de estar acima da própria cultura organizacional, de perceber e refletir sobre modos de agir que sejam diferentes do que as premissas correntes implicam. Por conseguinte, para preencher adequadamente esse papel, os líderes de aprendizagem devem ser um pouco marginais e um pouco vinculados ao ambiente externo da empresa. Ao mesmo tempo, esses líderes de aprendizagem devem estar bem conectados às partes da organização que estão bem ajustadas ao ambiente – a organização de vendas, compras, marketing, relações públicas, jurídica e P&D. Os líderes de aprendizagem devem ser capazes de ouvir as informações desconfirmadoras decorrente dessas fontes e avaliar suas implicações em relação ao futuro da organização. Apenas quando entenderem verdadeiramente o que está acontecendo e o que será exigido no caminho da mudança organizacional, poderão, então, entrar em ação para iniciar um processo de aprendizagem cultural em conjunto com quaisquer problemas de sobrevivência organizacional que encontrarem.

Muito se tem falado da necessidade de "visão" nos líderes, mas pouco tem sido dito sobre sua necessidade de ouvir, absorver, perceber tendências ambientais e construir a capacidade de aprendizagem da organização (Schein, 2009a). É especialmente no nível estratégico que a habilidade de ver e conhecer toda a complexidade dos problemas torna-se crítica. A habilidade de conhecer a complexidade pode também implicar na disposição e na força emocional para admitir incerteza e adotar a experimentação e os possíveis erros como a única forma de aprender (Michael, 1985). Em nossa obsessão com a visão de liderança, podemos ter dificultado para o líder de aprendizagem admitir que sua visão não está clara e que toda a organização terá que aprender. Como tenho repetidamente argumentado, a visão apenas ajuda quando a organização já foi desconfirmada e os membros se sentem ansiosos e necessitam de uma solução. Grande parte do que os líderes de aprendizagem devem fazer ocorre antes mesmo de a visão se tornar relevante.

Um pensamento final: descobrir a cultura na minha personalidade

Descobri que aprendo mais sobre a cultura quando algo me surpreende e me intriga. Muitas vezes eu não sabia que reagiria de certa maneira ao que aconteceu ou ao que foi dito. O que aprendi que é mais útil para mim é usar esse momento para olhar para o meu interior: por que reagi daquela maneira, por que o comportamento dessa outra pessoa é um enigma, o que isso diz a meu respeito? Então, estou me juntando aos milhões de filósofos que disseram "conhece-te a ti mesmo". Parafraseando esse ditado: "conheça as culturas que estão dentro de você".

BIBLIOGRAFIA

Adizes, I. 1990. *Corporate life cycles.* Englewood Cliff, NJ: Prentice-Hall.

Aldrich, H.E., & Ruef, M. 2006. *Organizations evolving* (2nd ed.). London, UK: Sage.

Allan, J., Fairtlough, G., & Heinzen, B. 2002. *The power of the tale.* London, UK: Wiley.

Allen, T.J. 1977. *Managing the flow of technology.* Cambridge, MA: MIT Press.

Amalberti, R. 2013. *Navigating safety.* New York, NY: Springer.

Ancona, D.G. 1988. Groups in organizations. In C. Hendrick (Ed.), *Annual review of personality and social psychology: Group and intergroup processes.* Beverly Hills, CA: Sage.

Ang, S., & Van Dyne, L. (Eds.). 2008. *Handbook of cultural intelligence.* Armonk, NY: M.E. Sharpe.

Argyris, C. 1964. *Integrating the individual and the organization.* New York, NY: Wiley.

Argyris, C., & Schon, D.A. 1974. *Theory in practice: Increasing professional effectiveness.* San Francisco, CA: Jossey-Bass.

Argyris, C., & Schon, D.A. 1978. *Organizational learning.* Reading, MA: Addison-Wesley.

Argyris, C., & Schon, D.A. 1996. *Organizational learning II.* Reading, MA: Addison-Wesley.

Argyris, C., Putnam, R., & Smith, D.M. 1985. *Action science.* San Francisco, CA: Jossey-Bass.

Ashkanasy, N.M., Wilderom, C.P.M., & Peterson, M.F. (Eds.). 2000. *Handbook of organizational culture and climate.* Thousand Oaks, CA: Sage.

Bailyn, L. 1992. Changing the conditions of work: Implications for career development. In D.H. Montross and C.J. Shinkman (Eds.), *Career development in the 1990s: Theory and practice* (pp. 373–386). Springfield, IL: Charles C. Thomas.

Bailyn, L. 1993. *Breaking the mold.* New York, NY: Free Press.

Baker, M.N. 2016. Organizational use of self: A new symbol of leadership. *Leader to Leader,* 81, 47–52. doi: 10.1002/ltl.20245.

Bales, R.F. 1958. Task roles and social roles in problem solving groups. In N. Maccoby et al. (Eds.), *Reading in social psychology* (3d ed.). New York, NY: Holt, Rinehart, & Winston.

Barley, S.R. 1984. *Technology as an occasion for structuration: Observations on CT scanners and the social order of radiology departments.* Cambridge, MA: Sloan School of Management, MIT.

Barley, S.R., & Kunda, G. 2001. Bringing work back in. *Organization Science,* 12, 76–95.

290 CULTURA ORGANIZACIONAL E LIDERANÇA SCHEIN

Bartunek, J.M., & Louis, M.R. 1996. *Insider/Outsider research.* Thousand Oaks, CA: Sage.

Bass, B.M. 1981. *Stogdill's handbook of leadership* (rev. ed.). New York, NY: Free Press.

Bass, B.M. 1985. *Leadership and performance beyond expectations.* New York, NY: Free Press.

Beckhard, R., & Harris, R.T. 1987. *Organizational transitions: Managing complex change.* Reading, MA: Addison-Wesley.

Bennis, W., & Nanus, B. 1985. *Leaders.* New York, NY: Harper & Row.

Bennis, W.G., & Shepard, H.A. 1956. A theory of group development. *Human Relations, 9,* 415–43

Berg, P.O., & Kreiner, C. 1990. Corporate architecture: Turning physical settings into symbolic resources. In P. Gagliardi (Ed.), *Symbols and artifacts* (pp. 41–67). New York, NY: Walter de Gruyter.

Bion, W.R. 1959. *Experiences in groups.* London, UK: Tavistock.

Blake, R.R., & Mouton, J.S. 1964. *The managerial grid.* Houston, TX: Gulf.

Blake, R.R., & Mouton, J.S. 1969. *Building a dynamic organization through grid organization development.* Reading, MA: Addison-Wesley.

Blake, R.R., Mouton, J.S., & McCanse, A.A. 1989. *Change by design.* Reading, MA: Addison-Wesley.

Bradford, L.P., Gibb, J.R., & Benne, K.D. (Eds.). 1964. *T-group theory and laboratory method.* New York, NY: Wiley.

Busco, C., Riccaboni, A., & Scapens, R.W. 2002. When culture matters: Processes of organizational learning and transformation. *Reflections: The SoL Journal, 4,* 43- 54.

Bushe, G.R. 2009. *Clear leadership* (Rev. ed.). Mountain View, CA: Davis-Black.

Bushe, G.R., & Marshak, R.J. 2015. *Dialogic organization development.* Oakland, CA: Berrett/Koehler.

Cameron, K.S., & Quinn, R.E. 1999. *Diagnosing and changing organizational culture.* Reading, MA: Addison-Wesley.

Cameron, K.S., & Quinn, R.E. 2006. *Diagnosing and changing organizational culture.* San Francisco, CA: Jossey-Bass.

Chandler, A.D., Jr. 1962. *Strategy and structure.* Cambridge, MA: MIT Press.

Chapman, B., & Sisodia, R. 2015. *Everybody matters.* New York, NY: Penguin.

Christensen, C.M. 1997. *The innovator's dilemma: When new technologies cause great firms to fail.* Boston, MA: Harvard Business School Press.

Coghlan, D. 1996. Mapping the progress of change through organizational levels. *Research in Organizational Change and Development, 9,* 123–150.

BIBLIOGRAFIA **291**

Coghlan, D., & Brannick, T. 2005. *Doing action research in your own organization.* Thousand Oaks, CA: Sage.

Conger, J.A. 1989. *The charismatic leader.* San Francisco, CA: Jossey-Bass.

Conger, J.A. 1992. *Learning to lead.* San Francisco, CA: Jossey-Bass.

Cook, S.N., & Yanow, D. 1993. Culture and organizational learning. *Journal of Management Inquiry, 2*(4), 373–390.

Cooke, R.A., & Szumal, J.L. 1993. Measuring normative beliefs and shared behavioral expectations in organizations: The reliability and validity of the Organizational Culture Inventory. *Psychological Reports, 72*, 1299–1330.

Corlett, J.G., & Pearson, C.S. 2003. *Mapping the organizational psyche.* Gainesville, FL: Center for Application of Psychological Type.

Coutu, D.L. 2002. The anxiety of learning (interview of Edgar Schein). *Harvard Business Review*, March.

Dalton, M. 1959. *Men who manage.* New York, NY: Wiley.

Darling, M.J., & Parry, C.S. 2001. After-action reviews: Linking reflection and planning in a learning practice. *Reflections, 3*(2), 64–72.

Deal, J. J. & Levenson, A. 2016. *What Millennials Want From Work.* New York: McGraw Hill Education.

Deal, T.E., & Kennedy, A.A. 1982. *Corporate cultures.* Reading, MA: Addison-Wesley.

Deal, T.E., & Kennedy, A.A. 1999. *The new corporate cultures.* New York, NY: Perseus.

Denison, D.R. 1990. *Corporate culture and organizational effectiveness.* New York, NY: Wiley.

Denison, D.R., & Mishra, A.K. 1995. Toward a theory of organizational culture and effectiveness. *Organizational Science, 6*(2), 204–223.

Donaldson, G., & Lorsch, J.W. 1983. *Decision making at the top.* New York, NY: Basic Books.

Douglas, M. 1986. *How institutions think.* Syracuse, NY: Syracuse University Press.

Drucker Foundation, Hesselbein, F., Goldsmith, M., & Somerville, I. (Eds.). 1999. *Leading beyond the walls.* San Francisco, CA: Jossey-Bass.

Dubinskas, F.A. 1988. *Making time: Ethnographies of high-technology organizations.* Philadelphia, PA: Temple University Press.

Dyer, W.G., Jr. 1986. *Culture change in family firms.* San Francisco, CA: Jossey-Bass.

Dyer, W.G., Jr. 1989. Integrating professional management into a family-owned business. *Family Business Review, 2*(3), 221–236.

Earley, P.C., & Ang, S. 2003. *Cultural intelligence: Individual interactions across cultures.* Stanford, CA: Stanford University Press.

Edmondson, A.C. 2012. *Teaming: How organizations learn, innovate, and compete in the knowledge economy.* San Francisco, CA: Jossey-Bass.

292 CULTURA ORGANIZACIONAL E LIDERANÇA SCHEIN

Edmondson, A.C., Bohmer, R.M., & Pisano, G.P. 2001. Disrupted routines: Team learning and new technology implementation in hospitals. *Administrative Science Quarterly, 46*, 685–716.

Ehrhart, M.G., Schneider, B., & Macey, W.H. 2014. *Organizational climate and culture: An introduction to theory, research and practice*. United Kingdom: Routlege.

England, G. 1975. *The manager and his values*. Cambridge, MA: Ballinger.

Etzioni, A. 1975. *A comparative analysis of complex organizations*. New York, NY: Free Press.

Festinger, L.A. 1957. *Theory of cognitive dissonance*. New York, NY: Harper & Row.

Friedman, R. 2014. *The best places to work: The art and science of creating an extraordinary workplace*. New York, NY: Penguin.

Frost, P.J. 2003. *Toxic emotions at work*. Boston, MA: Harvard Business School Press.

Gagliardi, P. (Ed.). 1990. *Symbols and artifacts: Views of the corporate landscape*. New York, NY: Walter de Gruyter.

Geertz, C. 1973. *The interpretation of cultures*. New York, NY: Basic Books.

Gersick, C. J.C. 1991. Revolutionary change theories: A multilevel exploration of the punctuated equilibrium paradigm. *Academy of Management Review, 16*, 10–36.

Gerstein, M.S. 2008. *Flirting with disaster*. New York, NY: Union Square.

Gerstein, M.S. 1987. *The technology connection: Strategy and change in the information age*. Reading, MA: Addison-Wesley.

Gerstner, L.V. 2002. *Who says elephants can't dance*. New York, NY: Harper Collins.

Gibbon, A., & Hadekel, P. 1990. *Steinberg: The breakup of a family empire*. Toronto: MacMillan of Canada.

Gibson, C.B., & Dibble, R. 2008. Culture inside and out: Developing a collaboration's capacity to externally adapt. In S. Ang & L. Van Dyne (Eds.), *Handbook of cultural intelligence*. Armonk, NY: M.E. Sharpe.

Gittell, J.H. 2016. *Transforming relationships for higher performance*. Stanford, CA: Stanford University Press.

Gladwell, M. 2008. *Outliers*. New York, NY: Little Brown.

Global Business Network. 2002. *What's next? Exploring the new terrain for business*. Cambridge, MA: Perseus Books.

Goffee, R., & Jones, G. 1998. *The character of a corporation*. New York, NY: Harper Business.

Goffman, E. 1959. *The presentation of self in everyday life*. New York, NY: Doubleday.

Goffman, E. 1961. *Asylums*. New York, NY: Doubleday Anchor.

Goffman, E. 1967. *Interaction ritual*. Hawthorne, NY: Aldine.

Goldman, A. 2008. Company on the couch: Unveiling toxic behavior in dysfunctional organizations. *Journal of Management Inquiry, 17*(3), 226–238.

Greiner, L.E. 1972. Evolution and revolution as organizations grow. *Harvard Business Review, 76*(3), 37–46.

Greiner, L.E., & Poulfelt, L. (Eds.). 2005. *Management consulting today and tomorrow.* New York, NY: Routledge.

Grenier, R., & Metes, G. 1992. *Enterprise networking: Working together apart.* Maynard, MA: Digital Press.

Hall, E.T. 1959. *The silent language.* New York, NY: Doubleday.

Hall, E.T. 1966. *The hidden dimension.* New York, NY: Doubleday.

Hampden-Turner, C.M., & Trompenaars, A. 1993. *The seven cultures of capitalism.* New York, NY: Doubleday Currency.

Hampden-Turner, C.M., & Trompenaars, A. 2000. *Building cross-cultural competence.* New York, NY: Wiley.

Handy, C. 1978. *The gods of management.* London, UK: Pan Books.

Harbison, F., & Myers, C.A. 1959. *Management in the industrial world.* New York, NY: McGraw-Hill.

Harrison, R. 1979. Understanding your organization's character. *Harvard Business Review, 57*(5), 119–128.

Harrison, R., & Stokes, H. 1992. *Diagnosing organizational culture.* San Francisco, CA: Pfeiffer.

Hassard, J. 1999. Images of time in work and organization. In S.R. Clegg & C. Hardy (Eds.), *Studying organization* (pp. 327–344). Thousand Oaks, CA: Sage.

Hatch, M.J. 1990. The symbolics of office design. In P. Gagliardi (Ed.), *Symbols and artifacts.* New York, NY: Walter de Gruyter.

Hatch, M.J., & Schultz, M. (Eds.). 2004. *Organizational identity: A reader.* Oxford, UK: Oxford University Press.

Hatch, M.J., & Schultz, M. 2008. *Taking brand initiative: How companies can align strategy, culture, and identity through corporate branding.* San Francisco, CA: Jossey-Bass.

Hirschhorn, L. 1988. *The workplace within: Psychodynamics of organizational life.* Cambridge, MA: MIT Press.

Hofstede, G. 1991. *Cultures and organizations.* London, UK: McGraw-Hill.

Hofstede, G. 2001. *Culture's consequences* (2nd ed.). Beverly Hills, CA: Sage. (Original work published 1980.)

Hofstede, G., Hofstede, G.J., & Minkov, M. 2010. *Cultures and organizations: Software of the mind.* New York, NY: McGraw-Hill.

294 CULTURA ORGANIZACIONAL E LIDERANÇA SCHEIN

Holland, J.L. 1985. *Making vocational choices* (2nd ed.). Englewood Cliffs, NJ: Prentice-Hall.

Homans, G. 1950. *The human group*. New York, NY: Harcourt Brace Jovanovich.

House, R.J., et al. (Eds.). 2004. *Culture, leadership, and organizations: The GLOBE study of 62 societies*. Thousand Oaks, CA: Sage.

Hughes, E.C. 1958. *Men and their work*. Glencoe, IL: Free Press.

Isaacs, W. 1999. *Dialogue and the art of thinking together*. New York, NY: Doubleday.

James, W. 1890. *The principles of psychology*. New York: Henry Holt & Company.

Johansen, R., Sibbet, D., Benson, S., Martin, A., Mittman, R., & Saffo, P. 1991. *Leading business teams*. Reading, MA: Addison Wesley.

Jones, G.R. 1983. Transaction costs, property rights, and organizational culture: An exchange perspective. *Administrative Science Quarterly, 28*, 454–467.

Jones, M.O., Moore, M.D., & Snyder, R.C. (Eds.). 1988. *Inside organizations*. Newbury Park, CA: Sage.

Kahane, A. 2010. *Power and love*. San Francisco, CA: Berrett-Koehler.

Kantor, D. 2012. *Reading the room: Group dynamics for coaches and leaders*. San Francisco, CA: Jossey-Bass.

Kaplan, R., & Norton, D.P. 1992. The balanced scorecard: Measures that drive performance. *Harvard Business Review* (January–February), 71–79.

Keegan, R., & Lahey, L.L. 2016. *An everyday culture*. Cambridge, MA: Harvard Business School Press.

Kellogg, K.C. 2011. Challenging operations. Chicago, IL: Univ. of Chicago Press.

Kets de Vries, M.F.R., & Miller, D. 1984. *The neurotic organization: Diagnosing and changing counterproductive styles of management*. San Francisco, CA: Jossey-Bass.

Kets de Vries, M.F.R., & Miller, D. 1987. *Unstable at the top: Inside the troubled organization*. New York, NY: New American Library.

Kilmann, R.H., & Saxton, M.J. 1983. *The Kilmann-Saxton culture gap survey*. Pittsburgh, PA: Organizational Design Consultants.

Kleiner, A. 2003. *Who really matters?* New York, NY: Doubleday Currency.

Kluckhohn, F.R., & Strodtbeck, F.L. 1961. *Variations in value orientations*. New York, NY: Harper & Row.

Kotter, J.P., & Heskett, J.L. 1992. *Culture and performance*. New York, NY: The Free Press.

Kunda, G. 1992. *Engineering culture*. Philadelphia, PA: Temple University Press.

Kunda, G. 2006. *Engineering culture* (rev. ed.). Philadelphia, PA: Temple University Press.

Leavitt, H.J. 1986. *Corporate pathfinders*. Homewood, IL: Dow Jones-Irwin.

Lewin, K. 1947. Group decision and social change. In T.N. Newcomb & E.L. Hartley (Eds.), *Readings in social psychology* (pp. 459–473). New York, NY: Holt, Rinehart and & Winston.

Likert, R. 1967. *The human organization*. New York, NY: McGraw-Hill.

Louis, M.R. 1980. Surprise and sense making. *Administrative Science Quarterly*, *25*, 226–251.

Malone, T.W. 2004. *The future of work*. Boston, MA: Harvard Business School Press.

Malone, T.W., Yates, J., & Benjamin, R. (1987). Electronic markets and electronic hierarchies. *Communications of the ACM*, *30*, 484–497.

Marshak, R.J. 2006. *Covert processes at work*. San Francisco, CA: Berrett-Koehler.

Martin, J. 2002. *Organizational culture: Mapping the terrain*. Newbury Park, CA: Sage.

Martin, J., & Powers, M.E. 1983. Truth or corporate propaganda: The value of a good war story. In L.R. Pondy, P.J. Frost, G. Morgan, & T.C. Dandridge (Eds.), *Organizational symbolism*, 93–107. Greenwich, CT: JAI Press.

Maslow, A. 1954. *Motivation and personality*. New York, NY: Harper & Row.

McGregor, D.M. 1960. *The human side of enterprise*. New York, NY: McGraw-Hill.

Merton, R.K. 1957. *Social theory and social structure* (rev. ed.). New York, NY: Free Press.

Michael, D.N. 1985. *On learning to plan—and planning to learn*. San Francisco, CA: Jossey-Bass.

Michael, D.N. 1991. Leadership's shadow: The dilemma of denial. *Futures*, Jan./Feb., 69–79.

Mirvis, P., Ayas, K., & Roth, G. 2003. *To the desert and back*. San Francisco, CA: Jossey-Bass.

Nelson, E.C., Batalden, P.B., Godfrey, M.M., & Lazar, J.S. (Eds.) 2011. *Value by design*. San Francisco, CA: Jossey Bass, Wiley.

Neuhauser, P.C. 1993. *Corporate legends and lore*. New York, NY: McGraw-Hill.

O'Donovan, G. 2006. *The corporate culture handbook*. Dublin, Ireland: Liffey Press.

O'Reilly, C.A., III, & Chatman, J.A. 1996. Culture as social control: Corporations, cults and commitment. In B.M. Staw, & L.L. Cummings (Eds.), *Research in organizational behavior 18* (pp. 157–200). Greenwich, CT: JAI.

O'Reilly, C.A., III, Chatman, J.A., & Caldwell, D.F. 1991. People and organizational culture. *Academy of Management Journal*, *34*, 487–516.

O'Reilly, C.A., III, & Tushman, M.L. 2016. *Lead and disrupt: How to solve the innovator's dilemma*. Stanford, CA: Stanford University Press.

Oshry, B. 2007. *Seeing systems*. San Francisco, CA: Berrett-Koehler.

Ouchi, W.G. 1981. *Theory Z*. Reading, MA: Addison-Wesley.

Ouchi, W.G., & Johnson, J. 1978. Types of organizational control and their relationship to emotional well-being. *Administrative Science Quarterly*, *23*, 293–317.

Packard, D. 1995. *The HP way*. New York, NY: Harper Collins.

Pascale, R.T., & Athos, A.G. 1981. *The art of Japanese management*. New York, NY: Simon & Schuster.

Perin, C. 1991. The moral fabric of the office. In S. Bacharach, S.R. Barley, & P.S. Tolbert (Eds.), *Research in the sociology of organizations* (special volume on the professions). Greenwich, CT: JAI Press.

Perin, C. 2005. *Shouldering risks*. Princeton, NJ: Princeton University Press.

Peters, T.J., & Waterman, R.H., Jr. 1982. *In search of excellence*. New York, NY: Harper & Row.

Peterson, B. 2004. *Cultural intelligence*. Boston, MA: Intercultural Press.

Pettigrew, A.M. 1979. On studying organizational cultures. *Administrative Science Quarterly, 24*, 570–581.

Plum, E. 2008. *CI: Cultural intelligence*. London, UK: Middlesex University Press.

Pondy, L.R., Frost, P.J., Morgan, G., & Dandridge, T. (Eds.). 1983. *Organizational symbolism*. Greenwich, CT: JAI Press.

Porras, J., & Collins, J. 1994. *Built to last*. New York, NY: HarperBusiness.

Redding, S.G., & Martyn-Johns, T.A. 1979. Paradigm differences and their relation to management, with reference to Southeast Asia. In G.W. England, A.R. Neghandi, & B. Wilpert (Eds.), *Organizational functioning in a cross-cultural perspective*. Kent, OH: Comparative Administration Research Unit, Kent State University.

Ritti, R.R., & Funkhouser, G.R. 1987. *The ropes to skip and the ropes to know* (3rd ed.). Columbus, OH: Grid.

Roethlisberger, F.J., & Dickson, W.J. 1939. *Management and the worker* Cambridge, MA: Harvard University Press.

Sackman, S.A. 2006. *Success factor: Corporate culture*. Guetersloh, Germany: Bertelsman Stiftung.

Sahlins, M. 1985. *Islands of history*. Chicago, IL: University of Chicago Press.

Sahlins, M., & Service, E.R. (Eds.). 1960. *Evolution and culture*. Ann Arbor, MI: University of Michigan Press.

Salk, J. 1997. Partners and other strangers. *International Studies of Management and Organization, 26*(4), 48–72.

Savage, C.M. 1990. *Fifth generation management: Integrating enterprises through human networking*. Maynard, MA: Digital Press.

Scharmer, C.O. 2007. *Theory U*. Cambridge, MA: Society for Organizational Learning.

Schein, E.H. 1961a. *Coercive persuasion*. New York, NY: Norton.

BIBLIOGRAFIA **297**

Schein, E.H. 1961b. Management development as a process of influence. *Industrial Management Review (MIT)*, *2*, 59–77.

Schein, E.H. 1968. Organizational socialization and the profession of management. *Industrial Management Review*, *9*, 1–15.

Schein, E.H. 1969. *Process consultation: Its role in organization development*. Reading, MA: Addison-Wesley.

Schein, E.H. 1971. The individual, the organization, and the career: A conceptual scheme. *Journal of Applied Behavioral Science*, *7*, 401–426.

Schein, E.H. 1975. In defense of theory Y. *Organizational Dynamics*, Summer, 17–30.

Schein, E.H. 1978. *Career dynamics: Matching individual and organizational needs*. Reading, MA: Addison-Wesley.

Schein, E.H. 1980. *Organizational psychology* (3rd ed.). Englewood Cliffs, NJ: Prentice-Hall. (Original work published 1965; 2nd ed. published 1970.)

Schein, E.H. 1983. The role of the founder in creating organizational culture. *Organizational Dynamics*, Summer, 13–28.

Schein, E.H. 1987a. *The clinical perspective in fieldwork*. Newbury Park, CA: Sage.

Schein, E.H. 1987b. Individuals and careers. In J.W. Lorsch (Ed.), *Handbook of organizational behavior* (pp. 155–171). Englewood Cliffs, NJ: Prentice-Hall.

Schein, E.H. 1988. *Process consultation. Vol. 1: Its role in organization development* (2nd ed.). Reading, MA: Addison-Wesley.

Schein, E.H. 1992. The role of the CEO in the management of change. In T.A. Kochan, & M. Useem (Eds.), *Transforming organizations* (pp. 80–96). New York, NY: Oxford University Press.

Schein, E.H. 1993a. On dialogue, culture, and organizational learning. *Organizational Dynamics*, Autumn, *22*, 40–51.

Schein, E.H. 1993b. *Career anchors (rev. ed.)*. San Diego, CA: Pfeiffer & Co. (Jossey-Bass).

Schein, E.H. 1993c. How can organizations learn faster? The challenge of entering the green room. *Sloan Management Review*, *34*, 85–92.

Schein, E.H. 1996a. Three cultures of management: The key to organizational learning. *Sloan Management Review*, *38*(1), 9–20.

Schein, E.H. 1996b. *Strategic pragmatism: The culture of Singapore's Economic Development Board*. Cambridge, MA: MIT Press.

Schein, E.H. 1999a. *Process consultation revisited*. Englewood Cliffs, NJ: Prentice- Hall (Addison-Wesley).

Schein, E.H. 1999b. *The corporate culture survival guide*. San Francisco, CA: Jossey-Bass.

Schein, E.H. 2001. Clinical inquiry/research. In P. Reason & H. Bradbury (Eds.), *Handbook of action research* (pp. 228–237). Thousand Oaks, CA: Sage Press.

Schein, E.H. 2003. *DEC is dead; Long live DEC*. San Francisco, CA: Berrett/ Kohler.

Schein, E.H. 2008. Clinical inquiry/research. In P. Reason & H. Bradbury (Eds.), *Action research* (2nd ed., pp. 266–279). Thousand Oaks, CA: Sage.

Schein, E.H. 2009a. *Helping*. San Francisco, CA: Berrett/Koehler.

Schein, E.H. 2009b. *The corporate culture survival guide* (2nd ed.). San Francisco, CA: Jossey-Bass.

Schein, E.H. 2013. *Humble inquiry: The gentle are of asking instead of telling*. San Francisco: Berrett-Koehler.

Schein, E.H. 2016. *Humble consulting: How to provide real help faster*. San Francsico: Berrett-Koehler.

Schein, E.H., & Bennis, W.G. 1965. *Personal and organizational change through group methods*. New York, NY: Wiley.

Schein, E.H., & Van Maanen, J. 2013. *Career anchor: The changing nature of work and careers* (4th ed.). San Francisco: Wiley.

Schmidt, E., & Rosenberg, J. 2014. *How Google works*. New York, NY: Grand Central.

Schneider, B. (Ed.). 1990. *Organizational climate and culture*. San Francisco, CA: Jossey-Bass.

Schneider, W. 1994. *The reengineering alternative: A plan for making your current culture work*. New York, NY: McGraw Hill (Irwin Professional).

Schultz, M. 1995. *On studying organizational cultures*. New York, NY: De Gruyter.

Schwartz, P. 2003. *Inevitable surprises*. New York, NY: Gotham Books.

Senge, P.M. 1990. *The fifth discipline*. New York, NY: Doubleday Currency.

Senge, P., Smith, B., Kruschwitz, N., Laur, J., & Schley, S. 2008. *The necessary revolution*. Cambridge, MA: Society for Organizational Learning.

Shrivastava, P. 1983. A typology of organizational learning systems. *Journal of Management Studies, 20*, 7–28.

Silberbauer, E.R. 1968. *Understanding and motivating the Bantu worker*. Johannesburg, South Africa: Personnel Management Advisory Services.

Sithi-Amnuai, P. 1968. The Asian mind. *Asia*, Spring, 78–91.

Smircich, L. 1983. Concepts of culture and organizational analysis. *Administrative Science Quarterly, 28*, 339–358.

Snook, S.A. 2000. *Friendly fire*. Princeton, NJ: Princeton University Press.

Steele, F.I. 1973. *Physical settings and organization development*. Reading, MA: Addison-Wesley.

Steele, F.I. 1981. *The sense of place*. Boston, MA: CBI Publishing.

Steele, F.I. (1986). *Making and managing high-quality workplaces*. New York, NY: Teachers College Press.

Tagiuri, R., & Litwin, G.H. (Eds.). 1968. *Organizational climate: Exploration of a concept*. Boston, MA: Division of Research, Harvard Graduate School of Business.

Thomas, D.C., & Inkson, K. 2003. *Cultural intelligence*. San Francisco, CA: Berrett/Kohler.

Tichy, N.M., & Devanna, M.A. 1987. *The transformational leader*. New York, NY: Wiley.

Trice, H.M., Beyer, J.M. 1984. Studying organizational cultures through rites and ceremonials. *Academy of Management Review, 9*, 653–669.

Trice, H.M., & Beyer, J.M. 1985. Using six organizational rites to change culture. In R.H. Kilmann, M.J. Saxton, & R. Serpa, *Gaining control of the corporate culture* (pp. 370–399). San Francisco, CA: Jossey-Bass.

Trice, H.M., & Beyer, J.M. 1993. *The cultures of work organizations*. Englewood Cliffs, NJ: Prentice-Hall.

Tuchman, B.W. 1965. Developmental sequence in small groups. *Psychological Bulletin, 63*, 384-399.

Tushman, M.L., & Anderson, P. 1986. Technological discontinuities and organizational environments. *Administrative Science Quarterly, 31*, 439–465.

Tyrrell, M.W.D. 2000. Hunting and gathering in the early Silicon age. In N.M. Ashkanasy, C.P.M. Wilderom, & M.F. Peterson (Eds.), *Handbook of organizational culture and climate* (pp. 85–99). Thousand Oaks, CA: Sage.

Van Maanen, J. 1973. Observations on the making of policemen. *Human Organization, 4*, 407–418.

Van Maanen, J. 1976. Breaking in: Socialization at work. In R. Dubin (Ed.), *Handbook of work organization and society*, 67–130. Skokie, IL: Rand McNally.

Van Maanen, J. 1979. The self, the situation, and the rules of interpersonal relations. In W. Bennis, J. Van Maanen, E.J. Schein, & F.I. Steele, *Essays in interpersonal dynamics* (pp. 43–101). Homewood, IL: Dorsey Press.

Van Maanen, J. 1988. *Tales of the field: On writing ethnography*. Chicago: University of Chicago Press.

Van Maanen, J., & Schein, E.H. 1979. Toward a theory of organizational socialization. In B.M. Staw, & L.L. Cummings (Eds.), *Research in organizational behavior* (vol. 1), 209–264. Greenwich, CT: JAI Press.

300 CULTURA ORGANIZACIONAL E LIDERANÇA SCHEIN

Van Maanen, J., & Barley, S.R. 1984. Occupational communities: Culture and control in organizations. In B.M. Staw, & L.L. Cummings (Eds.), *Research in organizational behavior* (vol. 6), 265–287. Greenwich, CT: JAI Press.

Van Maanen, J., & Kunda, G. 1989. Real feelings: Emotional expression and organizational culture. In B. Staw (Ed.), *Research in organizational behavior* (vol. 11), 43–103. Greenwich, CT: JAI Press.

Vroom, V.H., & Yetton, P.W. 1973. *Leadership and decision making*. Pittsburgh, PA: University of Pittsburgh Press.

Watson, T.J., Jr., & Petre, P. 1990. *Father, son & Co.: My life at IBM and beyond*. New York, NY: Bantam Books.

Weick, K. 1995. *Sensemaking in organizations*. Thousand Oaks, CA: Sage.

Weick, K., & Sutcliffe, K.M. 2001. *Managing the unexpected*. San Francisco, CA: Jossey-Bass.

Wilderom, C.P.M., Glunk, U., & Maslowski, R. 2000. Organizational culture as a predictor of organizational performance. In N.M. Ashkanasy, C.P.M. Wilderom, & M.F. Peterson (Eds.), *Handbook of organizational culture and climate* (pp. 193–209). Thousand Oaks, CA: Sage.

Wilkins, A.L. 1983. Organizational stories as symbols which control the organization. In L.R. Pondy, P.J. Frost, G. Morgan, & T. Dandridge (Eds.), *Organizational symbolism*, 81–92. Greenwich, CT: JAI Press.

Wilkins, A.L. 1989. *Developing corporate character*. San Francisco, CA: Jossey-Bass.

Williamson, O. 1975. *Markets and hierarchies, analysis and anti-trust implications: A study in the economics of internal organization*. New York, NY: Free Press.

Womack, J.T., Jones, D.T., & Roos, D. 1990. *The machine that changed the world*. New York, NY: Free Press.

Zuboff, S. 1984. *In the age of the smart machine*. New York, NY: Basic Books.

ÍNDICE ALFABÉTICO

A

Abertura, 123, 141
Abordagem quantitativa diagnóstica, 219
Aculturação, 10
Adaptação externa, 6, 121, 122
Administração pública competente e incorruptível, 52
Adocracia, 229
Agenda de mudança como resultado de *insight* cultural, 242
Agilidade de aprendizagem, 275
Alinhamento entre três subculturas genéricas, 180
Alocação de recompensas e punições, 142
Alpha Power Company, 264
Amizades íntimas, 81
Amor, 81
Análise
- automatizada da cultura com *software* como serviço, 234
- cultural interna, 283
- de fatores Q Sort, 233
- interna, 215
- - riscos de uma, 215
- para propósitos de pesquisa, riscos de uma, 214
- três níveis de, 14
Anarquia, 80
Anomia, 80
Ansiedade
- pela aprendizagem, 264, 267
- - e resistência à mudança, 265

- pela sobrevivência, 264, 267
Apple, 116, 250
Aprendizagem, 58, 284
- acumulada e compartilhada, 6
- de ciclo duplo, 18
- de novos conceitos, 272
- experimental, 88
- intercultural, 87
- por tentativa e erro, 269
Aprendizes, 268
Aquisições, 202
Artefatos, 14
- Ciba-Geigy, 37
- DEC, 27
Assertividade, 67
Assistente, 211
Atividade humana apropriada, 78
Aumento de padronização, 170
Autoimagem, 4
Autoridade, 92, 123, 138, 225
Auxílios e obstáculos culturais, 248
Avaliação
- da cultura critérios *a priori* para a, 255
- e mudança planejada, 219
Aversão à incerteza, 234

B

Barganha, 266
Big Data, 71
Bode expiatório, 266

C

Capitalismo estatal, 52
Caráter corporativo, 228
Carisma, 148

Carreira, 197
Categorias de pensamento, 123
Chefe, 56
Ciba-Geigy Company, 37, 256
Ciclo de aprendizagem/ mudança, 263
Civilidade, 81
Clã, 229
Clientes parceiros e amigos, 57
Clima, 3
Coaching, 157
Códigos organizacionais, 165
Colaboração(ões), 84, 230
- entre setores, 52
- multiculturais, 89
- nas unidades de pesquisa, 253
Coletivismo, 65-67
Colocação relativa, 73
Competência(s), 230
- essenciais, 124
Competitividade individual, 17
Comportamento, 8
- adequado, 80
- desejado, 17
Comprometimento
- com "aprender a aprender", 279
- com a comunicação relevante plena e aberta da tarefa, 282
- com a diversidade cultural, 282
- com a verdade, 281
- com o pensamento sistêmico, 283
- da alta liderança, 245

302 CULTURA ORGANIZACIONAL E LIDERANÇA SCHEIN

Compromisso com a
aprendizagem e a
inovação, 58
Comunicação cara a cara, 169
Comunidade ocupacional, 197
Conceito cíclico do tempo, 72
Confiança, 92, 123, 141
Conflito(s), 153
- de culturas, 166
- e inconsistências do
fundador, 166
Conhecimento pessoal, 169
Consenso social, 145
Consultor, 211
- *freelancer*, 273
Conteúdo cultural, 1
Contexto, 68
Controle, 230
Conversa(s)
- aberta, 92
- interculturais, 93
Convivência, 225
Corpo de Engenheiros
do Exército dos
Estados Unidos, 245
Correção, 122, 134
Crença(s), 29, 41
- de que o ambiente pode ser
dominado, 280
- e valores expostos, 16
- no valor da análise cultural
interna, 283
- organizacionais, 165
Crescimento, 122, 169
- inicial, 190
Crises organizacionais, 155
Critérios
- de inclusão, 137
- para determinar a verdade, 70
Cultivo, 230
Cultura(s)
- como definir em geral, 3
- comum, 229
- corporativa, 171
- da Ciba-Geigy, 46
- da culpa, 135, 143

- de aprendizagem, 279
- de segurança, 205
- deduzida apenas pelo
comportamento, 11
- definição
- - da estrutura da, 1
- - dinâmica de, 5
- e liderança pelos estágios de
crescimento, 101
- e personalidade, 287
- estrutura da, 14
- formada em novos
grupos, 103
- fragmentada, 229
- inseridas em outras
culturas, 51
- interligada, 229
- mercenária, 229
- nacionais, 45
- o que está implícito, 8
- organizacionais, 45
- papel do fundador na criação
das, 106
- pensar a respeito da, 247
- por que decifrar a, 207
- qualitativa dialógica, 241
- sistema complexo, 166
- tipologias de caráter
corporativo e, 228
- três níveis da, 15
Culture compass, 234
CultureAmp, 237
CultureIQ, 235

D

Dados
- clinicamente levantados, 213
- demográficos, 210
Decisões sobre os próximos
passos, 248
Declarações formais da
filosofia, das crenças e dos
códigos organizacionais, 165
Declínio
- organizacional, 168
- potencial, 199

Decodificação da cultura, 207
Departamentalização, 177
Deriva prática, 182
Descentralização
geográfica, 175
Desconfirmação, 137, 263
Descontrole emocional
do líder, 151
Descrições dos artefatos, 247
Desempenho, 106
Desenvolvimento
- de normas sobre como se
inter-relacionar, 141
- de novos padrões de
avaliação, 273
Design, 160
- do espaço físico, das
fachadas e dos prédios, 164
- organizacional, 122
Designers, 180
Destruição, 202
Diálogo, 89, 98, 281
- para a exploração
multicultural, 91
Diferenciação
- e crescimento das
subculturas, 172
- funcional/ocupacional, 172
- por nível hierárquico, 179
- por produto, mercado ou
tecnologia, 176
Digital Equipment
Corporation, 26, 256
- reanálise da, 107
Dimensões
- básicas da cultura segundo
- - Hofstede, 65
- - o estudo Globe, 67
- da macrocultura, 67
- do contexto macrocultural, 64
Dinâmica de sistemas, 196
Disruptura, 281
Distância, 73
- da masculinidade e
feminilidade, 65
- de intrusão, 74

ÍNDICE ALFABÉTICO **303**

- de poder, 65-67, 234
- profissional, 142
Distribuição de poder, 138
Diversidade
- cultural, 282
- das subculturas, 195
DNA cultural, 6
Duplo resultado, 122

E

Economic
    Development Board, 49
Elementos macroculturais, 135
Engenharia e projeto, 182
Ensino, 157
Envelhecimento, 169
Envolvimento do paciente, 273
Equipes "familiares", 268
Escalões, 96
Escândalos, 200
Escândalos públicos, 201
Espaço físico, 164
Essência humana, 77
Estabilidade
- estrutural, 9
- política absoluta em
    longo prazo, 52
Estilos
- agressivos-defensivos, 232
- construtivos, 232
- passivos-defensivos, 232
Estratégia(s), 126
- de correção e reparo, 134
- e missão *versus* estrutura e
    processo, 122
- faz parte da cultura, 126
Estrutura, 128
- da cultura, 14
- de valores concorrentes, 230
- organizacional, 160
Estudo da IBM de Hofstede, 65
Estudo Globe, 67
Etnografia, 210
Evolução
- auto-orientada por meio do
    insight, 192

- cultural, 189
- específica, 190, 191
- geral, 190, 191
- gerenciada por híbridos, 192
- organizacional, 122
Executivos, 180, 184
Explicar o inexplicável, 144
Exploração, 81, 93, 131
- multicultural, 91
Explosão de mitos, 200
Extensão, 9
Exxon, 132

F

Fachadas, 164
Familiaridade funcional, 169
Fé motivacional, 228
Feedback, 131
Fenômenos visíveis e
    palpáveis, 14
Filosofia
- formal, 4
- organizacional, 165
Foco
- estratégico, 171
- no curto prazo ou no longo
    prazo, 65
Formação, 104
Fortes emoções, 81
Fronteiras do grupo, 137
Funções
- e serviços centrais, 171
- latentes, 124, 125
- manifestas, 124
Fundação, 190
Fundadores, 106, 107
Fusões, 202

G

Gerenciamento
- da subcultura, 187
- de mudança, 263
- do inadministrável, 144
Glint, 235
Grid gerencial, 7

Grupo(s)
- a partir de uma perspectiva
    cultural, 23
- de apoio, 268
- para autoavaliação, 246
- têm culturas, 24

H

Habilidades
- de aprendizagem, 86
- natas, 4
Hábitos de pensamento, 4
Hewlett, Bill, 118
Hewlett-Packard, 17, 118
Hierarquia, 229
- não hierárquica, 56
Histórias
- e mitos, 145
- sobre eventos e pessoas
    importantes, 165
Human Synergistics
    International (HSI), 232
Humildade, 23

I

IBM, 65, 117
Identidade, 4, 123, 125
Identificação, 269, 270
Idioma, 68
Igualdade de gênero, 67
Ilha cultural, 23, 89
- temporária, 88
Imitação, 269, 270
Inadministrável, 144
Incidentes críticos, 155
Inclusão de *outsiders*, 197
Inconsistência, 153
Indicadores equilibrados, 122
Individualismo, 65, 66, 234
- grupal, 54
Indivíduo a partir de uma
    perspectiva cultural, 22
Indulgência, 234
Inexplicável, 123, 144
Informação, 70
Inovação, 58

304 CULTURA ORGANIZACIONAL E LIDERANÇA SCHEIN

Integração, 9
- interna, 6, 121, 123
Inteligência cultural, 86, 87
Interação entre tempo, espaço
 e atividade, 76
Internalização, 275
Intervenção(ões), 209
- educacionais, 196
Intimidade, 81, 92, 141
Inventário de cultura
 organizacional, 232
Investigação, 65, 281

J
Jobs, Steve, 116

K
Koechlin, Samuel, 38

L
Leupold, Dr. Jürg, 37
Levantamento de dados, 210
Líder(es)
- como alocam
- - recompensas e *status*, 158
- - recursos, 157
- como fixam
- - crenças, valores e
 premissas, 149
- - e transmitem a cultura, 147
- como selecionam, promovem
 e demitem, 159
- de mudança, 98, 259, 260
- - como aprendiz, 278
- não prestam atenção, 153
- em que prestam atenção,
 o que mensuram e o que
 controlam, 149
Liderança, 281
- de aprendizagem
- - na criação da cultura, 284
- - na meia-idade
 organizacional, 285
- em organizações maduras e
 em declínio, 286
- orientada para a
 aprendizagem, 284

Limites, 123
Linguagem, 123
- corporal, 75
Linha de fundo dupla, 7
Literatura, 64

M
MA-COM, 242
Macroculturas, 61, 84, 96
Manobra, 266
Manutenção de tarefa e
 grupo, 122
Mapa mental, 19
Masculinidade, 234
Maturidade
 organizacional, 168, 199
Mecanismos
- de fixação, 149
- de mensuração, 170
- secundários de reforço e
 estabilização, 160
Medo
- de incompetência
 temporária, 266
- de perda
- - de identidade pessoal, 266
- - de participação no
 grupo, 266
- - de poder ou posição, 266
- de punição por
 incompetência, 266
Meios, 122, 128
Mensuração, 122
- de resultados, 130
- quantitativa, 132
Mercado, 176, 229
Metáfora(s)
- do lago de lótus, 21, 22
- generativas, 273
- raízes, 5
Metas, 122
- derivadas da missão, 127
Métodos
- de coordenação, 170
- padronizados, 170
Missão, 122, 124

Modelo(s)
- de gerenciamento de
 mudança, 259
- de mensuração, 242
- dos estágios de evolução do
 grupo, 103
- mentais, 4
- positivos, 268
Moralismo, 69
Motivação
- básica, 77
- e prontidão para
 mudança, 263
- fundamental dos
 trabalhadores, 77
Mudança(s)
- crenças e valores, 270
- cultural, 275
- - pela inclusão de
 outsiders, 197
- - por meio de
- - - destruição e
 renascimento, 202
- - - escândalos e explosão de
 mitos, 200
- - - fusões e aquisições, 202
- de comportamento, 271
- e diversidade das
 subculturas, 195
- incremental, 190
- na tecnologia, 195
- real, 269
Mundo de ideias, 19

N
Natureza dos relacionamentos
 humanos, 80
Negação, 266
Níveis de relacionamento, 80, 86
Normalização, 105
Normas do grupo, 4
Novas culturas precisam
 estar alinhadas com as
 macroculturas, 166
Novos significados para
 conceitos antigos, 272

ÍNDICE ALFABÉTICO 305

O

Objetivo da mudança, 260
Obrigações profissionais do
analista cultural, 216
Observação participante, 210
Olsen, Ken, 28, 107
Operadores, 180
Organização(ões), 197
- ambidestra, 41
- coercitivas, 225
- de aprendizagem, 59, 196
- informal, 182
- normativas, 226
- sem fronteiras, 56
- utilitárias, 226
Orientação(ões)
- ao "ser", 79
- ao desempenho, 67
- básica do tempo, 71
- de longo prazo, 234
- de valor dominante, 18
- humana, 67
- para o "fazer", 78
- para o futuro, 67
- positiva em relação ao
futuro, 282
- "ser em transformação", 79
Outsiders, 197

P

Packard, Dave, 118
Padronização, 9
Papel(éis), 157
- da liderança, 12
- do governo no
desenvolvimento
econômico, 51
- exclusivo da função
executiva, 187
Paradigma(s)
- básico da DEC, 32
- cultural(is)
- - da Ciba-Geigy Company, 42
- - do EDB como
organização, 53
- - inseridos no EDB, 51

- linguísticos, 4
Paradoxo da compreensão da
macrocultura, 95
Pensamento, 8
- sistêmico, 283
Pensar a respeito da
cultura, 247
Percepção, 8
Perfil(is) de cultura(s)
- baseados em pesquisa, 231
- organizacional, 233
Pesquisa(s), 65
- baseada em entrevistas, 68
- clínica, 211
- etnográfica, 68
- observacional, 68
- quando usar, 224
Pesquisa-ação, 211
Pesquisador, 209
Politicamente correto, 80
Pragmatismo, 69
- estratégico, 53, 58
Precisão
- factual, 213
- interpretativa, 213
Prédios, 164
Premissas
- básicas
- - naturalizadas, 6
- - subjacentes
naturalizadas, 18
- inconscientes, 20
- positivas a respeito da
natureza humana, 280
- subjacentes
compartilhadas, 248
Prestação de contas, 170
Prevenção da incerteza, 67
Proatividade, 279
Problema(s)
- da mudança, 260
- de sucessão, 193
- éticos para decifrar
a cultura, 214
- no uso de pesquisas para
"medir" a cultura, 222

Processo(s), 128, 129
- "corretivos", 136
- de aprendizagem, 269
- de avaliação da cultura
qualitativa dialógica, 241
- de socialização, 10
Produto, 176
Profissões têm culturas, 11
Profundidade, 9
Propósito da reunião
em grupo, 246
Punições, 123, 142, 143

Q

Quatro níveis de
relacionamento na
sociedade, 81
Quebra de estrutura, 18

R

Razão de ser, 124
Reações dos líderes a
incidentes críticos e crises
organizacionais, 155
Realidade, 68
- física, 69
- social, 69
Recompensas, 123, 142, 143, 158
Recongelamento, 275
Reconhecimento, 81
- como pessoa única, 81
Recursos, 268
Redefinição cognitiva, 272
Reflexão, 92, 93
Regra(s)
- comportamentais, 29
- de diálogo, 91
- de relacionamento, 142
- do jogo, 4
Regularidades
comportamentais observadas
em interações pessoais, 3
Relacionamento(s)
- de confiança ampliados, 57
- entre papéis transacionais, 81
- negativo, 81

306 CULTURA ORGANIZACIONAL E LIDERANÇA SCHEIN

- nulo, 81
- profissionais, 81
Remover barreiras, 268
Renascimento, 202
Reparo, 122, 134
Reputação, 139
Responsabilidade
- com os outros, 171
- pessoal, 29
Riscos de uma análise
- interna, 215
- para propósitos
  de pesquisa, 214
Ritos e rituais da
  organização, 163
Rituais e celebrações
  formais, 4
RoundPegg, 236

S

SAAB Combitech, 253
Segurança
- em indústrias de alto
  risco, 96, 97
- psicológica, 140, 267
Seleção sensorial, 74
Sentido de grupo, 283
Sentimento, 8
- de família, 171
Significado(s)
- compartilhados, 4
- do espaço, 73
Simbolismo do espaço, 74
Símbolos de integração, 5
Síndrome do prego que se
  destaca, 66
Singapura, 256
Sistemas, 128
- sociotécnicos, 7, 122
Smithfield, Fred, 114
Sociabilidade, 229
Sociedades
- individualistas, 66
- mais coletivistas, 66

Software como serviço, 234
Solidariedade, 229
Status, 138, 158
Steinberg, Sam, 111, 114
Steinberg's do Canadá, 111, 114
Subcultura(s), 166
- da função
- - de engenharia e projeto, 182
- - do operador, 180
- de engenharia (comunidade
  global), 183
- do operador, 181
- dos executivos, 184, 185
Sucesso, 169
Supremacia do povo e da
  meritocracia, 53
Suspensão, 90
Sustentabilidade, 273

T

Tabela de desempenho, 7
Tecnocracia cosmopolita, 55
Tecnologia, 176, 195
Tempestade, 104
Tempo
- conceito cíclico do, 72
- de desenvolvimento, 73
- de planejamento, 73
- linear, 72
- monocrônico, 71
- policrônico, 71, 72
Teoria(s)
- da personalidade, 103
- de gestão, 161
- dos 12 arquétipos
  junguianos, 228
- dos grupos, 103
- em uso, 18
- geral da mudança, 261
- sobre a motivação dos
  funcionários, 77
- X, 227
- Y, 227
"The HP Way", 17

Tinypulse, 235
Tipificação de uma cultura, 230
Tipologias, 220
- da cultura, 221
- de caráter corporativo e
  cultura, 228
- que enfocam premissas a
  respeito de autoridade e
  convivência, 225
Tolerância à ambiguidade e
  incerteza, 65
Tomada de decisão, 171
Trabalho em equipe, 54
Transição para a
  meia-idade, 193
Transparência modulada, 56
Treinamento, 268
- formal, 267
Três níveis
- da cultura, 15
- de análise, 14

V

Validação social, 16
Validade dos dados
  clinicamente levantados, 213
Valores, 29, 41
- competindo
  perpetuamente, 229
- concorrentes, 230
- expostos, 5, 247
Varredura, 269
Verdade, 68
Viagem, 64
Visão
- compartilhada, 228
- positiva convincente, 267

W

Watson Jr., Tom, 117, 155
Watson Sr., Thomas, 117

Y

Yew, Lee Kuan, 50